मेरा रंग दे बसंती चोला

आजादी के परवाने क्रांतिकारी भगत सिंह की शौर्यगाथा

मेरा रंग दे बसंती चोला

आजादी के परवाने क्रांतिकारी भगत सिंह की शौर्यगाथा

मलविंदर जीत सिंह वड़ैच

प्रभात
प्रकाशन

प्रकाशक

प्रभात प्रकाशन प्रा. लि.

4/19 आसफ अली रोड, नई दिल्ली-110002

फोन : 011-23289777 • हेल्पलाइन नं. : 7827007777

इ-मेल : prabhatbooks@gmail.com ❖ वेब ठिकाना : www.prabhatbooks.com

संस्करण

2025

अनुवाद

वीणा शर्मा और ज्योति

पेपरबैक मूल्य

छह सौ रुपए

मुद्रक

आर-टेक ऑफसेट प्रिंटर्स, दिल्ली

MERA RANG DE BASANTI CHOLA
by Shri Malwinder Jit Singh Waraich
(Hindi translation of BHAGAT SINGH: The Eternal Rebel)

Published by **PRABHAT PRAKASHAN PVT. LTD.**
4/19 Asaf Ali Road, New Delhi-110002
by arrangement with Unistar Books Private Limited

ISBN 978-93-5521-297-9

₹ 600.00 (PB)

भगवती भाई और **दुर्गा भाभी**

की स्मृतियों को

जीवन-वृत्तांत

1. जन्म .... 28 सितंबर, 1907, दिन शनिवार, सुबह 8 बजकर 45 मिनट
(गाँव : बंगा, चक 105, लायलपुर)
2. प्राइमरी स्कूल .... सन् 1911–12 से 1916–17 तक
(गाँव : बंगा, चक 105, लायलपुर)
3. हाई स्कूल .... सन् 1917 से 1921 तक (नौवीं कक्षा तक)
(डी.ए.वी. हाई स्कूल, लाहौर)
4. कॉलेज : नेशनल कॉलेज,
लाहौर................................ सन् 1921 से 1923 तक
5. घर छोड़ा............................ अगस्त/सितंबर 1923 में छह महीनों के लिए; इस दौरान दिल्ली-कानपुर में रहे
6. एच.एस.आर.ए. में शामिल हुए... 1923–24 में
7. गिरफ्तारी का पहला वारंट......... अप्रैल 1924 (लंगर—जैतो मोर्चा)
8. वारंट वापस लेना.................... दिसंबर 1925 (जब दिल्ली-कानपुर में थे आदि)
9. नौजवान भारत सभा का गठन..... मार्च 1926
10. पहली गिरफ्तारी :
दशहरा बम कांड................... 29 मई, 1927 से 4 जुलाई, 1927
11. जमानत मिलना..................... 4 जुलाई, 1927 से जनवरी 1928 तक
12. दिल्ली की मीटिंग
(एच.एस.आर.ए.)................ 8–9 सितंबर, 1928
13. बाल काटना......................... सितंबर 1928 के मध्य में (फिरोजपुर में)
14. यात्रा (बेतिया, बिहार)............ सितंबर 1928 के अंत में

15. सांडर्स का वध (लाहौर).................... 17 दिसंबर, 1928
16. लाहौर से बच निकलकर
कलकत्ता जाना................................ 20 दिसंबर, 1928
17. आगरा सेंटर................................. जनवरी-मार्च 1929
18. झाँसी में बम का परीक्षण.................... 5-6 मार्च, 1929
19. टोप पहनी हुई तसवीर....................... 3-6 अप्रैल, 1929
20. असेंबली में बम विस्फोट
और गिरफ्तारी................................ 8 अप्रैल, 1929
21. दिल्ली कोर्ट में लिखित बयान.............. 6 जून, 1929
22. जजमेंट :
लाइफ के लिए ट्रांसपोर्टेशन................ 12 जून, 1929
23. मियाँवाली जेल में आना..................... 15-16 जून, 1929
24. भूख हड़ताल की शुरुआत.................. 15-16 जून, 1929
25. लाहौर षड्यंत्र केस में ट्रायल, विशेष मजिस्ट्रेट की
अदालत, लाहौर—शुरुआत................ 10 जुलाई, 1929
26. जतिन दास की शहादत...................... 13 सितंबर, 1929
27. स्पेशल ट्रिब्यूनल के
पूर्व ट्रायल की शुरुआत..................... 5 मई, 1930
28. भगवती चरण वोहरा की शहादत........... 28 मई, 1930
29. ट्रिब्यूनल द्वारा आरोप तय.................. 10 जुलाई, 1930
30. फैसला सुनाया जाना........................ 7 अक्तूबर, 1930
31. फाँसी की तारीख तय होना.................. 27 अक्तूबर, 1930
32. प्रिवी काउंसिल की अपील :
(क) फाइल करना............................ अक्तूबर 1930
(ख) डिसमिस होना.......................... 12 फरवरी, 1931
33. चंद्रशेखर आजाद की शहादत............... 27 फरवरी, 1931
34. फाँसी का अंतिम फैसला..................... 17-18 मार्च, 1931
35. गुपचुप तरीके से फाँसी देना................. 23 मार्च, 1931 (शाम को)
36. सबको पता चलना........................... 24 मार्च, 1931 (सुबह)

आमुख

भगत सिंह

एक सिख नवयुवक, जिसने अभी-अभी जवानी की दहलीज पर कदम रखा था, ढीली-ढाली पग, सिलवटों वाला कुरता-पाजामा धारण किए, खून से सने और उसकी गंध से भरे हुए उस खुले मैदान को घूर रहा था, जो उस जगह पर बीते कल हुए नर-संहार के भयानक दृश्य की गवाही दे रहा था। उसकी आँखों में उदासी एवं निराशा के भाव साफ दिखाई दे रहे थे। वह गहरे खयालों में खोया हुआ था। उसने अपने पाजामे की जेब से एक छोटी सी काँच की खाली बोतल निकाली, जिसे वह अपने साथ इनसानी खून से पूरी तरह से गीली हो चुकी मिट्टी को अपने साथ ले जाने के लिए लाया था। उसने वहाँ पर जमीन को खोदकर वहाँ से मिट्टी निकालने की कोशिश की; लेकिन उस जमीन की मिट्टी इस सच के बावजूद कि वहाँ की जमीन ऊपरी तौर पर सैकड़ों मासूम लोगों के खून से नम हो चुकी थी, उसने एक नुकीला पत्थर उठाया और उससे मिट्टी को खोदने लगा। अपनी बोतल को मिट्टी से भर लेने के बाद उसने उसे गौर से देखा। उसकी आँखों में आँसू भर आए थे। लड़खड़ाते कदमों के साथ वह उस जगह को छोड़ आगे बढ़ चला।

उस सुबह, वह सिख नवयुवक भगत सिंह अपने घर, जो कि लाहौर के पास था, से स्कूल जाने के लिए निकला; लेकिन डी.ए.वी. स्कूल में अपनी क्लास लेने के बजाय वह रेलवे स्टेशन की ओर बढ़ चला और अमृतसर जाने के लिए उसे जो पहली रेल मिली, उसमें सवार हो गया। उसने 13 अप्रैल को जलियाँवाला बाग में हुए भयानक नर-संहार के बारे में सुना था। सैकड़ों की संख्या में लाहौरी, जो कि अमृसतर में प्राणों को हरनेवाली

बैसाखी का त्योहार मनाने के लिए गए थे, जब वापस लौटे तो उनके साथ बहुत सारे मासूम लोगों की हत्या का खूनी मंजर, जो कि बेरहम ब्रिटिश सरकार द्वारा किया गया था, डरावनी और रुला देनेवाली याद बनकर साथ आया। उस रात वह सो नहीं सका। उसे पूरी रात अमृतसर में खेली गई खून की होली का मंजर किसी भूत की तरह डराता रहा। वह बेचैन था। उसकी आँखों के सामने जो दृश्य था, वह पूरी तरह अंधकार में डूबा हुआ था और बेबस लोगों की चीख-पुकार चारों तरफ गूँज रही थी। ऐसा क्या था, जिसने उसे खून से सनी मिट्टी को बोतल में भरकर अपने साथ लाने के लिए मजबूर किया, इसका अंदाजा लगाना मुश्किल है। शायद वह कुछ ऐसा था, जिसने उसे बुरी तरह से डरा दिया था और उसे उस मिट्टी की जरूरत उस दर्दनाक घटना, जिसमें मासूम लोगों को बिना किसी कसूर के मौत के घाट उतार दिया गया—यह एक ऐसा दर्द था, जिसका प्रतिशोध लेना बहुत जरूरी था, की याद के तौर पर थी।

जलियाँवाला बाग हत्याकांड—1919

उसे इस जगह को ढूँढ़ने में किसी तरह की परेशानी नहीं हुई, जो बहुत सारी सार्वजनिक सभाओं की जगह थी, जहाँ पर वह अपने पिताजी के साथ कई बार बहुत सी सभाओं, खासतौर से सन् 1917 के बाद, जब सरदार किशन सिंह लाहौर की बाहरी सीमा पर बसे खवासरियन गाँव में आ गए और वहाँ पर अपना फार्म एवं डेयरी को सेट कर लिया, जो कि लाहौर के बहुत करीब था। उन दिनों लाहौर राजनीतिक गतिविधियों का केंद्र हुआ करता था। भगत सिंह जब अपने स्कूल के हॉस्टल में रहा करते थे, तो छुट्टियों के दौरान अकसर लाहौर से अपने गाँव बंगा, लायलपुर की यात्रा अकेले किया करते थे।

देर शाम अपने घर वापस आते ही उनकी छोटी बहन उनसे मिलने के लिए दौड़कर पास आ गई। निस्संदेह, उनका परिवार उनके लिए परेशान था, क्योंकि वे रोज घर लौटने के समय से देर से घर आए थे। एक बेचैन करनेवाली शांति, अनिश्चितता और अपशकुन—कुछ बहुत बुरा होने का अंदेशा वातावरण में फैला हुआ था। उसकी बहन ने भाई के लिए बड़े प्यार से उसके हिस्से के फल सँभालकर रखे हुए थे। जैसे ही उसका भाई घर में दाखिल हुआ, वह उसे फल देने के लिए दौड़ पड़ी। लेकिन उसे दूसरे ही क्षण अहसास हुआ कि उसका भाई बहुत उदास और निराश है।

"मैं कुछ भी नहीं खा सकता।" भगत सिंह ने कहा, "मुझे तुम्हें कुछ दिखाना है।" इतना कहकर उसने काँच की उस बोतल को निकाला, जिसमें खून से सनी मिट्टी रखी हुई थी। "उन अंग्रेजों ने हमारे बहुत सारे भाइयों की हत्या की है।" उसने उस दर्दनाक भयानक घटना के बारे में अपनी बहन को बताया और फूल की कुछ पत्तियाँ तोड़कर उन्हें उस बोतल के आसपास श्रद्धा व आदर के साथ रख दिया। मृतकों को श्रद्धांजलि देने का यह क्रम कई दिनों तक चलता रहा।

वह छोटा सा बालक जैसे एक रात में ही एक परिपक्व व्यक्ति बन गया था। उसने अपनी बचपन वाली मासूमियत एवं बेफ्रिकी से भरी किशोरावस्था को खो दिया था और अचानक ही उसमें जिसकी अपेक्षा नहीं की जा सकती थी, वैसी परिपक्वता आ चुकी थी।

ऐतिहासिक दृष्टिकोण से जलियाँवाला बाग में नर-संहार हुआ। वह हमारे स्वतंत्रता संग्राम की वह ऐतिहासिक घटना है, जिसके बारे में जिसने भी सुना या पढ़ा, उसकी आँखें गीली हुए बिना नहीं रह सकीं। साथ ही, यह घटना भगत सिंह के जीवन में भी एक बहुत बड़ा बदलाव लेकर आई। इसके बाद से उसके मन में प्रतिशोध की ज्वाला निरंतर जलती रहती थी और वे एक छात्र से भारत माता के ऐसे समर्पित सिपाही बन गए, जो अपने प्राण से प्यारे देश के लिए स्वयं को न्योछावर करने के लिए तैयार थे—और उन्होंने ऐसा किया भी।

आभार

सबसे पहले, मैं भारत माता के उस अमर सपूत की माँ, जिन्होंने उस समय मुझे अपना आशीर्वाद दिया और इतिहास के पन्नों में सुनहरे अक्षरों में दर्ज बहुत सी ऐसी क्रांतिकारी घटनाओं का ब्योरा मुझे जीवंत रूप से दिया, जिनकी अगुवाई समय-समय पर उन्होंने की। यह उस समय की बात है, जब मैं उनसे मई 1963 में खटकड़ कलाँ में मिला और मुझे उनके साथ रहने का सौभाग्य मिला, जिसके लिए मैं अपने छात्र जगमोहन का हमेशा आभार मानता रहूँगा, जो कि उनके पौत्र थे। इसके पश्चात् मुझे उनका सान्निध्य तब तक प्राप्त होता रहा, जब तक वर्ष 1975 के जून माह में उनके निधन ने उन्हें हमसे बहुत दूर कर हमें उनकी छत्रच्छाया से अलग कर दिया।

मैं बाबा सोहन सिंह भकना, जो गदर पार्टी के संस्थापक अध्यक्ष में से थे, का भी बहुत आभारी हूँ। उन्होंने हमारे अर्थात् मैं, जगमोहन और राजिंदर, मेरे भतीजे तथा बहुत से और लोगों के साथ अपने अनुभवों एवं विचारों के उस खजाने को साझा किया। उन्होंने हमें ऐसा अहसास करवाया, जैसेकि हम उनके संगी-साथी हों। हमें उनका साथ तीन वर्षों से भी अधिक समय के लिए उस दुःखद घटना से पहले तक मिलता रहा, जब तक वर्ष 1968 के दिसंबर में वे हमें सदा के लिए छोड़कर नहीं चले गए। इस दौरान, हमने गदर पार्टी के बहुत से दूसरे सदस्यों से भेंट-मुलाकातें कीं, जो हमारे प्रति उतने ही उदार एवं नरम व्यवहार से परिपूर्ण थे। हम सभी उनके दिए गए आश्रय के लिए उनके बहुत आभारी हैं।

इन अमर शहीदों से प्रेरित होकर हम कुछ युवाओं ने मिलकर एक कैंपेन की शुरुआत की, जिसमें हम अपने देश की आजादी के लिए अपनी जान न्योछावर करनेवाले शहीदों की विरासत का प्रचार-प्रसार को '60 के अंतिम और '70 के प्रारंभिक वर्षों में आम लोगों के बीच परचे बाँटकर, जगह-जगह पोस्टर चिपकाकर, स्कूल-कॉलेजों एवं गाँवों में उनके जन्मदिवस का जश्न मनाते हुए उनके फोटो का प्रदर्शन करते थे। हम ये सब कार्य युवा केंद्र, जालंधर के संरक्षण में करते थे। हम सभी को उस दौरान जो अनुभव प्राप्त हुआ, वह अनमोल है।

मुझे कुछ महान् गदराइयों के जीवन का बारीकी से अध्ययन करने का सुनहरा अवसर तब मिला, जब मैं बाबा सोहन सिंह भकना, बाबा हरि सिंह उस्मान, संत बाबा वासखा सिंह दादेहर और बाबा रामशरण दासजी की आत्मकथाओं के अनुवाद, संपादन एवं उनके प्रकाशन का काम कर रहा था। यह मेरे लिए बहुत ही अनोखा अनुभव था, जिसके लिए अगर उनका शुक्रिया करना भी चाहूँ तो शब्द खोजना मेरे लिए बहुत मुश्किल काम होगा।

मैं अपने प्रिय जगमोहन का हृदय से धन्यवाद करना चाहूँगा कि उसने मेरा परिचय प्रख्यात क्रांतिकारियों, जैसे—शिव वर्मा, जयदेव कपूर और किरण दास से करवाया।

किरण दादा का तो मुझ पर बहुत बड़ा अहसान रहा कि उन्होंने दिसंबर 1969 में, जब मैं कलकत्ता में था, तो मेरा परिचय बंगाल के बहुत सारे क्रांतिकारियों से करवाया, जिसमें से चार थे, जिनमें एक नाम महान् बीना दास का भी शामिल है। वे हमारे साथ सन् 1970 में अपनी पंजाब यात्रा के दौरान ठहरे थे और अपने सान्निध्य से हमें धन्य किया था।

मैं पूरे सम्मान के साथ क्रांतिकारी उपन्यासकार ज्ञानी केसर सिंह—कनाडा और क्रांतिकारी आंदोलनों के एक समर्पित तथा कभी न थकनेवाले इतिहासकार भाई नाहर सिंह का नाम यहाँ सम्मिलित करना चाहूँगा, जो इस सफर में मेरे मार्गदर्शक और सच्चे मित्र थे। मेरे पास उनके साथ बिताया एक-एक पल किसी बहुमूल्य खजाने की तरह है, जिसे मैंने कुछ सीखने और आनंद की अनुभूतियों को अपने अंदर समेटकर रखा हुआ है। मेरे लिए इन लोगों का आभार शब्दों में व्यक्त करना वास्तव में एक दुष्कर कार्य है।

मैं अपने सह-लेखकों—प्रो. हरिंदर सिंह, डॉ. कुलदीप पुरी, डॉ. गुरदेव सिंह सिद्धू, राजवंती मान, माधवी कटारिया, सीताराम बंसल, संग्राम सिंह एवं हरीश जैन का भी उनके आत्म-त्याग की भावना का इस कार्य में भरपूर प्रदर्शन करने के लिए ऋणी रहूँगा; साथ ही मैं मेरे लॉजिस्टिक कार्य में पूरा-पूरा सहयोग देने के लिए प्रिय रमेश कुमार का भी आभारी हूँ।

मैं इस पुस्तक को लिखने और इसमें शामिल वक्तव्यों के लिए जिन व्यक्तित्वों पर निर्भर रहा, उन्होंने मिलकर इस पुस्तक के सार को तैयार किया। उनमें सम्मिलित हैं—अजीत सिंह, यशपाल, शचींद्रनाथ सान्याल, शिव वर्मा, जयदेव कपूर, बाबा रामशरण दास, कॉमरेड रामचंद्र, राजाराम शास्त्री, जतींद्र सान्याल, कालीचरण घोष, विश्वनाथ वैशंपायन, अजय घोष, बाबा सोहन सिंह भकना, किरण दास, बिजॉय कुमार सिन्हा, ए.जी. नूरानी, के.सी. यादव एवं बाबर सिंह, दविंदर दमन, डॉ. जी.एस. गोयल, भूपिंदर आहूजा, वरिंदर संधू और जगमोहन सिंह। मैं इन सभी का बहुत-बहुत आभारी हूँ।

अनुक्रम

1

जड़ें

सरदार अजीत सिंह, जो कि भगत सिंह के चाचा थे, के अनुसार उनके पूर्वज अमृतसर के पास नरली गाँव में रहते थे। उनके पूर्वजों में से एक मुगल काल के दौरान जालंधर के पास खटकड़ कलाँ गाँव में आकर बस गए। नरली गाँव, जो उस

खटकड़ कलाँ वाला निवास-स्थान

इलाके के दिल में बसा हुआ था, में अधिकतर संधू-जाटों की आबादी बसी हुई थी, जो इस परिवार की उपजाति थी। ऐसा क्या हुआ कि उन्हें अपना गाँव छोड़कर दूसरी जगह आकर बसना पड़ा? यह एक रोचक कहानी थी, जिसे अजीत सिंह ने अपने यादों के पिटारे से निकाल बड़े शौक से सुनाई थी। उन्होंने उस पूरे घटनाक्रम को बड़े ही स्पष्ट और सजीव ढंग से बताया था—

उनके उन व्यवसायी पूर्वजों, जिन्होंने यह मुश्किल चुनाव किया था, को परिवार द्वारा परिवार के किसी सदस्य की मृत्यु के पश्चात् उसकी अस्थि को विसर्जित करने के लिए पवित्र गंगा, जो हरिद्वार में बहती है, भेजा गया था। उन्हें अपनी हरिद्वार तक की यात्रा को पैदल ही तय करना था, जो उस समय एक से दूसरी जगह जाने का एकमात्र तरीका था। चूँकि इस यात्रा में उन्हें कई सप्ताह का समय लगने वाला था, इसलिए पैदल चलनेवाले को रास्ते में रात के समय कुछ जगहों पर रुकना पड़ता था। लेकिन इस रास्ते पर पूरी तरह से अनजान होने के कारण यात्री को ऐसे परिवारों की तलाश करनी पड़ती थी, जो उन जगहों पर रात के समय उन्हें अपने घर मेहमान के तौर पर ठहराएँ, जहाँ पर वे अपने जीवन में पहली बार जा रहे थे। ऐसी परिस्थिति में, मेहमान अकसर ऐसे घरों का चयन करता था, जो मेहमाननवाजी पूरे दिल से और खुशी-खुशी करे। इस बार भी ऐसा ही हुआ, जब इस यात्री को सरदार के गाँव के किले जैसे घर में रहने को कहा गया।

मेजबान द्वारा स्वागत-सत्कार होने पर घर पर आए उस अजनबी के हाव-भाव मेजबान को बहुत पसंद आए। एक रात रुकने के बाद अगली सुबह मेहमान ने मेजबान परिवार से विदा लेने के बाद सुबह तड़के ही घर छोड़ दिया। लेकिन जाने से पहले उनके बीच में एक शर्त पर रजामंदी हुई। मेहमान से मेजबान द्वारा कहा गया कि वे अपनी वापसी की यात्रा के दौरान भी उनके घर पर ठहरेंगे। जैसाकि यह स्पष्ट था कि मेजबान परिवार की बस, एक चिंता थी—उनकी बेटी की शादी, जिसके लिए वे एक घर जमाई की तलाश कर रहे थे, जो उनके पास रहकर परिवार की संपत्ति की देखभाल कर सके। हालाँकि, इस प्रस्ताव को अजनबी के सामने बहुत खुलकर नहीं रखा गया, लेकिन फिर भी, उसे कुछ संकेत दिए गए थे कि उनके मन में ऐसे विचार चल रहे हैं। इसके चलते अजनबी अपने तय समय से पहले ही हरिद्वार की यात्रा से वापस वहाँ आने के लिए मजबूर हुआ।

उसके इस सुनहरे ख्वाब का आगे रंग-रूप जो भी हो, लेकिन ऐसी तो वे कल्पना भी नहीं कर पाए थे कि यह छोटी सी घटना भी आगे चलकर एक इतिहास रचेगी! उनके सामने जो प्रस्ताव था, वह इस पैकेज के रूप में सामने था कि उन्हें अपने पैतृक गाँव, घर, नाते-रिश्तेदार, जमीन और परिवार—सबकुछ छोड़कर यहाँ आकर हमेशा के लिए बसना होगा। हम समझ सकते हैं कि उस युवक के लिए यह निर्णय लेना कितना मुश्किल रहा होगा। इसके अलावा, किसी का घर जमाई बनकर रहने में सामाजिक तौर पर भी उसे एक तरह की उपेक्षा का सामना करना पड़ता। लेकिन फिर, होनेवाले जमाई, उस युवक, के लिए यह भी स्पष्ट हो गया था कि यह शादी कर लेने के बाद वह किले जैसी घर-संपत्ति का मालिक होने का सुख लेगा। फिर वह एक अमीर व्यक्ति कहलाएगा। और ऐसा हुआ भी![1]

भगत सिंह की पारिवारिक वंशावली के बारे में पर्याप्त जानकारी न होने के कारण हमें सीधे तौर पर पंजाब में सिख शासन, जिसके शासक महाराजा रणजीत सिंह थे

(1780-1839), के समय में पीछे जाना होगा। सरदार फतेह सिंह इस परिवार के समकालीन पूर्वज थे, जो सिख सेना में एक बहुत सम्मानित पद पर आसीन थे। उन्होंने अपनी देशभक्ति का प्रमाण उस समय दिया था, जब ब्रिटिश सरकार द्वारा दिए गए कई लुभावने प्रस्तावों, जिसमें उनकी सेना को अपनी सेवा देना था, की बजाय यह प्रस्ताव काफी आकर्षक था और महाराजा की सेना के पहले के बहुत से सरदारों को लुभा चुका था। उनके इस इनकार से उन्हें न केवल अपने पद और एस्टेट का बलिदान देना पड़ा, बल्कि जबरदस्ती उन्हें अवांछितों की सूची में भी डाल दिया गया।

परिवार की वंशावली

रन्या → भाऊ → तारा → दीवान सिंह → राम सिंह

↓

फतेह सिंह

↓

खेम सिंह

↓

सर्जन सिंह | अर्जन सिंह | मेहर सिंह

↓

किशन सिंह (माता विद्यावती) | अजीत सिंह (माता हरमन कौर) | स्वर्ण सिंह (माता हुकुम कौर)

↓ (किशन सिंह)

1. जगत सिंह (अल्पायु में मृत्यु) 2. भगत सिंह 3. बीबी अमर कौर 4. कुलबीर सिंह 5. कुलतार सिंह 6. बीबी सुमित्रा (प्रकाश कौर) 7. बीबी शकुंतला 8. रणबीर सिंह 9. राजिंदर सिंह।

दादा-दादी

सरदार अर्जन सिंह

सरदार अर्जन सिंह, जो भगत सिंह के दादाजी थे, का जन्म सन् 1857 के स्वतंत्रता संग्राम के ठीक बाद में हुआ था। उनका बचपन ऐसे माहौल में बीता, जिसमें घोर अंतर्विरोध था, जहाँ पर अत्याचार करनेवाले और अत्याचार से मुक्ति पाने के लिए बेचैन दोनों वर्ग खुद को दूसरे से बलवान् साबित करने के लिए लंबे संघर्ष की तैयारी में लगे हुए थे। इस देश पर शासन करनेवाले शासकों ने भारतीयों द्वारा किए गए विद्रोह को एक बार अनुभव कर लिया था, इसलिए वे पहले से बहुत सतर्क रहते थे और इस तरह के किसी भी विरोध का छोटा सा भी संकेत मिलने पर तुरंत ही उनके कान खड़े हो जाते थे। उन्होंने लोगों के बीच धर्म, ऊँच-नीच के नाम पर नफरत का बीज बोना शुरू कर दिया था। वे ऐसा 'फूट डालो, राज करो' की नीति अपनाते हुए कर रहे थे, जिसके परिणामस्वरूप सामंतवादियों, जिनका इसमें अपना स्वार्थ भी शामिल था, का भी साथ उन्हें प्राप्त हुआ। उनका पूरब के पिछड़े वर्ग के उत्थान करने का उनका ढोंग, जिसे तथाकथित 'व्हाइटमैन्स बर्डन' कहा गया, को जारी रखा गया, जिसका अर्थ था—अंग्रेजों के शासनवाले उपनिवेशों में फैली कुरीतियों का दमन करना; जैसे सती प्रथा को भी समाप्त करने की पहल की गई। दूसरी तरफ, इस नीति के बिल्कुल उलट, मिथक शुद्धीकरण के नियमों के प्रसार का आश्रय लिया गया। इसके लिए उन्हें एक सशक्त उपकरण उन पुजारियों के रूप में प्राप्त हुआ, जो अपने धार्मिक ग्रंथों में से उद्धरणों को खोजकर लोगों के बीच दोहरा सकें, जिनसे यह पता चलता हो कि उनके द्वारा जो कुछ किया जा रहा है, वह ईश्वर की इच्छा के अनुसार है और उसका आदेश भी है। उदाहरण के लिए, पंजाब में एक बहुत सम्मानित सिख विद्वान् को यह कार्य सौंपा गया कि वे उस बनावटी ऐतिहासिक घटना को लोगों के समक्ष प्रस्तुत करें, जिसमें सिखों के नौवें गुरु, गुरु तेग बहादुर को औरंगजेब द्वारा दिल्ली कोतवाली में जेल में बंद करवा दिया गया था, जहाँ पर उन्होंने यह भविष्यवाणी की कि आनेवाले समय में भारत पर जिनका शासन होगा, वे यूरोप से होंगे। और फिर, इसके और भी गहराई में जाने पर एक और झूठी कहानी यह भी फैलाई गई कि गुरु गोविंद सिंह के वारिस, जो उनके पुत्र थे, ने

राजपूत प्रमुख मदन सिंह और शाम सिंह को यह बताया कि आनेवाले समय में सिखों द्वारा इस ब्रिटिश साम्राज्य के अंतर्गत उनके साथ मिलकर इस दुनिया में अपना परचम फहराया जाएगा।

इस तरह की बातों को एक सामयिक पत्रिका 'द खालसा एडवोकेट' के उद्धरण से लिया गया था, जिसके लिए यह माना गया कि यह गुरुवाणी है। इसे पत्रिका के दिनांक 26 जून और 18 सितंबर, 1915 के संपादकीय में छापा गया। पत्रिका के संपादक अपने अंतरात्मा का दमन कर इतना विवश हो गए कि उन्होंने अपनी पत्रिका में कामागाटा मारू (जो कि भाप की शक्ति से चलनेवाला एक समुद्री जहाज था, जिसे बाबा गुरुदत्त सिंह ने खरीदा था और वे उसमें बहुत से यात्रियों, जिसमें भारतीय अंग्रेज शामिल थे, को सवार कर कनाडा के लिए रवाना हुए। लेकिन वहाँ पहुँचने पर अंग्रेज सरकार द्वारा भारतीयों को वहाँ उतरने की इजाजत नहीं दी गई। जहाज को वापस भेज दिया गया और वापसी में कलकत्ता के बजबज घाट पहुँचा तो अंग्रेजों ने उस पर फायरिंग कर दी, जिसमें कई लोगों की जान गई) कांड, जिसे 29 सितंबर, 1914 को अंजाम दिया गया, का स्वागत करते हुए लेख छापा। और इसके साथ ही, पत्रिका में स्पेशल ट्रिब्यूनल 1915 की प्रशंसा में भी लेख छापा गया, जिसके अंतर्गत 24 गदरियों को मौत की सजा दी गई, जिसके बारे में उनका कहना था कि 'उन्हें सजा मिलना उचित था। वे इस सजा के योग्य थे।'[2]

जहाँ तक आम लोगों की बात थी, जन-साधारण के बीच में किसी भी तरह से धर्मनिरपेक्ष परंपरा (जो सभी के बीच बिना किसी भेदभाव के समान रूप से प्रचलित हो) का अभाव होने के कारण उन्हें भी अपनी विरोधी ताकतों को फिर से व्यवस्थित करने के लिए अपने धार्मिक बंधनों की पनाह में लौटना पड़ा। एक तरह से, इससे यह भी समझा जा सकता है कि यह लोगों की एक तरह की वापसी थी। लेकिन संसार के सुनहरे भविष्य के एक दृष्टिकोण के अभाव में उनके पास बस, एक यही विकल्प शेष था। और इस परिदृश्य में कमोबेश स्वामी दयानंद जैसे व्यक्तित्व का उन्नीसवीं शताब्दी में एक मिशन के साथ उदय हुआ, जिनका मिशन था—वेदों के महत्त्व को पुनः संगृहीत करना और उनमें दिए गए संदेशों को फिर से जन-मानस में प्रचलित करना। अपने इस उद्देश्य को पूरा करने के लिए उन्होंने एक नव-जागरण की नींव रखी। उन्होंने आर्यसमाज के संरक्षण में आंदोलन की शुरुआत की। इसका आध्यात्मिक प्रभाव जो भी रहा हो, लेकिन इससे भारतीयों के मन में अपने देश की विरासत, जो उन सबकी थी, के महत्त्व को जान लेने के बाद जिस आत्मविश्वास का संचार हुआ, वह विदेशी शासकों के लिए एक तरह की खतरे की घंटी साबित हुआ।

दिए गए संदर्भ में आर्यसमाज आंदोलन से भगत सिंह के परिवार के सदस्यों में सरदार अर्जन सिंह के माध्यम से राष्ट्रवादी-देशभक्तिपूर्ण प्रवृत्तियों का बीजारोपण हुआ।

अर्जन सिंह पंजाब में स्वामी दयानंद के आरंभिक दौर में बने अनुयायियों में से एक थे और वे उनके कुछ उपदेशों में व्यक्तिगत तौर पर शामिल हुए थे। परिवार की ऐतिहासिक पृष्ठभूमि की विशेषज्ञ वरिंदर के अनुसार, "उन्होंने यह उस समय किया, जब व्यक्ति को एक मंदिर से आर्यसमाज भवन पहुँचने के लिए भी बहुत अधिक दूरी को तय करना होता था (जो कि वैचारिक भी होती थी), जबकि सरदार अर्जन सिंह ने एक गुरुद्वारे से आर्यसमाज भवन का रुख किया था।" उनके अनुसार, "उनके द्वारा उठाया गया यह कोई क्रांतिकारी कदम नहीं था।" इसके अतिरिक्त, उनका लंबे समय में राजनीतिक संबंध होने वाला था और उसी समय उनके इस कदम का यह असर दिखा कि उनके दोनों बड़े बेटे—किशन सिंह और अजीत सिंह को जालंधर के सेन दास ऐंग्लो-संस्कृत हाई स्कूल में डालने का अभूतपूर्व निर्णय एक जाट-सिख द्वारा लिया गया। वे खुद रायजादा भगत राम, जो जालंधर के एक अधिवक्ता थे एवं उनका राजनीति से भी संबंध था और जो एक सक्रिय कांग्रेस कार्यकर्ता भी थे, के यहाँ मुंशी का काम करने लगे। इसका प्रभाव यह हुआ कि उनका भी एक राजनीतिक नजरिया बना। इसलिए यह मात्र संयोग नहीं था कि अर्जन सिंह का झुकाव आर्यसमाज की ओर कांग्रेस के साथ अपने सक्रिय संबंध के साथ-साथ हुआ। वे अपने बड़े भाई सुरजन सिंह, जो जेलदार थे और जिनका कार्यालय ब्रिटिश साम्राज्य के प्रति पूरी तरह से वफादार लोगों के लिए सुरक्षित था, के साथ लाहौर में सन् 1893 में हुए कांग्रेस के सेशन में शामिल हुए थे, जो दादाभाई नौरोजी की अध्यक्षता में हुआ था। इस सेशन में उन्होंने जालंधर जिला के प्रतिनिधियों के तौर पर शिरकत की थी। उनके इसमें शामिल होने का सजीव चित्रण अपने शब्दों में व्यक्त करते हुए उनकी प्रपौत्री वरिंदर कहती थीं—दो भाई अपने पारंपरिक वेशभूषा में हाथ में झंडा लिये हुए थे। जब रेल कांग्रेस अध्यक्ष और अन्य प्रतिनिधियों को लेकर जालंधर रेलवे स्टेशन पर पहुँची तो रायजादा भगत राम ने उन दोनों का परिचय उनसे करवाया। वहाँ पर मौजूद अन्य सभी प्रतिनिधि पश्चिमी पोशाक में थे। उन सबके बीच में वे दो लोग ही सबसे अलग दिख रहे थे। दादाभाई नौरोजी उन दोनों से इतने मंत्रमुग्ध हुए कि उन्होंने उन्हें अपने कमरे में ही साथ रहने को कहा। वे दोनों भाई एक साथ सार्वजनिक तौर पर पहली बार साथ आए थे। अब तक दोनों भाई सार्वजनिक जीवन के अनुभव से कोसों दूर थे। हालाँकि, यह भी लंबे समय तक नहीं चल सका। कुछ समय के बाद ही प्लेग नामक महामारी ने सबको अपनी चपेट में ले लिया। बड़े भाई द्वारा अधिकारियों की संभावित प्लेग से प्रभावित परिवारों को समाप्त करने की नीति का खुलकर समर्थन किया जा रहा था, जिसमें उन परिवारों को किसी तरह के मुआवजे का भी प्रावधान नहीं था; जबकि छोटे भाई ने इस नीति का जोरदार ढंग से विरोध किया। इसके बाद इन दोनों भाइयों को किसी भी सार्वजनिक स्थान पर एक साथ नहीं देखा गया।

सरदार अर्जन सिंह की जीवन-शैली बहुत ही सार्थक थी। चूँकि भगत सिंह (और जगत सिंह भी, जब तक वे जीवित रहे) अपने दादा को अपना गुरु और सबसे अच्छा साथी मानते थे, क्योंकि उनके पिता सरदार किशन सिंह, साथ ही उनके चाचा सरदार अजीत सिंह भी तरह-तरह की बैठकों या आंदोलनों में सक्रिय भूमिका निभाने के लिए घर से बाहर रहते थे।

वरिंदरजी के अनुसार, सरदार अर्जन सिंहजी के व्यक्तित्व की दो सबसे बड़ी विशेषताएँ थीं—दृढ़ता और सामाजिक सुधार के लिए कभी शांत न होनेवाली चाह। वे स्वभाव से ही सबकुछ यथास्थिति बने रहने के घोर विरोधी थे और सुधार लाने के बहुत बड़े समर्थक थे। उनके ये दोनों गुण ही संपूरक थे और परिणामस्वरूप उनके भीतर परिस्थितियों में सुधार करने और विकास करने की कभी न मिटनेवाली भूख थी। वे खुद अपने स्वयं के प्रयासों से, जितना उनके लिए संभव था, पाँच भाषाओं—हिंदी, संस्कृत, उर्दू, फारसी और गुरुमुखी/पंजाबी—पर बहुत अच्छी पकड़ बना ली थी। इसके साथ ही, उन्होंने यूनानी चिकित्सा प्रणाली में भी महारत हासिल की थी और वे एक पेशेवर चिकित्सक की भाँति इसके माध्यम से लोगों का इलाज करने में सक्षम थे।

"कुछ समय बीतने पर, उनकी रोमांचक प्रवृत्ति ने उन्हें सन् 1898 में अंग्रेज हुकूमत द्वारा आवंटित की गई 25 एकड़ जमीन, जो बंगा गाँव, जिला लायलपुर में थी, के प्रस्ताव को स्वीकार करने के लिए प्रेरित किया। कदाचित् ईश्वर द्वारा इस स्थान को ही शहीद भगत सिंह और उनके भाई बहनों का जन्म-स्थान तय किया गया था, जहाँ पर उन सभी ने अपना बचपन और स्कूल की शुरुआती शिक्षा को प्राप्त किया।

"अर्जन सिंहजी को यहाँ पर जो जमीन दी गई थी, उसमें बहुत क्षमता तो थी, पर साथ ही उस पर कड़ी मेहनत करने की भी जरूरत थी। उस समय तक उनके दो बेटे हो चुके थे, जो कि जवानी की दहलीज पर पहुँच चुके थे और अपने पिता के जीवन पर पड़नेवाले तरह-तरह के प्रहारों का दर्द सहन करने को तैयार थे। लेकिन सरदार अर्जन सिंह उन साधारण पिताओं में से नहीं थे, जो अपने पुत्रों से मात्र अपने जीवन के भार के वहन में सहभागी बनने की अपेक्षा रखते। बल्कि स्वयं वे, उनके माता-पिता एवं गुरुओं ने ही उनमें देशभक्ति की भावना का संचार किया था और इसी के परिणामस्वरूप उनके दोनों बड़े बेटों ने, जहाँ तक खेती-बाड़ी की बात थी, की ओर कम ध्यान दिया।

"अतः वृद्धावस्था में अपनी जिम्मेदारियों से मुक्त होना उनकी किस्मत में नहीं था। अतः उनके अलावा और कोई नहीं था, जो खेतों में बुआई करता और अंततः फसल पककर तैयार होने पर उसकी कटाई करता।"[3]

जैसाकि पहले ही संकेत दिए जा चुके हैं कि आर्यसमाज साफ तौर पर एक धार्मिक आंदोलन था; लेकिन साथ ही इसकी बहुत ही मजबूत शाखाएँ थीं, जो सामाजिक सुधार

में भी महत्त्वपूर्ण भूमिका निभाती थीं और अकसर ऐसा भी होता था कि सामाजिक बदलाव का प्रभाव राजनीति पर भी दिखता था, जिसे लेकर शासक वर्ग बहुत ही संवेदनशील रहता था। यहाँ लेखक सन् 1914 की कामागाटा मारू घटना के संदर्भ में गदरी क्रांतिकारियों का जो ट्रायल किया गया, उसके दौरान जजों का जो अवलोकन था, उसे दोबारा से सामने रखने के लिए उत्साहित था, जो लोगों के बीच में भय की प्रतिध्वनि को बार-बार दोहराती रहती थी।

"संवैधानिक व्याकुलता (सामाजिक सुधार के विषय में पढ़ें) को आसानी से असंयमित व्याकुलता, असंयमित व्याकुलता को विद्रोह और विद्रोह को क्रांतिकारी तरीकों की ओर मोड़ा जा सकता है।"[4]

"अपने व्यक्तिगत जीवन में सरदार अर्जन सिंह को खुद अपने हाथों से काम करने का बहुत शौक था। उन्होंने अपनी जमीन पर कड़ी मेहनत कर आम का एक बगीचा तैयार किया था। उन्होंने एक आर्यसमाजी होने के बावजूद अपने गाँव में बन रहे एक गुरुद्वारे के निर्माण में सक्रिय रूप से भाग लिया। इसलिए उनके बारे में यह बात पूरी तरह से सच है कि वे अपने ज्ञान पर अभिमान करनेवाली प्रवृत्ति से कोसों दूर थे। शायद वही थे, जो भगत सिंह के लिए मार्ग तैयार कर रहे थे। इस संबंध में गुरुद्वारे सुधार और अकाली आंदोलन के लिए उनका खुले तौर पर समर्थन देना उनकी काले रंग की पगड़ी से प्रदर्शित होता था, जो इस आंदोलन का प्रतीक थी। उन्होंने खुले तौर पर अछूत प्रथा का विरोध किया और अपने दिन-प्रतिदिन के जीवन में भी ऐसा कोई मौका नहीं छोड़ा, जब वे इसकी कुरूपता को लोगों के सामने न रख पाते।

> *अजीत सिंह ने उन्हें याद करते हुए कहा, "बचपन में मुझे वे मेरे बड़े भाई के साथ आनंदपुर ले गए। हमें वहाँ पर अमृत संस्कार के लिए ले जाया गया था।" जब से सिखों के दसवें गुरु गोविंद सिंह द्वारा इस प्रथा को आरंभ किया गया था, तब से हमारा परिवार इसका अनुसरण करता आ रहा है। परिवार के हर पुरुष सदस्य को हमेशा इस पवित्र संस्कार के लिए आनंदपुर ले जाया जाता है।"*
>
> *अजीत सिंह—एन एक्जाइल्ड रिवॉल्यूशनरी (पृष्ठ-21-22)*

"जहाँ तक उनके राजनीतिक आंदोलनों में सक्रिय तौर पर भाग लेने की बात थी, जब सन् 1920 में असहयोग आंदोलन की शुरुआत की गई थी, उन्होंने ओम् के झंडे का त्याग 'भारत माता की जय' वाले झंडे को लेने के लिए कर दिया था। उन्होंने सत्याग्रहियों के बैंड की अगुवाई जराँवाला शहर के लिए भी की थी।"

वरिंदरजी द्वारा इस बात को भी सारगर्भित किया गया कि उनके परिवार के लिए सरदार अर्जन सिंह की विरासत का सत्त्व क्या है? उनके अनुसार—"यह उनकी विरासत

ही थी, जिसने विद्रोह की ज्वाला को उनके अंदर ज्वलंत किया, जिसके बारे में वैसे तो कहा जाता है कि यौवन काल में स्वत: ही आ जाती है, लेकिन उनके भीतर यह ज्वाला अंतिम दिनों तक जलती रही। इसके लिए उन्हें कई तरह के दु:खों का भी सामना करना पड़ा। उनके बड़े बेटे को हमेशा छिपते-छिपाते भागते हुए जीवन व्यतीत करना पड़ा। उनके दूसरे बेटे को वर्ष 1909 के शुरुआती दौर में देश-निकाला दिया गया और उनके तीसरे बेटे स्वर्ण सिंह को 23 साल की कम उम्र में ही अपनी शादी के कुछ ही समय के बाद अपनी देशभक्तिपूर्ण गतिविधियों के चलते जेल में अपना जीवन गुजारना पड़ा। देश के लिए किए गए उनके विद्रोह के प्रति उनके समर्पण का सारा सार यही था कि उन्होंने अपने दोनों पोतों जगत सिंह और भगत सिंह को भारत माता के लिए न्योछावर कर दिया, जिसका प्रतीक यज्ञोपवीत संस्कार की शुरुआत थी, जिसके दौरान उन्होंने यह कहा, 'मैं इस पवित्र अग्नि के समक्ष खड़े होकर वचन देता हूँ कि मैं अपने इन दोनों बच्चों को राष्ट्र के लिए समर्पित करता हूँ।'

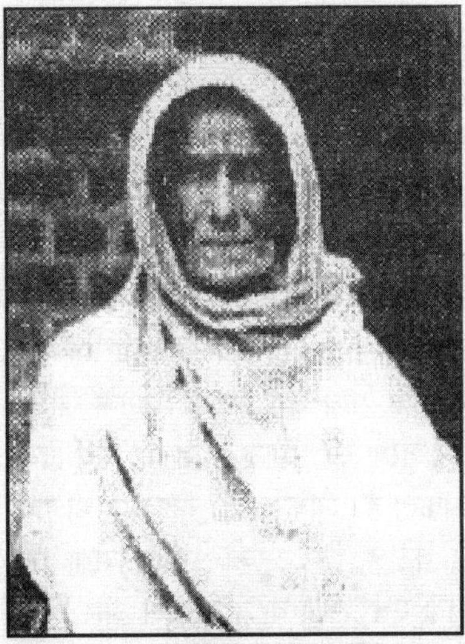

दादी जय कौर

"अब आपको माता जय कौर के बारे में बताते हैं, जिन्होंने सारी उम्र सिख धर्म में अपनी अटूट आस्था को बनाए रखा। यज्ञोपवीत संस्कार के समय यज्ञोपवीत संस्कार जिनका होना होता है, उनका मुंडन करवाया जाता है; लेकिन उस समय ऐसा करना दादी माँ को बिल्कुल भी बरदाश्त नहीं हुआ और उनकी इच्छा को देखते हुए दादाजी ने भी ऐसा करने पर जोर नहीं दिया।

"जैसाकि भारतीय समाज में अकसर हम देखते हैं कि पति व पत्नी के रिश्ते में पत्नी को हमेशा चुपचाप सबकुछ सहन करते हुए जीने की शिक्षा दी जाती है और अधिकतर पत्नियाँ ऐसा करती भी हैं। लेकिन जब बात माता जय कौर की आती है तो उन्हें जीवन भर जिन कष्टों का सामना करना पड़ा, वैसा शायद ही किसी स्त्री को करना पड़ा हो। उन्हें अपनी दो जवान बहुओं की पीड़ा का सामना करना पड़ता था। उनमें से एक बीबी हरनाम कौर थीं, जो उनके दूसरे बेटे की पत्नी थीं, जिनके पति के बारे में कुछ पता नहीं था। उनको यह भी मालूम नहीं था कि वे जीवित हैं भी या नहीं। और दूसरी थीं उनके छोटे बेटे की विधवा हुकुम कौर, जिनको अपने पति के हमेशा के लिए छोड़कर चले जाने का दु:ख हर समय कचोटता

था। इन सबसे ज्यादा विवाह के लायक उनके जवान पोते की शहादत, जिसके लिए उन्होंने बहुत सारे सपने सँजो रखे थे, इस दु:ख ने उन्हें पूरी तरह से तोड़ दिया था।

"एक गृहिणी के तौर पर, वे अपने पति की मदद यूनानी पद्धति से लोगों का इलाज करने के काम में दवाइयाँ बनाकर करती थीं। उनको उन लोगों की हड्डियों को सही जगह पर बैठाने का काम भी आता था, जो किसी कारणवश अपनी जगह से हट जाती थीं। अपने सामाजिक कार्यों के प्रभाव के कारण उन्हें गाँव की पंचायत का चयनित सदस्य भी बनाया गया था। करीब एक दशक तक उन्होंने भूमिगत रहते हुए प्रसिद्ध देशभक्तों, जिनमें सूफी अंबा प्रसाद जैसे गदरी शामिल थे, की मंडली की देखभाल की थी और यहाँ तक कि वे अकसर अपनी जान को दाँव पर लगाकर उन्हें पुलिस से बचाती थीं। वे अपने साहसी पति के बिना आठ वर्षों तक जीवित रहीं और अंतत: सन् 1940 में उनकी मृत्यु हो गई।

"यदि अर्जन सिंह सामाजिक क्रांति का झंडा थे तो माता जय कौर उस झंडे का मजबूत स्तंभ थीं।" वरिंदरजी इन्हीं शब्दों के साथ अपनी बात को पूरा करती हैं।[5]

माता-पिता

भगत सिंह की प्रारंभिक अवस्था और शुरुआती बचपन का अधिकतर समय अपने दादा के सान्निध्य में ही बीता। अपनी किशोरावस्था के समय से वे अपने पिता की देखभाल में आए।

पिताजी सरदार किशन सिंह

सेन दास ऐंग्लो-संस्कृत हाई स्कूल, जालंधर का विद्यार्थी होने की वजह से सरदार किशन सिंह, भगत सिंह के पिताजी, महात्मा हंसराज के साथ जुड़े हुए थे। उनके जीवन के इस चरण को समाज-सेवा का नाम दिया जा सकता है। लेकिन यहाँ यह बात भी गौर करने की है कि उनकी समाज-सेवा की प्रबलता एवं प्रसार बहुत विशाल और भिन्न था। उनकी सेवा के दायरे में मध्य प्रदेश व गुजरात जैसे दूर के क्षेत्रों में सन् 1897 में राहत कैंप की व्यवस्था करना और 1904 में काँगड़ा में आए भूकंप के जोरदार झटकों के समय जनता की मदद तथा 1905 में कश्मीर की झेलम नदी में आई बाढ़ से बुरी तरह प्रभावित लोगों की मदद करना शामिल था।

"उनके इन कार्यों के बल पर वे समकालीन भारत के राजनीतिक परिदृश्य में अपना

स्थान बना पाए। और इस तरह, वे स्वयं ही कांग्रेस की ओर आकर्षित हुए, जो उस समय राष्ट्रीय स्तर पर काम करने के लिए एकमात्र मंच उपलब्ध था। एक बार कांग्रेस में आने के बाद वे बाल गंगाधर तिलक के प्रशिक्षण में उसका हिस्सा और उग्र सुधारवादी दल का एक खंड बन गए। सन् 1907 में तीनों भाइयों ने स्वयं को राजनीतिक हलचलों के भँवर में झोंक दिया था, जिसका कारण 1905 में हुआ बंगाल का विभाजन और बाद में पंजाब में लाया गया भूमि उपनिवेशन कानून था, जिसमें नहर उपनिवेशों में भूमि के मालिकाना हक को किसानों से छीना गया था। उस समय पंजाब में बहुत अशांति फैली हुई थी और इस परिवार का पैतृक जिला लायलपुर इस अशांति का केंद्र बना हुआ था।

चाचा अजीत सिंह

"तीनों भाई तत्कालीन ब्रिटिश सरकार के दमन का शिकार हुए। एक तरफ अजीत सिंह को 3 जून, 1907 को गिरफ्तार करने के बाद देश से निष्कासित कर बर्मा (जिसे आजकल 'म्याँमार' कहा जाता है) भेज दिया गया। स्वर्ण सिंह को 20 जुलाई, 1907 को लाहौर से गिरफ्तार कर जेल भेज दिया गया और किशन सिंह को 2 सितंबर, 1907 को नेपाल में गिरफ्तार कर लिया गया। लेकिन तीनों भाइयों के जेल से रिहा होने की खबर भगत सिंह के जन्म 28 सितंबर, 1907 के साथ ही मिली। इसलिए परिवार के लिए यह बहुत ही शुभ घड़ी थी। परिवार में जनमे नए बालक को सौभाग्य का सूचक माना गया और प्यार से उसका नाम 'भगन वाला' रखा गया, अर्थात् सौभाग्यशाली! बाद में औपचारिक तौर पर उसे 'भगत सिंह' नाम दिया गया!

चाचा स्वर्ण सिंह

"सरदार किशन सिंह के व्यक्तित्व के गुणों में समझदारी, चतुराई, किसी भी संकट

को पहले से भाँप लेना शामिल था, जो उन्हें क्रांतिकारी साथियों के लिए एक बहुत महत्त्वपूर्ण सहायक की श्रेणी में रखता था। वे अपने साथियों को मुसीबत में शरण देने, गिरफ्तारी से बचाने का काम यह जानते हुए भी करते थे कि वे स्वयं हमेशा पुलिस की निगरानी में रहते हैं। उनके द्वारा क्रांतिकारी साथियों की की गई मदद के कुछ किस्सों में दिल्ली बम केस के बाद रास बिहारी बोस, कोमागाटा मारू कांड वाले भाई परमानंद और सन् 1914 एवं 15 के सभी गदरियों के अनुसार छिपने के लिए सबसे उपयुक्त उनका घर था। उनकी इस भूमिका में उनका साधारण होता रूप और देहाती छवि उनके लिए बहुत से स्मार्ट सी.आई.डी. के लोगों को चकमा देने में कारगर साबित होती। एक बार वर्ष 1910–11 में शचींद्रनाथ सान्याल उनके पास एक युवा, जिसका नाम विभूति था, के साथ आए। किशन सिंह ने उसकी उपस्थिति में शचींद्रनाथ के साथ राजनीति पर चर्चा करने से मना कर दिया, जिससे स्वाभाविक तौर पर वह नाराज हो गया। बाद में, जब वे अकेले थे तो उन्होंने सान्याल से कहा कि वह लड़का विश्वास करने योग्य नहीं है। आगे चलकर यह सच साबित हुआ। बनारस षड्यंत्र कांड में विभूति शचींद्रनाथ सान्याल के खिलाफ गवाह बन गया।

"उनका दिल से पूरा-पूरा सहयोग सभी तरह के क्रांतिकारियों के साथ रहा; हालाँकि, उन्होंने कभी उनकी नीतियों पर अपने समर्थन को नहीं लागू किया, क्योंकि वे स्वयं भारत माता सोसाइटी की कार्य-प्रणाली के समर्थक थे, जिसके लिए वे एक सक्रिय कार्यकर्ता के तौर पर काम करते थे। वे खुले तौर पर विद्रोह करके काम करने के बजाय एक कानूनी दायरे के अंदर रहकर काम करना पसंद करते थे।

"ऐसा क्या था, जिसने उन्हें इन सांसारिक मामलों में शामिल होने के बाद भी इससे अलग रखा? वह उनकी पैसा कमाने की आदत थी। व्यवसाय के तौर पर वे बीमा व्यवसाय करते थे, जिसमें उनको बहुत सफलता प्राप्त थी। अपने उस व्यवसाय से उन्होंने जो पैसा कमाया था, उससे उन्होंने लाहौर के पास खावसरियन गाँव में खेती के लिए बहुत बड़ी जमीन खरीदी थी, जो परिवार की सबसे बड़ी पूँजी थी। हालाँकि, यह वर्ष 1920 से लेकर 1947 तक ही परिवार का निवास-स्थान रहा। भगत सिंह से संबंधित जितने भी सरकारी दस्तावेजों के रिकॉर्ड हमें प्राप्त हुए हैं, उनमें इस स्थान की बात अवश्य की गई है। उनके पैसा कमाने और साथ ही पैसा खर्च करने की आदत, इसमें फिजूलखर्ची शामिल नहीं होती थी, दोनों ही बहुत अद्‌भुत थीं। वे कभी भी चीजों को खुदरा तौर पर नहीं खरीदते थे, बल्कि हमेशा थोक में लेते थे!

"राजनीतिक तौर पर बात करें, तो उनका प्रमुख योगदान यह था कि वे प्रबुद्ध लोगों की टीम के एक सदस्य थे, ठीक अपने दोनों भाइयों—लाल चंद 'फलक' और मेहता नंद किशोर एवं अन्य की तरह, जिन्होंने पंजाब को बगावत वाले प्रकाशनों से भर दिया

था। उनकी इस सक्रियता में एक दौर अभियोग के बवंडर का भी आया था, जिसका अधिकांश तौर पर कोई परिणाम नहीं निकला!

"जेल में रहने के दौरान उन्होंने वहाँ पर राजनीतिक कैदियों के आत्मसम्मान के लिए संघर्ष किया और अपनी इस लड़ाई के दौरान उन्हें बहुत से कष्ट भी झेलने पड़े। अपने बच्चों के प्रति लगाव के चलते उन्होंने अपने बच्चों में एक समर्पित माता-पिता बनने के साथ ही अपने देश के प्रति समर्पित जीवन जीने के लिए प्रेरित करने का भी प्रयास किया। दो अलग-अलग गुणों के साथ सामंजस्य बैठाने का गुण उनके क्रांतिकारी भगत सिंह के सारे जीवन काल के दौरान विपरीत भूमिकाओं में भी झलकता रहा।

"संयोगवश, उन्हें सर्वसम्मति से सन् 1937 में अमृसतर, जो उस समय प्रमुख चुनाव क्षेत्र माना जाता था, विधानसभा का सदस्य अर्थात् विधायक चुना गया, जो उनकी जनता के बीच प्राप्त प्रसिद्धि के लिए किया गया उनका सम्मान था।

"स्वाभाविक है कि उनके जीवन-काल का सबसे कठिन दौर वही था, जब उनके पुत्र को फाँसी दी गई, खासतौर से उनके लिए 23 मार्च, 1931 की शाम उनके शहीद होने से पहले और बाद का समय बहुत कष्टकारी था। जब उस बहुत ही कष्ट पहुँचानेवाले दिन पूरा परिवार उनसे आखिरी बार मिलने जेल पहुँचा तो जेल अधिकारियों ने उनके दादा-दादी और चाचियों को उनसे मिलने की इजाजत यह कहते हुए नहीं दी कि वे उनके बहुत करीबी नहीं हैं। किशन सिंह ने उनसे कहा कि वे जेल परिसर से कुछ दूर जाकर इंतजार करें, जिससे वे जेल प्रमुख से बात कर सकें। वे अंदर गए और वापस आकर उन्होंने सबको घटना की जानकारी सामान्य अवस्था में देते हुए बताया कि 'नियम के अनुसार'—उस समय उन्होंने अपनी भावनाओं को पूरी तरह से दबाए रखा, जिससे कि परिवार के अन्य लोग भी भावनाओं पर काबू रख पाए और साथ ही उन्हें वहाँ पर उस समय तक जमा हो चुकी भीड़ का भी खयाल रखना था, जो वहाँ पर किसी भी समय फाँसी दिए जाने की खबर से जमा हो गई थी। फिर जेल प्रशासन की ओर से कुछ ऐसे संकेत मिले कि फाँसी के समय को 12 घंटे पहले किया गया है (फाँसी 24 मार्च की सुबह की बजाय 23 मार्च की शाम को दे दी गई)। परिवार बहुत बड़ी भीड़ के साथ जेल की ओर आगे बढ़ने लगा। मोरी गेट पहुँचने पर जमा हुई भीड़ एक सार्वजनिक सभा में बदल गई। किशन सिंहजी ने भीड़ को संबोधित करते हुए अपने आप को पूरी तरह से शांत रखा। इसी बीच किसी ने उनके कान में धीरे से बताया कि फाँसी दी जा चुकी है। यह सुनने के बाद भी उन्होंने अपनी भावनाओं पर काबू रखा और अपना भाषण जारी रखा। जेल के गेट पर पहुँचने के बाद वे और अन्य लोग जेल के गेट को खोलने के लिए जोर-जोर से चिल्लाने लगे। लेकिन ऐसा नहीं हुआ, क्योंकि तीनों शहीदों के शवों को चुपचाप जेल से बाहर निकालकर किसी अनजान जगह पर अंतिम संस्कार के लिए ले जाया जा चुका था।

"अंत में, एक पिता के तौर पर उन्होंने अपने बेटे भगत सिंह को जो सबसे बड़ा उपहार दिया, वह था अपने आप पर भरोसा करना, जिसे उनके जीवन के एक उदाहरण से स्पष्ट किया जा सकता है। एक बार उन्होंने भगत सिंह को काम दिया कि वे 500 सत्याग्रहियों, जो जयतो गुरुद्वारा आंदोलन के थे, को खाना परोसें। उन्हें यह काम सरकारी अड़चनों के साथ-साथ अपने भीतर के एक वफादार रिश्तेदार दिलबाग सिंह द्वारा पैदा की गई मुश्किलों को पार करते हुए करना था। भगत सिंह ने अपने काम को पूरी ईमानदारी के साथ किया और साथ ही उनके बीच भाषण भी दिया, जिसके बाद उन्हें पुलिस ने उपद्रवी माना और उनके खिलाफ पहला गिरफ्तारी वारंट जारी कर दिया।

"संयोग से, भगत सिंह के पिता अकसर उन्हें एक छड़ी से तब मारा भी करते थे, जब वे उनसे गुस्सा हो जाते थे। उनकी माता विद्यावती के अनुसार, भगत सिंह के पहली बार गिरफ्तार होने पर सन् 1927 में जेल से लाहौर हाई कोर्ट ने उनके पिता की कई कोशिशों के बाद 60,000 रुपए की बहुत बड़ी राशि का बेल बॉण्ड भरने पर छोड़ा गया। जैसाकि अकसर पिता के नाराज होने पर होता था, उन्हें उनकी मार का सामना करना पड़ा। ऐसा बताया गया कि जब बेटा पिता से मार खा रहा था तो उसके जवाब में हँस रहा था और कह रहा था कि 'भइयाजी, शांति करो, शांति' (पिताजी, शांत हो जाओ)। घर के एक नौकर ने इस खबर को गाँव के फार्म हाउस में मौजूद माँ तक पहुँचाया। लेकिन जब शाम को भगत सिंह अपनी माँ से मिले और उनकी माँ ने उनसे इस बारे में पूछा तो वे मजाकिया अंदाज में हँसते रहे और इस खबर को अफवाह बताया।

माँ विद्यावती

"एक पिता के तौर पर किशन सिंह के कई रूप थे। वे भगत सिंह के गुरु भी थे। सार्वजनिक जीवन में एक शख्सियत होने के अलावा एक शहीद का पिता होने से उनके जीवन में ऐसी बहुत सी कठिनाइयाँ थीं, जिनका दायरा बहुत व्यापक था और जिसकी थाह पाना आसान काम नहीं है।"[6]

भगत सिंह की माँ विद्यावती का जन्म सन् 1886 में वरियाम सिंह, जो एक राय सिख जाट थे, के घर हुआ। वे होशियारपुर जिले के मोरारवाली गाँव के रहनेवाले थे। माताजी की मृत्यु 1 जून, 1975 को हुई और

उनका अंतिम संस्कार हुसैनीवाला, फिरोजपुर में उसी जगह के निकट हुआ, जहाँ पर उनके पुत्र का अंतिम संस्कार किया गया था।

एक बच्चे के जीवन में उसके पिता की तुलना में माँ की भूमिका में भेद करना अपेक्षाकृत कठिन होता है, क्योंकि यह पिता की भूमिका से अति सूक्ष्म स्तर पर व्यापकता से पूर्ण होता है।

उनका इस परिवार में बहू के तौर पर आगमन सन् 1897 में मात्र 11 वर्ष की उम्र में हुआ। उनका जन्म एक सिख परिवार में हुआ था और इसलिए उनका 'इंदर कौर' नाम रखा गया और प्यार से सब उनको 'इंदू' बुलाते थे। लेकिन उनके ससुराल में सब आर्यसमाजी थे, इसलिए यहाँ पर उन्हें एक नई पहचान नए नाम 'विद्यावती' के साथ दी गई। विडंबना यह थी कि वे पूरी तरह से अनपढ़ थीं और उन्हें जो नाम दिया गया, उसका अर्थ होता है—एक पढ़ी-लिखी स्त्री। उनके ससुर, जो जालंधर में रहते थे, उनकी शिक्षा को लेकर काफी गंभीर थे और इसलिए उनका झुकाव जालंधर में उन्हें पढ़ने के लिए एक बोर्डिंग हाउस में रखने की तरफ हुआ। दुलहन बन चुकी छोटी सी बच्ची इस बात से बुरी तरह डर गई और लगभग उसके नर्वस ब्रेकडाउन की नौबत आ गई। उनकी माताजी ने उन्हें इस परिस्थिति से उबारा और उनको हिंदी सिखाने के लिए गाँव से एक संन्यासी शिक्षक की व्यवस्था की। उन्होंने पंजाबी की शिक्षा गाँव के गुरुद्वारे से प्राप्त की।

अंततः परिवार लायलपुर जिले के गाँव बंगा में आकर बस गया और यह उनका ससुराल बना। यह घर एक परंपरागत परिवार होने के बजाय फरार क्रांतिकारियों, जैसे सूफी अंबा प्रसाद, के लिए छिपने की जगह अधिक था, जहाँ पर उसे समय के प्रवाह का अभ्यस्त होना ही था।

उनके पहले पुत्र जगत सिंह का जन्म सन् 1904-05 में हुआ।

उनकी सबसे बड़ी चिंता थी—परिवार की अस्त-व्यस्त जीवन-शैली। उनके पति अकसर घर से बाहर ही रहते थे; उनकी दो देवरानियाँ—हरनाम कौर, जो सरदार अजीत सिंह की पत्नी थीं और अपने पति के वियोग की पीड़ा झेल रही थीं, यहाँ तक कि उनको यह पता नहीं था कि उनके पति जीवित भी हैं या नहीं और हुकुम कौर, जो बहुत कम उम्र में विधवा हो चुकी थीं—अपने परिवार की इन सब तकलीफों ने जीवन के प्रति उनके नजरिए को बहुत धुँधला कर दिया था।

वरिंदरजी के शब्दों में, "उनके पति के लिए जो समय का संघर्ष था, वही उनके लिए संकट काल था।" बाद में जब सरदार किशन सिंह के पास पर्याप्त पैसा आ गया तो वे लाहौर की सीमा पर स्थित छोटे से गाँव खवसरियन में रहने के लिए चले गए।

शहीद भगत सिंह से संबद्ध जितने भी आधिकारिक रिकॉर्ड हमें प्राप्त होते हैं, उन सभी में उनके स्थानीय पते के तौर पर इसी जगह को शामिल किया गया है। यहाँ पर एक बहुत बड़ी जमीन का टुकड़ा उनकी खेती का स्थान बना, साथ ही यह उनके अतिरिक्त व्यवसाय के साधन का भी स्थान था, जो कि एक डेयरी फार्म था।

वर्ष 1923 के दौरान भगत सिंह के लिए विवाह के प्रस्ताव आने लगे। इन्हीं में से एक जगह पर उनका विवाह होने भी वाला था, लेकिन भगत सिंह के गायब हो जाने के कारण नहीं हो सका। उन्होंने चुपके से अपना घर छोड़ दिया। जाते-जाते वे अपने पिता के नाम एक पत्र उनके लाहौर वाले कार्यालय में छोड़ गए। अपने पत्र में उन्होंने इस बारे में कुछ नहीं लिखा था कि वे कहाँ जा रहे हैं। असल में, उस समय वे कानपुर गए थे।

हालाँकि, इसके बाद उनके घर अचानक चौंका देनेवाली खबर तब पहुँची, जब 29 मई, 1927 को उनकी गिरफ्तारी अक्तूबर 1926 के दशहरा बम कांड में नाम आने के कारण हुई। चूँकि उस घटना में आठ-नौ लोगों की मौत हुई थी, इसलिए मामले की गंभीरता को देखते हुए यह अंदाजा लगाया जा रहा था कि शायद उनको मौत की सजा हो। उस समय तक उनकी माताजी उनकी गिरफ्तारी की खबर, पलायन और घर से दूर रहने की स्थिति से जूझना सीख चुकी थीं; लेकिन उनको मौत की सजा मिलने की कल्पना भी वे नहीं कर सकती थीं। अंतत: उन्होंने राहत की साँस 4 जुलाई को तब ली, जब उनके पति लाहौर हाई कोर्ट से 60,000 रुपए का बेल बॉण्ड भरकर अपने बेटे की जमानत करवाने में सफल हो गए। लेकिन इस घटना का उनके मन पर बहुत गहरा घाव बना। इसके बाद वे हर बार तब बहुत असुरक्षित महसूस करने लगतीं और अपने बेटे के साथ कुछ बुरा होने के अंदेशे से डर जातीं। जब वे घर से चले जाते, हर बार यह उनके लिए एक डरावना सपना बनकर सामने आता। उनकी पोती वरिंदर के शब्दों में, "यह एक माँ की उदासी और बेटे के वादे के बीच में एक तरह की कशमकश थी।"

"लेकिन फिर यह मात्र उनकी डरावनी कल्पना मात्र नहीं थी। 8-9 अप्रैल, 1929 को उनको दिल्ली से एक संदेश मिला कि भगत सिंह को बटुकेश्वर दत्त के साथ केंद्रीय असेंबली में बम फेंकने के कांड में शामिल होने के लिए गिरफ्तार कर लिया गया है। भगत सिंह उस समय अपनी माँ की मन:स्थिति के बारे में सोचते रहते थे। वे जानते थे कि इस खबर से उनकी माँ कितना दु:खी होंगी। उन्होंने अपने पिता से कहा कि जेल में उनसे मिलने के लिए उनकी माँ को कभी न लाएँ। इन सबसे ऊपर, जब उन्होंने अपने बेटे की जेल में बहुत लंबी चली भूख हड़ताल के बारे में सुना तो माँ का कलेजा तड़प उठा। एक बार जब भगत सिंह भूख हड़ताल पर थे तो उनको और बटुकेश्वर दत्त को

देखने के लिए वे मियाँवाली जेल गईं। उन्होंने जब उन्हें वहाँ पर कोर्ट में स्ट्रेचर पर लाते हुए देखा तो वे अपने आपको रोक न सकीं और जोर-जोर से रोने लगीं।

"एक बार अपने बेटे से जेल में मिलने के दौरान भगत सिंह ने उन्हें यह भी सुझाव दिया कि वे भी उनके साथ जेल में आकर रहें। फिर वे दोनों एक साथ होंगे और अच्छा समय बिताएँगे। इस पर उन्होंने पूछा, 'मैं कैसे आ सकती हूँ? मुझे भाषण देना नहीं आता। फिर तो मुझे बस धरना देकर ही गिरफ्तार होना चाहिए?' इस पर भगत सिंह ने उत्तर दिया, 'तुम्हें यह सब करने की जरूरत नहीं है।' इसके बाद एक प्यार भरी थपकी के साथ माँ ने कहा, 'क्या मुझे गिरफ्तार होने के लिए किसी को लाठी से मार देना चाहिए?'

"सार्वजनिक जीवन में उनकी खुलकर भागीदारी का समय बहुत बाद में शुरू हुआ, जैसे—यह वर्ष 1939-40 में उस समय शुरू हुआ, जब उनके दो छोटे बेटों कुलबीर और कुलतार को भी जेल में डाल दिया गया। उस समय सरदार किशन सिंह चलने-फिरने में असमर्थ थे, क्योंकि वे लकवे का शिकार हो गए थे। तब उन्होंने एक बार मोरी गेट, लाहौर के पास एक सार्वजनिक सभा का संचालन किया। वहाँ पर उन्होंने अपनी सहज भाषा में सरकार की निंदा करते हुए कहा कि पहले उन्होंने उनके बेटे एवं दो देवरों को उनसे छीन लिया और अब वे इतना नीचे गिर गए कि उनके दो छोटे बेटों को भी जेल में डाल दिया।

"फिर सन् 1947 का समय आया, जब देश आजाद हो गया। उनके सारे बेटे उत्तर प्रदेश में अपने परिवारों के साथ बसने चले गए और वे अकेली अपना निबाह और अपने बीमार पति की देखभाल करने के लिए तब तक रहीं, जब 1951 में उनके पति की मृत्यु हुई।"[7]

व्यक्तिगत नोट

इस पुस्तक के लेखक को शहीद भगत सिंह के देश की आजादी के बाद बचे परिवार जनों और उनकी माँ के साथ समय बिताने का मौका तब मिला, जब सन् 1963 के बाद उनको गुरु नानक इंजीनियरिंग कॉलेज, लुधियाना में लेक्चरर के तौर पर काम शुरू किए तीन साल हो चुके थे, जहाँ पर जगमोहन (जो अब प्रो. जगमोहन सिंह के नाम से विख्यात हैं) ने बी.ई. कोर्स में इलेक्ट्रिकल इंजीनियरिंग में दाखिला लिया था।

बाएँ से लेखक, माता विद्यावती और प्रो. जगमोहन सिंह, बीबी अमर कौर के बेटे

जगमोहन बीबी अमर कौर के बेटे हैं, जो भगत सिंह की बहन हैं। इस परिवार से शुरू हुई मेरी मित्रता जीवन भर चली और इस मित्रता के कारण ही मैंने पहली बार बेबेजी (भगत सिंह की माताजी) से मुलाकात के लिए खटकड़ कलाँ की यात्रा की। अपनी मृत्यु से पहले तक वे परिवार के साथ कई अवसरों पर आकर रहती रहीं। उनके साथ लेखक का व्यक्तिगत संपर्क उनकी बीमारी के दौरान भी बना रहा। इस दौरान उन्होंने अपनी यादों के अनमोल खजाने में से कई बातें भी साझा कीं। प्रो. जगमोहन द्वारा रिकॉर्ड की गई एक कैसेट/सी.डी. भी इसमें शामिल है, जिसमें उन्होंने उनका इंटरव्यू किया है। यहाँ पर उसी कैसेट के कुछ अंश दिए जा रहे हैं—

वे अपने बेटे को याद करते हुए बताती हैं, वह बचपन में उनके सामने नाचता हुआ कहता था कि 'माँ! गरीबों में पैसा बाँट दे, वरना यह पैसा किसी काम का नहीं रहेगा।'

"कभी-कभी वह चुपके से मुझे कहता था कि वह एक बहुत सुंदर दुलहन लेकर आएगा, जिसे देखकर हर किसी को जलन होगी।"

इस पर जगमोहन बीच में टोकते हुए कहते हैं, "और फिर, उन्होंने ऐसा किया भी?"

इस पर वह पलटकर जवाब देते हुए कहती हैं, "रहने दे, मुझे बेवकूफ मत बना!"

इस पर जगमोहन मजाकिया अंदाज में कहते हैं, "क्या वे स्वतंत्रता के रूप में प्यारी सी दुलहन लेकर नहीं आए?"

"वैसे, ऐसा मेरे साथ कभी नहीं हुआ था, हाँ!"

इसके बाद जगमोहन उनसे 3 मार्च, 1931 को उनकी अपने बेटे भगत सिंह के साथ हुई आखिरी मुलाकात के बारे में पूछते हैं।

"वह सारा समय हमारे साथ मजाक करता रहा। उसने कहा, 'बेबे, तू मेरी लाश लेने के लिए मत आना। वह देखकर तू बेहोश हो जाएगी और सब तेरे आसपास जमा हो जाएँगे और मुझे भूल जाएँगे! उसके लिए कुलबीर सिंह को भेज देना!'" विद्यावती उस समय हुई बातचीत के बारे में बताती हैं।

वे इस बातचीत को आगे अपने इस गहरे दृढ़ विश्वास के बारे में बात करते हुए जारी रखती हैं कि भगत सिंह बचपन से ही अपनी माँ की बहुत चिंता और परवाह करते

SHAHEED BHAGAT SINGH'S MOTHER

Sends a

Message to Indian Youth

On Bhagat Singh's arrest a photograph of Shaheed (Martyre) Kartar Singh Sarabha was recovered from him. He always carried this photo in his pocket. Very often Bhagat Singh would show me that photograph and say, "Dear mother, this is my Hero, Friend and Companion." Shaheed Kartar Singh was one of the youngest martyres of 1914—15 Ghadar Movement.

While at home Bhagat Singh used to hum this Panjabi couplet,

Seva desh di jindriye bari aukhi,
galan karnian dher sukhalian ne.
Jinhan desh sewa wich per paya,
unhan lakh musibian jhalian ne.

(Hard is the path of patriotism, easy enough uttering of speeches, those who follow, the path of service to Motherland, have to bear countless torments.)

Then he would tell that these were the favourite lines of Kartar Singh Srabha.

Whenever Bhagat Singh came home, he always had his pocket full of books. Often I would mildly pull him up for spoiling his pockets with these books. "What is all this ?" I used to ask him. He used to explain with a smile that the books were about martyres and patriots. Some of them were Indians and others hailed from Ireland, Italy and Russia.

My dear children! You, too, should make a deep study of the life and experiences of the patriots. Only then you can find out the correct path of life according to the present circumstances.

My blessings "Become Patriots"—Vidya Wati

YOUTH CENTRE

C/o Smt. Vidyawati, Mother of Shaheed Bhagat Singh
V.& P.O. Khatkar Kalan; Distt. Jullundur (*Panjab*)

थे, जो आमतौर पर प्रचलित इस धारणा से बिल्कुल उलट है कि जो लोग क्रांति के लिए अपना संपूर्ण जीवन बलिदान कर देते हैं, उनके जीवन में अपने प्रियजनों के प्रति प्यार और देखभाल के लिए कोई स्थान नहीं बचता।

वे अपने बच्चों के प्रति उनके ससुर के प्यार और देखभाल को भी याद करते हुए बताती हैं कि उनके व्यक्तित्व का यह गुण उनके बच्चों में भी आया।

भगत सिंह के शुरुआती बचपन के दिनों को याद करते हुए वे बताती हैं, "जब उसने प्राइमरी स्कूल में जाना शुरू ही किया था तो वह जब स्कूल से लौटकर आता था तो अपनी चाची हरनाम कौर से पूछता था कि 'क्या चाचाजी का कोई पत्र आया है?' फिर अपनी चाची के चेहरे पर आए उदासी के भावों को देखकर कहता कि जब वह बड़ा हो जाएगा तो अंग्रेजों को हमारा देश छोड़ने पर मजबूर कर देगा और तब चाचाजी आजाद होकर वापस घर आ जाएँगे।"

वे जरूरतमंद किराएदारों के प्रति अपने बेटे के प्यार और देखभाल का भी जिक्र करते हुए बताती हैं कि वह त्योहारों, जैसे दीवाली और लोहड़ी, के अवसर पर उनको खुले दिल से उपहार देता था।

वे स्पष्ट तौर पर, ऐसे बहुत से अवसरों के बारे में याद करते हुए बताती हैं, जब उनके बेटे ने उन्हें करतार सिंह सराभा की फोटो दिखाते हुए उनके साथ हुए शोषण की दास्तान सुनाई थी।

अंततः, जिस बात ने मुझे प्रभावित किया, वह था—उनके बेटे भगत सिंह के बारे में बात करते हुए उनका आत्म-संयम बनाए रखना; जबकि उसकी तुलना में जब वे बटुकेश्वर दत्त के निधन के बारे में बात करतीं तो घोर शोक में डूब जातीं, जो जख्म उन्हें अभी-अभी ही मिला था।

उन्हें अपने पुत्र की मूर्ति को उनके दोस्तों के साथ देखना बहुत भाता था, क्योंकि उनके अनुसार, उनका बेटा एक पल के लिए भी अपने उन साथियों से दूर रहना सहन नहीं कर सकता। उन्हें खटकड़ कलाँ में लगी अपने बेटे की अकेली मूर्ति देखकर बहुत निराशा हुई थी और तीनों शहीदों को बाद में लुधियाना में एक साथ देखकर बहुत प्रफुल्लित थीं।[8]

जरूरी बात यह भी थी कि उनके साथ शायद ही कभी ऐसा होता था कि वे किसी से एक बार मिल लेने के बाद दोबारा मिलने पर उसे भूल जाएँ। अकसर दोबारा मिलने पर उन्हें पिछली बातें बताती थीं। जैसाकि एक बार लेखक के साथ भी हुआ कि उनसे मिलने पर उन्होंने बताया, "तुम्हारा चेला, जो तुम्हारे साथ एक बार आया था, वह बाद में भी मुझसे मिलने अपनी माँ के साथ आया था!" इत्यादि... और इसी तरह उनकी बातें चलती रहतीं।

सन् 1963 में लेखक विद्यावतीजी के साथ उनके खटकड़ कलाँ वाले निवास-स्थान पर

संदर्भ—

1. अजीत सिंह : एन एक्जाइल्ड रिवॉल्यूशनलरी, (संपा.) के.एल. जौहर, बाबर सिंह, स्नेह प्रकाशन, यमुना नगर, हरियाणा, 2004, पृष्ठ-12-14
2. कोमागाटा मारू : नॉट जस्ट ए वाएज, मलविंदर जीत सिंह वरैच और गुरदेव सिंह सिद्धू, नेशनल बुक ट्रस्ट, इंडिया (प्रकाशन जारी), पृष्ठ-107-114
3. युगद्रष्टा भगत सिंह, वरिंदर, राजपाल एंड संस, दिल्ली, 1997, पृष्ठ-15-18
4. गदर मूवमेंट ओरिजिनल डॉक्यूमेंट्स : जजमेंट्स, वॉल्यूम-III, मलविंदर जीत सिंह वरैच और हरीश जैन, यूनीस्टार पब्लिशर्स, चंडीगढ़, 2012, पृष्ठ-18
5. वरिंदर : ओ.पी., सी.आई.टी., पृष्ठ-20-25
6. वही, पृष्ठ-26-49
7. वही, पृष्ठ-50- 67
8. ओरिजिनल ऑडियो कैसेट/सी.डी. सुरक्षित

□

2

स्कूल और कॉलेज के दिन

अपने दादाजी की छत्रच्छाया में और अपने बड़े भाई जगत सिंह के साथ भगत सिंह ने अपने गाँव के डिस्ट्रिक्ट बोर्ड प्राइमरी स्कूल में दाखिला लिया। वे बचपन में शुरुआती दिनों से ही कुछ-न-कुछ ऐसा करना चाहते थे, जो सांसारिक कर्मकांड से अलग हटकर हो। उनकी दोनों चाचियाँ अपनी कोई संतान न होने के कारण उनसे बहुत ज्यादा प्यार करती थीं। स्कूल से वापस आने के बाद वे अपने मासूमियत भरे लहजे में अपनी चाची हरनाम कौर से पूछते कि क्या चाचाजी का कोई पत्र आया है ? उनको उस समय इसका बिल्कुल भी अंदाजा न होता कि उनके ऐसा पूछने से चाचीजी के सीने में दबी भावनाओं के समंदर में लहरें उथल-पुथल मचाकर उन्हें परेशान कर सकती हैं, क्योंकि उनके पति सरदार अजीत सिंह के साथ बिताए गए सुनहरे समय की डोर बहुत कमजोर है। पता नहीं उन्हें उनका साथ मिले या न मिले। किसी भी तरह का उत्तर न देने पाने की स्थिति में उनके चेहरे की उदासी को भाँपकर भगत सिंह उत्तेजित होकर उन्हें भरोसा दिलाते हुए कहते कि बड़ा होने पर वे एक बंदूक उठा लेंगे और हमारे देश पर राज करनेवाले विदेशी शासकों के खिलाफ लड़ेंगे तथा भारत को आजाद करावाएँगे। इस तरह उनके चाचाजी घर वापस आ जाएँगे।

चाची हरनाम कौर पत्नी सरदार अजीत सिंह

अपने चाचाजी के जुनून ने भगत सिंह का साथ कभी नहीं छोड़ा। सन् 1927 में अपने दोस्त अमर चंद, जो उस समय यू.एस.ए. में थे, को लिखे एक पत्र में उन्होंने इस

संबंध में उनसे पूछताछ की थी। (उस पत्र में क्या लिखा था, यह जानने के लिए कृपया अध्याय 6 : पहली गिरफ्तारी देखें।)

उनकी भतीजी वरिंदर के अनुसार—उनको अपनी उम्र के हर बच्चे के साथ गहरी दोस्ती कर लेने की आदत थी, फिर चाहे बच्चा स्कूल का हो या बाहर का। लेकिन इससे भी महत्त्वपूर्ण बात उनके व्यक्तित्व की यह थी कि वे बहुत ही आसानी के साथ अपने से बहुत बड़े इनसान के साथ दोस्ती कर लेते थे। उदाहरण के लिए, गाँव के बूढ़े दर्जी के साथ उनकी मित्रता। उनकी उम्र के बच्चों से अकसर प्रश्न पूछा जाता कि वे बड़े होकर क्या बनना चाहते हैं? लड़के इस सवाल का जवाब सरकारी नौकरी, खेती या दुकान करना देते। लेकिन जब कोई कहता कि वह बड़ा होकर शादी करेगा, तो भगत सिंह तुरंत ही उसे मुँहतोड़ जवाब देते हुए कहते, "क्या शादी करना कोई बड़ा काम करना है? मैं कभी शादी नहीं करूँगा। मैं अंग्रेजों को अपने देश से बाहर भगाऊँगा।"[1] रोचक बात यह है कि वे उस समय से ही घर में मौजूद राजनीति से संबंधित किताबों या अन्य चीजों को पढ़ने में रुचि लेने लगे थे। वास्तव में, वह घर देशभक्ति से संबंधित सामग्री को प्रकाशित करने और उसका वितरण करने का एक केंद्र था। उन पैंफ्लेट्स और परचे को उस तबके के लोगों के लिए लिखा जाता था, जो ज्यादा पढ़े-लिखे नहीं होते थे। इनके जरिए उस छोटे से बालक को भी इस तरह के लेखों का अर्थ और उद्देश्य समझ में आने लगा।

इस तरह से, उस घर के संपूर्ण वातावरण का, जो आने, रहने और चर्चा करनेवाले अधिकतर उग्र सुधारवादी, जिनमें प्रमुख तौर पर गदरी हुआ करते थे, से रमा रहता। यह भी संभव है कि भगत सिंह के आदर्श करतार सिंह सराभा, जो गदर पार्टी के युवा नायक थे, भी यहाँ पर आए हों; क्योंकि कुछ उदाहरणों को छोड़ दें तो क्रांतिकारियों की वास्तविक पहचान को उजागर नहीं किया जाता था। इसलिए पक्के तौर पर कुछ भी नहीं कहा जा सकता। लेकिन ऐसे रिकॉर्ड प्राप्त हुए हैं कि सरदार किशन सिंह द्वारा गदर पार्टी के लिए 1,000 रुपए की धनराशि का योगदान दिया गया था, जो उस समय के हिसाब से एक बहुत बड़ी राशि थी। इस बात का जिक्र स्पेशल ट्रिब्यूनल के उस जजमेंट में मिलता है, जिसने वर्ष 1914-15 के गदरियों का ट्रायल किया था।[2]

"वर्ष 1916-17 में अपनी प्राइमरी क्लास को पास करने के बाद भगत सिंह को उनके पिता के लाहौर स्थित नवनकोट मोहल्ले के घर भेज दिया गया। वहाँ पर उनका दाखिला डी.ए.वी. हाई स्कूल, लाहौर में करवाया गया। उस समय आमतौर पर यदि किसी सिख बालक को घर से दूर भेजा जाता था तो अधिकतर वह खालसा स्कूल में ही पढ़ने के लिए जाता था।"

यहाँ पर उनसे जुड़ी एक बहुत ही रोचक बात के बारे में बताया जा रहा है। वह है उनका लिखा पहला पत्र, जो उन्होंने अपने दादाजी और अपनी चाची हुकम कौर, जो सरदार स्वर्ण सिंह की पत्नी थीं, को लिखा था।

रिकॉर्ड में शामिल उनका पहला पत्र, जिसे जुलाई 1919 में लिखा गया, जो उनके दादाजी को उस समय लिखा गया, जब वे अपने पैतृक घर खटकड़ कलाँ में थे। यह पत्र उर्दू में था, जो उस समय सभी सरकारी और सह-सरकारी स्कूलों की आधिकारिक भाषा हुआ करती थी।

ओउम्

लाहौर, दिनांक 27-07-1919

पूजनीय दादाजी,

मैं आपको बताना चाहता हूँ कि यहाँ पर सबकुछ ठीक है और मैं श्री नारायण से आपकी कुशलता की प्रार्थना करता हूँ।

हमारी तिमाही परीक्षा, जो कि जुलाई में शुरू हुई थी, में बहुत से विद्यार्थी गणित विषय में फेल हो गए थे, इसलिए इस विषय में हमारी दोबारा परीक्षा 9 अगस्त को होनी है। बाकी सब ठीक है। आप कब आ रहे हैं? पिताजी को हाथ जोड़कर नमस्ते! मैं तिमाही परीक्षा में सभी विषयों में पास हो गया हूँ¨ (अस्पष्ट)

24 जुलाई की रात को कुलतार सिंह को बुखार आ गया था¨ (अस्पष्ट) ¨और 25 जुलाई को दिन में भी आया था¨ (अस्पष्ट) ¨लेकिन अब वह ठीक है। इस बारे में आप चिंता न करें। कृपया जल्दी जवाब देना¨ (अस्पष्ट) ¨माताजी (दादी) को नमस्ते, चाचीजी¨ (अस्पष्ट)

उनके अगले दो पत्र पंजाबी/गुरुमुखी में लिखे गए। प्रो. जगमोहन सिंह द्वारा ऐतिहासिक दृष्टिकोण से पत्र लिखने के भाषा माध्यम में आए बदलाव को समझाया गया है—पंजाब में बँटवारे से पहले के समय में उर्दू आधिकारिक भाषा होने के अतिरिक्त लगभग सभी स्कूलों में पहली भाषा भी थी। इसलिए उन दिनों में कोई पंजाबी या तो खालसा स्कूल, जहाँ पर पंजाबी को दूसरी भाषा के तौर पर सिखाया जाता था, में जाकर सीख सकता था या फिर गुरुद्वारा प्रमुख (ग्रंथी) के संरक्षण में रहकर सीख सकते थे।

हमारे आजादी पाने के संघर्ष के इतिहास में सिखों द्वारा ऐतिहासिक पवित्र स्थानों, जैसे गुरुद्वारों आदि, पर प्रजातांत्रिक नियंत्रण के लिए किया गया संघर्ष आजादी के आंदोलन का हिस्सा बना। इसका ऐसा स्वरूप प्रमुख तौर पर ऐसा इसलिए बना, क्योंकि सरकार द्वारा भ्रष्ट और खराब चरित्र वाले पुजारियों (महंतों) को समर्थन दिया गया,

जिन्हें सिख समुदाय बदमाश मानता था। सरकार द्वारा ऐसा इसलिए किया गया, जिससे कि वे उन स्थानों पर कब्जा कर सकें।

ये सब गुरुद्वारा सुधार आंदोलन के विभिन्न दौर थे, जिनका समय काल वर्ष 1921 से लेकर 1925 तक रहा। इनमें से तीन घटनाएँ सबसे अलग थीं, जिसका कारण कोई एक या दूसरा था। पहली का संबंध गुरु नानक देवजी के जन्म-स्थल ननकाना साहिब, जिला शेखूपुरा से था। यहाँ पर महंत द्वारा इस शांत व पवित्र स्थान पर प्रार्थना करने आए लोगों का बहुत भयानक तरीके से कत्लेआम करने का महापाप किया गया। उसने ऐसा तब किया, जब लोग गुरुद्वारे में 20 फरवरी, 1921 को शांतिपूर्ण ढंग से बिना किसी हथियार के प्रार्थना करने के लिए दाखिल हुए थे। इस घटना ने सारे देश की चेतना को बुरी तरह से हिलाकर जाग्रत् कर दिया था। इस नर-संहार में सौ से भी अधिक तीर्थयात्री मारे गए थे और उनके लहूलुहान शरीरों पर मिट्टी का तेल डालकर आग लगा दी गई थी। इस जघन्य अपराध को बहुत ही क्रूर व निर्दयी पेशेवर अपराधियों को काम सौंपकर करवाया गया था।

छोटे से भगत सिंह अपने गाँव जाते हुए इस गुरुद्वारे पर आए थे और वहाँ 5 मार्च को हुए सम्मेलन में भी भाग लिया था। वे अपने साथ एक कैलेंडर भी ले गए थे, जिसे उस समय बहुत ही धार्मिक उत्साह के साथ छापा गया था। पंजाब में बहुत से सिखों ने उस समय विरोध प्रकट करने के लिए काली पग धारण की थी। भगत सिंह भी इसमें पीछे नहीं रहे थे और उन्होंने भी ठीक ऐसा ही किया था।

उनकी ननकाना साहिब की यात्रा बीभत्स तरीके से की गई हत्याओं के कारण मन में सुलग रहे जज्बातों के सिलसिले में ही थी, जिसके तहत इस पुस्तक के आरंभ में उनकी 14 अप्रैल, 1919 को जलियाँवाला बाग की यात्रा का जिक्र किया गया था। साथ ही, उन्होंने अपनी छोटी बहन अमर कौर के साथ परंपरागत तौर पर बोली और लिखी जानेवाली पंजाबी भाषा को गुरुमुखी लिपि के साथ लिखना-पढ़ना सीखा था, जो परंपरागत तौर पर सिख धर्म के गुरु ग्रंथ साहिब की भाषा और लिपि है।[3]

यहाँ पर यह बात भी ध्यान देने की है कि इन बच्चों का लालन-पालन हालाँकि आर्यसमाजी प्रभाव के अंतर्गत किया गया था, लेकिन वे किसी भी तरह के धार्मिक बंधनों से मुक्त थे। इससे यह भी पता चलता है कि भगत सिंह के भीतर जो विद्रोही था, उसका गुरुद्वारा आंदोलन से सहानुभूति रखना बस एक समाज-सुधारक के तौर पर था।

उनके पंजाबी/गुरुमुखी लिपि में लिखे गए दो पत्रों (जिनका यहाँ पर हिंदी अनुवाद दिया गया है) को प्रस्तुत करने से पहले संभवत: गुरुद्वारा सुधार आंदोलन में दूसरा

मील का पत्थर साबित हुई। घटना का जिक्र करना सही होगा। इसका संबंध अमृतसर के पास की गुरुद्वारा लेन, जिसका नाम 'गुरु का बाग' था से था, जिसे जिला प्रशासन द्वारा अतिक्रमण के लिए तलाशा गया था।

यहाँ पर जो आंदोलन हुआ, वह गांधीजी के अहिंसात्मक विचारधारा के आधार पर था। सत्याग्रहियों ने उस समय भी पलटवार नहीं किया, जब उन्हें बुरी तरह से लाठियों से पीटा गया और यहाँ तक कि उन्हें पुलिस के घोड़ों की टापों के नीचे कुचला गया। गांधीजी ने बाबा खड़क सिंह, जो सिख गुरुद्वारा प्रबंधक कमेटी के अध्यक्ष थे, को बधाई वाला एक टेलीग्राम भी भेजा, जिसमें उन्होंने उनकी भारत की आजादी की लड़ाई की पहली निर्णायक जंग को जीतने के लिए प्रशंसा की थी।

जयतो मोर्चा का एक दृश्य

इस श्रृंखला में तीसरी और अंतिम घटना अन्य बातों के साथ-साथ जयतो मोर्चा भी थी, जो पं. जवाहरलाल नेहरू की गिरफ्तारी, जो इस आंदोलन के समय हुई और जिसके कारण उन्हें नाभा स्थित जेल में रात भर नजरबंद रखा गया। इस मोर्चे में भगत सिंह की भागीदारी सत्याग्रहियों को लंगर खिलाने के कार्य के तौर पर थी, जिसके परिणामस्वरूप उनके खिलाफ पहला गिरफ्तारी वारंट जारी किया गया।

चाची हुकम कौर
(पत्नी सरदार स्वर्ण सिंह)

भगत सिंह द्वारा लिखे गए दोनों पत्र पोस्ट कार्ड पर गुरुमुखी में लिखे गए थे और उन्होंने इन्हें अपनी चाची हुकम कौर, जो सरदार स्वर्ण सिंह की पत्नी थीं, को संबोधित करते हुए लिखे थे।

(1)

अक्तूबर 1921

एक ओंकार

(एक पवित्र शब्द, जो सिख धर्म के सबसे पवित्र ग्रंथ गुरु ग्रंथ साहिब का प्रारंभिक शब्द है।)

लाहौर

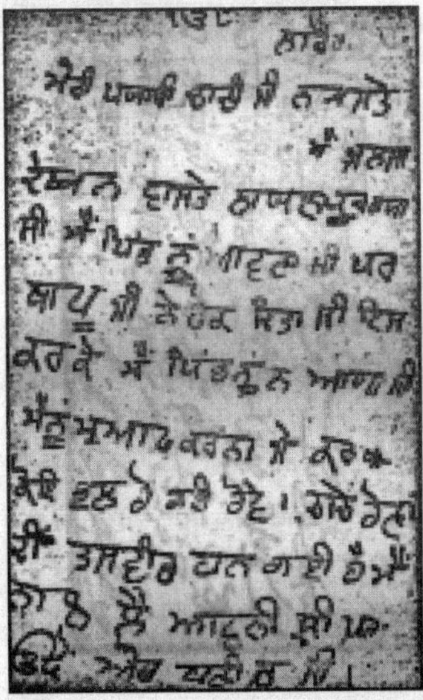

भगत सिंह द्वारा अपनी चाची को लिखे गए पोस्ट कार्ड का एक प्रतिरूप

प्रिय चाचीजी,

नमस्ते

मैं लायलपुर में हुई एक सार्वजनिक सभा में शामिल होने के लिए गया था और बंगा गाँव भी जाना चाहता था; लेकिन पिताजी ने मुझे ऐसा करने की अनुमति नहीं दी, इसलिए मैं गाँव नहीं आ सका। अगर मैंने कोई गलती की तो मुझे माफ कर देना। चाचाजी की फोटो तैयार है और मैं उसे साथ में लाने वाला था; लेकिन उस समय तक वह पूरी नहीं हुई थी, इसके लिए मुझे माफ कर देना। जल्दी ही जवाब देना। बड़ी चाचीजी को प्रणाम। माताजी (दादीजी) को प्रणाम। कुलबीर और कुलतार को नमस्ते।

आपका बेटा
भगत सिंह

नोट : इस पोस्ट कार्ड पर जो पता लिखा गया था, वह उर्दू में था और ऐसा प्रतीत होता है कि यह घिसी-पिटी लिखाई में किसी अनुभवी लेखक द्वारा लिखा गया। इस कार्ड के सबसे नीचे जिला लायलपुर रोमन लिपि में लिखा गया था। पोस्टल स्टैंप का मार्क 24 अक्तूबर, 1921 का है।

(2)

एक ओंकार

मेरी प्यारी चाचीजी,

नमस्ते। मुझे लिखने में देरी हो गई। (यहाँ पर पंजाबी में 'लिक्खन' की जगह पर 'लिग्हन' लिखा गया था।) उम्मीद है कि आप मुझे माफ कर देंगी। पिताजी दिल्ली गए हुए हैं। माताजी मोराँवाली (उनका पैतृक गाँव) गई हुई हैं। बाकी सब ठीक है। बड़ी चाचीजी को प्रणाम। माताजी (दादीजी) को भी प्रणाम। सत श्री अकाल और कुलतार व कुलबीर को नमस्ते।

आपका आज्ञाकारी
भगत सिंह

(इस पोस्ट कार्ड पर भी जो पता लिखा गया था, वह पहले के ही समान था। पोस्टल स्टैंप का मार्क 7 नवंबर, 1921 का था।)

(साभार : नेहरू मेमोरियल म्यूजियम एवं लाइब्रेरी, तीन मूर्ति, नई दिल्ली।)

लाहौर

14.11.1921

परम पूजनीय दादा साहिब,

मैं आपको बताना चाहता हूँ कि यहाँ पर सबकुछ ठीक है और हम आपकी कुशलता के लिए ईश्वर से प्रार्थना करते हैं। पिछले कुछ समय से आपका कोई पत्र प्राप्त नहीं हुआ। इसका कारण क्या है? कृपया मुझे कुलबीर और कुलतार सिंह की कुशलता की खबर दीजिएगा। बेबेजी अभी तक मोराँवाली से वापस नहीं लौटी हैं। बाकी सब ठीक है।

पूजनीय माताजी को मेरी नमस्ते कहना। मंगा चमार अभी तक नहीं आया है। मैंने एक पुरानी किताब खरीदी है, जो मुझे बहुत सस्ती मिली है।

आजकल रेलवे के लोग हड़ताल करने की तैयारी कर रहे हैं। ऐसा माना जा रहा है कि यह हड़ताल जल्दी ही शुरू हो जाएगी।

आपका आज्ञाकारी,
भगत सिंह[1]

इन पत्रों से भगत सिंह के व्यक्तित्व में हुए विकास पर प्रकाश पड़ता है। इनसे उनकी अपनी चाची हुकम कौर के साथ भावनात्मक लगाव और एक गुरु के तौर पर

अपने दादाजी को दिए जानेवाले सम्मान का पता चलता है। इनसे उनकी अपने परिवार के सभी सदस्यों और परिवार के सहायता करनेवाले नौकरों के प्रति चिंता का भी पता चलता है, जैसेकि मंगा के बारे में उनका बताना। इनसे उनके किताबों के प्रति प्रेम, लायलपुर में हुई सार्वजनिक सभा में सम्मिलित होने की रुचि और इन सबसे अधिक, रेलवे में होनेवाली हड़ताल के बारे में उनका बताना—इन पत्रों के कुछ अन्य प्रमुख बिंदु हैं।

इनसे पता चलता है कि भगत सिंह एक प्रभावशाली पत्र-लेखक थे। इनको देखकर यह पूर्वानुमान लगाया जा सकता है कि आगे चलकर वे अपने क्रांतिकारी कॅरियर में एक कलम के बहुत सफल और प्रतिभाशाली जादूगर बनने वाले हैं।

मंथन : नेशनल कॉलेज के दिन

भगत सिंह के समकालीन साथी, जो किसी तरह के परिचय के मोहताज नहीं थे, जैसे—सुखदेव, भगवती चरण वोहरा, यशपाल, जयदेव गुप्ता और राम किशन; सभी उनके साथ नेशनल कॉलेज में पढ़ा करते थे। इसका भगत सिंह और साथ ही क्रांतिकारी आंदोलनों पर गहरा एवं बहुत दूर तक विस्तार देखने को मिला, जिसे इस संबंध में घटी घटनाओं के बारे में जानते हुए समझा जा सकता है। नेशनल कॉलेज, लाहौर की कांग्रेस द्वारा शुरू किए गए असहयोग आंदोलन को आगे बढ़ाने के लिए स्थापित किया गया, जिससे कि विद्यार्थियों को उन स्कूलों व कॉलेजों का बहिष्कार करने के लिए प्रेरित किया जा सके, जिन्हें सीधे या परोक्ष तौर पर ब्रिटिश सरकार द्वारा नियंत्रित किया जाता है। इन नेशनल स्कूल्स एवं कॉलेजों को कई स्थानों, जैसे—कलकत्ता, पटना, अलीगढ़, दिल्ली, लाहौर आदि पर स्थापित किया गया था। कई नेशनल यूनिवर्सिटी, जैसे—अलीगढ़ स्थित नेशनल मुसलिम यूनिवर्सिटी, गुजरात विद्यापीठ, बिहार विद्यापीठ, काशी विद्यापीठ, बंगाल नेशनल यूनिवर्सिटी, तिलक महाराष्ट्र विद्यापीठ एवं पंजाब कौमी विद्यापीठ और इसके संबंध में लाहौर भी अस्तित्व में आया।

इन नए संस्थानों की कुछ विशेषताएँ थीं—सबसे पहली यह कि जैसाकि ऊपर बताया गया है, यह उन विद्यार्थियों के लिए थे, जिन्होंने असहयोग आंदोलन के कारण अपने कॉलेजों में जाना छोड़ दिया था और जिन्होंने कॉलेज छोड़ा था, उनमें से बहुत ऐसे थे, जो इस आंदोलन में सक्रिय तौर पर भागीदारी निभा रहे थे।

इसकी दूसरी विशेषता यह थी कि यहाँ पर पढ़ानेवाले शिक्षकों पर देशभक्ति का बहुत पक्का रंग चढ़ा हुआ था और वे विद्यार्थियों को भी इसके लिए प्रेरित करते थे कि वे सरकारी नौकरियों की लालसा रखने के बजाय देश-सेवा में अपने मन को लगाएँ।

इसकी तीसरी विशेषता यह थी कि यहाँ पर जो पाठ्यक्रम तैयार किया जाता था,

उसमें राजनीति और इतिहास विषय की किताबों को शामिल किया जाता था, जिससे कि विद्यार्थियों में खुद को अपनी राष्ट्रीय समस्याओं के साथ जोड़ने का जज्बा पनपे।

अंतिम, लेकिन अति आवश्यक विशेषता यह थी कि वहाँ दिए जानेवाले लेक्चरों से विद्यार्थियों का राष्ट्रीय स्तर पर अपनी देशभक्ति के लिए पहचाने जानेवाले उन लोगों से आमना-सामना हो सके, जिससे कि उन्हें राष्ट्रीय स्तर पर देश के सामने मौजूद चुनौतियों का पता चल सके।

भगत सिंह ने सन् 1921 में डी.ए.वी. स्कूल को नेशनल कॉलेज, लाहौर, जो कि कौमी विद्यापीठ, लाहौर से संबंधित था, में जाने के लिए उस समय छोड़ दिया, जब वे वहाँ पर दसवीं कक्षा के छात्र थे। यहाँ पर यह शंका लोगों के मन में आती है कि जब भगत सिंह दसवीं के छात्र थे और उन्होंने स्कूल छोड़ दिया तो उनको कॉलेज में दाखिला किस तरह से मिला? उनके समकालीन और मित्र जयदेव गुप्ता के अनुसार, जो खुद भी भगत सिंह के साथ दसवीं कक्षा में थे और दोनों—उन्हें और भगत सिंह—को दो महीने का समय प्रवेश परीक्षा की तैयारी करने के लिए दिया गया था। दोनों दोस्तों ने आधी रात तक दीये की रोशनी में दो महीने तक परीक्षा की तैयारी की और उस परीक्षा में सफल रहे। इस तरह से, उनके लिए कॉलेज के दरवाजे खोल दिए गए। भाई परमानंद, जिन्होंने सबसे पहले भगत सिंह की शैक्षणिक क्षमता का आकलन किया था, ने पाया कि वे अंग्रेजी में कमजोर थे, लेकिन उनमें इतिहास और राजनीति के विषय पर पुस्तकें पढ़ने की तीव्र इच्छा थी, जो उनके पाठ्यक्रम से बहुत आगे की होती थीं। इन दो विषयों पर अपनी पकड़ के कारण वह अपनी कक्षा के विद्यार्थियों से बहुत आगे थे। इसके अलावा, सबसे बड़ी बात यह थी कि भाई परमानंद कक्षा में नए आए इस विद्यार्थी के जोश, जो उसके वाक्-कौशल में दिखता था, पर पकड़ और उसके आदर्श दृष्टिकोण से बहुत प्रभावित थे।[5]

भगत सिंह एक गंभीर और परिश्रमी विद्यार्थी थे। इतिहास और राजनीति विज्ञान उनके प्रिय विषय थे। अंग्रेजी भाषा पर उनकी पकड़ अधिक मजबूत नहीं थी। यशपाल द्वारा इस बात पर कुछ प्रकाश डाला गया है कि किस प्रकार भगत सिंह को अंग्रेजी भाषा पर अपनी पकड़ को मजबूत करने के लिए संघर्ष करना पड़ा। उन्होंने भगत सिंह की कार्यविधि को दिल्ली से प्रकाशित होनेवाले हिंदी अखबार में जयचंदजी की सिफारिश पर तब छापा था, जब वे अखबार के लिए काम कर रहे थे। उन्होंने अपनी मेहनत और काम के प्रति लगन के बल पर पं. इंद्र विद्या वाचस्पति का विश्वास जीत लिया था। एक बार एक टेलीग्राम, जो कि अंग्रेजी भाषा में प्राप्त हुआ था, को भगत सिंह को हिंदी में अनुवाद करने के लिए दिया गया, जिससे कि उसे 'अर्जुन' में प्रकाशित किया जा सके। टेलीग्राम में लिखा था—Chaman lal editor defunct Nation Arrived At

Lahore. उनके द्वारा इसका अनुवाद कर लिखा गया—डिफंक्ट नेशन के संपादक मि. चमन लाल लाहौर पहुँच गए। पंडितजी ने उस अनुवाद को भगत सिंह को फिर से ध्यान से देखने के लिए कहा; लेकिन वे उसमें किसी तरह की गलती तलाशने में असफल रहे, क्योंकि उन्होंने सोचा कि चमन लाल एक अखबार के संपादक हैं, जिसका नाम डिफंक्ट नेशन है। इसके बाद पंडितजी ने उन्हें डिक्शनरी देखने की सलाह दी और फिर भगत सिंह को पता चला कि डिफंक्ट का अर्थ है—'जिसका अस्तित्व न हो, या जो अब काम नहीं कर रहा हो'।

इसी तरह से, भगत सिंह को फिल्में देखना बहुत पसंद था। एक बार उन्होंने अपने मित्र जयदेव गुप्ता को अपने साथ फिल्म देखने के लिए चलने के लिए जोर देकर कहा। लेकिन उनके दोस्त ने जाने में असमर्थता जताते हुए कहा कि वे बीमार हैं और उन्हें डिस्पेप्सिया हो गया है, जिसके लिए उनको कोई दवाई लेनी होगी।

भगत सिंह गहरी सोच में पड़ गए। इस अजीब सी बीमारी का नाम सुन उसके बारे में जानने के लिए डिक्शनरी में देखा और पाया कि यह बस, अपचन की समस्या है।

"भाड़ में जाए तेरा डिस्पेप्सिया, बदमाश!" ऐसा कहते हुए वह उन्हें घसीटते हुए अपने साथ सिनेमा हॉल ले गए।

यशपाल आगे कहते हैं—उन दिनों भगत सिंह की अंग्रेजी उसके मुकाबले कुछ भी नहीं थी, जो कि बाद में हो गई थी। उदाहरण के लिए, 8 अप्रैल, 1929 को केंद्रीय असेंबली में पोस्टर फेंके जाने और क्रांतिकारियों को समझाने का काम किए जाने तक।

और बाद में तब, जब वे कोर्ट में अपने उस ट्रायल के लिए खड़े थे, जिसकी चर्चा विश्व भर में हुई। बल्कि कुछ लोग तो ऐसे भी थे, जिन्होंने उनके उस समय तैयार किए गए दस्तावेजों को देखकर कहा कि ये किसी वकील द्वारा तैयार किए गए हैं। ऐसा इसलिए था, क्योंकि भगत सिंह द्वारा उन्हें उस दृढ़ता के साथ तैयार किया गया था, जिसके साथ वे सोते, जागते, खाते और यहाँ तक कि चलते थे। हाँ, वे किताबें ही थीं, जो अधिकतर अंग्रेजी भाषा में होती थीं।[6]

भगत सिंह और बटुकेश्वर दत्त की मियाँवाली जेल में भूख हड़ताल के समय एक पोस्टर को प्रकाशित किया गया। उसमें उनकी तसवीरों के नीचे दो वाक्यों को लिखा गया था, जो उनके कोर्ट में दिए गए वक्तव्यों में से थे, जिनका हिंदी अनुवाद कुछ इस प्रकार से है—

> *"भारतीय मनुष्यता के समुद्र की प्रत्यक्ष स्थिरता के भीतर से एक वास्तविक तूफान बाहर आने वाला है। हम स्पष्ट तौर पर और पूरी तीव्रता के साथ उसकी चेतावनी दे चुके हैं।"*

> *"दो महत्त्वहीन टुकड़ियों का दमन करके राष्ट्र का दमन नहीं किया जा सकता।"*

एक व्यक्तिगत नोट : प्रो. जगमोहन सिंह द्वारा किताब के लेखक को कुछ वास्तविक पोस्टरों की कुछ प्रतियाँ भेंटस्वरूप प्रदान की गईं। उनमें से एक को मैंने एक प्रदर्शन में शहीदों के चित्रों के बीच प्रदर्शित किया था। उसकी भाषा गहन विचार करने के बाद अंग्रेजी के एक लेक्चरर द्वारा मुझसे पूरी गंभीरता के साथ पूछा गया, "क्या इसे भगत सिंह द्वारा स्वयं लिखा गया था?"

अपने संगी-साथियों के बीच शायद केवल भगवती भाई ही ऐसे व्यक्ति थे, जो इस संबंध में उनको प्रोत्साहित करते थे।

यशपाल

यशपाल द्वारा भगत सिंह की खाने संबंधी आदतों और उनके घी व दूध के शौक के बारे में लिखा गया है। भगत सिंह का अनारकली स्थित काला हलवाई के पास नियमित तौर पर खाता चलता था। जब भी उन्हें दूध पीने की इच्छा होती थी तो वे उस दुकान पर जाते और साथियों में से किसी को पीने के लिए भी मजबूर करते और उन्हें इसे हजम भी करना पड़ता। एक शाम यशपाल लाहौर के पास भगत सिंह के गाँव किसी जरूरी विषय पर चर्चा करने के लिए गए। उनकी माताजी ने कहा कि पहले उन लोगों को रात का खाना खा लेना चाहिए। उन्होंने घी में चुपड़ी हुई रोटियों के साथ-साथ सब्जी में भी ढेर सारा घी डाल दिया। उन्होंने जितना घी खाने में डाला था, वह भगत सिंह जैसे घी को बहुत पसंद करनेवाले इनसान को डराने के लिए काफी था!

"बेबे, कोई इतना सारा घी खा सकता है?" नाराज बेटा माँ से बोला, "तूने सब्जी का जायका खराब कर दिया।"

उनकी माताजी ने चिढ़कर अपनी उँगली को अपने गाल पर रखते हुए और यशपाल से शिकायत करते हुए कहा, "देखो इस लड़के को, यह कुछ भी नहीं खाता। यह उतना भी नहीं खाता, जितना इसे खाना चाहिए। इसीलिए तो इतना कमजोर हो गया है!" यशपाल ने हट्टे-कट्टे भगत सिंह की ओर अर्थहीन दृष्टि डालते हुए कहा, "अगर यह कमजोर है तो मैं इस दुनिया में मौजूद नहीं हूँ!" इसके बाद माँ अपनी हँसी को रोकते हुए फटकारती हुई बोलीं, "बेकार की बातें मत करो! ऐसी बातें नहीं करते। बुरी नजर लग जाती है।"[7]

यशपाल के खयालों में अब भी भगत सिंह का एक अस्त-व्यस्त-सा रूप उभरकर आता है—

"उस भगत सिंह के रूप—जो दिखने में मासूम-सा, हाई-फाई हैट पहने हुए, बहुत ढंग से बनाई गई हलकी सी मूँछों के साथ यदा-कदा दिख जानेवाली फोटो में दिखता है—से अलग कोई उस लड़के के वास्तविक रूप की कल्पना नहीं कर सकता। एक आम-सा लड़का, गोरा रंग और बिना सँवरे लंबे बालों, छोटी-छोटी मूँछों और चेहरे पर बड़ी-बड़ी आँखोंवाला था। उसे अकसर सिर पर खद्दर के कपड़े से बनी और ढिलाई के साथ बाँधी गई उस छोटी सी पगड़ी के साथ देखा जाता, जिसके दोनों छोर उसके दोनों कंधों पर गिरे रहते थे। नीचे वह पाजामे के बजाय ढीली-ढाली धोती पहने रहता! हम, उसकी क्लास के संगी-साथी बादाम जैसी उसकी आँखों और उसकी बेढंगी कद-काठी, जो हमें एक ऊँट के बच्चे जैसी लगती, को देखकर तरह-तरह के मजाकिया नामों की खोज उसके लिए किया करते थे।"[8] भगत सिंह का जो रूप था, उसके सबसे करीब पहुँचानेवाली जो तसवीर उपलब्ध थी, वह उस समय ली गई, जब सन् 1927 में उनके पहली बार गिरफ्तार होने पर पुलिस द्वारा ली गई। यह तसवीर सार्वजनिक तौर पर उपलब्ध है, जिससे उनके सही रूप का खाका खींचा जा सकता है।

भगत सिंह को लिखने का भी बहुत शौक था। यशपाल के अनुसार—"हालाँकि, भगत सिंह केवल हिंदी में लिखते थे, लेकिन उन्होंने पंजाबी और उर्दू में भी लिखने की कोशिश की।"

अपने विचारों के प्रचार और विस्तार के लिए हम नेशनल कॉलेज के विद्यार्थियों ने थिएटर के माध्यम को अपनाया। हमारा ध्यान इस बात पर था कि लोगों को उनकी गुलामी के प्रति जागरूक किया जाए। कॉलेज में एक नेशनल ड्रामैटिक क्लब की शुरुआत की गई। भगत सिंह उस दौरान किए गए सभी नाटकों में पूरे जोश के साथ भाग लेते थे। एक बार क्लब द्वारा 'सम्राट् चंद्रगुप्त मौर्य के युग का उदय' नामक नाटक का मंचन किया गया। उस नाटक में भगत सिंह ने नायक शशि गुप्त की भूमिका निभाई। वह नाटक बहुत सफल रहा और उसमें भगत सिंह की भूमिका भी बहुत सराहनीय थी। दर्शकों ने उनकी भूमिका के लिए दिल खोलकर तालियाँ बजाई थीं। उनके कॉलेज के सभी अध्यापकों और साथी विद्यार्थियों ने उनके शानदार प्रदर्शन के लिए उनका अभिवादन किया था। उनको आशीर्वाद देते हुए भाई परमानंद ने कहा था, "मेरा भगत सिंह वास्तव में आनेवाले समय का शशि गुप्त सिद्ध होगा।"

क्लब द्वारा अन्य कई ऐतिहासिक नाटकों का मंचन किया गया था, जैसे—'महाराणा प्रताप', 'महाभारत' आदि, जिनमें से प्रत्येक में भगत सिंह ने एक प्रमुख भूमिका निभाई थी। इन सब नाटकों का उद्देश्य, जैसा कि ऊपर संकेत दिया गया है, राष्ट्रीय भावना को जाग्रत् करना और लोगों को दासता के खिलाफ उठ खड़े होने के लिए प्रेरित करना था।

यशपाल के अनुसार, "महाभारत की पांडुलिपि उर्दू में भी उपलब्ध थी। उसके संवादों को दोबारा लिखकर हमने उसे अपने उद्‌देश्य को पूरा करने के लिए बनाया था। हमने उसको एक नया नाम 'किशन विजय' दिया था। हमने उसमें अंग्रेजों को कौरव और अपने देशभक्तों को पांडवों की तरह दिखाया था। हमने कई पंजाबी गानों को भी उसमें स्वरबद्ध किया था। 'कदे तुन वी हिंद्या होश सँभाल ओए। तेरा घर-बार विदेशी लुट लै गए और तू बेखबर सो रहा है। ओ लुट्टन वाले हमारे साथ ज्यादितियाँ न कर, हम तेरी सब चालाकियाँ समझ चुके हैं।' इस गीत को सन् 1907 के प्रसिद्ध गाने 'पगड़ी सँभाल ओ जट्टा, पगड़ी सँभाल ओ' की धुन पर तैयार किया गया था, जिसे बाँके दयाल द्वारा लिखा गया था। सरकार द्वारा जैसाकि ज्ञात था, इस तरह के गीतों को गाने पर प्रतिबंध लगा दिया गया और गानेवालों को उपद्रवी माना गया। फिर भी, हम लोग रह-रहकर इन नाटकों का मंचन करते थे। एक बार हमने अक्तूबर 1925[9] में कांग्रेस के कॉन्फ्रेंस, जिसे गुजराँवाला में आयोजित किया गया था, में अलग से 'भारत दुर्दशा' नामक नाटक का मंचन किया था।

भगत सिंह की एक तसवीर है, जिसमें वे ड्रामैटिक क्लब ग्रुप के साथ पगड़ी पहने खड़े हैं। इस तसवीर को 'भारत दुर्दशा' नाटक के मंचन के बाद खींचा गया था। यह तसवीर वर्तमान में भी उपलब्ध है।

उन दिनों कॉलेज के प्रधानाचार्य आचार्य जुगल किशोरजी, जो बहुत बड़े देशभक्त थे, अभी-अभी अपनी पढ़ाई पूरी कर इंग्लैंड से लौटे थे। भाई परमानंद को वर्ष 1914-15 के गदर आंदोलन में शामिल होने के कारण जीवन भर के लिए देश-निकाला देकर अंडमान भेज दिया गया था। वे भी वहाँ के अध्यापकों में एक अग्रणी स्थान रखते थे।

उनकी साधारण जीवन-शैली ही उनको सबसे अलग करती थी।

वहाँ पर एक और अध्यापक थे, जिनका नाम जयचंद्र विद्यालंकार था, जो गुरुकुल काँगड़ी के प्रमुख संस्थापक थे और जिन्होंने उस कॉलेज में राजनीतिक जागरूकता की मशाल को प्रज्वलित रखा; लेकिन जिन्हें बाद में भगवती चरण, जो कि सी.आई.डी. के आदमी थे, के द्वारा अपनी निजी दुश्मनी के कारण धोखा दिया गया। अन्य प्रतिष्ठित अध्यापकों में प्रो. छबील दास स्मरणीय थे, जो बाद में यहाँ के प्रधानाचार्य भी बने। उन्होंने अपनी पहचान क्रांतिकारी साहित्य को लिखकर बनाई। उनकी ऐसी ही एक कृति 'चिनगारियाँ' थी, जो इतनी अधिक प्रचलित हुई कि उसका प्रकाशन सन् 1947 तक और उसके बाद भी जारी रहा। इस किताब के लेखक ने भी इस प्रकाशन की एक प्रति बचपन में किसी रिश्तेदार के यहाँ पर देखी थी और उसका शीर्षक उनको इतना आकर्षक लगा कि वह उनकी यादों में हमेशा के लिए कैद हो गया।

यहाँ पर एक और हिंदी के अध्यापक उदय शंकर भट्ट थे, जो आगे चलकर एक बहुत विख्यात हिंदी लेखक बने। वे भगवती भाई के घर पर एक किराएदार के तौर पर रहा करते थे और उनके साथ उनकी बहुत ही घनिष्ठता थी; साथ ही अन्य लोगों, जैसे—भगत सिंह, सुखदेव, यशपाल इत्यादि से भी निकटता थी।

उदय वीर शास्त्री

उदय वीर शास्त्री एक बहुत ही युवा एवं संस्कृत के अध्यापक थे, जो भगत सिंह का एक प्रिय विषय था। वे भी भगवतीजी के पड़ोसी होने के साथ-साथ पारिवारिक मित्र थे। वे अप्रैल 1929 में दिल्ली अपने सबसे पसंदीदा शिष्य की देखभाल करने के लिए गए।

वहाँ के विद्यार्थियों में सुखदेव भी थे, जो कि लायलपुर से थे। उनके पिता की मौत उनके बचपन में ही हो गई थी। उनका लालन-पालन उनके पिता के बड़े भाई लाला अंचित राम द्वारा किया गया था, जो एक प्रमुख कांग्रेसी थे और समाज के एक सम्मानित व्यक्ति थे। असहयोग आंदोलन के दौरान उनकी गिरफ्तारी भी हुई थी और कैदी की पोशाक में उनकी एक तसवीर सुखदेव की टेबल पर सुशोभित रहती थी। जयदेव उनके चचेरे भाई थे और उन दोनों ने साथ में लाहौर नेशनल कॉलेज में दाखिला लिया था।[10]

भगत सिंह की कॉलेज में रहने की अवधि अचानक ही सन् 1923 में तब कम हो गई, जब उन्होंने एफ.ए. पास कर लिया और बी.ए. में दाखिला ले लिया। उनके परिवार के लिए इस समय उनके विवाह को लेकर व्याकुलता बढ़ने लगी थी।

कॉलेज की संपत्ति में इससे संबंधित एक संस्थान द्वारिका दास लाइब्रेरी थी, जिसने बहुत ही शानदार भूमिका निभाई। सही मायने में, यह लाइब्रेरी क्रांतिकारी विचारों के उत्पन्न और पोषित होने का प्रथम स्थान थी और हमेशा ही यह उन युवा विद्यार्थियों से भरी रहती थी, जो इतिहास, राजनीति आदि विषयों पर किताबों की तलाश में रहते थे।

यशपालजी के समक्ष एक प्रश्न यह भी खड़ा होता रहा है कि असहयोग आंदोलन के समय जब दबे स्वर में हर जगह इसके बारे में बातें हो रही थीं तो विद्यार्थियों के बीच किस तरह की किताबें प्रचलित थीं? इस सवाल का जवाब देते हुए यशपालजी द्वारा कुछ किताबों, जैसे डेन ओ ब्रेन की लिखी 'माई स्ट्रगल फॉर आयरिश फ्रीडम', मैजिनी और गैरीबाल्डी की जीवनियाँ, 'हिस्टरी ऑफ द फ्रेंच रिवॉल्यूशन', 'रिवॉल्यूशनरी आइडियाज ऑफ वोल्टायर'; विक्टर ह्यूगो, क्रोपोस्टन और अन्य रूसी क्रांतिकारी का नाम, लेखक तुगनिन, हिस्टरी ऑफ इंडियन सत्याग्रह मूवमेंट, शचींद्रनाथ सान्याल की 'बंदी जीवन' और 'रिपोर्ट ऑफ रिवॉल्ट कमेटी', जिसमें सन् 1917 से पहले हुए सभी क्रांतिकारी आंदोलनों का ब्योरा एक के बाद एक दिया गया था और भारतीय इतिहास में काले अक्षरों में दर्ज किया गया रॉलेट एक्ट (काला कानून) इसी रिपोर्ट पर आधारित था, जिसने पहली बार राष्ट्रीय स्तर पर अचानक उठे विरोध को जन्म दिया और जो भारत का स्वतंत्रता संग्राम भी था, के साथ-साथ शामिल था।

संदर्भ—

1. वरिंदर संधू : युगद्रष्टा भगत सिंह (हिंदी), राजपाल एंड संस, दिल्ली, पृष्ठ-132-134
2. गदर मूवमेंट, ओरिजनल डॉक्यूमेंट्स : लाहौर कॉन्सिप्रेसी केस 1 एंड 2, वॉल्यूम-1, यूनास्टार बुक्स, चंडीगढ़, 2008, पृष्ठ-296
3. जगमोहन सिंह : शहीद भगत सिंह ते ऊँहनान दे साथियाँ दियाँ लिख्तन (पंजाबी), शहीद भगत सिंह रिसर्च कमेटी, लुधियाना, 2000, पृष्ठ-26
4. शहीद-ए-आजम सीरीज, वॉल्यूम-3, राइटिंग्स ऑफ भगत सिंह (संस्करण), के.सी. यादव और बाबर सिंह, होप इंडिया पब्लिकेशन, गुरुग्राम (2000), पृष्ठ-26
5. वरिंदर संधू : ओ.पी., सी.आई.टी., पृष्ठ-139-40
6. यशपाल : सिंहावलोकन (हिंदी), लोकभारती प्रकाशन, इलाहाबाद, 1994, पृष्ठ-87-89
7. वही, पृष्ठ-88
8. वही, पृष्ठ-24
9. वही, पृष्ठ-24
10. वही, पृष्ठ-79-80

3

क्रांतिकारी बनने की दहलीज पर

भगत सिंह अपनी दादी के दुलारे और अपनी चाचियों की आँख के तारे थे। जहाँ तक उनकी दादी की बात है, करीब पाँच-छह साल पहले वे अपने पहले पोते जगत सिंह को उस समय खो चुकी थीं, जिस समय वह मात्र 11 बरस का था। इसलिए, अब उनका दादी-पोते वाला सारा प्यार भगत सिंह पर ही केंद्रित था। वे हमेशा उसके विवाह के सपने देखती रहतीं और वे अपने इस सपने को हकीकत बनते देखना चाहती थीं। घर से जुड़े किसी भी मामले में उनका निर्णय अंतिम माना जाता था और घर में किसी की भी हिम्मत उनका विरोध करने की नहीं होती थी। दूसरी तरफ, भगत सिंह बस आजादी का सपना देखते थे। ऐसे में, उनके पिता सरदार किशन सिंह खुद को बड़ी विकट परिस्थिति में फँसा हुआ महसूस करते थे। उनके एक तरफ उनकी अपनी बात से कभी पीछे न हटनेवाली माँ थीं और दूसरी तरफ एक जिद्दी बेटा था। इस बारे में वरिंदर लिखती हैं—

वरिंदर संधू

"इस विषय पर वरिंदर अपना दृष्टिकोण सामने रखते हुए उस समय सरदार किशन सिंह की उस समय की मनोस्थिति, जब उनसे पूछा जाता कि उन्होंने अपने बेटे के भविष्य के बारे में क्या सोचा है ? का वर्णन करते हुए कहा। उनके अनुसार, हालाँकि बहुत से लोग बस, उनके बाहरी रूप का अवलोकन कर उन्हें पिछड़ी सोच वाला मान सकते हैं, जो भगत सिंह से यह आशा कर रहे थे कि घर और परिवार को एक सूत्र में बाँधे रखने के

लिए विवाह करें। पर मुझे उनके लिए बहुत बुरा लगता है, क्योंकि वे लोग सरदार किशन सिंह की स्थिति की ओर सहानुभूतिपूर्ण रवैया नहीं रख रहे थे। वे किस हद तक कमजोर थे? इस बारे में बहुत सा विश्लेषण और विचार करने के बाद मैं इस नतीजे पर पहुँची कि उनके अपने बेटे के विवाह के लिए उत्सुक होना उनकी कमजोरी नहीं थी, बल्कि यह बस उनकी सबसे अलग सोच का प्रतिबिंब है। वे अपने बेटे के भीतर छिपे गुणों से अच्छी तरह से परिचित थे और वे यह भी चाहते थे कि उनके बेटे को लोकमान्य तिलक जैसा—उससे भी थोड़ा आगे बढ़कर—विलक्षण बनना चाहिए। मैं निश्चित तौर पर कह सकती हूँ कि उन्होंने अपने बेटे के लिए सुभाषचंद्र बोस जैसा बनने का सपना देखा होगा। संभव है कि उन्होंने कभी यह न सोचा हो कि उनका बेटा फाँसी के फंदे तक पहुँच जाएगा और वे इस संभावना को शायद कभी बरदाश्त भी नहीं कर सकते थे। उन्हें इस संबंध में अपने छोटे भाई, उनके मित्र रास बिहारी बोस और करतार सिंह सराभा की स्थिति की अच्छी तरह से जानकारी थी, जिन्होंने भारत में खुले तौर पर विद्रोह का बिगुल बजाया था और इसके लिए उन्हें फाँसी की सजा मिली थी। जहाँ तक उनके गदरियों को समर्थन देने की बात थी, तो यह बात ध्यान में रखनी होगी कि वे उन्हें केवल वित्तीय सहायता देते थे। हालाँकि, वे कभी उनकी रणनीतियों से सहमत नहीं हुए। उन्होंने उन्हें यह स्पष्ट तौर पर कह दिया था कि उनकी रणनीतियाँ अमेरिका में काम कर सकती हैं, लेकिन भारत में ये काम नहीं करेंगी।

"...सरदार किशन सिंह के जीवन का प्रत्येक पल फिर भी अंत तक भारत की आजादी के लक्ष्य के लिए समर्पित था और वे आर्यसमाजी शिक्षाविद् महात्मा हंसराज के विपरीत, जिन्हें उनके बेटे के सन् 1915 में दिल्ली षड्यंत्र मामले में सजा होने पर उसे जीवन भर के लिए देश-निकाला दिया गया और उन्होंने सार्वजनिक तौर पर उस अपने बेटे को भारत के सभी क्रांतिकारियों के साथ निकटतम संपर्क बनाए रखने के लिए त्याग दिया। यह उनकी कमजोरी नहीं थी कि वे क्रांतिकारियों के विरोधी थे; बल्कि एक पिता के तौर पर उनकी यह चिंता थी, जिस पर उनका कोई नियंत्रण नहीं था। गुस्से में वह अपना आपा इस हद तक खो बैठते थे कि अपने बेटे को न केवल भला-बुरा कहते, बल्कि अकसर उसे छोटी सी बात पर बुरी तरह पीट भी देते। क्या उन्होंने सचमुच भगत सिंह की सगाई और विवाह पर जोर दिया था? अगर ऐसा होता तो वे सन् 1924-25 के दौरान इस विषय पर चुप नहीं रहते, जब भगत सिंह लगातार उनके संपर्क में थे। क्या उस समय इस विषय पर एक बार भी चर्चा नहीं होती? पर हमें यह निश्चित तौर पर पता है कि ऐसा कभी नहीं हुआ। जहाँ तक एक पिता के तौर पर उनके अपने बेटे से लगाव की बात थी, तो वह प्यार अंत तक बना रहा। कुल मिलाकर, सरदार किशन सिंह ने अपने बेटे भगत सिंह के विवाह के लिए कभी जोर नहीं दिया; हालाँकि, उनकी 'इच्छा' अवश्य थी कि उनके पुत्र का विवाह हो।"[1]

जैसाकि यह सर्वविदित है कि पास के एक गाँव मानावाला के एक खाते-पीते परिवार के मुखिया, जिनके पास जमीन भी खूब थी, अपनी बेटी की सगाई भगत सिंह से करने के लिए आतुर थे। वह परिवार, जैसी कि परंपरा थी, भगत सिंह के घर पर उनका रिश्ता माँगने के लिए पहले आया था। उस अवसर पर भगत सिंह बहुत ही उत्साहित नजर आए। और जैसाकि शिष्टाचार था, वह उस परिवार का ताँगा खुद चलाकर उनके घर तक छोड़कर आए थे। वे भगत सिंह को अपना दामाद बनाने का मन पूरी तरह से बना चुके थे और वे कुछ दिनों के बाद सगाई, जो कि विवाह से पहले की रस्म थी, करने के लिए औपचारिक प्रस्ताव लेकर भी आए थे। चूँकि भगत सिंह उन दिनों बहुत ही हँसमुख स्वभाव के थे, अतः उन्होंने अपने असहमत होने का कोई संकेत नहीं दिया। इसलिए सभी ने इसे विवाह के लिए उनकी रजामंदी मान ली। जैसाकि कहावत है—चुप्पी का मतलब आधी 'हाँ' होता है।

उन दिनों भगत सिंह अपनी माँ से परिहास करते हुए होनेवाली दुलहन के बारे में बातें करते थे कि एक खाते-पीते घर की लड़की साधारण तरीके से जीवन जीनेवाले लोगों के घर आ रही थी। (यह लेखक के पास मौजूद कैसेट में रिकॉर्ड किया हुआ है) वे अपनी माँ के साथ बहस करते थे कि चूँकि उनको उस लड़की के परिवार के लिए गाड़ी का कोचवान बनाकर भेजा गया था, इसलिए वे अब उनके जमाई कैसे बन सकते हैं? "ओ··· बेबे, मुझे पता चला है कि लड़की बहुत मोटी है; वह रसोई में तेरी मदद कैसे करेगी? और फिर, यह कहा जा रहा है कि वे लोग दहेज में हाथी देने वाले हैं। हम उस जानवर को कहाँ बाँधेंगे और हम उसके लिए खाने का इंतजाम कैसे करेंगे?"

कोई बस, इसका अनुमान ही लगा सकता था कि भगत सिंह उस तरह से व्यवहार क्यों कर रहे थे। लेकिन कुल मिलाकर, इसका नतीजा यह निकला कि परिवार भगत सिंह का विवाह तय करने के बारे में गंभीरता से सोचने लगा।

लेकिन उन्होंने विवाह के बंधन में बँधने से बचने के लिए घर क्यों छोड़ दिया, इस बात को समझना कोई कठिन काम नहीं है। भगत सिंह जैसे कुशाग्र बुद्धि के स्वामी ने पहले ही यह भाँप लिया था कि उनके जैसे एक क्रांतिकारी से विवाह करने का क्या परिणाम होगा। उन्होंने अपनी चाचियों की विकट परिस्थिति को देखा था और उनके कष्टों को भी साझा किया था।

इसलिए उन्होंने सगाई के लिए तय की गई तिथि से पहले घर छोड़कर जाने का निर्णय, जिसको लेकर उनके मन में किसी तरह का संदेह नहीं था, किया। लेकिन प्रो. जगमोहन सिंह द्वारा इस संबंध में एक घटना का जिक्र किया गया है, जिसने उन्हें घर छोड़ने का निर्णय लेने के लिए उकसाया। सरदार किशन सिंह एक बार गुस्से में आगबबूला होकर, जिन्हें भगत सिंह के घर छोड़ने की मंशा की भनक लग चुकी थी, अपने बेटे को ताना मारते हुए कहा, "हो सकता है कि तुम इस भ्रम में हो कि अजीत सिंह का भतीजा और किशन

सिंह का बेटा होने के नाते 'तुम कुछ हो' और इसलिए तुम घर छोड़ देना चाहते हो।"[2]

भगत सिंह के घर छोड़ने का अर्थ यह था कि उन्होंने अपने जीवन के लक्ष्य 'क्रांति' की ओर पहला निर्णायक कदम बढ़ा दिया था। घर छोड़ते समय उन्होंने अपने पिता के लाहौर स्थित कार्यालय की दराज में एक पत्र लिखकर छोड़ा था—

आदरणीय पिताजी,

मेरा संपूर्ण जीवन एक नेक काम के लिए समर्पित है। वह नेक काम है—भारत की आजादी। इस कारण से मेरे जीवन में आराम और सांसारिक सुखों के भोग के लिए तनिक भी आकर्षण नहीं है।

आपको शायद याद होगा कि मेरे जनेऊ संस्कार के समय, जब मैं बहुत छोटा था, बापूजी (दादाजी) ने यह शपथ ली थी कि वे मुझे देश की सेवा के लिए समर्पित करेंगे। इसलिए, मैं उस समय ली गई शपथ को पूरा करने जा रहा हूँ।

आशा करता हूँ, आप मुझे क्षमा कर देंगे।

आपका आज्ञाकारी,
भगत सिंह[3]

दुर्भाग्यवश, इस पत्र की मूल प्रति का कहीं पर भी रिकॉर्ड नहीं मिलता। अगर यह उपलब्ध होता तो कदाचित् उनके घर से गायब होने की वास्तविक तिथि के बारे में संकेत मिल पाते।

वरिंदर के अनुसार, भगत सिंह ने इस घटना से पहले अपना मन बना लिया था कि वे पारिवारिक बंधनों को त्याग क्रांति की राह का अनुसरण करेंगे। अगर उनके विवाह का प्रश्न नहीं उठता, तो शायद वे अपने परिवार के साथ रहना जारी रखते। इसलिए यह कहा जाता है कि भगत सिंह को बहुत छोटी उम्र से ही पूर्णरूपेण क्रांतिकारी होने का गौरव प्राप्त हो गया, जो संभव है कि कुछ और समय लंबा खिंच सकता था; परंतु यह कितना लंबा खिंचता, इसका अनुमान कोई नहीं लगा सकता।

शचींद्र नाथ सान्याल

शचींद्र सान्याल ने अपनी रचना 'बंदी जीवन' में लिखा है कि उनका भगत सिंह से उन दिनों बहुत निकट संबंध था, जब एक

नई क्रांतिकारी पार्टी का उदय हो रहा था, जिसने आगे चलकर 'हिंदुस्तान रिपब्लिकन एसोसिएशन' (एच.आर.ए.) के तौर पर आकार लिया। इतना ही नहीं, वे भगत सिंह के सहयोगी के तौर पर उनके लिए साहूकारी का काम उस समय करते थे, जब वे एच.आर.ए. के लिए पंजाब से नवयुवकों को भरती कर रहे थे। उन्होंने अपनी किताब 'बंदी जीवन' में भगत सिंह के घर छोड़ने की घटना का जिक्र अपने दृष्टिकोण से किया है।

एक बार भगत सिंह से बात करते हुए मुझे पता चला कि उनके पिता सरदार किशन सिंह उनका विवाह करवाने की तैयारी कर रहे थे। मुझे महसूस हुआ कि चूँकि मैंने विवाह करके एक बहुत बड़ी भूल कर दी है, अतः मुझे भगत सिंह को यह बताना चाहिए कि अगर उसने विवाह कर लिया तो वह क्रांतिकारी गतिविधियों में पूरे मन एवं आत्मा के साथ शामिल नहीं हो पाएगा। भगत सिंह खुद विवाह नहीं करना चाहते थे। मैंने भगत सिंह से पूछा, "क्या तुम घर छोड़ने के लिए तैयार हो? अगर तुम घर पर रहते हो तो तुम्हारा परिवार तुम्हारा विवाह करवा देगा। मैं नहीं चाहता कि तुम्हें विवाह करना चाहिए। इसलिए मेरी इच्छा है कि तुम्हें घर छोड़ देना चाहिए और वहाँ जाकर रहो, जहाँ रहने की मैं तुम्हें सलाह दूँ।" भगत सिंह ऐसा करने के लिए तैयार हो गए। फिर मैंने भगत सिंह को एक पत्र के साथ कानपुर, जोगेश चटर्जी के पास, भेज दिया।[6]

जोगेश चंद्र चट्टोपाध्याय

जोगेश याद करते हुए बताते हैं, "सान्याल बाबू ने भगत सिंह को मेरे लिए एक पत्र दिया था और उन्हें कानपुर भेजा था। जब वे हमारे घर पर आए तो उस समय दिन का समय था और उन्होंने मुझे पत्र दिया। हमने बातचीत की; लेकिन मुझे यह समझ में नहीं आ रहा था कि उनको रात के समय कहाँ पर ठहराऊँ। उस समय मैं एक बंगाली हॉस्टल में रहता था, जहाँ पर रहनेवाले सभी बंगाली थे। अचानक से किसी सिख व्यक्ति का वहाँ आ जाना पुलिस के लिए संदेह का कारण बनता। हालाँकि, उन्हें वहाँ पर अपने रहने के लिए जगह लेनी पड़ती। हैरानी की बात यह थी कि स्टेशन से आते समय उन्होंने अपना सामान किसी धर्मशाला में छोड़ दिया था। और अब उन्हें उस धर्मशाला का नाम या जहाँ पर वह थी, उस जगह का पता याद नहीं था। वे और मैं दोनों मिलकर उस धर्मशाला की खोज करने और उनका सामान लेने के लिए

साथ में गए। हमने स्टेशन के आसपास की सभी धर्मशालाओं में जाकर देखा; लेकिन हम उस धर्मशाला को नहीं तलाश कर पाए, जिसमें उन्होंने अपना सामान रखा था। अंत में, जब हमने रात के 10 बजे अपने मेस में वापस आना और अगले दिन अपनी खोज जारी रखना तय किया तो उन्होंने ध्यान लगाकर एक धर्मशाला के बारे में याद किया और हम उनका सामान वहाँ से लेकर पटकापुर मेस आए। कानपुर में उनके जीवन की यह नई शुरुआत थी। हालाँकि, उनके चेहरे पर दाढ़ी पूरी तरह से उग चुकी थी, फिर भी वे बहुत छोटे लगते थे।

"चूँकि वे पटकापुर मेस में रह रहे थे, अत: उनकी कानपुर में सबसे पहले जान-पहचान उसके सदस्यों के साथ हुई। लेकिन वे अपना अधिकतर समय मेरे साथ बिताते थे। वे एक बहुत ही बुद्धिमान एवं जिज्ञासु युवा थे और बहुत सी चीजों के बारे में जानने की इच्छा व्यक्त करते थे। हम देश के आम राजनीतिक जीवन, भारत की परिस्थितियों को देखते हुए, यहाँ के लिए क्रांति का कौन सा रूप सबसे उपयुक्त होगा, दूसरे देशों—खासकर रूस—में हुई क्रांति, जिस पर सारी दुनिया की नजर प्रयोगशाला में किए गए प्रयोग एवं पायलेट प्रोजेक्ट के तौर पर थी, कहा जाए तो दुनिया में हुई क्रांतियों के बाद विकसित हुई नई प्रणालियों के अनुसरण के पहलू के बारे में घंटों बातें किया करते थे। भगत सिंह जानना चाहते थे कि साम्यवादियों का पक्ष क्या है? उनकी जिज्ञासाएँ कभी न तृप्त होनेवाली प्रवृत्ति की थीं। वे आँखें बंद करके किसी भी पथ का अनुसरण करनेवालों में से नहीं थे। उनका युवा मस्तिष्क हमेशा नए विचारों का आकलन करने और उन्हें ग्रहण करने के लिए सचेत रहता था।

यह वह समय था, जब कानपुर में सेशन कोर्ट में बोल्शेविक षड्यंत्र केस की सुनवाई चल रही थी और शहर में हर जगह इस विषय पर चर्चा हो रही थी। जिन चार लोगों को उसमें आरोपी बनाया गया, वे नलिनी दासगुप्ता, एस.ए. डांगे, मुजफ्फर अहमद और शंकर चमनी, जिन पर आरोप था कि वे एम.एन. रॉय के संपर्क में थे, जो 'थर्ड इंटरनेशनल' के इंचार्ज थे, जिसका हेडक्वार्टर मॉस्को में था। मुझे भी इन चार आरोपियों से कोर्ट में मिलने का अवसर ब्रेक के दौरान उस समय प्राप्त हुआ था, जब सी.आई.डी. के लोग कोर्ट से बाहर चले गए थे।

चूँकि पटकापुर मेस में भगत सिंह के आने पर हम और भी अधिक सचेत हो गए थे, क्योंकि एक बंगाली मेस में एक सिख युवक की मौजूदगी पुलिस के संदेह को बढ़ा सकती थी और उन्हें वहाँ तक खींचकर ला सकती थी। हमारे पास आय का कोई जरिया नहीं था और जिसके परिणामस्वरूप हमारी माली हालत बहुत ज्यादा खराब थी। हमने इस विषय पर विचार किया; लेकिन वहाँ पर ऐसी दूसरी कोई उपयुक्त जगह नहीं थी, जहाँ पर भगत सिंह को आसानी से शिफ्ट किया जा सकता था। उस समय में

गणेश शंकर विद्यार्थी

परिस्थितियाँ कुछ ऐसी बनीं कि हमें हमारी समस्याओं का उपाय मिल गया। प्रो. जयचंद्र विद्यालंकार कानपुर किसी काम से आए थे। उन्होंने देखा कि पटकापुर मेस में भगत सिंह के ठहरने से क्या समस्या उत्पन्न हो सकती है। वे गणेश शंकर विद्यार्थी से मिले और उन्हें इस बारे में बताया। विद्यार्थीजी ने खुशी जाहिर करते हुए कहा कि वे 'प्रताप' के कार्यालय में उन्हें एक कमरा देंगे। भगत सिंह ने वहाँ पर पत्रकारिता सीखी और चूँकि यह वह जगह थी, जहाँ पर बहुत सारे लोगों का आना-जाना था, इसलिए उनके वहाँ पर ठहरने से किसी तरह का संदेह उत्पन्न नहीं होता। उन्होंने उन्हें प्रतिमाह 10 रुपए पत्रकारिता सीखने के एवज में स्कॉलरशिप के तौर पर देना प्रस्तावित किया। भगत सिंह का कमरा, जहाँ पर वे ठहरे हुए थे, भवन के अंदर वाले भाग में था। इस तरह, भगत सिंह के रहने और पैसे से जुड़ी समस्या का समाधान मिल गया और हम सभी ने राहत की साँस ली।

इससे पहले भगत सिंह अपने गुजारे के लिए अखबार बेचा करते थे।

थोड़े ही समय में भगत सिंह ने अपने संपादक का विश्वास हासिल कर लिया और लेखन के क्षेत्र में प्रशिक्षण प्राप्त करना शुरू कर दिया, एक अति प्रचंड व्यक्तित्व के सान्निध्य में एक ऐसा गुण, जिसे भगत सिंह द्वारा अपने जीवन के मिशन के कारण पूरी तरह से दबा दिया था। अपनी सही पहचान को गुप्त रखने के लिए भगत सिंह एक काल्पनिक 'बलवंत' नाम से लेखन कार्य करते थे। जिस समय वे प्रेस में काम कर रहे थे, उनके पास काफी खाली समय रहता था, जिसका उपयोग वे दुनिया भर में हुई क्रांतियों के इतिहास और विभिन्न देशों में आजादी के लिए हुए आंदोलनों के बारे में पढ़ने में व्यतीत करते थे। सोवियत संघ में अक्तूबर 1917 में बोल्शेविक क्रांति के संदर्भ में हाल ही में हुई घटना के विषय में उनकी बहुत रुचि थी।[5]

उन्होंने कानपुर जाने के लिए किस महीने और साल में लाहौर को छोड़ा था, इस संबंध में कोई निश्चित तिथि ज्ञात नहीं है। इस बारे में बस, एक संकेत यह ज्ञात हो पाया है कि वरिंदरजी के अनुसार, भगत सिंह लाहौर को छोड़ने के ठीक छह महीनों के बाद वापस घर लौटे थे।[6] इस संकेत को रिकॉर्ड में उपलब्ध भगत सिंह की मौजूदगी से मिलान

किया गया। इस संबंध में भगत सिंह को अप्रैल 1924 के मध्य में अपने गाँव बंगा में जयतो गुरुद्वारा आंदोलन के दौरान अकाली जत्थे में भोजन परोसने का काम दिया गया था, जिससे ये संकेत मिलते हैं कि भगत सिंह ने संभवत: अगस्त-सितंबर 1923 में अपना घर छोड़ा था।

घर वापसी

जब भगत सिंह अपने जीवन के लक्ष्य में पूरी तरह से लीन हो चुके थे तो उस समय उनके परिवार में सबकुछ ठीक नहीं चल रहा था। हर कोई इस बात को लेकर चिंतित था कि वे कहाँ पर हैं और कैसे हैं। इसी बीच उनकी दादी की तबीयत खराब हो गई। वे अपने पोते से मिलने के लिए बहुत आतुर थीं। इस बारे में बहुत सी बातें सुनने को मिलती हैं—भगत सिंह के परिवार को यह कैसे पता चला कि वे कानपुर में हैं और फिर उन्हें बुलावा भेजा गया। लेकिन इस बारे में सबसे सच प्रतीत होनेवाली कहानी जयदेव गुप्ता द्वारा बताई गई। उनके परिवार द्वारा रामचंद्र, जो कि उनके पारिवारिक मित्र थे, से जानकारी प्राप्त की, जिन्हें भगत सिंह की ओर से एक पत्र मिला था कि वे कानपुर में हैं और वे उनके साथ कानपुर गए। वे सन् 1923 के अक्तूबर महीने के आसपास एक साथ कानपुर गए। वहाँ पर वे विद्यार्थीजी से मिले और उन्हें भगत सिंह की दादी की गंभीर हालत के बारे में बताया और उन्हें यह भी बताया कि वे अपने पोते से मिलना चाहती हैं। जयदेव गुप्ता के अनुसार, उस समय भगत सिंह ने अपने आप को कहीं छुपा लिया था और वे उनसे नहीं मिले। इसलिए उन्होंने भगत सिंह के लिए विद्यार्थीजी के पास एक संदेश छोड़ा कि भगत सिंह को उनकी दादी की बीमारी के बारे में सूचना दे दें और उनके माता-पिता की ओर से यह आश्वासन भी दिया गया है कि घर वापस लौटने पर उनका विवाह नहीं किया जाएगा। फिर वे लोग लाहौर वापस आ गए। जयदेव गुप्ता द्वारा सरदार किशन सिंह से अपील की गई कि वे उनके दोस्त मौलाना हसरत मोहानी को एक पत्र लिखें, जिसमें साफ तौर पर यह आश्वासन दिया गया कि भगत सिंह को वापस लौटने पर विवाह करने के लिए नहीं कहा जाएगा। ऐसा ही किया गया और उनके पिता द्वारा लिखा गया पत्र भगत सिंह को दिखाया गया। उन्होंने विद्यार्थीजी को भी इस बात के लिए राजी किया कि वे भी भगत सिंह पर लाहौर वापस लौटने के लिए दबाव डालें।[7]

इस संबंध में वरिंदरजी भी कहती हैं, "सरदार किशन सिंह द्वारा 'वंदे मातरम' में एक विज्ञापन छपवाया गया कि भगत सिंह जहाँ कहीं भी हैं, उनको घर वापस आ जाना चाहिए; क्योंकि उनकी दादी की तबीयत बहुत खराब है।" विद्यार्थीजी की नजर उस विज्ञापन पर पड़ी थी और उनको यह ज्ञात नहीं था कि 'बलवंत' ही भगत सिंह हैं

और उनका संबंध महान् क्रांतिकारी अजीत सिंह एवं सरदार किशन सिंह के परिवार से है। उन्हें इस बारे में तभी पता चला, जब जयदेव गुप्ता एवं रामचंद्रजी उनसे मिले। तभी उनके सामने इस रहस्य का खुलासा हुआ। परंतु वे विद्यार्थीजी के पास क्यों गए? ऐसा इसलिए हुआ, क्योंकि रामचंद्रजी को भगत सिंह का जो पत्र प्राप्त हुआ था, उस पर जो पता लिखा हुआ था, वह विद्यार्थीजी के द्वारा था। पर वे वहाँ पर भगत सिंह से नहीं मिल पाए थे, इसलिए उन्होंने सारी बात विद्यार्थीजी को बताई थी।[8]

"एक बार घर वापस आ जाने पर उनके घर में जो पतझड़ का मौसम छाया हुआ था, वह बहार की ऋतु में बदल गया। किसी ने भी उनके सामने विवाह की बात का जिक्र तक नहीं किया; जैसेकि कहावत है—'दूध का जला, छाछ भी फूँक-फूँक कर पीता है।' भगत सिंह अपनी दादी की सेवा में दिलो-जान से लग गए। उनकी सेवा का यह आलम था कि कोई भी देखकर हैरान रह जाए। दवाइयों और उनके खाने-पीने का ध्यान रखने के अलावा वे उन्हें जितना संभव होता, खुश रखने की भी कोशिश में लगे रहते। उनकी दादी जल्दी ही स्वस्थ हो गईं। अब भगत सिंह बंगा गाँव अपनी दादी के साथ रहने के लिए और लाहौर अपने घर के बीच आना-जाना करने लगे। कभी-कभी वे एक-दो दिनों में चक्कर लगाते तो कभी उनका आना कई दिनों लंबा खिंच जाता, जैसाकि वरिंदरजी द्वारा लिखा गया है।

करतार सिंह सराभा

जैसाकि बाद में देखा गया, उनका एक से दूसरे घर में आना-जाना उनके आगे आनेवाले क्रांतिकारी कॅरियर का एक नियम बन गया। यह मात्र संयोग नहीं था कि सन् 1930 के लाहौर षड्यंत्र केस में ट्रिब्यूनल द्वारा जो जजमेंट दिया गया, उसमें निशाना साधा गया कि अकेले भगत सिंह 'सर्वव्यापी' रहे। उल्लेखनीय ढंग से इसी विशेषता का उपयोग वर्ष 1915-16 में एक स्पेशल ट्रिब्यूनल द्वारा करतार सिंह सराभा, जो कि भगत सिंह के आदर्श रहे, पर अकेले चले केस में जजमेंट के समय भी किया गया।

खासतौर पर भगत सिंह द्वारा इस वाक्य को लाहौर षड्यंत्र केस 1914-15 के जजमेंट की मूल प्रति में बोल्ड करने के लिए रेखांकित किया गया है, जिसे आज भी खटकड़ कलाँ म्यूजियम में देखा जा सकता है।[9]

अब हम कुछ उन घटनाओं के बारे में बात करते हैं, जिनके चलते भगत सिंह की पहली गिरफ्तारी का वारंट जारी हुआ।

'जयतो मोर्चा' आंदोलनकारियों को भोजन परोसना

हमारे आजादी के संघर्ष की दृष्टि से गुरुद्वारा सुधार आंदोलन को समझने के लिए दो पहलुओं को ध्यान में रखना होगा—पहला, व्यापक तौर पर प्रचलित रूप, जिससे एक तरह के तबके का ही सरोकार दृष्टिगत होता था, उसमें दूसरे समान वर्ग का भी निहित स्वार्थ होता था। इस मामले में भी भ्रष्टाचारी और दूषित महंतों द्वारा ऐतिहासिक सिख गुरुद्वारों को अपने नियंत्रण में लिया जा रहा था और वे लोग खुले तौर पर बिना किसी शर्म के न केवल सिख धर्म संबंधी बातों का अनादर कर रहे थे, बल्कि सामाजिक जीवन के भी प्रतिबंधों का उल्लंघन करते थे। उनके पद को किसी भी तरह की चुनौती देने का अर्थ था—ब्रिटिश सरकार से सीधे-सीधे शत्रुता मोल लेना, क्योंकि ये दोनों एक सिद्धांत पर साथ मिले हुए थे—डोमिनो सिद्धांत—वह सिद्धांत, जो कहता था कि 'आज हमारी बारी तो कल तुम्हारी होगी!'

इस तरह, दूसरा पहलू भी पहले वाले जैसा स्वाभाविक परिणाम था और इसलिए, दोनों एक-दूसरे के पूरक थे। भारत की आजादी के दीवानों के लिए हर वह इनसान, जो निहित स्वार्थ को चुनौती देने का साहस करता था, उसके लिए उनके मन में सहानुभूति पैदा कर देता था और यहाँ तक कि वे उनके साथ हमदर्दी रखते थे। केवल इसी तरह की भावना भगत सिंह को उत्तेजित करती थी। यहाँ तक कि उनके बचपन में घटी इस तरह की दो भयानक घटनाओं—जलियाँवाला बाग का नर-संहार और फिर दो साल बाद हुई ननकाना साहिब की त्रासदी के ऐतिहासिक संदर्भ बिल्कुल भिन्न होने पर भी वे दोनों के बीच समान पीड़ा को महसूस कर पाए।

जहाँ तक इस विशेष गुरुद्वारा 'जयतो मोर्चा' नाम के आंदोलन की बात थी, इसकी सबसे बड़ी खासियत वह चिनगारी थी, जिसने इस पर तत्काल प्रतिक्रिया की परिस्थिति को जन्म दिया। इसका सिख धर्म या ऐतिहासिक धर्म-स्थलों से कुछ खास लेना-देना नहीं था। इसका मूल कारण राजनीतिक था। उसका नाम था—नाभा के महाराजा रिपुदमन सिंह के साथ हुआ व्यवहार। रिपुदमन सिंह, जो तत्कालीन अन्य भारतीय राजा-रजवाड़ों, जो अधिकतर कायर स्वभाव के हुआ करते थे, से बिल्कुल विपरीत थे। उन्होंने सही तरीके से और जनता के हित के लिए मुखर होकर काम करने का साहस किया।

उन्होंने विधान परिषद् में राजकुमार के तौर पर दो वर्ष की कार्यावधि के दौरान ऐसा बहुत कुछ किया था, जिससे वे ब्रिटिश सरकार का कोप-भाजन बन गए।

फिर, महाराजा बनने के पश्चात् भी उन्होंने अपना पहले जैसा कार्य-कलाप जारी रखा। उदाहरण के लिए, नाभा एकमात्र वह रियासत थी, जो बाकी के सिख समुदाय के साथ ननकाना साहिब में हुई फायरिंग के दिवस को 'काला दिवस' मनाने के लिए खुले तौर पर शामिल हुआ।

क्योंकि शासक वर्ग उनके अधिकारों को छीनने के लिए बस, एक मौके की तलाश कर रहा था। यह बहाना उन्हें पटियाला और नाभा रियासतों के बीच के अंतर-राजवंशीय संघर्ष चल रहा था, जो कि वास्तव में एक अपवाद होने के बजाय एक नियम था। ब्रिटिश सेना की टुकड़ी ने 8 जून, 1923 को पैलेस को अपने नियंत्रण में ले लिया और महाराजा को उनके पद से हटा दिया गया तथा उनके राज्य से बाहर कर दिया गया।

चूँकि रिपुदमन सिंह अपनी प्रजा और आजादी के लिए लड़नेवाले—दोनों के बीच बहुत प्रसिद्ध थे, इसलिए विरोध का स्वर उठना स्वाभाविक था। 5 अगस्त, 1923 को शिरोमणि गुरुद्वारा कमेटी, जो एक प्रमुख सिख शाखा थी, ने अपनी एक बैठक में सिख समुदाय के लिए एक प्रस्ताव पारित किया, जिसके तहत 9 सितंबर को 'नाभा दिवस' के तौर पर मनाने के लिए कहा गया। इस दौरान एक सभा का आयोजन किया गया, जिसमें पवित्र गुरु ग्रंथ साहिब का अखंड पाठ किया गया और विरोध प्रस्ताव पारित किया गया। इसकी प्रतिक्रिया में शहर के प्रशासन के आदेश के अनुसार, विलियम जॉनस्टन हथियारों से लैस पुलिस के साथ जबरन जयतो (जो अब फरीदकोट जिले में है) स्थित ऐतिहासिक गुरुद्वारे में 14 सितंबर को प्रवेश कर गया और वहाँ चल रहे गुरु ग्रंथ साहिब के अखंड पाठ को बाधित कर सभा में एकत्र हुए एक-एक कर सभी लोगों को गिरफ्तार कर लिया। यहाँ तक कि उन्होंने गुरु ग्रंथ साहिब का पाठ करनेवाले को भी नहीं बख्शा। यह कृत्य वास्तव में सिख परंपरा और मूल्यों का बहुत बड़ा अपमान था। इसके बाद एक राजनीतिक विषय के विरोध ने धार्मिक आधार पर होनेवाले विरोध का भी रूप धारण कर लिया।

इस आंदोलन को केंद्रित तौर पर पवित्र अकाली तख्त अमृतसर द्वारा नियंत्रित किया जा रहा था। बिना हथियार और शांतिप्रिय 500 सत्याग्रहियों के जत्थे को भली प्रकार से निर्देशित कर जयतो गुरुद्वारा पहुँचने और पवित्र गुरु ग्रंथ साहिब के पाठ को फिर से आरंभ करने के लिए कहा गया। उन्हें भी प्रताड़ित किया गया, मारा गया, उन पर लाठीचार्ज किया गया और यहाँ तक कि उन पर मुकदमा चलाया गया। देश भर से सिख समुदाय के लोग और यहाँ तक कि विदेशों के भी सिख उस मोर्चे में शामिल हो गए।

इस तरह के पाँचवें जत्थे का बंगा गाँव में दोपहर के खाने तक पहुँचना तय था। इस जत्थे को लायलपुर से 12 अप्रैल, 1924 को निकलना और अमृतसर इस आंदोलन

के नियंत्रित केंद्र पर 24 अप्रैल को पहुँचना अपेक्षित था। आधिकारिक रिकॉर्ड के अनुसार, "...सन् 1924 में वे (भगत सिंह) चालान संख्या 105 गए, जहाँ पर उनके पिता की जमीन थी। वहाँ पर रहते हुए उन्होंने लायलपुर शहीदी जत्था की देखरेख की, जिसके परिणामस्वरूप उनको आपराधिक नियम संशोधन धारा अनुच्छेद 17 के तहत तलब किया गया, जहाँ से वे फरार हो गए। उस समयावधि के दौरान वे उत्तर प्रदेश में थे। यह सूचित किया गया था कि उत्तर प्रदेश जाने पर वे एक माह के लिए कानपुर में रहें। वहाँ पर रहते हुए वे हसरत मोहानी के साथ रहें। ऐसा वर्णन किया गया कि कानपुर से वे अलीगढ़ गए और वहाँ पर नेशनल मुसलिम यूनिवर्सिटी स्कूल में तीन माह तक हेडमास्टर के तौर पर कार्य किया।"[10]

चूँकि जत्थे को पैदल चलते हुए जयतो पहुँचने के लिए बहुत लंबी दूरी तय करनी थी, इसलिए उन्हें रात गुजारने के लिए बहुत सी जगहों पर रुकना और भोजन ग्रहण करना होता था। हर जत्थे में लगभग 500 लोग होते थे, जिनके रहने व खाने का पहले से इंतजाम करना होता था। चूँकि वे जिस रास्ते से जाने वाले हैं, उसे पहले से निश्चित किया जा चुका था, ब्रिटिश सरकार के चाटुकारों द्वारा उन्हें पानी पीने तक के लिए रुकने पर हर तरह के नियमों का उल्लंघन कर बाधा उत्पन्न की गई। उन्होंने ऐसा बस, अपने आकाओं को प्रसन्न करने के लिए किया।

वरिंदरजी के अनुसार, अकाली दल के दो नेताओं—सरदार करतार सिंह और सरदार ज्वाला सिंह ने लाहौर में सरदार किशन सिंह से संपर्क कर उन्हें उनके गाँव में लंगर की व्यवस्था में सहयोग करने के लिए प्रार्थना की। वे व्यक्तिगत तौर पर उस लंगर की व्यवस्था स्वयं करते, लेकिन पहले से बंबई में किसी काम से जाने की प्रतिबद्धता के कारण वे स्वयं ऐसा करने में असमर्थ थे। इसलिए उन्होंने इस काम की जिम्मेदारी अपने 17 वर्ष से कम उम्र के सुपुत्र भगत सिंह को सौंपी। हालाँकि, इस कार्य में परिवार के एक अन्य वंशज सरदार दिलबाग सिंह द्वारा बाधा उत्पन्न की गई, क्योंकि वे प्रशासन के बहुत वफादार थे और उनको ऑनरेरी मजिस्ट्रेट का पद प्राप्त था। यह एक ऐसा पद था, जिसे चाटुकारिता की सभी सीमाएँ पार करने पर पुरस्कार-स्वरूप दिया जाता था। उन्होंने हमेशा स्वयं को शासन करनेवालों की दृष्टि में सबसे शक्तिशाली दिखाने का प्रयास किया था। वे ऐसा दिखाते थे, जैसे उनकी सहमति के बिना उनके गाँव के अंदर और आसपास कुछ भी नहीं हो सकता। जैसाकि वरिंदरजी द्वारा अपनी समुचित कुशलता का उपयोग करते हुए सामने रखा गया कि उस समय का परिदृश्य ऐसा था, जैसे 'एक मोर्चे के अंदर मोर्चा!'

अब तक बहुत बड़ी संख्या में वहाँ के लोग दिल से इस आंदोलन के साथ थे, लेकिन डर के कारण वे सरकार, पुलिस और सबसे बढ़कर—दिलबाग जैसे लोगों के

गुस्से से आतंकित थे; क्योंकि उसकी सहायता माँगने के लिए उन्हें हर बार उस समय जाना पड़ता था, जब उन्हें सरकारी महकमे के किसी अधिकारी से किसी तरह की कोई समस्या होती थी।

निश्चित दिन पर उस 17 बरस भी पूरे न कर पाए युवक ने गाँव के बाहर खुले मैदान में लंगर का प्रबंध किया और न केवल जत्थे को खाना खिलाया, बल्कि शहीदों एवं क्रांतिकारियों की प्रशंसा करते हुए एक भाषण भी दिया।

जैसाकि अपेक्षित था, सरदार दिलबाग सिंह ने इसे सीधा अपने अपमान के तौर पर लिया और भगत सिंह को जेल में डालना चाहा। उसको भगत सिंह के खिलाफ केस रजिस्टर करने में सफलता भी मिली।

डॉ. जी.एस. सिद्धू ने अपने लेख ('पंजाबी ट्रिब्यून', 4 अगस्त, 2000), जिसमें उन्होंने उनके जन्म से लेकर सन् 1926 तक की अवधि को स्कैन किया था, में भगत सिंह की व्यक्तिगत सी.आई.डी. की फाइल के हवाले से इसका प्रमाण दिया। इस लेख का समापन भारत नौजवान सभा में उनकी भूमिका स्थापित होने के साथ हुआ।[11]

अप्रैल 1925 में आंदोलन को वापस लेने के बाद भी भगत सिंह भूमिगत रहे। ऐसा दिलबाग सिंह के प्रभाव के कारण था और इस मामले को सन् 1925 के अंतिम दिनों में ही वापस लिया गया।

जैसाकि सी.आई.डी. की रिपोर्ट में कहा गया—भगत सिंह फरवरी 1925 में लाहौर में परचे बाँटने की घटना में भी संदिग्ध थे। साथ ही, उन पर यह भी आरोप था कि उन्होंने अक्तूबर 1925 में गुजराँवाला में मंचित किए गए राजनीतिक नाटक में भी भाग लिया था। इसके अतिरिक्त, उनके पलायन के दौरान वे उस आंदोलन में भी सम्मिलित हुए, जिसका नेतृत्व जमींदार सभा द्वारा नहर के पानी की दरों के विस्तार के विरोध में किया गया था।

उल्लेखनीय ढंग से, भगत सिंह को कानपुर में रहते हुए यह जानकारी मिली कि कानपुर के पास बाढ़ के कारण बहुत बड़ी तबाही हुई है। उन्होंने अपना तन-मन दिन-रात वहाँ पर राहत और बचाव कार्यों में लगा दिया। यह भगत सिंह के व्यक्तित्व के एक और पक्ष को दिखाता है, जो था—हर संभव तरीके से पीड़ित लोगों की पीड़ा को दूर करने के लिए उनकी सेवा करने की तीव्र इच्छा।[12]

संदर्भ—

1. वरिंदर संधू : युगद्रष्टा भगत सिंह (हिंदी), राजपाल एंड संस, दिल्ली, 1997, पृष्ठ-143-144
2. 'ऑटोबायोग्राफी ऑफ सरदार अजीत सिंह' (संपादन), जगमोहन सिंह, शहीद भगत सिंह रिसर्च कमेटी, लुधियाना, 2000, पृष्ठ-20
3. 'शहीद-ए-आजम', श्रृंखला : राइटिंग्स ऑफ भगत सिंह (ई.डी.), के.सी. यादव और बाबर सिंह, होप इंडिया पब्लिकेशंस, गुरुग्राम, 2000, पृष्ठ-298

4. वरिंदर संधू, OP. Cit., पृष्ठ-144-45
5. वही, पृष्ठ-147
6. जोगेश चंद्र चटर्जी : इन सर्च ऑफ फ्रीडम, एम.पी. फिरमा के.एल. मुखोपाध्याय, कलकत्ता, 1967, पृष्ठ-220
7. डॉ. गुरदेव सिंह देयोल : शहीद-ए-आजम सरदार भगत सिंह, द मैन एंड हिज आइडियोलॉजी, दीप प्रकाशन, नाभा, 1978, पृष्ठ-21-22
8. वरिंदर संधू, OP. Cit., पृष्ठ-147
9. नेशनल गैलरी ऑफ पोर्ट्रेट्स, चंडीगढ़, पैनल नं. 38, ओरिजिनल डॉक्यूमेंट्स (अंग्रेजी)
10. फाइल नंबर होम पोल. पंजाब, 1924 का नंबर 67, पृष्ठ-211-12
11. फाइल नंबर सी.आई.डी. 9349, एस.बी.सी. देखें। संलग्न डी/2। साभार : डॉ. गुरदेव सिंह सिद्धू
12. डॉ. गुरदेव सिंह देओल, OP. Cit., पृष्ठ-21

□

4

हिंदुस्तान रिपब्लिकन एसोसिएशन

हिंदुस्तान रिपब्लिकन एसोसिएशन (एच.आर.ए.) का गठन सन् 1922-23 के दौरान बनारस में पूरे भारतवर्ष में क्रांतिकारी नेटवर्क का विस्तार करने के उद्देश्य से हुआ था। तब तक एक सबसे पुराने और जोशीले उग्र प्रजातांत्रिक समूहों से एक अनुशीलन समिति बंगाल तक सीमित थी, जिसमें निस्संदेह बिहार व उड़ीसा भी शामिल थे। इसके प्रमुख वार्त्ताकार और बाद में एच.आर.ए. के शीर्ष नेताओं में से एक माने जानेवाले योगेश चटर्जी अनुशीलन समिति की ओर से थे, जबकि दूसरी तरफ शचींद्र सान्याल थे, जिन्हें रास बिहारी बोस—जो कि हार्डिंग बम फेम थे—का बायाँ हाथ माना जाता था और जो आगे चलकर सन् 1914-15 में जब गदर पार्टी अपने शीर्ष पर थी, के सुप्रीमो बने, जो हाल ही में आजीवन कारावास की सजा, जिसके तहत उन्हें अंडमान में भेजा गया था, से समय से पहले आधिकारिक तौर पर मिली माफी के कारण छूटकर आए थे। एच.आर.ए. का उद्देश्य भारत में सरकार का एक रिपब्लिकन रूप स्थापित करना था। उसके अंतिम लक्ष्य के तौर पर समाजवाद की घोषणा की गई। लेकिन समाजवाद में परिवर्तन के लिए जिस रोडमैप को अपनाया जाना था, उसका निर्णय लोगों के उस प्रतिनिधि पर छोड़ा गया, जिसका चुनाव यूनिवर्सल एडल्ट फ्रेंचाइज के सिद्धांतों पर किया जाना था।

इसके गठन के तुरंत बाद उनके बीच यह निश्चय किया गया कि योगेश को कानपुर स्थानांतरित किया जाएगा और उन्हें वहाँ खुद को ठीक से जमाना होगा, क्योंकि वह भारत का एक केंद्र और औद्योगिक स्थान था। सौभाग्यवश, यह उत्तर प्रदेश में क्रांतिकारी गतिविधियों का भी केंद्र था। कानपुर में इनका संपर्क प्रेस, लोगों और प्रकाशन समूहों के साथ था।

भगत सिंह के एच.आर.ए. के साथ की शुरुआत तब हुई, जब वे सन् 1923 में यहाँ आए और उनका कानपुर में रहना हुआ। इसके अतिरिक्त, सी.आई.डी. की फाइल संख्या-9349 के अनुसार, भगत सिंह अपने पलायन की अवधि के दौरान एक संदिग्ध थे, जिन पर फरवरी 1925 में लाहौर में क्रांतिकारी परचे बाँटने का आरोप था। चूँकि

क्रांतिकारी परचे को जनवरी 1925 के अंतिम दिनों में बाँटा गया था, इसलिए अधिक संभावना यह है कि ये वही पैंफ्लेट्स थे, जिन्हें लाहौर में सन् 1925 में बाँटा गया था।

इसके साथ ही, यह संयोग मात्र नहीं था कि एच.आर.ए. के दस्तावेजों की मूलभूत प्रतियाँ, उसका घोषणा-पत्र और संविधान को पुलिस द्वारा सन् 1930 में लाहौर षड्यंत्र मामले के दौरान उससे जुड़े हर स्थान पर की गई छापेमारी के समय एच.एस.आर.ए. के क्रांतिकारियों के छिपने के लगभग हर ठिकाने से प्राप्त किए गए।

काकोरी कांड में हुए ट्रायल के चलते एच.आर.ए. के प्रमुख क्रांतिकारियों—बिस्मिल, अशफाक उल्ला, रोशन सिंह और राजेंद्र लाहिड़ी को मौत की सजा हुई। सेशन कोर्ट के द्वारा दिए गए फैसले के विरोध में हाई कोर्ट, जिसे उस समय औध हाई कोर्ट कहा जाता था, में अपील की गई। हाई कोर्ट द्वारा 22 अगस्त, 1927 को अपना फैसला सुनाया गया, जिसमें षड्यंत्र की वैचारिक पृष्ठभूमि, जो कि इन दस्तावेजों पर निर्भर करती थी, का इनसे बहुत कुछ लेना-देना था।[1]

भगत सिंह द्वारा उत्तर प्रदेश एवं पंजाब में कुछ अपने जैसे जोशीले नौजवानों, जिनमें क्रांति के मार्ग पर चलकर देश को आजाद करवाने की भावना विद्यमान थी, के साथ मित्रता विकसित की गई थी और उन्होंने उनको एच.आर.ए. में शामिल होने के लिए प्रेरित भी किया था। लोगों को क्रांति के लिए तैयार करने के लिए वे लिखते, प्रकाशित करते और क्रांतिकारी विचारों वाले परचों को बाँटने का भी प्रबंध करते थे। उन्होंने अपने इस उद्देश्य की पूर्ति के लिए सबसे पहले मेलों का चुनाव किया, जो उनके वितरण एवं प्रसार और सबसे ज्यादा व्यावहारिक तथा प्रभावशाली तरीका था। डॉ. जी.एस. देओल एक बहुत ही रोचक छोटी सी कहानी का उल्लेख करते थे—पूजा (दशहरा) त्योहार के दौरान एक बार भगत सिंह और उनके पाँच साथियों ने मिलकर क्रांतिकारी परचे को वितरित करने के मिशन को आगे बढ़ाने का जिम्मा लिया। वे प्रतापगढ़ में आयोजित एक मेले में पहुँचे। वहाँ एक जगह पर, जहाँ बहुत से लोग जमा थे, भगत सिंह और उनके साथियों ने उनको परचे बाँटने शुरू कर दिए, जिसका शीर्षक था—'जागो मेरे देश के लोगो'। लोगों की उस भीड़ में कुछ पुलिसवाले भी सादी वरदी में खड़े हुए थे। जिस पल उन्होंने परचे को देखा, उन्होंने उसे बाँटनेवालों पर धावा बोल दिया और उनमें से दो को गिरफ्तार कर लिया। यह देखकर कि उनके दो सहयोगियों को पुलिस ने पकड़ लिया है, भगत सिंह ने एक छलावा किया और सबसे छिपकर दूसरी तरफ सारे परचे एक साथ फेंक दिए। फिर भीड़ के सभी लोग उस तरफ ही भागने लगे। फिर वे पुलिसवालों के पास गए और भागती हुई भीड़ की ओर इशारा करते हुए बोले कि कांग्रेस का आदमी वहाँ पर परचे बाँट रहा है। पुलिसवाले केवल अपने दो लोगों को गिरफ्तार साथियों के पास छोड़कर उस ओर भागने लगे। जिस पल पुलिसवाले उस ओर भागे और भीड़ में जाकर खो गए, भगत सिंह और उनके साथी

उन दो पुलिसवालों पर टूट पड़े, जो उनके गिरफ्तार साथियों को पकड़कर खड़े थे। उन्होंने अपने साथियों को उनके चंगुल से छुड़वाया और मेले से भाग गए। पुलिस और भीड़ में से कुछ लोगों ने उनका पीछा भी किया। यह देखकर भगत सिंह ने हवा में अपनी पिस्तौल से दो-तीन फायर किए, जिससे वे डर गए और उन्होंने उनका पीछा करना छोड़ दिया।[2]

कानपुर एच.आर.ए. का वास्तविक हेड क्वार्टर बन गया था, अत: वह स्वाभाविक तौर पर सी.आई.डी. की नजर में भी आ गया था। इसके अतिरिक्त, पार्टी द्वारा एक बहुत बड़े ऐक्शन की तैयारी की जा रही थी, जिसका लक्ष्य राम प्रसाद बिस्मिल को जेल से आजाद करवाना था। इसलिए सभी क्रांतिकारी पहले से भी बहुत अधिक सतर्क रहते थे और कानपुर में अधिक समय तक रहने से बचते थे। इसलिए विद्यार्थीजी ने भगत सिंह को गाँव शादीपुर, तहसील खैर, जिला अलीगढ़ स्थित एक नेशनल स्कूल का हेड मास्टर नियुक्त करवा दिया, जहाँ पर वे ठाकुर टोडर सिंह (जो आगे चलकर कांग्रेस के विधायक बने) के घर पर रहे। वरिंदरजी ने इस बारे में लिखा—"वहाँ पर भगत सिंह ने इस हद तक अच्छा काम किया कि कोई भी आसानी से यह कल्पना कर सकता था कि अगर वे एक क्रांतिकारी नहीं बने होते तो अवश्य ही एक बहुत अच्छे अध्यापक बनते।"[3]

शिव वर्मा के संस्मरण

शिव वर्मा, जो भगत सिंह के निकटम सहयोगी थे, ने अपने 'संस्मरण' में उनके अपने पास आने की यात्रा के बारे में विस्तार से लिखा है। वे और जयदेव कॉलेज के दिनों में समकालीन थे। उनके कॉलेज में रहने की अवधि का जिक्र कानूनी रिकॉर्ड में भी शामिल है। विद्याधर—डी.ए.वी. कॉलेज, कानपुर के हेड क्लर्क, जो लाहौर षड्यंत्र केस

डी.ए.वी. कॉलेज, कानपुर

में अदालत में सुनवाई के दौरान गवाह के तौर पर पेश हुए तो उन्होंने शिव वर्मा, जयदेव कपूर, महावीर और ब्रह्मदत्त के कॉलेज में दाखिले के रिकॉर्ड को पेश करते हुए उनके कॉलेज में पढ़ने की अवधि की पुष्टि की, जो इस प्रकार थी—

(क) शिव वर्मा, पुत्र कन्हैया लाल वर्मा, कायस्थ, निवासी हरदोई, उम्र 18.5 वर्ष ने 6 जुलाई, 1925 को कॉलेज में प्रवेश किया। अप्रैल 1927 में इंटरमीडिएट साइंस परीक्षा को पास करने के बाद उन्होंने दोबारा से कॉलेज में जुलाई 1927 में दाखिला लिया और अंततः अप्रैल 1928 में कॉलेज छोड़ दिया।

(ख) जयदेव, पुत्र सालिग राम, कपूर खत्री, उम्र 16 वर्ष, निवासी हरदोई ने 9 जुलाई, 1925 को कॉलेज में प्रवेश लिया और अंततः अप्रैल 1927 में इंटरमीडिएट साइंस परीक्षा पास करने के बाद कॉलेज छोड़ दिया।

(ग) ब्रह्मदत्त, पुत्र राम रतन मिश्र, ब्राह्मण, जन्म 10 जुलाई, 1909, निवासी कानपुर ने 13 जुलाई, 1927 को कॉलेज में दाखिला लिया और निस्संदेह ही अप्रैल 1928 में कॉलेज छोड़ दिया, क्योंकि उसके पश्चात् उन्होंने दोबारा कॉलेज में प्रवेश नहीं लिया।

(घ) महावीर सिंह, पुत्र देवी सिंह राठौर, राजपूत, निवासी शाहपुर तेहला, उम्र 19 वर्ष ने 13 जुलाई, 1925 को कॉलेज में दाखिला लिया और अप्रैल 1928 में कॉलेज छोड़ दिया।[4]

इनके अतिरिक्त, वहाँ पर शिव वर्मा के एक और साथी विद्यार्थी, जिनका नाम उदय प्रकाश था, के भी दस्तावेज पहचान के तौर पर पेश किए गए, जो स्पेशल ट्रिब्यूनल के समक्ष पी.डब्ल्यू. नं. 372 के तौर पर पेश हुए थे। वे शिव वर्मा के साथ एक ही कमरे में जुलाई 1927 से अप्रैल 1928 तक रहे थे। उनके अनुसार, "सुरेंद्रनाथ पांडे और ब्रह्मदत्त शिव वर्मा से मिलने के लिए अकसर आया करते थे। उनकी बातों का विषय आमतौर पर भारत के लिए आजादी पाने के तरीकों का ही होता था। कभी-कभी वे मुझसे कमरे से बाहर जाने के लिए भी कहते थे और कभी-कभी वे स्वयं ही कमरे से बाहर चले जाते थे।

"शिव वर्मा जिन किताबों को पढ़ा करते थे, उनमें से एक किताब हिंदी में थी, जिसके दो भाग थे। यह किताब उन लोगों के जीवन के बारे में बताती थी, जो भारत के लिए मर मिटे थे। मैं उस किताब का नाम भूल गया हूँ; जबकि दूसरी किताब अंग्रेजी में थी, जो आयरलैंड में हुई क्रांति से संबंधित थी। उनके पास एक किताब और अंग्रेजी भाषा में थी, जो रूस की क्रांति से संबंधित थी।

"एक बार जब शिव वर्मा कमरे में नहीं थे तो मैंने पीले रंग का एक परचा (जिसके बारे में माना गया कि वह एच.आर.ए. का संविधान था) देखा था। मैंने उसे उठाया और

पढ़ा। जब शिव वर्मा वापस आए तो उन्होंने मुझसे कहा कि तुमने परचे को तो नहीं पढ़ा? तुमने पढ़ा है क्या? मैंने कहा, 'मैंने पढ़ा है। क्या ऐसा करके मैंने किसी को नुकसान पहुँचाया था?' इसके बाद उन्होंने कहा, 'ऐसा करने पर किसी का कोई नुकसान नहीं हुआ; लेकिन तुम्हें इस विषय पर किसी से बात नहीं करनी चाहिए'।"[5]

शिव वर्मा अपने पीछे अमूल्य विरासत छोड़कर गए हैं, जो उनकी 'संस्मृतियाँ' के रूप में मौजूद है, जो उनके सबसे प्रिय सरदार के अतिरिक्त अन्य शहीद साथियों के बारे में है। इसमें काफी रोचक जानकारियों को ग्राफिक्स के द्वारा भी दरशाया गया है। इस किताब के लेखक ने काफी पहले, सन् 1967 में, उस समय नवयुवक जगमोहन (प्रोफेसर) के साथ मिलकर इस पर काम किया। प्रो. जगमोहन ने उनके द्वारा सरदार भगत सिंह पर लिखे गए लेख का अनुवाद पंजाबी भाषा में किया और पंजाब में उसे हजारों लोगों को बेचा। वे, जो उस समय नवयुवक थे, अब परिपक्व व्यक्ति बन चुके हैं। उनके लेखों में से छोटे-छोटे किस्सों को इस तरह याद करते हैं, जैसे उन्होंने उसे कल ही पढ़ा हो। वर्तमान में उन संस्मृतियों को अंग्रेजी भाषा में 'रेमिनिसेंसेस' शीर्षक के साथ अनुवादित किया गया है। भगत सिंह के अलावा शिव वर्मा द्वारा अपने हमेशा याद किए जानेवाले कार्यों में राजगुरु, सुखदेव, आजाद, जतिन दास, भगवती चरण वोहरा और महावीर के बारे में भी विस्तृत जानकारी सँजोकर रखने की चेष्टा की गई है।

> लेखक को शिव वर्मा एवं उनके घनिष्ठ मित्र जयदेव कपूर के साथ भी निकटतम संबंध का आनंद उठाने का सुख प्राप्त हुआ। यह सौभाग्य उनको तब प्राप्त हुआ, जब वे लोग अपने परिवार के साथ गुरु नानक इंजीनियरिंग कॉलेज में रुके और लेखक को वहाँ पर कई मौकों पर उनके साथ समय व्यतीत करने का अवसर प्राप्त हुआ। जयदेव कपूर लेखक से अंतिम बार 29 सितंबर, 1979 को शहीद जतिन दास के गोल्डन जुबली उत्सव पर दीना नगर, गुरदासपुर में मिले, जहाँ से वे सारे एक साथ एक ही कार में लुधियाना वापस आए। उस शाम उन्होंने उनका इंटरव्यू रिकॉर्ड किया। उस इंटरव्यू में से कुछ अंशों को इस अध्याय के अंत में शामिल किया गया है।

शिव वर्मा की यादें—"दिल्ली से मेरे एक मित्र काशी राम लिखते हैं कि कोई पंजाबी सज्जन मुझसे और जयदेव से मिलने के लिए कानपुर आए। चूँकि हमने क्रांतिकारी पार्टी को केवल कुछ दिनों पहले ही ज्वॉइन किया था, इसलिए कानपुर के बाहर हमें बहुत कम ही लोग जानते थे।

"उस पत्र में लिखा था—मेरा उनसे (भगत सिंह से) परिचय यमुना नदी के तट

पर हुआ, जहाँ मैं रहता हूँ। वे आपके बहुत ही निकटतम हैं। और वे किसी काम के लिए कानपुर आना चाहते हैं। मैंने आप दोनों का पता उनको दे दिया है। अपना आगे का परिचय वे स्वयं आप लोगों को देंगे।

"पत्र को पढ़ने पर हम लोग परेशान हो गए। पता नहीं किसे उन्होंने सारे रहस्यों का उद्घाटन कर हमारे पास भेज दिया है। इसलिए हमने अपने कमरे की अच्छी तरह से तलाशी ली और अपनी पाठ्यक्रम की पुस्तकों के अलावा और सभी पुस्तकों को हटा दिया। उन दिनों हम कॉलेज के हॉस्टल के लाल बँगले में रहा करते थे। जयदेव ने अपने कमरे में गांधी बाबा का एक चरखा रखा हुआ था, हमने उसे भी हटा दिया। उसके बाद हमने अपने बीच यह तय किया कि अगर वे पंजाबी सज्जन पहले जयदेव के पास गए तो उनका मुझसे और मेरे पास आए तो मुझे उनका परिचय उनसे नहीं करवाना चाहिए।

"और जैसी कि हमारी अपेक्षा थी, एक दिन सुबह के समय, जब मैं अपने कॉलेज का काम पूरा कर रहा था, तो मैंने सुना कि कोई मेरे बारे में पूछ रहा है। यह सुनकर मैं बाहर आया। मैंने देखा कि एक सिख युवक, जो गंदी सी सलवार-कमीज पहने और कंबल लपेटे हुए था, मेरे सामने खड़ा था—लंबा सा, गोरा रंग, छोटी परंतु बहुत ही सुंदर आँखें; एक सुंदर सा चेहरा, जिसके बाल एवं पगड़ी अव्यवस्थित से थे। 'ये शिव वर्मा हैं।' मेरे पड़ोसी ने मुझे देखकर कहा।

"उस नए आगंतुक ने अपनी दोनों बाँहें खोलकर मुझे इस तरह से गले लगाया, जैसे हम बहुत पुराने दोस्त हों। फिर वह मेरा हाथ खींचते हुए मुझे इस तरह से कमरे के अंदर ले गया, जैसे वह मेरा नहीं, उसका कमरा हो। वह एक छोटा सा कमरा था। मैंने अपना बिस्तर कमरे के बाहर एक चारपाई पर लगाया हुआ था। वह बिना किसी हिचकिचाहट व औपचारिकता के बिस्तर पर बैठ गया और मेरा हाथ खींचते हुए अपने पास ही मुझे भी बैठने के लिए कहा। 'मेरा नाम रणजीत है। मैं यहाँ पर कुछ दिनों के लिए रहूँगा। मैंने तुम्हारे और जयदेव के बारे में तुम्हारे दिल्ली वाले दोस्त से सुना था। मैं भी तुम्हारा साथी यात्री हूँ।' कुछ देर रुकने के बाद उसने पूछा, 'क्या तुम विजय और सुरेंद्र पांडे को जानते हो?'

"उसके व्यवहार, गंभीर मुसकान वाले प्यारे-से चेहरे ने मुझे पहली ही मुलाकात में अपने वश में कर लिया था और फिर मेरे लिए यह लगभग असंभव हो गया कि मैं उस पर विश्वास न करूँ। अपनी रक्षा के लिए मैं उसके और अपने बीच अपरिचित दीवार खड़ी करना चाहता था। पर वह एक पल के लिए भी न ठहर सकी और मैंने उसी सहजता के साथ उत्तर दिया, 'हाँ, मैं उन्हें जानता हूँ।' 'फिर उन दोनों से कहो कि वे मुझसे यहाँ आकर मिलें।' उसने कहा। फिर कुछ देर के बाद उसने कहा, 'जयदेव कहाँ है?' इस बार मैंने एक झूठ बोला। मैं अपनी कलाई को मरोड़ते हुए कहा, 'वह कहीं गया हुआ है। यहाँ पर नहीं है।'

"रणजीत ने अंदाजा लगा लिया था कि मैं उससे सच छिपा रहा हूँ। कुछ समय के लिए उसे इस बात का बुरा भी लगा। वह अपने साथ विक्टर ह्यूगो का उपन्यास 'ला मिजरेबल' लाया था। उसने चुपचाप उसे इस तरह से पढ़ना शुरू कर दिया, जैसे किसी ने उसकी हँसी, बात-व्यवहार और खुले स्वभाव पर अचानक ही कटाक्ष कर दिया हो।

"इसमें संदेह नहीं था कि मैंने झूठ बोला था और उसने मेरे हृदय को भी छलनी किया था। मैं भगत सिंह की उदासी को नहीं देख पा रहा था और कॉलेज विजय को संदेश देने के लिए चला गया, जहाँ पर सुरेंद्र पांडे ने भी एक संदेश दिया था कि रणजीत पार्टी का एक पुराना कार्यकर्ता है।

"जब मैं कॉलेज से वापस आया तो वह लंच का समय था। आमतौर पर मैं और जयदेव साथ में ही मेस में खाना खाने के लिए जाते थे। मैंने रणजीत को भी अपने साथ ले लिया। मेस में उस समय दोपहर का खाना खाने के लिए बस, हम तीन ही लोग थे। रणजीत ठीक जयदेव की बगल में ही बैठा था; लेकिन उसे ऐसा लग रहा था, जैसे वह कोई अजनबी है। इसलिए उसने उस पर ध्यान नहीं दिया। लेकिन जब जयदेव ने उसकी दाल में गरम घी की पर्याप्त मात्रा को चुपचाप डाल दिया तो रणजीत ने पहले तो उसकी ओर घूरकर देखा और फिर मेरी ओर कौतूहली आँखों से देखा। हम दोनों ही उसकी उस हालत पर मन-ही-मन हँस रहे थे। वह आश्चर्यचकित होकर चिल्लाया, 'जयदेव!' अब हम जोर से हँसने लगे। 'धोखेबाज!' रणजीत मेरी पीठ पर एक जोरदार घूँसा मारते हुए बड़बड़ाया। फिर व्यंग्य करता हुआ बोला, 'ऐसा लगता है कि तुम अपने लोगों का कुछ ज्यादा ही खयाल करते हो!'

" 'तुम्हारे घूँसे ने सब और हमारे सारे मजाक का हिसाब बराबर कर दिया।' मैंने कहा।

"जब रणजीत मेरे कमरे में रहता तो विजय और सुरेंद्र पांडे लगभग रोज उससे मिलने के लिए आते। रणजीत बिस्मिल को जेल से छुड़ाने की संभावनाओं पर चर्चा करने के लिए आया था। उसने विजय को विश्वास में लेकर बिस्मिल से संपर्क साधने की जिम्मेदारी उसे सौंपी और योजना को अंतिम रूप देकर वापस पंजाब लौट गया।

"रणजीत के वापस लौट जाने के बाद मुझे पता चला कि उसका असली नाम भगत सिंह था। इससे पहले वह 'प्रताप' में विद्यार्थीजी के साथ काम कर चुका है। 'प्रताप' में काम करने से पहले वह अपना गुजारा अखबार बेचकर करता था। उस समय यह भी खुलासा किया गया कि बिस्मिलजी को जेल से छुड़ाने का प्रयास करने के लिए बनाई गई एक योजना को बीच में ही छोड़ दिया गया। (यह जनवरी-फरवरी 1926 का समय हो सकता है।) भगत सिंह के पंजाब के अन्य कई साथी भी और सुखदेव ने भी उसमें भाग लिया था। यह उस दिशा में एक और प्रयास होने वाला था।

"इसके लगभग दो महीने के बाद भगत सिंह वापस आए। उस समय वह हमारे साथ लंबे समय तक ठहरे। विजय का बिस्मिलजी के साथ संपर्क करना काफी प्रभावशाली सिद्ध हुआ। बिस्मिलजी ने भी उस योजना के लिए अपनी सहमति दी थी, पर उसकी तिथि और समय को फाइनल नहीं किया गया था। इस पर निर्णय लेने का समय जल्दी ही पास आने वाला था। इसी बीच कुछ हुआ; बिस्मिलजी के साथ सभी तरह के संपर्क, बैठकें एवं पत्र-व्यवहार पर रोक लगा दी गई और उनको बहुत ही सख्त निगरानी में रखा जाने लगा। ऐसा क्यों किया गया, इसकी हमें कोई जानकारी नहीं थी; लेकिन इसने हमारी सारी योजना पर पानी फेर दिया। फिर भी, विजय ने अपनी कोशिशें जारी रखीं।

"भगत सिंह अपना अधिकतर समय पढ़ते हुए व्यतीत करते थे। विक्टर ह्यूगो, टॉल्सटॉय, होलोकेन, दोस्तोएव्स्की और जॉर्ज बर्नार्ड शॉ उनके पसंदीदा लेखक थे। वे अकसर मुझे भी उन किताबों को पढ़ने के लिए जोर देते थे। वे अकसर पुराने क्रांतिकारियों, जैसे—गदर पार्टी के कूका, करतार सिंह, सूफी अंबा प्रसाद के साथ हुए अत्याचारों के बारे में बताने के साथ-साथ बब्बर अकाली के बहादुरी के किस्से भी सुनाया करते थे। वे कहानियाँ उनको भावुक कर देती थीं। उनके उन किस्सों को सुनाने के लहजे में एक खास तरह का आकर्षण था, जिसके कारण हम कॉलेज से हमारी क्लासेज के खत्म होने से पहले ही लौट आते थे।"

सजावटी पत्थर और नींव का पत्थर

शुरुआत से ही जयदेव मुझसे अधिक शक्तिशाली था। वह बहुत साहसी था। उसके हाथ किसी को भी धौल जमाने में हमेशा आगे रहते थे। इन सभी गुणों के कारण भगत सिंह ने तय किया कि वे उसे 'ऐक्शन बिस्मिल' में शामिल करेंगे। एक दिन जब उन्होंने मुझे अपने इस निर्णय के बारे में बताया तो मैं अपने कमजोर शरीर के चलते बहुत नाराज हुआ, जिस कारण मुझे ऐक्शन के लिए फिट नहीं समझा गया। इस खयाल ने मुझ पर एक आघात जैसा काम किया और कुछ समय के बाद एक तरफ लेट गया तथा सोने का नाटक करने लगा। भगत सिंह को पता था कि मैं सो नहीं रहा हूँ। कुछ समय तक वे एक किताब के पन्ने पलटते रहे, जो मेरे पास ही रखी हुई थी और फिर, मेरे कंधे को झकझोरते हुए बहुत धैर्य के साथ बोले, "शिव!"

"क्या है?" मैंने उनकी ओर मुड़ते हुए पूछा।

"मैं एक बात पूछ सकता हूँ?"

"हाँ, पूछो।"

"एक इनसान का नाम बड़ा है या पार्टी का काम?"

"पार्टी का काम।" मैंने उत्तर दिया।

"और पार्टी का काम बिना किसी रुकावट के चलता रहे, हमारे ऐक्शन सफल हों, हमारे विचार देशवासियों तक लगातार पहुँचते रहें, हम अपने आजादी के संघर्ष के हर चरण में सफलता प्राप्त कर लें, इसके लिए सबसे पहली शर्त क्या है?"

"एक शक्तिशाली और विस्तृत संगठन।" मैंने उत्तर दिया।

"संगठन और प्रचार।" उन्होंने बड़ी चतुराई से कहा, "देशवासी हमारे काम और साहस की सराहना करते हैं; लेकिन लोग सीधे तौर पर हमारे साथ संबंध जोड़ने में असमर्थ हैं। हम लोगों ने उन्हें स्पष्ट शब्दों में यह नहीं बताया है कि जिस तरह की आजादी की बात हम कर रहे हैं, उसका आकार कैसा होगा, ब्रिटिशों के हमारे यहाँ से चले जाने के बाद किस तरह की सरकार का गठन किया जाएगा और कौन लोग उसका गठन करेंगे। अपने संघर्ष के लिए एक मजबूत आधार बनाने के लिए हमें अपने संघर्ष को लोगों तक ले जाना होगा, क्योंकि बिना व्यापक स्तर पर लोगों के समर्थन के हम इसे लंबे समय तक केवल कुछ अंग्रेजी अफसरों और मुखबिरों को मारकर जारी नहीं रख पाएँगे, जैसाकि पहले किया गया है। क्या हम प्रचार व संगठन से अनजान बने रहेंगे और बस, अपना सारा ध्यान 'ऐक्शन' पर ही लगाकर रखेंगे? हमें इस तरह की कार्य-शैली को छोड़ना होगा। मैं तुम्हें और विजय को पीछे संगठन एवं प्रचार के लिए छोड़कर जाना चाहता हूँ।" थोड़ी देर चुप रहने के बाद उन्होंने कहा, "हम सभी सिपाही हैं और एक सिपाही के लिए सबसे जरूरी युद्ध का मैदान होता है। इस कारण से, हर कोई बस ऐक्शन के बारे में सोचता रहता है, उसी पर काम करना चाहता है। फिर भी, हममें से किसी को अपने आंदोलन के बारे में सोचते हुए अपने ऐक्शन के लिए जुनून का त्याग करना होगा। यह सच है कि शहादत की शोभा उन्हीं सिपाहियों को प्राप्त होगी, जो स्वयं को 'ऐक्शन' में शामिल करेंगे या जो फाँसी के फंदे को अपने गले लगाएँगे; लेकिन इसके बावजूद उनकी पोजीशन ठीक उस तरह होगी, जैसे किसी भवन के मुख्य द्वार पर एक कीमती रत्न को लगा दिया गया हो, जिसका वास्तविक मूल्य साधारण से नींव के पत्थर की तुलना में कुछ भी नहीं है।"

मैं जब लेटा हुआ था तो मुझ भगत सिंह की बातें सुनाई दे रही थीं। वे दीवार के सहारे आराम से बैठे हुए थे और इस तरह से बातें कर रहे थे, जैसे थोड़ा जोर से सोचकर बोल रहे हों। कभी-कभी उनके सीधे हाथ की उँगलियाँ मेरे सिर के बालों पर फिरती थीं। उन्होंने फिर उसी स्वर में धीमी आवाज में बोलना शुरू किया—

> *"कीमती रत्न एक भवन की सुंदरता को बढ़ा सकते हैं, वे बाहर से भवन पर नजर पड़नेवालों की आँखों को चकाचौंध कर सकते हैं; लेकिन वे उस भवन की नींव नहीं बन सकते, वे उसे लंबे समय तक खड़े रहने के काबिल नहीं बना सकते। वे कई वर्षों तक उसे अपने शक्तिशाली कंधों पर रखकर सीधा खड़ा नहीं कर सकते। हमारे आंदोलन ने अपने लिए अभी तक बस, कीमती रत्नों को ही प्राप्त किया है; इसने अभी तक अपनी नींव के पत्थरों*

को एकत्रित नहीं किया है। इसलिए अब तक हम अपनी नींव की स्थापना करने में समर्थ नहीं हो पाए हैं। इसलिए भवन के बारे में बात करना हमारे सारे त्याग के बावजूद अर्थहीन है। आज हमें अपने लिए नींव के पत्थरों की आवश्यकता है।" फिर कुछ देर चुप रहने के बाद वे बोले, "त्याग और परित्याग के भी दो पहलू हैं—एक यह कि आप बंदूक की गोली खाकर या फाँसी के फंदे को अपनाकर मरें। इसमें ज्यादा चमक तो है, लेकिन कठिनाइयाँ कम हैं। और दूसरा यह है कि अपने कंधे पर इमारत का भार लेकर सारी उम्र खड़े रहना। आंदोलन के अच्छे व बुरे वक्त में कभी-कभी ऐसा भी होगा कि सभी साथी प्रतिकूल वातावरण होने पर दूर हो जाएँ और व्यक्ति सांत्वना के कुछ बोल के लिए भी तरस जाए। ऐसे समय में जो नहीं लड़खड़ाएँगे और अपने एकाकी पथ से विचलित नहीं होंगे, भवन के भार के तले अपना संयम बनाकर रखेंगे, जिनके कंधे झुकेंगे नहीं, जो खुद को इसलिए तिल-तिल करके मारेंगे और स्वयं को आग में इसलिए झोंकेंगे, जिससे कि आंदोलन की आग की ज्वाला कभी भी धीमी न हो, अँधेरा उसके एकाकी पथ को कहीं निगल न जाए। क्या उन लोगों का त्याग और परित्याग पहलेवाले लोगों की तुलना में अधिक नहीं है?"

मैंने भगत सिंह की ओर देखा। वे मुसकराए और बोले, "तुमने मुझे गलत समझा, इसलिए मैंने तुम्हें यह सब बताया। यह हमारे सफर का अभी शुरुआती समय है। अगर इस स्तर पर हम एक-दूसरे को गलत समझते हैं तो हम अपने लक्ष्य को पूरा करने की ओर कैसे बढ़ सकते हैं?"[6]

रत्न और एक पत्थर की विपरीतता सामाजिक, राजनीतिक जीवन और आंदोलन में चिर स्थायी तथ्य है। कुछ भूमिकाएँ, जिन्हें लोग अपनाते हैं या फिर जिन्हें उनके द्वारा स्वयं चुना जाता है, ऐसा उनके हाई-प्रोफाइल स्वभाव के कारण होता है, क्योंकि उस तरह वे हमेशा लाइम लाइट में रहते हैं और लोगों की नजरें उन पर ही बनी रहती हैं। यह सब तभी होता है, जब आप रत्न वाले वर्ग का हिस्सा बनते हैं। उनके मुकाबले वे, जो पत्थर की श्रेणी में आते हैं, वे अपकीर्तित हीरो की तरह होते हैं, जिनका दर्द काफी हद तक एक प्रसव-पीड़ा को सहकर संतान को जन्म देनेवाली माँ की तरह होता है। उसका दर्द भी सबसे छुपा रहता है, लेकिन वह एक जीवन को इस दुनिया में लाने के लिए बहुत जरूरी होता है।

इसे मात्र संयोग कहें या फिर कुछ और, बहुत ही अनुभवी गदरी और भगत सिंह के साथी बाबा रामशरण दास तलवार द्वारा लिखी गई बहुत लंबी राजनीतिक कविता 'ड्रीम लैंड' में भी समान उपमा मिलती है और जिन पर 'इंट्रोडक्शन' (परिचय) महान् शहीद द्वारा जनवरी 1931 में लिखा गया था। यह समानता और भी विलक्षण है, क्योंकि भगत सिंह और बाबा तलवार बड़ी नाटकीयता के साथ दार्शनिक तौर पर एक-दूसरे के विपरीत थे। जहाँ एक ओर भगत सिंह द्वारा हमेशा स्वीकार किया गया कि वे एक नास्तिक हैं और जबकि बाबा तलवार नास्तिक एवं गूढ़ रहस्यवादी थे। 'ड्रीम लैंड' बाबा तलवार द्वारा तब लिखी गई, जब वर्ष 1914-15 में गदर पार्टी के एक प्रमुख सदस्य

होने के कारण जेल जाना पड़ा और उन्हें आजीवन कारावास के तहत देश-निकाला की सजा सुनाई गई थी। शुरुआती तौर पर उनको 23 अन्य साथियों के साथ मौत की सजा सुनाई गई थी; लेकिन वायसराय द्वारा स्वयं उनकी सजा की समीक्षा की गई और उनमें 17 गदरियों की सजा को देश-निकाला में बदल दिया गया। इन गदरियों का केस पहले अंडमान भेजा गया, जहाँ पर उन्हें बहुत प्रताड़ित होना और संघर्ष करना पड़ा। बाबा तलवार को अपने अन्य साथियों के साथ 5 से 6 साल अंडमान में बिताने के बाद सन् 1921 में मद्रास जेल में भेजे जाने पर देश वापसी हुई। यह कविता सन् 1926 में सितंबर-अक्तूबर में मद्रास जेल में रहते हुए उन्होंने लिखी। यह वही समय था, जब भगत सिंह इस विषय पर शिव वर्मा के साथ अपने विचार साझा कर रहे थे।

भगत सिंह ने अपने परिचय में इस विषय की ओर इशारा करते हुए लिखा—

"... लेकिन लेखक के गूढ़ ज्ञान को किसी भी तरह से नजरअंदाज या इसकी निंदा नहीं की जा सकती। इसमें अपनी ही सुंदरता और आकर्षण है। यह विचार बहुत प्रेरित करनेवाला है।" एक नजर डालें—

'धुँधला नींव का पत्थर,
और उसे गर्व से वहन करती तुम्हारी छाती,
वृहद् और विशाल-सा भवन,
जिनमें पीड़ाओं को वास्तव में चैन मिलता है,
बस, बाहरी पत्थर को सजाता-सँवारता द्वेष नहीं,
जिस पर सांसारिक प्रशंसा आकर ठहरती है।'[7]

विजय कुमार सिन्हा

बिस्मिल की आजादी

बिस्मिलजी को आजाद कराने की योजना में नवीनतम विकास के लिए कुछ दिनों के इंतजार के बाद विजय हमारे पास आए और उन्होंने हमें जेल अधिकारियों के और भी सख्त व सतर्क होने की जानकारी दी। उन्होंने हमारे सामने यह प्रस्ताव रखा कि हमें कम-से-कम कुछ दिनों के लिए उनको आजाद करवाने की अपनी सभी योजनाओं का त्याग कर देना चाहिए। इस सूचना को पाकर भगत सिंह की सारी योजनाएँ धराशायी

हो गईं और वे बहुत निराश हो गए। उनके सारे सपने चकनाचूर हो गए। इन सबके बीच उनके लिए बस एक चीज थी, जो आशा की किरण बनी, वह थी—बिस्मिल द्वारा लिखी गई एक कविता, जिसे विजय अपने साथ लेकर आए थे। उस कविता के शीर्षक से हमारी योजना को कार्यान्वित करने में हो रही देरी के कारण बिस्मिल की निराशा झलक रही थी। उनकी यह निराशा प्रेम गीत के रूप में उभरकर सामने आई थी, जिसकी कुछ पंक्तियाँ इस प्रकार हैं—

जब प्रेमी ही मर जाए तो प्रेम संदेश आना बेकार है;
जब दिल के अरमान उजड़ जाएँ, तो प्रेम संदेश आना बेकार है!
जब आशाएँ चूर-चूर हो जाएँ, जब सोच पूरी तरह से मिट जाए,
तो प्रेम संदेश आना बेकार है!
ओ मूरख मन, चल अब अपने प्रेमी की राह में ही मर जा;
गर तूने हाथ बढ़ाया मेरे गिरने के बाद, तो तेरा सहारा बेकार है!
हम कभी उस नजारे को अपने जीवन में देखेंगे,
गर कोई कब्र पर आए दोजखी चाल के साथ, तो उसका आना बेकार है!
बिस्मिल की आखिरी रात का नजारा देखने के बाद, हालत देखना बेकार है!
गर कोई सुबह होने पर छत पर आए, तो उसका आना बेकार है!

भगत सिंह ने विजय से कागज के टुकड़े को लिया और उसे पढ़ा। उस कविता के माध्यम से बिस्मिलजी द्वारा जो संकेत दिया गया था, वह साफ था। अगर तुम कुछ कर सकते हो तो अभी जल्दी ही करो। अगर तुम समय बीत जाने के बाद लटकते शरीर (बिस्मिल के) को ले जाओगे तो उससे क्या मिलेगा? कागज का वह टुकड़ा भगत सिंह के हाथ से गिर गया। उन्होंने अपना हाथ अपने माथे पर रख लिया और दीवार का सहारा लिये एक मूर्ति, बेजान शरीर की तरह नीचे फिसलकर रह गए। उस दिन कुछ और बात करना हम में से किसी के लिए भी संभव नहीं हुआ। विजय और सुरेंद्र जा चुके थे। भगत सिंह भी बिना एक शब्द कहे गंगा नदी की ओर चले गए।

"देर रात तक उनका इंतजार करने के बाद मैं और जयदेव उनकी तलाश में निकले। वे हमें गंगा नदी के किनारे ठंडी रेत पर उस समय भी निरुत्साह-से लेटे हुए मिले। उन्होंने अपने माथे पर अपने दोनों हाथ रखे हुए थे। हम लोग उनके पास गए और अपने हाथ उनके कंधे पर रखते हुए उनसे अपने कमरे पर चलने के लिए कहा। वे उसी निरुत्साहपूर्ण ढंग से वहाँ से उठे और हमारे पीछे-पीछे बिना कुछ कहे उसी तरह चल पड़े, जैसे कोई परछाईं का पीछा कर रहा हो।

अगले दिन अपने गम से उबरने के बाद उन्होंने कहा, 'पराजय के समक्ष सिर झुकाने से हमारी राह अवरुद्ध होगी और इन बाधाओं को दूर करने के बजाय हम स्वयं

इन बाधाओं के अधीन होकर रह जाएँगे।' उन्होंने सभी साथियों को बुलाया और संगठन के प्रचार के बीच आ रही समस्याओं एवं भविष्य की रणनीतियों पर ध्यान केंद्रित किया और जल्दी वापस आने का वादा कर पंजाब चले गए। यह वर्ष 1927 के शुरुआती समय की घटना है।"[8]

शिव वर्मा अपने संस्मरण का इन शब्दों के साथ समापन करते हैं—

"...अब वे सिर्फ हमारे न होकर संपूर्ण राष्ट्र के हैं। जब मैं उनके नाम के साथ जिंदाबाद के जोर से लगते नारों को सुनता हूँ, जब फूलों से लदी उनकी प्रतिमाओं को देखता हूँ, या जब किसी अजनबी को उन पर लिखी अनगिनत कविताओं में से किसी कविता की पंक्ति को दोहराते सुनता हूँ तो मैं अपना सिर गर्व से ऊँचा कर लेता हूँ... जबकि उस समय किसी के मन में इसलिए पीड़ा भी होती होगी कि उनका कोई साथी उन्हें छोड़कर चला गया और अपने पीछे जीवन का एक कभी न भरनेवाला खालीपन छोड़ गया। जब कभी पुरानी यादें दिमाग में हिलोरें मारती हैं तो कोई क्या करे; बस, एक प्रख्यात कवि आलम की लिखी इन पंक्तियों में अपना दर्द बयाँ कर देता है—

"जो कभी हमेशा आँखों में बसते थे,
अब कान उनकी कहानियाँ सुनते हैं।"

और फिर, मन के एक कोने से अन्यमनस्क ढंग से आवाज आती है।

(वे सूरतें इल्लाहि किस देश बसती हैं, जिनके निहारने को आँखें तरसती हैं।)[9]

जयदेव कपूर की यादें

जयदेव

जयदेव कपूर और शिव वर्मा, जैसाकि पहले बताया जा चुका है, डी.ए.वी. कॉलेज, कानपुर में एक साथ पढ़ते थे। वे दोनों 8 अप्रैल, 1929 के बहुत महत्त्वपूर्ण दिन भी दिल्ली में एक साथ थे और वे उस ऐक्शन के सह-आयोजक भी थे।

पुस्तक के लेखक को जयदेव कपूर का साक्षात्कार करने का सौभाग्य तब प्राप्त हुआ, जब उन्होंने 23 सितंबर, 1979 को हमारे लुधियाना स्थित आवास की शोभा वहाँ पर आकर बढ़ाई। उस समय उनके साथ किरण दास, जो शहीद जतिन दास के छोटे भाई थे और प्रो. जगमोहन सिंह भी थे। हम

सभी लोग जतिनदास की शहादत के गोल्डन जुबली समारोह, जो दीना नगर, गुरदासपुर में था, में शिरकत कर वापस लौट रहे थे।

जयदेव कपूर का एक साक्षात्कार डॉ. चमन लाल द्वारा भी लिया गया था (जो वर्तमान में जे.एन.यू., नई दिल्ली में है), जिसे सन् 1988 में 'इंडियन एक्सप्रेस' में प्रकाशित किया गया था। उसका शुरुआती पैरा इस प्रकार था—

> *जयदेव कपूर उन दिनों की यादों को इस तरह सँजोकर रखे हुए हैं, जैसेकि वह कल की ही बात हो; जबकि ब्रिटिश साम्राज्य के खिलाफ भारत के वीर क्रांतिकारियों के द्वारा लड़े गए आजादी के उस संघर्ष को 60 वर्ष बीत चुके हैं। जयदेव का जन्म सन् 1908 में हरदोई में एक पंजाबी परिवार में हुआ, जो अमृतसर से आकर यहाँ बसे थे। वे अपने माता-पिता की इकलौती संतान हैं।*
>
> *"जयदेव भगत सिंह के साथ सन् 1926 में कानपुर में हुई अपनी पहली मुलाकात को बड़े ही सजीव ढंग से याद करते हैं। भगत सिंह उनसे मिलने दिल्ली में पार्टी के एक अन्य सदस्य के साथ आए और उनके साथ काफी दिनों तक रहे। उन दोनों को ही काकोरी कांड में दोषी और सजा काट रहे उनके साथियों को जेल से छुड़ाने के लिए प्रस्तावित ऐक्शन में भाग लेने के लिए नियुक्त किया गया था। वे इस रिहाई ऑपरेशन को कार्यान्वित नहीं कर पाए थे, लेकिन वे दोनों बहुत अच्छे मित्र अवश्य बन गए थे।'' भगत सिंह बहुत जिंदादिल इनसान थे। उन्हें पंजाबी गीत गाने एवं फिल्में देखने का बहुत शौक था और अकसर वे दोनों नदी में नौका-विहार के लिए भी जाते थे।"*[10]

इंटरव्यू (23 सितंबर, 1979 को लेखक द्वारा लिया गया)

"आप पार्टी में कैसे शामिल हुए ?"

"जब मैं हरदोई में हाई स्कूल का विद्यार्थी ही था तो मैंने काकोरी कांड में क्रांतिकारियों की गिरफ्तारी और मुकदमे की खबर सुनी, जिसने मेरे अंदर एक ओर उन देशभक्तों के प्रति सम्मान और संवेदना की भावना को उजागर किया तो वहीं दूसरी ओर उन विदेशी शासकों के प्रति मेरे गुस्से की ज्वाला को भड़का दिया। इसलिए, मेरे कानपुर आकर डी.ए.वी. कॉलेज में मेरी इंटरमीडिएट (साइंस) की पढ़ाई के लिए दाखिला लेने से पहले ही मैं इन भावनाओं के चलते पूरी तरह से इस राह पर चलने के लिए प्रेरित हो चुका था।

"एक बार कानपुर में ऐसी स्थिति बनी कि मेरा संपर्क 'प्रताप' के साथ जुड़े एक व्यक्ति के साथ होना था। चूँकि उस साप्ताहिक अखबार में शहीदों के बारे में लेख अकसर प्रकाशित होते रहते थे, अत: उस मुलाकात का मुझ पर गहरा प्रभाव पड़ा। मुझे लगा कि शायद अखबार में काम करनेवाले किसी व्यक्ति से मिलकर हमें इस दिशा में आगे बढ़ने में मदद मिल सकती है। उस स्रोत से मुझे जो कुछ प्राप्त हुआ, वह क्रांतिकारी आंदोलन के लिए अपने जीवन को पूरी तरह से समर्पित करने की शपथ

लेने के लिए प्रेरित करने को पर्याप्त था। मैंने अपनी भावनाओं को शिव वर्मा के साथ साझा किया, जो कि हरदोई से ही थे और मेरे बचपन के दोस्त थे। इस तरह, हम दोनों ने पार्टी में प्रवेश किया।

"दिल्ली में हमारे एक साथी काशी राम ने हमें एक पत्र लिखा कि उनका एक दोस्त, जो कि सिख है, उसका नाम सरदार बलवंत सिंह है, वह हमारे साथ रहने के लिए आ रहा है। वह एक अच्छा लड़का है। वह हमसे मिलना चाहता है और उसे तुम लोगों से मिलकर खुशी होगी।

भगत सिंह

"हमारी तरफ से हम बहुत अधिक सतर्क थे और हमें जब यह बात पता चली तो हम थोड़ा परेशान भी हो गए थे, क्योंकि उस समय अचानक से पुलिस का छापा पड़ जाना और गिरफ्तारी हो जाना हमारे लिए आम था। इस संबंध में, हमारा यह संदेह हमें परेशान कर रहा था कि हो सकता है कि हमारा जो दिल्ली वाला दोस्त है, हो सकता है कि वह सी.आई.डी. के जाल में फँस गया हो। इसलिए हमने अपने कमरे से सभी तरह की राजनीतिक पाठ्य-सामग्री को हटा दिया और बस, अपनी पढ़ाई से जुड़ी किताबों को ही वहाँ पर रखा। उन दिनों मुझे एक अनाड़ी समझा जाता था, जो सिर्फ खेल में या पढ़ाई में ही रुचि रखता था। इसके अलावा, मुझे किसी और चीज से मतलब नहीं था। इसलिए, हमने तय किया कि हम उस नए आनेवाले आगंतुक को शिव वर्मा के साथ ठहराएँगे। चूँकि मुझे पार्टी द्वारा दो पिस्तौलें दी गई थीं, जिन्हें मुझे किसी भी तरह से छुपाकर रखना था, इसलिए मैंने आदतन अपनी एक मासूम-से लड़के वाली छवि, जो बस, पढ़ाई में रुचि रखता था, को बनाए रखा। हमने भगत सिंह के साथ बहुत सारा समय बातें करते हुए बिताया। इस दौरान वे आयरलैंड की आजादी के लिए किए गए संघर्ष के साथ-साथ हमारी आजादी की लड़ाई के बारे में भी चर्चा करते रहे। उस सारी बातचीत के दौरान मैं बस, उनकी बातें इस तरह सुनता रहा, जैसे मुझे उन चीजों में कोई रुचि नहीं है। एक गरीब परिवार से होने के कारण मेरा उद्देश्य बस, अपनी शिक्षा पूरी करना है और उसके बाद मैं सोचूँगा कि मुझे आगे क्या करना है। इसके अलावा, मैं तब कुछ और नहीं सोचता था। यह जानने के बाद भगत सिंह थोड़ा परेशान हो गए; लेकिन मुझे उस समय वह

नाटक करना ही था। मेरी अपनी मजबूरियाँ थीं।

"एक दिन मैंने सरदार भगत सिंह से कहा कि उन्हें उस कमरे में अकेले रहना होगा, क्योंकि मुझे अपनी बहन के घर पर एक मुंडन समारोह में शामिल होने जाना है। उन्होंने कहा कि वे भी मेरे साथ चलेंगे। मैंने उन्हें यह कहकर वहाँ न जाने के लिए समझाने की कोशिश की कि उनके वहाँ जाने से घर की महिला सदस्यों की निजता में खलल पड़ेगा, क्योंकि मेरी बहन का परिवार परंपराओं से चलनेवाला परिवार है। मैंने यह भी कहा कि तुम वहाँ बोर हो जाओगे। लेकिन उन्होंने जोर देकर कहा कि वे मेरे साथ जाना चाहते हैं। वे भी मेरे साथ वहीं पर बैठे रहेंगे, जहाँ पर मैं बैठूँगा। मैं जितना उन्हें कमरे पर ही रहने के लिए मनाने की कोशिश कर रहा था, वे उतना ही मेरे साथ चलने की जिद कर रहे थे। हमारी इस बहस को एक घंटा बीत चुका था; लेकिन मैं उन्हें उनके इरादे से तनिक भी नहीं हिला पाया था। अब भगत सिंह ने यह कहकर रहस्य खोला कि मैं जानता हूँ कि तुम कौन हो और किस उद्देश्य में शामिल हो! मैं भी उसी दिशा में आगे बढ़ रहा हूँ, जिसमें कि तुम! मैंने उन पर ही अपना प्रश्न डालते हुए पूछा, "मैं कहाँ जा रहा हूँ!"

"मैं तुम्हें अब सबकुछ बताऊँगा। मुझे यह भी मालूम है कि तुम्हारे पास दो पिस्तौलें हैं, जिसमें से अगर तुम चाहो तो दोनों को अपने पास रख सकते हो या उसमें से एक मुझे दे सकते हो।" फिर मैंने अंदाजा लगाया कि शायद मैं जब भी बाहर जाता हूँ तो भगत सिंह भी मेरे जान-पहचान वाले से मिलते हैं। जब तक वे मेरे सब जान-पहचान वाले से न मिलते तो उनको मेरे पास रखे हथियारों के बारे में पता नहीं चल सकता था, क्योंकि उनको यह भी पता था कि मेरे पास रखे दो हथियारों में से एक 'वेब्ले स्कॉट' है और मेरे पास जो कारतूस थे, उनकी संख्या भी पता थी। इस बारे में अब कोई संदेह नहीं रह गया था। हम लोगों ने अपने चेहरे पर जो मुखौटे पहने हुए थे, वे हट चुके थे और फिर हम पक्के दोस्त बन गए। हालाँकि, हम दोनों एक साथ एक ऐक्शन के लिए भी गए, जिसका नाम था—काकोरी कांड के साथियों को बचाने का प्रयास। मुझे इस संबंध में निर्देश दिए गए थे, जिसके लिए मुझे अपनी बहन के घर जाने का बहाना बनाना पड़ा, जबकि उन्हें भी उसी जगह पर उसी समय पहुँचना था!"[11]

संदर्भ—

1. हैंगिंग ऑफ राम प्रसाद बिस्मिल : द जजमेंट, संपा. मलविंदर जीत सिंह वरैच, यूनीस्टार पब्लिशर्स, चंडीगढ़, 2007, पृष्ठ- ??
2. डॉ. गुरदेव सिंह देओल, 'शहीद-ए-आजम सरदार भगत सिंह : द मैन एंड हिज आइडियोलॉजी', दीप प्रकाशन, नाभा, 1978, पृष्ठ-20
3. वरिंदर संधू : 'युगद्रष्टा भगत सिंह' (हिंदी), राजपाल एंड संस, दिल्ली, 1997, पृष्ठ-146-47

4. मलविंदर जीत सिंह वरैच एंड राजवंती मान, 'द हैंगिंग ऑफ भगत सिंह : कंप्लीट ट्रिब्यूनल प्रोसीडिंग्स विद सुखदेव्स रिमार्क्स', संस्करण-2, यूनीस्टार पब्लिशर्स, चंडीगढ़, 2010, पी.डब्ल्यू. 430, विद्याधर
5. वही, पी.डब्ल्यू. 77, उदय प्रकाश
6. शिव वर्मा : 'रेमिनिसेंसेस ऑफ फेलो रिवॉल्यूशनरीज', मलविंदर जीत सिंह वरैच एवं माधवी कटारिया धौम्य द्वारा अनुवादित व संपादन, यूनीस्टार पब्लिशर्स, चंडीगढ़, 2012, पृष्ठ-14-16
7. 'रिवॉल्यूशनरीज इन डायलॉग : लाला रामशरण दास एवं शहीद भगत सिंह', संपादक मलविंदर जीत सिंह वरैच, यूनीस्टार पब्लिशर्स, चंडीगढ़, 2007, पृष्ठ-3
8. शिव वर्मा : OP. Cit., पृष्ठ-17-18
9. वही, पृष्ठ-41
10. 'इंटरव्यू ऑफ जयदेव कपूर', डॉ. चमन लाल इंडियन एक्सप्रेस में सन् 1988 में प्रकाशित (मूल प्रति संरक्षित)
11. मूल प्रति संरक्षित

□

5
नौजवान भारत सभा

यातनाओं का जन्म

साथी रामचंद्र : संस्थापक अध्यक्ष की यादें—

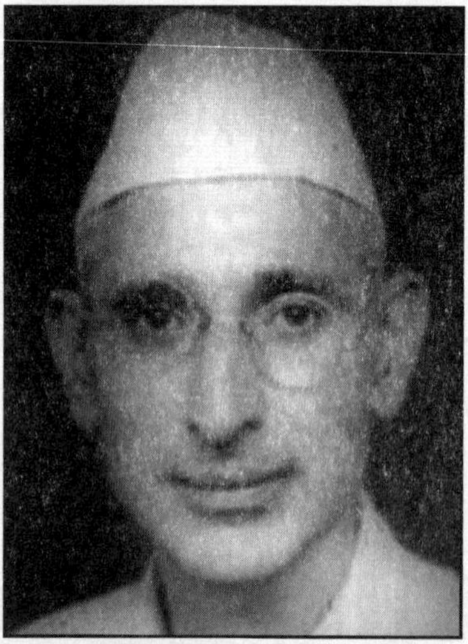

साथी रामचंद्र

युवा संगठन का विचार

एक दिन भगत सिंह मेरे पास आए और मैंने उनके साथ अपनी कठिनाइयों पर चर्चा की। मुझे श्रम संगठन में उनकी सहायता चाहिए थी। उन्होंने मुझसे कहा कि मैंने शुरुआत गलत तरीके से की है। मुझे शिक्षित युवाओं के साथ संगठन की शुरुआत करनी चाहिए और फिर उनके साथ ही मानव-शक्ति का विस्तार करना चाहिए था। मुझे फिर श्रम संगठन के काम को लेना चाहिए था।

उन दिनों भगवती चरण एवं मैं प्यारेलाल दुग्गल से भगवती चरण के घर पर फ्रेंच पढ़ रहे थे। एक दिन हमारी चर्चा के दौरान मुझे भगवती चरण ने भी यही सलाह दी कि मुझे पहले युवा संगठन के काम को करना चाहिए। उन दो लोगों से मिली एक जैसी सलाह ने मुझे प्रभावित किया। मुझे यह प्रस्ताव व्यावहारिक और जरूरी लगा। लेकिन मेरे हाथ श्रम संगठन के कार्यों से पूरी तरह से भरे हुए थे। इसलिए ऐसे ही एक और मौके पर मैंने भगत सिंह से कहा कि वे हमारे कॉलेज के अन्य साथियों से संपर्क करें। मुझे लगा कि वे अकेले ही हमारे लिए सबसे उपयुक्त थे। वे इसके लिए तैयार हो गए। लगभग एक या दो महीने के बाद प्रधानाचार्य छबील दास ने मुझे बताया कि नेशनल कॉलेज से स्नातकों, अध्यापकों और विद्यार्थियों

की एक बैठक भगत सिंह द्वारा नेशनल कॉलेज में बुलाई गई है और जैसाकि मैंने भगत सिंह से वादा किया था, मुझे उसमें शामिल होना था।

उसी के अनुसार, नेशनल कॉलेज से स्नातक, अध्यापक और विद्यार्थी नेशनल कॉलेज के एक क्लासरूम में मिले। हमने युवा लोगों के एक संगठन को तैयार करने की आवश्यकता पर चर्चा की। वहाँ उपस्थित सभी लोग उसके समर्थन में थे, क्योंकि हम सभी कांग्रेस के नेतृत्व से निराश थे। जितनी जल्दी हो सके, एक संगठन को बनाने का निश्चय किया गया। उस बैठक को लेकर कोई रिकॉर्ड तो मौजूद नहीं है, लेकिन मुझे याद है कि वहाँ पर प्रधानाचार्य छबील दास, मास्टर परशु राम, मास्टर गुरु दत्त, भगवती चरण, भगत सिंह, सुखदेव, जयदेव, बाबू सिंह, गनपत राय, जसवंत सिंह, सोमदेव, बनारसी दास एवं मेरे अलावा और भी अन्य लोग मौजूद थे, जिनके नाम मुझे अब याद नहीं हैं।

लगभग एक और महीने के बाद, संगठन को तैयार करने पर उठाए जानेवाले अगले कदम पर चर्चा करने के लिए एक बैठक हुई। उसमें खुशी-खुशी हुई चर्चा में एक मत से यह तय किया गया कि संगठन का नाम 'यंग इंडिया एसोसिएशन' होना चाहिए। यह हमारे यूरोपीय इतिहास के अध्ययन पर आधारित था, खासतौर से यंग आयरलैंड, यंग तुर्की एवं यंग इटली आंदोलनों और रूसी आंदोलन पर, जिसमें वहाँ के युवाओं ने बहुत ही सराहनीय भूमिका निभाई थी। इसके बाद मीटिंग्स इस एसोसिएशन के नियमों पर चर्चा करने को लेकर होने लगी। इसके बाद बात आई एसोसिएशन के लक्ष्यों व उद्देश्यों की। यहाँ पर भी हम सभी ने एक मत से यह तय किया कि यंग मैन का लक्ष्य पूर्ण स्वतंत्रता प्राप्त करना होगा, जो कि कांग्रेस के स्वतंत्र उपनिवेश के दर्जे के बिल्कुल विपरीत था। हमारे सामने अगला प्रश्न यह था कि अपने पूर्ण स्वतंत्रता के लक्ष्य को पाने के लिए हम किन रास्तों पर चलेंगे? यहाँ पर भी हम सभी ने एक मत से यह घोषणा की कि हम सभी तरह के रास्तों को अपने पूर्ण स्वतंत्रता के लक्ष्य को पाने के लिए अपनाने में विश्वास रखेंगे।

इस तरह, हमने कांग्रेस के स्वतंत्र उपनिवेश के दर्जे, शांतिपूर्ण और संवैधानिक तरीके से काम करने के सिद्धांतों को अलविदा कह दिया। उस स्थिति में, हमें 'संवैधानिक' शब्द ही बकवास लगता था; क्योंकि हम ऐसे किसी भी माध्यम को नहीं अपना सकते थे, जो हमारे पूर्ण स्वतंत्रता के लक्ष्य को प्राप्त करने में बाधक बने और हम नहीं मानते थे कि पूर्ण स्वतंत्रता कभी असंवैधानिक हो सकती है। इन तीन निर्णयों को लेने के बाद हमने अपने एसोसिएशन के संविधान की रूपरेखा तैयार करना आरंभ कर दिया। मुझे स्पष्ट तौर से याद है कि संविधान का प्रारूप तैयार करने के लिए हमने बहुत सारी बैठकें परी महल, लाहौर में कीं।

नाम पर चर्चा

इसका विस्तार से प्रारूप तैयार करना एक मुश्किल काम था। मुझे उन सभी सदस्यों के नाम अब याद नहीं, जिन्होंने इसका प्रारूप तैयार करने में भागीदारी की; लेकिन मुझे यह याद है कि भगत सिंह और मैं हमेशा वहाँ पर मौजूद रहते थे। हमने संविधान के

लिए अन्य लोगों से अधिक परिश्रम किया था। प्रारंभिक तौर पर की गई बैठकों में हमने नाम, लक्ष्य एवं उद्देश्य से संबंधित तीन उपनियम अपने लक्ष्य और उद्देश्य को एक मत से प्राप्त करने के लिए पारित किए। इसके बाद यह प्रश्न आया कि अपने काम को करने के लिए हम किस भाषा का प्रयोग करेंगे। आयरलैंड के उदाहरण का अनुसरण करते हुए हम सभी ने एक मत से यह निश्चय किया कि हम अपने सभी काम और बैठकों में हिंदुस्तानी भाषा का प्रयोग करेंगे। एक बार उस समय मेरा ध्यान हमारे संगठन के नाम की ओर गया, जो कि अंग्रेजी में था। इसलिए मैंने कहा कि 'यंग इंडिया एसोसिएशन' नाम के बजाय हमें इसके समान हिंदुस्तानी नाम को अपनाना चाहिए। भगत सिंह ने इसका विरोध किया और 'यंग इंडिया एसोसिएशन' नाम का समर्थन किया, क्योंकि यह अंतरराष्ट्रीय स्तर के स्वतंत्रता संग्रामों—आयरलैंड एवं इटली के संघर्ष और 'तुर्की यंग मैन' के साथ जुड़ा हुआ था। इन सभी ने हमें हमारे आगे के संघर्ष के लिए प्रेरित किया था। मैंने कहा, "इसमें कोई शक नहीं कि इन संघर्षों ने हमें प्रेरित किया है और भविष्य में भी प्रेरित करेंगे; लेकिन हिंदुस्तानी भाषा में नाम रखना हमें अंतरराष्ट्रीय आंदोलनों से अलग नहीं करेगा।" मैंने यह भी कहा कि हमें हमारे सारे काम हिंदुस्तानी भाषा में करने होंगे, अतः इसके लिए एक अंग्रेजी नाम अजीब और बेमेल लगेगा। हम चाहते थे कि हमारा संगठन व्यापक स्तर पर लोगों तक पहुँचे और बहुत बड़ी संख्या में लोग इसके सदस्य बनें। भारत के अशिक्षित लोग अंग्रेजी नाम को याद नहीं रख पाएँगे और समझ नहीं पाएँगे।

"अंततः, हमने यह किया कि संगठन का नाम 'नौजवान भारत सभा' होगा। इसमें कोई अंतर नहीं था या अन्य उपनियमों में इसके लिए किसी तरह की कोई आपत्ति नहीं थी और इस तरह, एक संविधान को हमारे द्वारा अपनाया गया। भगत सिंह को महासचिव के तौर पर लेटर हैड को प्रिंट करने का काम दिया गया। एक सुंदर से ब्लॉक में उन्होंने लेटर हैड को प्रिंट किया, जिस पर दोनों नाम 'भारत नौजवान सभा' और 'यंग इंडिया एसोसिएशन' मौजूद थे। वे मुसकराते हुए मेरे पास आए और उन्होंने मुझे उसे दिखाया तथा साथ में यह भी कहा कि इसमें एक भाईचारा मिलाप होना चाहिए! मैं उसके लिए तुरंत ही तैयार हो गया और उन्हें खुशी हुई। उन्होंने एक और अच्छा काम किया। उन्होंने उस पर एक मोटो (आदर्श वाक्य) भी प्रिंट किया, जो एस.एस.एस.—सर्विस (सेवा), सैक्रिफाइस (त्याग) और सफरिंग (पीड़ा) की ओर संकेत करते थे। मैंने इसका भी स्वागत किया और हमने काम करना शुरू कर दिया।

"नौजवान भारत सभा ने अब अपनी गतिविधियों को पंजाब के विभिन्न शहरों में करना शुरू कर दिया था। भगत सिंह ने एक जादुई लालटेन भी प्राप्त किया था, जिसका इस्तेमाल शहीदों की तसवीरों को दर्शकों को दिखाने के लिए किया जाता था।"[1]

सी.आई.डी. की रिपोर्ट

इस संबंध में, सी.आई.डी. की फाइल संख्या 9349, जो कि भगत सिंह से संबंधित है, में लिखा गया—

"सन् 1926 की वसंत ऋतु में एक सोसाइटी, जिसे 'यंग इंडिया एसोसिएशन' या 'नौजवान भारत सभा' के नाम से जाना जाता था, का लाहौर में गठन उग्रवादियों के एक समूह द्वारा किया गया। इस सोसाइटी का उद्‌देश्य युवाओं को राजनीतिक सेवाओं के लिए तैयार करना, खद्‌दर के इस्तेमाल के लिए लोगों को जागरूक करना और हिंदू-मुसलिम एकता के लिए काम करना है। लेकिन इसकी साप्ताहिक बैठकों में जो काररवाई होती है, उससे साफ जाहिर होता है कि इसका गठन क्रांतिकारी विचारों के कारण ही हुआ है। इस सोसाइटी पर कड़ी निगरानी करने की आवश्यकता है, क्योंकि इसका उपयोग क्रांतिकारी गतिविधियों के लिए कवर के तौर पर होने और एक क्रांतिकारी समूह केंद्र का गठन करने की बहुत अधिक संभावना है। भगत सिंह इसके सचिव और प्रमुख साथियों में से हैं, अधिकतर भागों के लिए एसोसिएशन के सदस्य..."[2]

पहली सभा

सन् 1928 में, पंजाब कांग्रेस द्वारा निश्चय किया गया कि अमृतसर में बैसाखी के अवसर पर एक प्रादेशिक सभा का आयोजन किया जाएगा। मैंने भगत सिंह से कहा, "यही वह समय है, जब हमें भी अपनी प्रादेशिक सभा अमृतसर में करनी चाहिए।" भगत सिंह इसके लिए तैयार हो गए। मैंने उनसे कहा कि सभा युवा लोगों की कल्पना का केंद्र बनती थी, इसलिए अगर हम में से कुछ लोग सभा की घोषणा करने के लिए आगे आएँ तो यह बहुत सफल रहेगी। मैंने उन्हें सलाह दी कि वे अमृतसर जाएँ और लोगों से संपर्क करें। इसके आगे हमारे समाजवादी विचारों के कारण जो लोग 'कीर्ति' के साथ जुड़े हुए थे, वे भी हमारे बहुत निकट हैं। आपने कीर्ति के लिए लिखा भी है। इसके बाद भगत सिंह ने अमृतसर की यात्रा की और कीर्ति के नेताओं एवं अन्य लोगों से मुलाकात की। अंततः, यह घोषणा की गई कि नौजवान भारत सभा की प्रादेशिक सभा का आयोजन 13-14 अप्रैल, 1928 को जलियाँवाला बाग, अमृतसर में कांग्रेस की सभा के साथ किया जाएगा। इस सभा के द्वारा जिन तीन महत्त्वपूर्ण संकल्पों को पारित किया गया, वे इस प्रकार थे—

1. *भारत नौजवान सभा के उद्‌देश्य, जिसमें कहा गया कि हम हर संभव माध्यमों से संपूर्ण स्वतंत्रता को प्राप्त करेंगे, में बदलाव कर उसे किसानों एवं कामगारों के स्वायत्त गणतंत्र की संपूर्ण स्वतंत्रता सभी संभावित माध्यमों से प्राप्त करना।*
2. *लाल झंडे के स्थान पर तिरंगे झंडे की माँग।*
3. *धर्म को एक व्यक्तिगत विषय माना जाए और इसे राजनीति से अलग किया जाए।*

यहाँ पर सभा की एक क्रिया का जिक्र करना उचित होगा, जो उसकी धर्मनिरपेक्ष प्रवृत्ति के अनुरूप था। वह यह था कि उसमें अंतर-सांप्रदायिक सबके लिए भोज का आयोजन किया जाता था, जिसमें हिंदू, मुसलिम और सिख एक साथ मिलकर एक जैसा भोजन करते थे।[3]

पंजाब सरकार की सभा पर रिपोर्ट में जो कहा गया, वह इस प्रकार था—

"समान दिन (13-14 अप्रैल, 1928) को पंजाब नौजवान भारत सभा का आयोजन पंजाब प्रादेशिक कांग्रेस सभा के समांतर किया गया, जो कि जलियाँवाला बाग में था। व्यावहारिक तौर पर, दोनों सभाओं के आयोजक और दर्शक समान ही थे।

"...षड्यंत्र के मामलों, जिनमें बब्बर अकाली और काकोरी के हीरो शामिल थे, में फाँसी पर लटकाए गए शहीदों की प्रशंसा करते हुए उनके संदर्भ दिए गए। यह तय किया गया था कि सभा को केंद्र और महत्त्वपूर्ण कस्बों एवं गाँवों में संगठित किया जाएगा।

"यह सभा एक वर्ष की निष्क्रियता के पश्चात् पुनरुज्जीवित की गई और पिछले कुछ हफ्तों के दौरान इसके द्वारा लाहौर में कई बैठकें, जो पूरी तरह से आपत्तिजनक थीं, की गईं। इसका उद्देश्य ऊपरी तौर पर राजनीतिक प्रतीत होता है; लेकिन निस्संदेह यह क्रांतिकारी गतिविधियों को कवर देती है और इसे पंजाबी उग्र सुधारवादी आंदोलनकर्ताओं का समर्थन प्राप्त है। एक और निर्णय, जिसमें आंदोलन के बीज सम्मिलित थे, वह एक संकल्प था कि यदि आवश्यकता हो तो शस्त्र अधिनियम को निरस्त करने के लिए धैर्यशील प्रतिरोध का सहारा लेना।

"'नेशनल वीक' की काररवाई ने स्थिति को स्पष्ट कर दिया—एक ओर जहाँ तुलनात्मक तौर पर इस छोटे, लेकिन बहुत ही उग्र समूह, जिसके सदस्य हिंसा के माध्यमों को अपनाने का समर्थन करते हैं, के कारण परेशानियों के बढ़ने की संभावना है तो वहीं दूसरी ओर, अब यह स्पष्ट हो चुका है कि कांग्रेस, अकाली तत्त्वों, 'कीर्ति' और कम्युनिस्ट सिखों के किसान समूह और सिख स्टूडेंट्स रिवॉल्यूशनरी एसोसिएशन के कुछ बहुत ही उग्र सदस्यों के बीच कुछ हद तक तालमेल स्थापित हो गया है। इसका उद्देश्य हर संभव माध्यमों से सन् 1919 की परिस्थितियों को फिर से बनाना है और यह प्रयास जनता के बीच हलचल मचाने के लिए किया जाएगा।

"सभा की एक उप-समिति का गठन एक नए संविधान के प्रारूप को तैयार करने के लिए किया गया है, जिससे कि केंद्र में एक प्रादेशिक संगठन और विभिन्न स्थानों पर इसकी शाखा की व्यवस्था की जा सके।"[4]

घोषणा-पत्र

'नौजवान भारत सभा' के घोषणा-पत्र को बी.सी. वोहरा, बी.ए. द्वारा मुद्रित व प्रकाशित किया गया, जो सभा के अरोरबन्स प्रेस, लाहौर में प्रचार सचिव थे।

सभा का घोषणा-पत्र सभा के पहले पंजाब प्रादेशिक सम्मेलन, जो कि अमृतसर में 13-14 अप्रैल, 1928 को आयोजित किया गया था, के समय उपलब्ध था। इसे 6 अप्रैल, 1928 को प्रिंट किया गया था। यह प्रभावशाली ढंग से क्रांतिकारियों की उस

टीम के दृष्टिकोण को प्रतिबिंबित कर रहा था, जो एक साथ एक ओर गुप्त रूप से एक क्रांतिकारी पार्टी की तरह काम कर रहे थे तो वहीं दूसरी ओर सभा के सार्वजनिक मंच पर भी काम कर रहे थे।

झलकियाँ

हमारे लिए यह वास्तव में अपमानजनक नहीं था। हमारे आदर्श गुरु गोविंद सिंह, शिवाजी और हरि सिंह थे, जिन्होंने हमें बताया कि हम अपना बचाव करने में असमर्थ हैं?

हालाँकि, हम हिंदुस्तानी क्या कर रहे हैं? पीपल के वृक्ष की एक शाखा तोड़ दी जाती है और हिंदुओं की धार्मिक आस्था को ठेस लग जाती है। यही स्थिति दूसरे समुदायों की भी होती है।

हमारे विकास की राह का सबसे बड़ा रोड़ा हमारा अंधविश्वास और कट्टरपन है।

हमने कुछ भी हासिल नहीं किया है। हम किसी भी उपलब्धि को पाने के लिए कुछ भी त्याग करने को तैयार नहीं हैं। हमारे नेता आपस में ही यह तय करने के लिए लड़ रहे हैं कि जिन उपलब्धियों की हम आशा कर रहे हैं, उन्हें अलग-अलग समुदायों के बीच किस तरह से साझा किया जाएगा।

देश को तैयार करने के लिए भविष्य का कार्यक्रम इस उद्देश्य के साथ आरंभ हुआ—'जनता द्वारा जनता के लिए इनकलाब'।

अपने शहीदों को मत भूलो। सरदार करतार सिंह (सराभा) एक युवा थे। वे अपनी किशोरावस्था में ही अपने देश की सेवा करने के लिए आगे आए। वे मुसकराते हुए और 'वंदे मातरम्' का नारा लगाते हुए फाँसी पर चढ़ गए।

इसके अंतिम पैराग्राफ से पहलेवाले में पंजाबी युवाओं को आवाज लगाई गई है—युवा पंजाबियों! अन्य प्रांतों के युवा अपनी संबंधित परिधि में बहुत ही अच्छा काम कर रहे हैं। हम लोगों के कदम क्यों पीछे रह गए हैं? क्योंकि हम संगठन और अनुशासन के मामले में पीछे रह गए हैं। सर्विस (सेवा), सफरिंग (पीड़ा) और सैक्रिफाइज (त्याग)—ये तीन हमारे मार्गदर्शन की मशालें हैं!

इसके अंतिम पैराग्राफ में कहा गया—

"याद रखो, एक राष्ट्र के निर्माण के लिए हजारों की संख्या में अनजान पुरुषों एवं स्त्रियों के आत्म-त्याग की आवश्यकता होती है, जो अपने आराम या रुचि से अधिक देश या जिन्हें वे प्यार करते हैं, उन लोगों के बारे में चिंता करते हैं।"

6-4-1928 वंदे मातरम्

सभा के उद्देश्य और लक्ष्य

सभा के सदस्यता फॉर्म को जून 1928 में जारी किया गया, जिसमें इसके उद्देश्य और लक्ष्य को स्पष्ट किया गया था, ऐसा पुलिस रिकॉर्ड में शामिल है। उसके उद्देश्य थे—

1. संपूर्ण भारत के मजदूरों और किसानों के लिए पूरी तरह से स्वतंत्र गणराज्य की स्थापना करना।
2. एकीकृत भारतीय राष्ट्र की स्थापना करने के लिए देश के युवाओं के हृदय में देशभक्ति की भावना को जगाना।
3. आर्थिक, औद्योगिक एवं सामाजिक आंदोलनों के साथ सहानुभूति का प्रदर्शन करना और उसकी सहायता करना, जो कि सांप्रदायिक भावनाओं से मुक्त हों और हमें हमारी आदर्श स्थिति, जो कि संपूर्ण भारत के मजदूरों व किसानों के लिए पूरी तरह से स्वतंत्र गणराज्य की स्थापना करना है, के और भी निकट ले जाना है।
4. मजदूरों और किसानों को एकजुट करना।

उपर्युक्त से स्पष्ट था कि सभा मात्र एक सांस्कृतिक एवं गैर-राजनीतिक संगठन नहीं थी। इसमें कोई संदेह नहीं कि इसके लक्ष्य राजनीतिक थे और इस सोसाइटी द्वारा जिन बैठकों को आयोजित किया जाता था, उनमें से बहुत सारी में पर्याप्त रूप से बहुत से हिंसा का सहारा लेने के लिए प्रेरित करनेवाले और बगावती भाषण दिए गए। सभा के नेता, जैसे—केदारनाथ सहगल, डॉ. सत्यपाल आदि, किसी तरह का बहाना बनाने में विश्वास नहीं रखते थे। उनका अंतिम लक्ष्य पंजाब और हर जगह के युवाओं को सरकार को किसी भी तरह से अपने देश से उखाड़ फेंकने के लिए सीधे तौर पर 'ऐक्शन' करने के लिए प्रेरित करना था।[6]

सभा की गतिविधियाँ

शहीदी दिवस मनाना

नौजवान भारत सभा अपनी चरम सीमा का परिश्रम खुले तौर पर क्रांति का प्रसार करने के लिए कर रही थी। इस उद्देश्य के लिए उन्होंने यह तय किया कि वे वर्ष 1914-15 के साढ़े उन्नीस वर्ष के हीरो करतार सिंह सराभा का शहीदी दिवस ब्रैडलॉफ हॉल में उनकी तसवीरों का प्रदर्शन कर मनाएँगे। उस समारोह को मनाने का उद्देश्य युवाओं का सशस्त्र क्रांति के लिए तैयार हो जाने के लिए आह्वान करना था। उस समारोह को बहुत ही भावुक तरीके से नियोजित किया गया था। भगत सिंह ने किसी भी तरह से शहीद करतार सिंह सराभा की एक छोटी सी तसवीर प्राप्त कर ली थी। उस तसवीर

से भगवती भाई द्वारा एक बड़े आकार की तसवीर तैयार की गई। उस तसवीर को उन डाइयों पर विशेष रूप से प्रदर्शित किया गया, जिन्हें सफेद रंग की खद्दर की चादर से ढका गया था। दुर्गा भाभी (भगवती भाई की पत्नी) और सुशीला दीदी ने उसे अपने हाथों का खून निकाल उस पर छिड़ककर उसे पवित्र किया था। इस अवसर पर मुख्य रूप से जो भाषण दिया गया, वह भगवती चरण द्वारा दिया गया था।

> रोचक बात यह है कि जब 2 मई, 1929 को भगत सिंह के घर (जो उनके पिता का घर था) की तलाशी पुलिस द्वारा ली गई तो वहाँ से भी शहीद करतार सिंह सराभा की एक तसवीर प्राप्त की गई।

"राजनीतिक स्तर पर बात करें तो सभा द्वारा वहाँ पर उपस्थित दर्शकों को स्वतंत्र तौर पर निगमन का प्रदर्शन वहाँ पर बिछाई गई दरियों पर चलकर किया गया।

"सभा की गतिविधियाँ स्वतंत्र राजनीतिक स्तर से बहुत आगे निकल चुकी थीं और इनका उसी के समान बहुत ही जरूरी प्राणाधार सामाजिक एजेंडा भी था। लोगों के बीच में धर्म और जाति के आधार पर सामाजिक तौर पर बहुत अधिक भेदभाव होना सभा के लिए चिंता का विषय था, जिसे दूर कर सामाजिक वातावरण में भाईचारा बढ़ाने के बहुत प्रयास सभा द्वारा किए गए। लोगों को सांप्रदायिक आधार पर एक-दूसरे के प्रति द्वेष भाव रखने और अहितकारी जाति-प्रथा के खतरे से लोगों को जागरूक करने के उद्देश्य से सार्वजनिक भोज का आयोजन किया गया, जिसमें सभी को एक साथ जमीन पर बैठकर एक जैसा भोजन सूखे पत्तलों पर परोसकर कराया गया और आपस में मिल-जुलकर रहने का संदेश दिया गया।

"सभा द्वारा सांप्रदायिकता के खिलाफ अनवरत चलनेवाले प्रचार अभियान का नेतृत्व किया गया; लेकिन कांग्रेस से विपरीत, जिसमें लोगों के बीच 'सत श्री अकाल', 'अल्लाह-हू-अकबर', 'हर-हर महादेव' जैसे नारों पर निर्भरता के बजाय 'वंदे मातरम्', 'इनकलाब जिंदाबाद', 'हिंदुस्तान जिंदाबाद' जैसे नारों का प्रयोग किया गया। इसके साथ ही सभा द्वारा हठधर्मिता एवं अंधविश्वास के खिलाफ प्रचार अभियान चलाया गया, जो लोगों को खुद में आत्मविश्वास का संचार कर दृढ़ता से आगे बढ़ने से रोक रहे थे। इसके लिए एक बहुत ही व्यावहारिक दृष्टिकोण को अपनाया गया—एक हिंदू वक्ता द्वारा हठधर्मिता एवं अंधविश्वास के खिलाफ लोगों के बीच जाकर बोला जाता और एक मुसलिम द्वारा मुसलिम समुदायों में किए जानेवाले इस तरह के दुराचारों के खोखलेपन का पर्दाफाश किया जाता।[7]

छुआछूत

हालाँकि, भगत सिंह पूरी तरह से वर्गों और वर्ग संघर्ष के मार्क्सवादी सिद्धांत में रमे हुए थे, लेकिन फिर भी, उनमें नैतिक तौर पर यह साहस और बौद्धिक स्तर की ईमानदारी थी कि उन्होंने यह स्पष्ट तौर पर स्वीकार किया कि जातिवादी कठोरता सामाजिक व राजनीतिक तौर पर आगे बढ़ने में एक बहुत बड़ी रुकावट है और हमें साथ-साथ इससे भी निपटना होगा।

अतः, इस अहितकारी प्रणाली के खिलाफ लड़ाई भारत नौजवान सभा द्वारा कई स्थानों पर की गई क्रियाओं में साफ दिखाई दी। इस कार्यक्षेत्र में भगत सिंह सबसे आगे थे। अपने लेख 'अछूत दा सवाल', जो जून 1928 में 'कीर्ति' में प्रकाशित हुआ, अर्थात् सभा का घोषणा-पत्र प्रकाशित होने के दो महीने बाद। उसमें उन्होंने लिखा—

बस, कल्पना करो, यह कितना शर्मनाक है! यहाँ तक कि एक कुत्ता भी हमारी गोद में बैठ सकता है, वह आसानी से हमारी रसोई में आ-जा सकता है; लेकिन हमारे जैसा ही कोई दूसरा इनसान हमें छू भर देता है तो तुम्हारा धर्म खतरे में पड़ जाता है। यह तो हद ही है कि पं. मालवीयजी जैसे प्रतिष्ठित समाज-सुधारक, जिन्हें छुआछूत के खिलाफ लड़ने के लिए पहचाना जाता है, सार्वजनिक तौर पर एक सफाई करनेवाले से फूलों की माला पहनने के लिए तैयार होते हैं, लेकिन ठीक उसके बाद तब तक के लिए खुद को गंदा मानते हैं, जब तक वे नहा नहीं लेते और उनके कपड़े धुल नहीं जाते। यह कैसा व्यंग्य है? मंदिर में जाने का मतलब है—ईश्वर की पूजा करना। वह ईश्वर, जो हम सभी के अंदर वास करता है। लेकिन अगर कोई गरीब मंदिर में प्रवेश करता है तो वह स्थान अपवित्र हो जाता है, जिससे ईश्वर को परेशानी होती है। जब तक हिंदू धर्म में इस तरह की स्थिति बनी रहेगी, तब तक क्या यह हमें भाईचारे के नाम पर आपस में लड़ने और झगड़ा करने के लिए नहीं उकसाएगी? इस सबसे ऊपर इस तरह की सोच, जिसमें हम उन लोगों के प्रति अत्यधिक कृतघ्नता का भाव मन में रखते हैं, जो हमारे आराम के लिए छोटे काम, जिन्हें हम तुच्छ मानते हैं, करते हैं, हम उन्हें अस्वीकार करते हैं। हम पशुओं की पूजा कर सकते हैं, लेकिन हमें यह बरदाश्त नहीं होता कि उनमें से कोई इनसान हमारे बगल में आकर बैठ जाए।

यहाँ पर एक मूल प्रश्न यह उठता है कि हम निश्चित तौर पर इस गुत्थी को कितना सुलझा सकते हैं? इसका जवाब बहुत ही स्वाभाविक-सा है। सबसे पहले, सभी के भले के लिए सबको यह बात समझनी होगी कि सभी इनसान, चाहे उनका जन्म कहीं भी हुआ हो, चाहे उनका काम/व्यवसाय कुछ भी हो। दूसरे शब्दों में, क्योंकि किसी का जन्म एक गरीब सफाई करनेवाले के घर में हुआ है, बस, इसलिए उसे भी शौचालय साफ करने का काम सारा जीवन करना होगा और इसलिए उसे जीवन में आगे बढ़ने के

समय अवसरों से दूर कर दिया जाएगा, यह कोरी बकवास है। ऐतिहासिक तौर पर बात करें तो जब हमारे प्राचीन भारत में हमारे पूर्वजों द्वारा समाज के इस स्तर के लोगों के साथ भेदभाव को प्रचलित किया गया, उन्होंने इसे निचला स्तर मानते हुए इस स्तर के मनुष्यों के साथ किसी भी तरह से संपर्क से दूर रहने की प्रथा का प्रसार करते हुए उन्हें बस, अपने सेवक का दर्जा दिया और उनके हिस्से में सब वे काम बाँटे गए, जिन्हें वे सम्मानजनक नहीं मानते थे। साथ ही, उनको यह चिंता भी सताने लगी कि इस प्रणाली के खिलाफ किसी तरह का कोई विद्रोह कभी पैदा न हो। इसलिए उन्होंने इसके समर्थन में उन लोगों को यह कहना आरंभ किया कि 'ये सब तुम्हारे पिछले जन्म के पाप हैं कि तुम्हें इस तबके में जन्म लेना पड़ा; हम इसमें क्या कर सकते हैं? तुम्हें बस, चुपचाप ये सब सहन करना होगा!' और इस तरह की अपने कृत्यों को जायज ठहराने वाली बातों के साथ वे कुछ समय के लिए इस प्रणाली के विरुद्ध किसी भी तरह के विरोध को शांत रखने में सक्षम रहें। उनके इसी विचार का समर्थन भी किया जाए तो वे खुद भी एक बहुत बड़े पाप के भागीदार इस जन्म में बन रहे थे; क्योंकि एक मनुष्य का दूसरे के साथ इस तरह का व्यवहार मूलभूत मानवीय मूल्यों, जैसे आत्मसम्मान और आत्मनिर्भरता, को अस्वीकार करना है, जिसे अत्यंत क्रूरता ही कहा जाएगा। आज का समय ही वह पल है, जिसमें इस पाप को करने के लिए प्रायश्चित्त किया जाना चाहिए।

व्यापक तौर पर, सामाजिक दृष्टिकोण पर बात की जाए तो छुआछूत के समाज पर बहुत ही अहितकारी प्रभाव होते हैं। आमतौर पर लोग उन कामों को करने से घृणा करने लगे, जो जीवन में बहुत आवश्यक थे। हम जुलाहे को भी अछूत मानते हैं, जो हमें पहनने के लिए कपड़ा देता है। उत्तर प्रदेश में पनहारे को भी अछूत माना जाता है। ये सब प्रथाएँ हमारे विकास को बहुत ही क्षति पहुँचाती हैं, जो श्रम करनेवालों, खासतौर पर मानव श्रम, के आत्मसम्मान को ठेस पहुँचाती हैं। हम सभी को एक साथ यह स्वीकार करना होगा कि हमें आगे बढ़ने के लिए उन लोगों को अछूत मानने या कहने की आदत का त्याग करना होगा।

हमारे ऐसा करने पर सब चीजें अपने आप ठीक होती जाएँगी।

इस संबंध में, भारत नौजवान सभा और युवा सम्मेलन के द्वारा एक रणनीति अपनाई गई, जो सबसे ठीक थी कि जिन भाई-बंधुओं को अछूत कहा जाता था, उनसे माफी माँगी जाती। उनसे माफी माँगने के लिए उन्हें अपने समान ही समझा जाता। अपने समान बनाने के लिए उन्हें धर्म विशेष, जैसे—सिख धर्म, हिंदू या इसलाम को स्वीकार करने के लिए नहीं कहा जाता। उनके हाथों से भोजन/पानी स्वीकार किया जाता। दूसरी तरफ, उनके बीच आपस में होनेवाली लड़ाई भी एक ऐसी जंग थी, जिस पर विजय पाना बहुत जरूरी था और उनकी स्थिति में सुधार के बिना उनमें मानव मूल्यों, जैसे

आत्मसम्मान, का संचार करना बेकार ही साबित होता।

लेकिन जिस क्षण हम इन सभी मनुष्यों के समान होने और भाईचारे के संदेश के साथ गाँवों में गए, सरकारी एजेंसियों ने जाट समुदाय को यह कहकर भड़काना शुरू कर दिया कि इस तरह के संदेशों से इन अछूत लोगों में साहस आ जाएगा और ये आप लोगों का काम/सेवा करने से इनकार कर देंगे। इतना कहना ही जाट समुदाय को भड़काने और हमारे सही दिशा में किए जा रहे प्रयासों का विरोध करने के लिए पर्याप्त था।

लेकिन ऊँची जाति के लोग भी यह महसूस कर रहे थे कि जीवन में उनकी स्थिति में भी बेहतरी के लिए तब तक बदलाव नहीं आ सकता, जब तक वे इन लोगों को नीच मानने पर अड़े रहेंगे, उनको अपना दास बुलाएँगे और उन्हें अपने कदमों के नीचे रखेंगे। लोगों के द्वारा हमारे सामने यह तर्क रखा गया कि वे लोग गंदे होते हैं। कड़वा सच तो यह है कि जो लोग गरीब हैं, उनकी गरीबी दूर कर दें तो वे अपने आप साफ हो जाएँगे। क्या हम यह नहीं देखते कि ऊँची जाति के भी वे लोग, जो गरीबी में जीवन-यापन करते हैं, वे भी अस्वच्छ से कम नहीं होते? इसके अतिरिक्त, गंदगी साफ करने का मतलब यह नहीं कि आप भी गंदे हो गए हैं। उदाहरण के लिए, माँ अपने बच्चे की गंदगी साफ करती है, उसे हर तरह से साफ रखती है; तो क्या वह भी गंदी हो जाती है?

वे लोग, जो इससे मुक्त हो जाएँ, उन्हें स्वयं पहला आघात इस पर करना चाहिए। हमेशा यह ध्यान रखना चाहिए कि जो भी लोग संपन्न वर्ग से संबंध रखते हैं या संपन्न वर्ग से हैं, वे न केवल अपने अधिकारों का भरपूर आनंद लेने के लिए प्रयासरत रहते हैं, बल्कि वे इसकी भी कोशिश करते हैं कि अपने अधिकार-क्षेत्र में आनेवालों को अपने पैरों के तले रखें। इसलिए, संभवत: उनके द्वारा इसे सही भी माना जाए। समय बरबाद मत करो और उन दबे-कुचले लोगों को अपने पैरों पर खड़ा होने के लिए एकजुट किया जाए और समाज में जो भी गलत प्रणालियाँ प्रचलित हैं, उनको चुनौती दी जाए। फिर देखें कि कौन आपकी मेहनत की कमाई को आपको सौंपने से इनकार करता है! दूसरों की दया पर जीवन बिताने की आदत छोड़ें और उनके बारे में किसी तरह के भ्रम में न रहें। सतर्क रहें, जिससे कि आप किसी तरह भी उनकी अफसरशाही के जाल में न फँसें; क्योंकि इस तरह आप अपने बारे में न सोचकर केवल उनकी ताल पर नाच नाचते रहेंगे। वास्तव में बात करें तो मिश्रित तौर पर पूँजीवादी नौकरशाही आपके साथ होनेवाले अत्याचार और गरीबी के लिए उत्तरदायी है। इसलिए हमेशा ही इससे बचते रहें। उनकी इन चालों से अब आपको सतर्क रहना है, तभी आपके आगे बढ़ने के लिए रास्ता निकलेगा। वास्तव में, आप लोग ही कामगार वर्ग हो। कामगारो, एकजुट हो जाओ! आपके पास खोने के लिए सिवाय अपनी जंजीरों के और कुछ नहीं है। उठो और वर्तमान में जो आपको दबाने-कुचलने की प्रथा है, उसके खिलाफ विद्रोह करो। क्रमिकतावाद

और सुधारवाद से आपको कोई लाभ नहीं होगा। सामाजिक तौर पर एकत्र होकर एक क्रांति की शुरुआत करो और अपने अंदर के शेर को राजनीतिक व आर्थिक क्रांति के लिए पिंजरे से बाहर निकालो। आप और बस, आप ही इस राष्ट्र के मजबूत स्तंभ और इसकी मूलभूत शक्ति हैं। ओ सोए हुए शेरो, जागो! विद्रोह करो! विद्रोह के झंडे को बुलंद करो![8]

छात्र संगठन का निर्माण करने का निश्चय करना

रामचंद्र लिखते हैं—"अमृतसर सम्मेलन के कुछ दिनों के बाद हमारी स्थिति की अच्छी तरह से समीक्षा पर चर्चा करने के लिए बैठक हुई। उसमें यह तय किया गया कि भगवती चरण और भगत सिंह छात्र संगठन के निर्माण के काम की देखरेख करेंगे और मैं बस, नौजवान भारत सभा और किसानों एवं कामगारों के संगठन का काम देखूँगा।"

गुप्त कार्य

"सशस्त्र संघर्ष संबंधी गतिविधियों के लिए एक ऐक्शन पर आधारित सेल की व्यवस्था अलग से की गई थी। इसके संपूर्ण संचालन के काम को सुखदेव, भगवती चरण और भगत सिंह के द्वारा देखा जाता था। यह सेल बाहरी तौर पर हमेशा अलग बनी रही; हालाँकि, इसको सभा की ओर से सहायता व समर्थन हमेशा प्राप्त होता रहा। गुप्त रूप से मेरा सहयोग भी हमेशा उस ओर रहता। इस तरह, हमारी सोच पूरी तरह से स्पष्ट हो गई थी और हमें संगठन की अच्छी तरह से सोची-समझी विस्तृत योजना के तहत काम करने के लिए व्यवस्थित कर दिया था। लंबे समय तक चली चर्चा के बाद हमने यह तय किया कि गुप्त संगठन की मौजूदगी वैसे तो पूरी तरह से अलग भाग की तरह बनी रहेगी, लेकिन हम उसके सदस्यों की नियुक्ति सभा, कामगार वर्ग, किसानों, सेवानिवृत्त फौजियों और छात्रों में से करेंगे। यह अलग से संघर्ष संबंधी गतिविधियों के प्रचार का काम करेगी और हम खुले तौर पर इसे सभा में शामिल नहीं करेंगे। ऐक्शन पार्टी राजनीतिक अवसरों का लाभ उठाएगी और क्रांतिकारी गतिविधियों के प्रचार एवं ऐक्शन को लोगों को जगाने के दृष्टिकोण से आश्रय देगी। सभा उन सहयोगियों को शरण देगी और उनकी रक्षा करने में सहायता करेगी; लेकिन यह स्वयं को उससे बाहर रखेगी, अपने अलग अस्तित्व को बनाकर रखेगी, जिससे कि पुलिस के ऐक्शन से बच सके और अपने अलग संस्थागत ढाँचे को बनाकर रख सके। इसकी छवि युवाओं, किसानों और कामगारों के संगठन की होगी, जो उनके समाजवाद के प्रचार के लिए काम करती है।

"इस तरह से, छात्रों के सक्रिय संगठन की शुरुआत इस अच्छी तरह परिभाषित लक्ष्य के साथ हुई कि प्रचार के साथ-साथ क्रांतिकारी गतिविधियों के लिए छात्रों की चेतना को जाग्रत् करने का काम करती है।"[9]

धन्वंतरि : नए महासचिव

अक्तूबर 1928 में एक दिन, भगत सिंह मेरे पास परी महल, लाहौर में आए और बोले, "उन्हें मुझसे बात करनी है।...मेरे पास करने के लिए और बहुत सारे काम हैं।" उन्होंने कहा, "मैं नौजवान भारत सभा के महासचिव के तौर पर और काम नहीं कर सकता। इस काम के लिए किसी और व्यक्ति को चुनो और उसे सभा के सभी कार्यों का पूरा कार्यभार सौंपो। मैं सभा के अध्यक्ष के तौर पर काम करता रहूँगा; लेकिन एक पत्रकार और श्रम कामगार के तौर पर मैं अपना पूरा समय यहाँ पर नहीं दे सकता।"

मैंने कहा, "मैं आपकी तरह एक सक्रिय सहभागी, आपके स्थान पर महासचिव के स्थान पर चाहता हूँ। निस्संदेह, अगर आपकी योजना दूसरे कामों की तरफ भी समय देने की है तो मैं सभा को और भी समय देने की कोशिश करूँगा। लेकिन एक अच्छे और सक्रिय महासचिव की आवश्यकता होगी।" मैंने कहा।

"तुम्हें जो ठीक लगे, उसका चयन करो।"

मैंने धन्वंतरि को चुना और भगत सिंह ने कहा कि वे अगले दिन उन्हें अपने साथ लेकर आएँगे, जिससे सारी व्यवस्था को अंतिम रूप दे सकें।

अगले दिन वे अपने साथ धन्वंतरि को लेकर आए, जिन्होंने अपना सारा समय सभा के लिए समर्पित करने का वादा किया। तब तक मुझे यह मालूम नहीं था कि धन्वंतरि भी सीक्रेट विंग में शामिल हैं और मुझे स्वयं को किसी भी परिस्थिति में सभी कार्यों के लिए समर्पित करना होगा। जैसाकि आगे की घटनाओं से स्पष्ट हुआ, धन्वंतरि भी सभा के मुकाबले बहुत से गुप्त कार्यों में सम्मिलित हो गए; लेकिन वे अपने काम को लेकर बहुत गंभीर रहे। वे इतने प्यारे और मधुर वाणी वाले थे कि उनके चेहरे की मुसकराहट देखकर मैं कमियों को भूल जाता था।

एक दिन धन्वंतरि ने मुझे एक झटका तब दिया, जब उन्होंने मुझसे कहा, "कॉमरेड साहब, अपने अखबार के काम से इस्तीफा दें और आप इस ओर अपना और ज्यादा समय दें। मैं उस गधे की तरह काम नहीं कर सकता, जो हर समय भागता-दौड़ता रहता है। मेरे भार को कुछ कम करें, और अगर आप ऐसा नहीं कर सकते हैं तो किसी और व्यक्ति को महासचिव के पद पर रखें।"

उन्हें तसल्ली देने की कोशिश करते हुए मैंने कहा, "मैं जितना तुम चाहते हो, उतना काम करूँगा और इस ओर जितना चाहो, उतना समय दूँगा; लेकिन शांत रहो।" इस तरह, एक नए स्टेज की शुरुआत हुई।

हालाँकि, पोजीशन बदल चुकी थी; भगत सिंह के साथ मेरी बहस होती थी और अपनी प्राथमिकताएँ भी होती थीं। उन्हें जरूरत के अनुसार सामंजस्य बनाए रखने की

आदत थी। धन्वंतरि के मामले में मुझे मिली वह स्वतंत्रता समाप्त हो चुकी थी। वह अपने गुप्त कार्यों में व्यस्तता के अनुसार ही कार्यों को व्यवस्थित करते थे। मुझे उनकी इच्छा के अनुसार ही चलना पड़ता था।[10]

किसानों के लिए सभा के प्रयास

अप्रैल 1928 में नौजवान भारत सभा के सम्मेलन के बाद सभा और 'कीर्ति किसान पार्टी' ने साथ मिलकर किसानों के लिए उनके बीच भू-राजस्व में सूखा पड़ने और गेहूँ की फसल के खराब होने पर माफ करने और पानी के लिए दिए जानेवाले प्रभार से मुक्ति के लिए आंदोलन करने लगे। इसमें हमें कांग्रेसियों का भी साथ मिला। इससे सरकार परेशान हो गई। वह आंदोलन से पहले हमारी बात मान गई और भू-राजस्व एवं पानी प्रभार में छूट का ऐलान कर दिया।

सभा द्वारा जून 1928 में बारदोली किसान सत्याग्रह में सक्रिय तौर पर भाग लिया गया और इसे ब्रिटिश सरकार द्वारा शोषण के खिलाफ किए गए किसान आंदोलन की तरह देखा गया। सभा ने सत्याग्रह की सहायता के लिए कोष एकत्रित और प्रेषित किया।

'कीर्ति' भी नौजवान सभा में पूरे उत्साह के साथ शामिल हुई और उसके द्वारा इसकी सराहना भी की गई; साथ ही सोहन सिंह जोश को हमारी अमृतसर स्थित शाखा का अध्यक्ष भी चुना गया।

दूसरा प्रांतीय सम्मेलन

अगस्त 1928 में 'कीर्ति पार्टी' द्वारा सुझाव दिया गया कि अगले पंजाब प्रांतीय कांग्रेस सम्मेलन, जो कि सितंबर 1928 के अंतिम दिनों में होने वाला था, दूसरे नौजवान भारत सभा कांग्रेस और पहले प्रांतीय कीर्ति किसान सम्मेलन का आयोजन एक साथ किया जाए। चूँकि 'कीर्ति' के लोगों के साथ हमारे संबंध बहुत ही मधुर थे, अतः हम तुरंत ही तैयार हो गए। यह तय किया गया कि मैं सम्मेलन की अभिनंदन समिति के अध्यक्ष की भूमिका निभाऊँगा और अध्यक्ष द्वारा दिए जानेवाले भाषण को पढ़ूँगा; जबकि साथ ही कॉमरेड एस.ए. डांगे सम्मेलन का संचालन करेंगे। स्प्रैट (जिनका पूरा नाम फिलिप स्प्रैट था और जो कम्युनिस्ट पार्टी के संस्थापक सदस्यों में से एक थे) के अतिरिक्त कुछ और दूसरे कम्युनिस्ट पार्टी के नेता भी सम्मेलन में शिरकत करेंगे। डांगे और स्प्रैट को सम्मेलन में लाने की सारी व्यवस्था 'कीर्ति' के लोगों द्वारा की गई थी। दुर्भाग्यवश, अंतिम क्षणों में हमें यह सूचना मिली कि डांगे और स्प्रैट नहीं आ रहे हैं। इसलिए अंतिम पलों में यह तय किया गया कि प्रधानाचार्य छबील दास से अनुरोध किया जाए कि वे सम्मेलन की अध्यक्षता करें, जो वह करने के लिए खुशी-खुशी तैयार हो

गए। अमृतसर सम्मेलन की तरह ही लायलपुर कांग्रेस समिति की अभिनंदन समिति द्वारा पूरे मन से हमारे साथ सहयोग किया गया और हमने अपने सम्मेलन को उसी पंडाल में बारी-बारी से आयोजित किया।[11]

भगवती : एक सी.आई.डी. एजेंट

बड़े ही दु:ख के साथ अपने घोषणा-पत्र के प्रकाशित होने के पाँच महीने बाद ही भगवती को सी.आई.डी. के आदमी के रूप में पहचाना गया और ऐसा किसी और के द्वारा नहीं, अपितु प्रो. जयचंद्र विद्यालंकार ने किया, जो कि सभी युवाओं के गुरु कहलाते थे। उन्होंने ऐसा केवल द्वेष व जलन के कारण किया और नवंबर 1929 में वे मकड़जाल से तभी निकल पाए, जब वे किसी तरह आखिरकार कानपुर में आजाद से मिल पाए। दु:खद बात यह है कि सितंबर 1928 से लेकर नवंबर 1929 तक पार्टी अपने जीवन को जोखिम में डालकर उनके सहयोग के लिए उन पर और उनकी पत्नी पर पूरी तरह से निर्भर रही थी।[12]

'साइमन कमीशन' का बहिष्कार : 1928

सर जॉन साइमन की अध्यक्षता में साइमन कमीशन को भारत का दौरा करना था, यहाँ उनको भारतीय नेताओं से मिलना था और भारतीयों द्वारा स्वयं अपनी सरकार चलाने की क्षमता का आकलन कर उससे संबंधित अपने सुझावों को ब्रिटिश सरकार के समक्ष पेश करना था। यह स्पष्ट रूप से आम भारतीयों एवं विशेष रूप से स्वतंत्रता सेनानियों का अपमान था और ब्रिटिश सरकार के सत्ता से अलग न होने की मंशा को उजागर कर रहा था। भारतीयों ने कमीशन का प्रचंड विरोध किया और उसका बहिष्कार करने की घोषणा की। उन्होंने यह भी तय किया कि उनके आने पर सभी जगहों पर इस संदेश के साथ 'साइमन वापस जाओ' (साइमन गो बैक) के नारे वाले काले झंडे दिखाएँगे।

उनके पहले ही दिन यहाँ आने पर भारत के समुद्री किनारों पर बहुत ही बड़े जन-समूहों और देश में बहुत सी जगहों पर गुस्से को प्रदर्शित करने के लिए प्रदर्शन हुए। कानून व व्यवस्था के नाम पर पूरे भारत में बहुत बड़ी संख्या में लोगों की गिरफ्तारियाँ हुईं। लाहौर में भी 'नौजवान भारत सभा' के सदस्यों के साथ-साथ अन्य लोगों के घरों में पहले से ही खोजबीन की गई और लाहौर के विद्यार्थियों को हड़ताल का आह्वान करने के लिए गिरफ्तार किया गया।

सरकार द्वारा कमीशन के लाहौर दौरे के लिए 30 अक्तूबर, 1928 का दिन निर्धारित किया गया था। सरकार द्वारा लगाए गए प्रतिबंध की अवमानना करने के लिए 29 अक्तूबर को लाहौर में की गई बहुत बड़ी संख्या में लोगों की बैठक में अगले दिन

कमीशन के स्वागत का विरोध करने की घोषणा की गई। पं. मदन मोहन मालवीय और लाला लाजपत राय भी वहाँ पर आए थे। 30 अक्तूबर की सुबह को केदारनाथ सहगल एवं बड़ी संख्या में कांग्रेसी और नौजवान भारत सभा के सदस्य लाला लाजपत राय के घर पर पहुँचे और दोनों नेताओं से विरोध-प्रदर्शन का नेतृत्व करने के लिए कहा। दोनों नेताओं ने खुशी-खुशी इसके लिए अपनी सहमति दे दी और नौजवान सभा के करीब 25,000 सदस्य एवं कांग्रेसी नेता लाहौर रेलवे स्टेशन पर एकजुट हुए, जहाँ कमीशन के सदस्य आने वाले थे। सरकार ने लोगों को स्टेशन की परिसीमा में पहुँचने से रोकने के लिए बैरिकेड्स लगा दिए थे और लोगों को रोकने के लिए बड़ी संख्या में पुलिसकर्मियों को तैनात किया गया था। सभी नेता और प्रदर्शनकारी बैरिकेड्स के दूसरी ओर खड़े हो गए। वहाँ उपस्थित बड़े नेताओं ने इस प्रदर्शन पर पूरी तरह से नियंत्रण किया हुआ था। अपनी भावनाओं को व्यक्त करने के लिए वे 'साइमन गो बैक' का नारा लगाने लगे। नारों के कारण हो रहे शोर के कारण पुलिस सुपरिंटेंडेंट मि. स्कॉट खफा हो गए और उन्होंने लाठी-चार्ज करने का आदेश दे दिया। पुलिसवालों की लाठियाँ प्रदर्शनकारियों पर बिना किसी भेदभाव के बरसने लगीं। अति उत्साही अफसरों और पुलिसवालों ने लालाजी को भी नहीं बख्शा। लालाजी को लाठियाँ लगने से चोट आ गई। अपने नेता का अनादर होते हुए देखकर डॉ. सत्यपाल एवं दूसरे नेता उन्हें बचाने के लिए दौड़ पड़े और फिर डॉ. गोपी चंद भी डॉ. सत्यपाल को बचाने के लिए आगे बढ़े। ऐसी स्थिति में भी प्रदर्शनकारी भड़कने के बजाय बड़े जन-समूह में शांत और नियंत्रित होकर खड़े रहे।

कुछ समय पश्चात्, उस समय पूरा देश एक असामांतर विरोध-प्रदर्शन से तब काँप उठा, जब 17 नवंबर को संभवतः पुलिस द्वारा किए गए प्रहार से चोटिल होकर और मानसिक आघात पहुँचने की वजह से लाला लाजपत राय की मृत्यु उनके लाहौर स्थित घर पर हो गई। लेकिन जिस दिन लाठी-चार्ज की घटना हुई, उस शाम को ही हुई जनसभा में उन्होंने गरजते हुए कहा था, "आज हम पर चलाई गई हर लाठी ब्रिटिश शासन के कफन में लगाई गई आखिरी कील के समान है।" उनके वे शब्द सचमुच में भविष्य के सूचक प्रतीत हुए![13]

काकोरी शहीद दिवस

16 दिसंबर, 1928 को, अर्थात् सांडर्स के वध से 24 घंटे पहले, सभा द्वारा 'काकोरी दिवस' मनाया गया। इसे मनाने के लिए लाहौर स्थित ब्रैडलॉफ हॉल में एक बहुत बड़ी बैठक का आयोजन किया गया। क्रोध और नाराजगी के वातावरण में इस बैठक का आयोजन किया गया, जिसका प्रसार सभा द्वारा लाला लाजपत राय के शहीद होने के बाद किया गया था। विशेष रूप से बहुत बड़ी संख्या में विद्यार्थियों

ने इसमें भाग लिया। अन्य लोगों में मेहता आनंद किशोर, मुंशी अहमद दीन और मैंने (रामचंद्र ने) सभा को संबोधित किया। काकोरी कांड के क्रांतिकारियों की फाँसी का वर्णन करनेवाले उग्र भाषण ने जन-समूहों को उत्तेजना से भर दिया। बाद में, पुलिस द्वारा इसे सांडर्स के मर्डर की तैयारी और उकसाने के लिए की गई बैठक के तौर पर पेश किया गया।[14]

दूसरा 'नौजवान भारत सभा' सम्मेलन

उस समय अंग्रेज सरकार को यह लगा था कि उसने मुझे (रामचंद्र), केदारनाथ सहगल और माजिद, जो कि सभा के प्रमुख व्यक्तित्व थे, को गिरफ्तार करके सभा को अपंग बना दिया था। लेकिन हमने नेताओं की अगली श्रृंखला तैयार करके पहले से ही अपना कार्य कर दिया था। धन्वंतरि ने भगत सिंह का स्थान और कॉमरेड राम किशन ने अध्यक्ष का पद सँभाल लिया था।

यह बताने के लिए कि हम लोग जिंदा थे और फिर से प्रहार करने के लिए तैयार थे, दूसरा वार्षिक सम्मेलन 22-24 फरवरी, 1929 को लाहौर में आयोजित किया गया, जहाँ सोहन सिंह 'जोश' को कीर्ति किसान पार्टी के अध्यक्ष के रूप में चुना गया। पंजाब के विद्रोहियों ने पूरे जोश से इसमें भाग लिया। इस सम्मेलन की काररवाई का सभा की क्रांतिकारिक और ब्रिटिश-विरोधी ताकतों पर तो प्रभाव पड़ा, लेकिन वक्ताओं ने उसमें सावधानी के साथ स्वयं को कानून की सीमा में बाँधकर रखा।[15]

कॉमरेड रामचंद्र के सहयोगियों को गिरफ्तार करके जेल भेज दिया गया। इससे वे अन्य क्रांतिकारियों के साथ भूख हड़ताल पर बैठ गए। इस खबर को 24 अगस्त, 1929 के अखबार 'द ट्रिब्यून' में प्रकाशित किया गया, जो इस प्रकार थी—

हंगर स्ट्राइक डे बॉय डे (दिन-ब-दिन भूख-हड़ताल)

अभी तक, भगत सिंह और दत्त 71 दिनों की भूख-हड़ताल पर थे। अन्य षड्यंत्र मामलों के कैदी भी 41 दिनों की हड़ताल पर जा चुके हैं। बाबा अरूर सिंह 31 दिनों की, काबुल सिंह 31 दिनों और रामचंद्र, अहमद दीन एवं गोपाल सिंह 21 दिनों की भूख-हड़ताल पर हैं। भूख-हड़ताल को 2 सितंबर, 1929 को लाहौर में और 3 सितंबर, 1929 को मियाँवाली जेल में समाप्त कर दिया गया।

सरकार ने हमारी अनुपस्थिति में सभा पर प्रतिबंध लगाने की कोशिश की और हमारे कार्यकर्ताओं को गिरफ्तार करना शुरू कर दिया। हकीम सिकंदर हयात खाँ, जो प्रस्तावित सभा सम्मेलन की अभिनंदन कमेटी के चेयरमैन थे, को 124-ए पी.एफ. आई.पी.सी. की धारा के तहत गिरफ्तार कर लिया गया। अपनी गिरफ्तारी के बाद वह भी मियाँवाली जेल में आ गए।[16]

तीसरा सभा सम्मेलन

सभा पर लगी रोक के बावजूद 9 से 11 अगस्त, 1929 को इसे आयोजित किया गया। मास्टर मोटा सिंह, जो इस सम्मेलन का संचालन करने वाले थे, को पहले ही गिरफ्तार किया जा चुका था; लेकिन फिर उनकी जगह रावलपिंडी के अमीर आलम खाँ को लाया गया था। उनके चुने हुए अध्यक्ष 9 अगस्त की सुबह अमृतसर में उपस्थित हुए और उन्हें रेलवे स्टेशन से शहर तक शोभा-यात्रा के लिए शामिल किया गया। बैठक के पहले ही दिन करीब 3,000 और दूसरे दिन 6,000 लोगों ने भाग लिया। इस बैठक में पं. जवाहरलाल नेहरू ने भी भाग लिया।

"इस सम्मेलन में बार-बार भगत सिंह और बटुकेश्वर दत्त के महान् बलिदान का जिक्र किया गया था।"[17]

सभा पर प्रतिबंध लगना

सन् 1928 से ही लंदन स्थित भारतीय मामलों के मंत्री, भारत सरकार एवं पंजाब सरकार लगातार इस सवाल पर चर्चा कर रहे थे कि 'नौजवान भारत सभा' की चुनौतियों से कैसे निपटा जाए। फाइल संख्या 130/1930 और kw खासतौर से इस समस्या पर ही आधारित थी। इस फाइल का शीर्षक था—'एक्टिविटीज ऑफ नौजवान भारत सभा; पॉलिटिकल सिचुएशन इन पंजाब, (नौजवान भारत सभा की गतिविधियाँ; पंजाब में राजनीतिक हालात)।

वह फाइल 116 पृष्ठों की थी। फाइल की पृष्ठ-5 पर जो लिखा था, वह इस प्रकार है—

> "अपने जन्म से लेकर नौजवान भारत सभा की गतिविधियाँ संदेहास्पद प्रकृति की रहीं और उनमें छल-कपट भी व्याप्त रहा, यदि कोई हो, जैसेकि शुरुआत में उनके लक्ष्यों पर निगरानी की गई तो पता चला, हालाँकि उन्हें तब कुछ विरोध का भी सामना करना पड़ा, जब उन्होंने जनता के समक्ष हिंसात्मक और परंपरागत विचारों में बदलाव करके इसके सदस्यों के द्वारा प्रारंभिक तौर पर जनता के सामने रखा गया, जिसके चलते कुछ व्यक्तिगत हमले भी हुए। फिर भी, जिन प्रमुख उद्देश्यों के साथ सभा का गठन हुआ था, उस दृष्टि से इन्होंने कभी अपनी सोच को लुप्त नहीं होने दिया। दूसरी ओर, यह विचार कुछ अवसरों पर कठिनाइयों एवं निराशाओं का सामना करने पर भी अपने दृढ़ संकल्प और जिद पर अडिग रहा। इनके विपरीत, जो प्रचार किया जा रहा था, वह नौजवान भारत सभा को गंभीर रूप से कोई नुकसान नहीं पहुँचा पाया और इसका एक से बढ़कर दूसरे स्तर तक विकास होने लगा। हालाँकि, इसकी सदस्यता की संख्या में बहुत अधिक वृद्धि नहीं हो पाई, फिर भी यह एक जनाधार—जैसे नौजवान और विद्यार्थी वर्ग को भरती करने में सफल रहे—क्योंकि अराजकता और क्रांतिकारी कार्यों

के लिए इनकी आवश्यकता थी। यही इसके संस्थापक और उनके नजदीकी संबंधियों का वास्तविक लक्ष्य था।"[18]

रामचंद्र बताते हैं, "फिर 23 जून, 1929 को सरकार ने पंजाब में कई संस्थाओं, जिसमें नौजवान भारत सभा, कीर्ति किसान सभा और कांग्रेस वॉर काउंसिल शामिल थी, को अवैध घोषित कर दिया··· इस पर हमारी पहली प्रतिक्रिया एक नई संस्था के गठन की घोषणा करना था, जो कि 'हिंद नौजवान सभा' कहलाई, जिसके अध्यक्ष बाबू सिंह हुए। नौजवान सभा के अधिकतर सदस्यों को इसका सदस्य घोषित किया गया। इसका उद्देश्य भारत की स्वतंत्रता के लिए कार्य करना था। सरकार ने एक बार फिर हम सभी को गिरफ्तार कर लिया और सभी पर मुकदमा भी चलाया गया; लेकिन हम सब आजाद हो गए। इस अद्भुत अभियोग पर प्रतिक्रिया देने के लिए हमने इसके विरुद्ध सत्याग्रह और बैठकें करने का निश्चय किया।[19]

गैर-कानूनी सभा का नेतृत्व करना

12 फरवरी, 1931 को लंदन में प्रिवी काउंसिल द्वारा भगत सिंह, सुखदेव और राजगुरु की ओर से की गई दरख्वास्त के अस्वीकार होने पर सभा ने 'भगत सिंह अपील कमेटी' वाले ध्वज के अंतर्गत अपने आंदोलन की शुरुआत की। इस उद्देश्य से रोजाना रात को 'वीर भारत' के कार्यालय, जो कि चैंबरलेन रोड, लाहौर पर स्थित था, में एक बैठक रखी जाती थी। इस योजना का उद्देश्य असंख्य लोगों के हस्ताक्षर प्राप्त करना था, जिससे कि सरकार पर मौत की सजा को वापस लेने की माँग करते हुए दबाव बनाया जाए और उन्हें यह बताया जाए कि उनका फाँसी देने का निर्णय असंख्य लोगों की राय के विरुद्ध था।

पंजाब सरकार की पाक्षिक रिपोर्ट का इस पर ध्यान गया और उन्होंने यह महसूस किया कि यह कमेटी साफ तौर पर नौजवान भारत सभा का छल से गठित किया गया दूसरा रूप है—साम्यवादी और गैर-साम्यवादी नीतियाँ वहीं हैं, जिन्हें भगत सिंह द्वारा ग्यारहवें घंटे में अपनी दया याचिका को प्रस्तुत करते समय दिए गए कथन में सम्मिलित किया गया था। "हमारे द्वारा यह घोषणा की गई कि 17 फरवरी, 1931 को वायसराय को एक स्मृति-पत्र प्रस्तुत किया जाए और पूरे प्रांत में इसे 'भगत सिंह दिवस' के रूप में याद किया जाए।"

नौजवान सभा की अकेले लड़ी गई लड़ाई

कुछ ऐसे उदाहरण—

"13 फरवरी, 1931 को अमृतसर नौजवान सभा द्वारा आयोजित सभा में बाबा गुरुदीत सिंह की अध्यक्षता में यह माँग की गई कि किसी भी दूसरे गोलमेज सम्मेलन के

बिना सभी राजनीतिक व्यक्तियों को मुक्त किया जाए।"

"4 मार्च, 1931 को गांधी-इरविन समझौते के बाद कांग्रेस, सभा और कीर्ति किसान सभा पर लगे सभी प्रकार के प्रतिबंध हटा दिए गए। सभा अपने ही नाम के अंतर्गत फिर से कार्य करने लगी।"

17 मार्च को सभा ने 21 मार्च के दिन भगत सिंह, राजगुरु एवं सुखदेव को दी गई मौत की सजा में परिवर्तन के लिए बैठकों और प्रदर्शन के लिए अपनी शाखाओं को कहा। इसके बाद यह सुनने में आया कि उन तीनों योद्धाओं को 24 मार्च को फाँसी दे दी गई। इस कारण एक बहुत बड़ा विरोध-प्रदर्शन होने से सब तरफ खलबली मच गई। 23 मार्च को विरोध-प्रदर्शन के रूप में लाहौर में हड़ताल की घोषणा की गई और सभा द्वारा एक बहुत बड़े जुलूस का आयोजन भी किया गया। एक जुलूस, जिसमें करीब 15,000 लोग शामिल थे, जिनमें 2,000 महिलाएँ भी थीं, मोरी गेट के नजदीक म्यूनिसिपल गार्डन में विरोध-प्रदर्शन के लिए बैठक की।

संक्षिप्त रूप में, सभी संघर्षों, विरोध-प्रदर्शनों, बैठकों और जुलूसों को नौजवान भारत सभा द्वारा आयोजित किया जाता था और फिर उन्हें पूरे भारत में दोहराया जाता था।

इसके पश्चात् भी सभा ने 16 अक्तूबर, 1933 को हुए अपने सम्मेलन में यह माँग रखी कि—सरकार द्वारा किसी राजनीतिक कैदी को सजा काटने के लिए अंडमान न भेजा जाए।

23 जुलाई, 1934 को एक बार फिर से सभा पर प्रतिबंध लगा दिया गया। आखिरकार, नौजवान सभा को समाप्त करना पड़ा। इसे केवल एक नए नाम के साथ ही, हमेशा के लिए अमर करने के लिए, फिर से शुरू किया जा सकता था और वह नया नाम था—सोशलिस्ट पार्टी।[20]

संदर्भ—

1. कॉमरेड रामचंद्र : 'नौजवान भारत सभा एंड हिंदुस्तान सोशलिस्ट रिपब्लिकन एसोसिएशन/ आर्मी (एच.एस.आर.ए), संपादक, मलविंदर जीत सिंह वरैच, यूनीस्टार बुक्स प्रा.लि., चंडीगढ़, 2007, पृष्ठ-13-17
2. फाइल संख्या सी.आई.डी. 9349, एस.बी.सी.
3. कॉमरेड रामचंद्र, op. cit., पृष्ठ-38-40
4. वही, पृष्ठ-42-43
5. भगवती चरण वोहरा और दुर्गा भाभी की जीवनी, मलविंदर जीत सिंह वरैच, यूनीस्टार बुक प्रा.लि., चंडीगढ़, 2007, पृष्ठ-186-91
6. फाइल संख्या 130/1930, नेशनल आर्काइव्स ऑफ इंडिया, पृष्ठ-1
7. यशपाल : 'सिंहावलोकन' (हिंदी), लोकभारती प्रकाशन, इलाहाबाद, 1994, पृष्ठ-75-78
8. भगत सिंह : 'अछूत दा सवाल' (पंजाबी), 'कीर्ति', जून 1928
9. कॉमरेड रामचंद्र, op. cit., पृष्ठ-49-50
10. वही, पृष्ठ-52-53

11. वही, पृष्ठ–56–58
12. भगवती चरण वोहरा और दुर्गा भाभी की जीवनी, op. cit., पृष्ठ–50–52
13. वही, पृष्ठ–155
14. वही, पृष्ठ–63–66
15. वही, पृष्ठ–70–71
16. वही, पृष्ठ–95–96
17. वही, पृष्ठ–104–05
18. फाइल संख्या 130/1930 kw, पृष्ठ–5
19. वही, पृष्ठ–122
20. वही, पृष्ठ–124–25

6

पहली गिरफ्तारी (29 मई-4 जुलाई, 1927)

भगत सिंह को 29 मई, 1927 की शाम को लाहौर रेलवे स्टेशन पर अमृतसर की ओर से आ रही रेल में लाहौर पुलिस द्वारा गिरफ्तार किया गया। भगत सिंह ने अपनी रचना 'मैं नास्तिक क्यों हूँ' में इस गिरफ्तारी और कैद के बारे में काफी विस्तार से चर्चा की थी, जो इस प्रकार है—

"मई 1927 में मुझे लाहौर स्टेशन पर गिरफ्तार किया गया। वह गिरफ्तारी बहुत ही अचानक हुई थी। मैं इस बात से पूरी तरह से अनजान था कि पुलिस को मेरी तलाश थी। अचानक एक बगीचे के पास से गुजरते हुए मैंने स्वयं को पुलिस से घिरा हुआ पाया। यह बहुत हैरानी की बात थी कि उस समय मैं बहुत ही शांत था। मुझे बिल्कुल भी अहसास नहीं हुआ, न ही मैं जरा भी उत्तेजित हुआ। मुझे पुलिस की कस्टडी में ले जाया गया। अगले ही दिन मुझे रेलवे पुलिस लॉकअप में ले जाया गया, जहाँ मुझे पूरा एक महीना गुजारना था।

"बहुत दिनों के बाद पुलिस अधिकारियों के साथ संवाद से मुझे लगा[X] कि उनके पास मेरे काकोरी दल के साथ जुड़े होने और उन क्रांतिकारी आंदोलनों से जुड़ी गतिविधियों में शामिल होने के बारे में जानकारी थी।[Y] उन्होंने मुझे बताया कि जिस समय ट्रायल चल रहा था, उस समय मैं लखनऊ में था। उन्होंने कहा कि मैंने काकोरी के कैदियों को छुड़ाने की योजना बनाई है,[Z] जिस पर उनकी सहमति मिलने पर हमने कुछ बम खरीदे थे; उसकी जाँच के लिए उनमें से एक बम को सन् 1926 में दशहरे के अवसर पर भीड़ पर फेंका गया था।

X कढ़ाईदार पगड़ी और जोधपुरी अचकन पहनकर भगत सिंह काकोरी केस में पूरे दिन लखनऊ में सेशन कोर्ट की काररवाई में उपस्थित रहे (जोगेश चटर्जी), op.cit., पृष्ठ–323

Y भगत सिंह ने 1923–24 में अपनी पार्टी के सहयोगियों के साथ इलाहाबाद जिले के चिलानली गाँव में लूटपाट में भाग लिया (साक्ष्य के पी.डब्ल्यू. 450 एल.सी.सी. छत्तर पाल सिंह), जोगेश चटर्जी op.cit., पृष्ठ–226–227

Z बिस्मिल को जेल से छुड़ाने के लिए पार्टी की कानपुर इकाई निरंतर प्रयासरत थी; भगत सिंह और सुखदेव भी इस प्रयास में खूब सक्रिय थे

"उन्होंने मुझे यह भी बताया कि यदि मैं क्रांतिकारी दलों की गतिविधियों पर कुछ प्रकाश डालनेवाला कोई बयान दे दूँगा तो मुझे जेल नहीं होगी; बल्कि इसके विपरीत मुझे इनाम मिलेगा और यहाँ तक कि कोर्ट में एक अनुमोदक के रूप में पेश हुए बिना मैं छूट जाऊँगा। मुझे इस प्रस्ताव पर हँसी आ गई। यह सबकुछ एक छल था। उन लोगों का यह मानना था कि हम अपने बेकसूर लोगों पर बम न गिराएँ।

"एक सुबह श्रीमान न्यूमैन, जो कि उस समय सी.आई.डी. के एक वरिष्ठ अधीक्षक थे, मेरे पास आए और मुझसे बहुत ही सहानुभूतिपूर्ण तरीके से बात करते हुए कहा कि यदि मैं उनके दिए प्रस्ताव को स्वीकार कर वैसा वक्तव्य नहीं दूँगा, तो वे मुझ पर दशहरा बम उपद्रव को भड़काने के षड्यंत्र में शामिल होने के लिए जबरन मुकदमा कर देंगे; और उन्होंने मुझे यह भी बताया कि उनके पास मुझे दोषी ठहराने और फाँसी देने के लिए पर्याप्त सबूत भी हैं। उन दिनों मुझे लगा—चूँकि मैं बहुत सीधा-सादा था—पुलिस यदि चाहे तो ऐसा कर सकती है। उन्हीं दिनों कुछ पुलिस अधिकारियों ने मुझे रोजाना दिन में दो बार भगवान् की पूजा करने के लिए उकसाना शुरू कर दिया। अब, चूँकि मैं नास्तिक था, मैं अपने लिए हर परिस्थिति में शांत रहना चाहता था, फिर चाहे वह परिस्थिति शांति और मौज-मस्ती की हो या फिर मेरे इस कठिन समय से गुजरने की हो, मैं अपने इन सिद्धांतों पर अड़े रहने के लिए शांत रहना चाहता था। बहुत सोच-विचार करने के पश्चात् मैंने यह निश्चय किया कि मैं स्वयं को ईश्वर पर आस्था रखने और प्रार्थना करने के लिए मना नहीं सकता।"[1]

वैसे, यह ध्यान देने की बात है कि भगत सिंह ने स्वयं अपनी रिहाई के तुरंत बाद अपने दोस्त अमर चंद को लिखे पत्र में ईश्वर का तीन बार जिक्र किया है (पेज 77)। भगत सिंह के अतिरिक्त, अपनी कलम से उन्होंने जिन भी शहीदों का जिक्र किया है, वे सभी पूरे मन से अपने-अपने धर्म का अनुसरण करने वाले थे, फिर चाहे वह कूका, मदनलाल धींगरा, बब्बर अकाली, बिस्मिल या अशफाक या अन्य लोग हों—सभी ने अपने बलिदान की अंतिम यात्रा को धर्मग्रंथों की सीख को दोहराते हुए पूरा किया।

अपडेट

सतही तौर पर, 25 अक्तूबर, 1926 को दशहरे के अवसर पर लाहौर बम धमाके की जाँच के संबंध में भगत सिंह गिरफ्तार किए गए थे। उस भयानक घटना में 9 लोग मारे गए और 50 घायल हुए। (दिनांक 27.10.1926 का 'द ट्रिब्यून' देखें)। पंजाब सरकार ने दोषियों का सुराग देनेवाले व्यक्ति के लिए 5,000 रुपए के इनाम की घोषणा की थी। (दिनांक 30.10.1926 का 'द ट्रिब्यून' देखें) कोई भी जो घटना घटी थी, उसकी गंभीरता को देखते हुए और इसके संदर्भ में जिन संदिग्ध नौजवानों को गिरफ्तार किया गया था, उनके

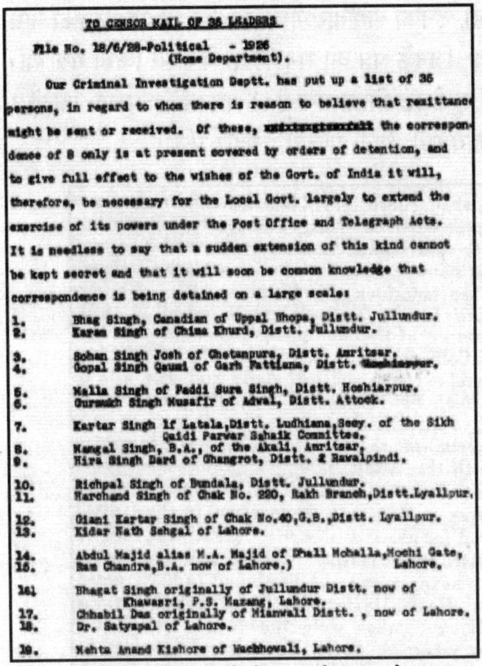

TO CENSOR MAIL OF 36 LEADERS

File No. 18/6/28-Political - 1926
(Home Department).

Our Criminal Investigation Deptt. has put up a list of 36 persons, in regard to whom there is reason to believe that remittance might be sent or received. Of these, [illegible] the correspondence of 8 only is at present covered by orders of detention, and to give full effect to the wishes of the Govt. of India it will, therefore, be necessary for the Local Govt. largely to extend the exercise of its powers under the Post Office and Telegraph Acts. It is needless to say that a sudden extension of this kind cannot be kept secret and that it will soon be common knowledge that correspondence is being detained on a large scale:

1. Bhag Singh, Canadian of Uppal Bhopa, Distt. Jullundur.
2. Karam Singh of Chima Khurd, Distt. Jullundur.
3. Sohan Singh Josh of Chetanpura, Distt. Amritsar.
4. Gopal Singh Qaumi of Garh Fattiana, Distt. [illegible].
5. Malla Singh of Paddi Sura Singh, Distt. Hoshiarpur.
6. Gurmukh Singh Musafir of Adwal, Distt. Attock.
7. Kartar Singh if Latala, Distt. Ludhiana, Secy. of the Sikh Qaidi Parwar Sahaik Committee.
8. Mangal Singh, B.A., of the Akali, Amritsar.
9. Hira Singh Dard of Ghangrot, Distt. Rawalpindi.
10. Richpal Singh of Bundala, Distt. Jullundur.
11. Harchand Singh of Chak No. 220, Rakh Branch, Distt. Lyallpur.
12. Giani Kartar Singh of Chak No. 40, G.B., Distt. Lyallpur.
13. Kidar Nath Sehgal of Lahore.
14. Abdul Majid alias M.A. Majid of Dhall Mohalla, Mochi Gate, Lahore.
15. Ram Chandra, B.A. now of Lahore.)
16. Bhagat Singh originally of Jullundur Distt. now of Khawasri, P.S. Mazang, Lahore.
17. Chhabil Das originally of Mianwali Distt. , now of Lahore.
18. Dr. Satyapal of Lahore.
19. Mehta Anand Kishore of Wachhowali, Lahore.

भगत सिंह के पत्र को सेंसर करने का आदेश

बीच किसी भी तरह का संबंध जोड़ पाने में असमर्थ था। अंततः, उस घटना के घटने और गिरफ्तारी के बीच सात महीनों के अंतराल से यह साफ हो गया कि उनकी गिरफ्तारी किसी भी तरीके से उस घटना से जुड़ी हुई नहीं थी।

दो वर्षों बाद 23 अक्तूबर, 1928 को लाहौर में, जिसे मात्र संयोग नहीं कहा जा सकता, ठीक वैसी ही घटना तब हुई, जब दशहरे के अवसर पर लाहौर में बिल्कुल वैसा ही बम धमाका हुआ। इस घटना का भी एक दुष्प्रभाव हुआ, अर्थात् पुलिस द्वारा क्रांतिकारिक बम फैक्टरी को अप्रैल 1929 में खोज निकाला गया। यह कुछ इस प्रकार हुआ कि पुलिस के हेड कांस्टेबल नूर शाह, जो कि सन् 1928 के दशहरा बम धमाकों की जाँच में जुटे हुए थे, लोहार की एक दुकान में गपशप कर रहे थे, जो क्रांतिकारियों के कहने पर बम के डिब्बों को साँचे में ढालने का कार्य कर रहा था। पुलिस को उस पर शक हुआ और उसके इस शक का अंत 15 अप्रैल, 1929 को कश्मीर बिल्डिंग में छुपकर एक बड़ी रेड करके हुआ। 18 जुलाई, 1930 को ऊपर दी गई बातों की पुष्टि करने के लिए पी.डब्ल्यू. 132 और साँचा बनानेवाले के तौर पर लोहार जलाल दीन को न्यायालय के समक्ष पेश किया गया।

उल्लेखनीय ढंग से, इस मामले के असली दस्तावेजों पर दिए गए मार्जिन पर शहीद सुखदेव ने हस्तलेख में लिखे वाक्यों में, जलाल दीन के बयान पर अपना मत संलग्न किया था, जो इस प्रकार है—"कितना अच्छा मौका है! देखो, फुरसत के वक्त में बातचीत और गपशप के मौकों का नतीजा।"[2]

इस प्रकार, एक ही अवसर पर लाहौर में ये दोनों बम धमाकों, जिनका दूर-दूर से इन क्रांतिकारियों से कोई संबंध नहीं था, को बुरी तरह से क्रांतिकारी आंदोलन के साथ मिला दिया गया।

हालाँकि, यहाँ पर भगत सिंह के एच.आर.ए. के साथ सक्रिय तौर पर जुड़े होने का

कोई सुराग नहीं मिला था। सी.आई.डी. उनका लगातार पीछा कर रही थी और उनका नाम पंजाब के उन 35 लोगों में शामिल था, जिनके पत्र को सन् 1926 में सेंसर किया गया था। भगत सिंह को क्रमांक संख्या 16 में सूचीबद्ध किया गया है। "भगत सिंह मूलत: जालंधर जिले के रहनेवाले थे, जो कि अब खवासरी, थाना मोजांग, लाहौर में है।"[3]

C. I. D. file No. 9349.

Bhagat Singh, is the son of Kishan Singh (q. v.), Sandhu Jat, originally of Khatker Kalan village, Banga police Station in the Jullundur district, but now of Khawasri near Sandhe, Mozang Police Station, Lahore district, and the nephew of the notorious Ajit Singh (q. v.). He was a Matriculation student in the Lahore D. A.-V. High School in 1921, when he left school in pursuance of the Non-co-operation scheme and joined the Lahore National College, where he remained for about three years. He was known to hold extreme political views and was said to be a Lieutenant of Kidar Nath Sehgal (q. v.). In 1924, he went to Chak No. 105-G. B. in the Lyallpur district, where his father owns some land. While there he entertained the Lyallpur *shahidi Jatha* which was on its way to Jaiton, with the result that his prosecution under section 17 (1) of the Criminal Law Amendment Act was ordered. He absconded, however, and was reported to have gone to the United Provinces and to have stayed for about a month at Cawnpore, where he is believed to have associated with Hasrat Mohani and his party. From Cawnpore he is said to have gone to Aligarh and to have acted for about three months as Head Master of the *National Muslim University* School, but the U. P. Police were unable to verify this information. After this he returned to the Punjab and remained in hiding being harboured by his father and Mehta Anand Kishore (q. v.). In February, 1925, he was suspected of being concerned in the distribution of the revolutionary leaflets in Lahore. He took part in a political drama performed at Gujranwala on the occasion of the Punjab Provincial Political Conference in October, 1925, and although absconding from justice, he also interested himself in the affairs of the Zamindar Sabha formed to resist the increase in canal water rates. It was eventually decided to drop the Criminal Law Amendment Act case, and at the end of 1925, he appeared in Lahore, where he lived with his father, who is an agent of the Vulcan Insurance Co., and worked in his office. In the spring of 1926 a society known as the Young India Association or *Nau Jawan Bharat Sabha* was formed at Lahore by a group of extremists. The avowed objects of the Society are to prepare young men for political service, to popularise the use of *khaddar* and to work for Hindu-Muslim unity, but its proceedings at its weekly meetings show that it was strongly impregnated with revolutionary ideas. This society will require careful watching as it is likely to be used as a cover for revolutionary activity and to form the nucleus of a revolutionary group. Bhagat Singh is the Secretary and his principal associates are for the most part members of this association. He may be regarded as one of the potentially dangerous men in the province at the present time.

Description.—Age about 22 years; medium height; thin; oval face; fair complexion; slightly pock-pitted; acquiline nose; bright eyes; small beard and moustache; wears khaddar.

सी.आई.डी. की फाइल संख्या 9349:1926—
जिसमें उनके संभावित खतरनाक व्यक्ति होने की घोषणा की गई

अपनी गिरफ्तारी के समय भगत सिंह को सेंसरशिप के तथ्यों की जानकारी थी या नहीं, यह सचमुच नहीं पता; लेकिन अपनी जमानत के समय उन्हें इसकी जानकारी हो गई थी। अपनी रिहाई के कुछ समय बाद 4 जुलाई, 1927 को उन्होंने इसका जिक्र अपने दोस्त अमर चंद को लिखे एक पत्र में किया था, जो कि उस वक्त अमेरिका में थे।

सरदार किशन सिंह लाहौर उच्च न्यायालय में अपने बेटे की जमानत पर रिहाई के लिए गुहार लगाने के लिए विवश हो गए। उनको जमानत 4 जुलाई, 1927 को मिली, जबकि उनकी गिरफ्तारी 29 मई को हुई थी। इस मामले में मिले दस्तावेजों के अनुसार, इस गिरफ्तारी को आई.पी.सी. की धारा-302 के तहत हत्या के जुर्म के लिए किया गया था।[4]

उनकी रिहाई के लिए जिस जमानत की माँग की गई, वह 60,000 रुपए थी, जो हर तरह से सन् 1927 के दौर में एक बहुत बड़ी राशि थी। वरिंदरजी के अनुसार, यह सरदार किशन सिंह के दोस्त एवं लाहौर के बैरिस्टर दुनीचंद और मि. दौलत राम की उदारता ही थी, जो रिहाई के लिए इस बड़ी राशि के बोझ को समान रूप से आपस में साझा करने के लिए आगे आए। सुश्री वरिंदरजी के अनुसार, उन दोनों में से दौलत राम, जो सरकार के समर्थक थे, लेकिन अपनी अंतरात्मा की आवाज पर इस काम के लिए आगे आए।[5]

माता विद्यावती के साथ रिकॉर्ड की गई बातचीत के अनुसार, अपने बेटे की जमानत कराने के बाद सरदार किशन सिंह ने उन्हें अपने लाहौर स्थित कार्यालय में छड़ी से पीटा भी था।

जमानत होने पर भगत सिंह ने अपने दोस्त (उसी गाँव के) अमर चंद को एक पत्र लिखा, जो कि अमेरिका में थे। यह पत्र उर्दू में लिखा गया था, जिसका हिंदी अनुवाद इस प्रकार है—

प्रिय भाई अमर चंद,

नमस्ते!

यह बता दूँ कि इस बार मैं यहाँ (गाँव में) अपनी माँ की अचानक बीमारी के कारण आया हूँ और इसी दौरान मुझे तुम्हारी परम पूजनीया माँ से मिलने का भी सौभाग्य प्राप्त हुआ है। आज मैंने तुम्हारा पत्र पढ़ा। तुम्हारी माता की ओर से पत्र लिखते समय मुझे कुछ (अपने) शब्दों को भी लिखने का मौका मिला। मैं क्या लिखूँ? करम सिंह इंग्लैंड चला गया था; उसका पता मैंने तुम्हें दे दिया है। फिलहाल के लिए उसने लिखा है कि वह आगे वहीं पढ़ना चाहेगा। लेकिन वह ऐसा कैसे करेगा, यह सिर्फ ईश्वर ही जानता है! इसमें बहुत खर्चा आता है। भाई, उच्च शिक्षा के लिए विदेश जाने की मेरी इच्छा मर चुकी है। इन सबके बीच मेरी शुभकामनाएँ तुम्हारे साथ हैं। यदि संभव हो तो मुझे कुछ अच्छी किताबें भेजना। इसमें कोई शक नहीं है कि वहाँ अमेरिका में बहुत सी (अच्छी) साहित्य की किताबों की भरमार है। खैर, अब शायद तुम अपनी पढ़ाई में पूरी तरह से डूब चुके होगे।

सैन फ्रांसिस्को से सरदारजी (सरदार अजीत सिंह) का शायद कोई सुराग मिल जाए; कृपया कोशिश करना। कम-से-कम हमें उनके जिंदा होने का कोई भरोसा मिल जाए। अभी मौजूदा समय में, मैं लाहौर जा रहा हूँ। यदि तुम मुझे लिख सको तो कृपया अवश्य लिखना। पता—सुतार मंडी, लाहौर।

बस, और क्या लिखूँ। मेरा नसीब भी कुछ ज्यादा अजीब है। मेरे सामने अनगिनत मुश्किलें आ गई हैं। आखिरकार, यह केस वापस लिया जा चुका था। (शायद सन् 1924-25 में हुई गिरफ्तारी वाले वारंट के संदर्भ में)। (सीधी तरफ की मार्जिन पर) मैं सन् 1927 में फिर से गिरफ्तार हुआ और रुपए 60,000 के जमानतनामे के आधार पर छोड़ा गया। अब तक मेरे खिलाफ कोई भी मामला दर्ज नहीं किया गया है और ईश्वर की कृपा से आगे भी नहीं होगा। इसमें करीब एक वर्ष पूरा होने जा रहा है; लेकिन मुझे अभी तक इस जमानतनामे की चिंता से मुक्ति नहीं मिल पाई है। लगता है, ईश्वर की यही इच्छा है, भाई! पूरे दिल से और मन लगाकर अपनी पढ़ाई जारी रखना।

तुम्हारा आज्ञाकारी
भगत सिंह

अपनी दोस्त की माँ की ओर से (पेपर के ऊपरी हिस्से पर लिखना जारी रहा)

कृपया मुझे अपनी समाज-सेवा के बारे में (मुझे) लगातार (और अधिक) लिखते रहना (वरना), बहुत चिंता होने लगेगी।

आशीर्वाद के साथ,

तुम्हारी माँ
अरूरी

(ऊपर से नीचे तक लिखना जारी रहा, खासतौर से पत्र के ऊपरी हिस्से पर)

मैं अपने बारे में क्या लिखूँ। मैं बिना किसी कारण के समस्याओं से घिर चुका हूँ। मेरा पत्र सेंसर हो गया है। (मेरे) पत्र खुल चुके हैं। मुझे आश्चर्य होता है कि मैं किस वजह से ऐसा दोषी ठहराया गया हूँ। वैसे भाई, आखिरकार सच्चाई खुलेगी और शायद एक दिन (आखिरकार) सच ही प्रबल होगा।

नोट : *अमर चंद गदर पार्टी के अपने पिता माधो राम द्वारा भगत सिंह और उनके चाचा का संपर्क करवाने में समर्थ हो पाए। सरदार अजीत सिंह उस वक्त ब्राजील के रियो डि जैनेरो में थे।*

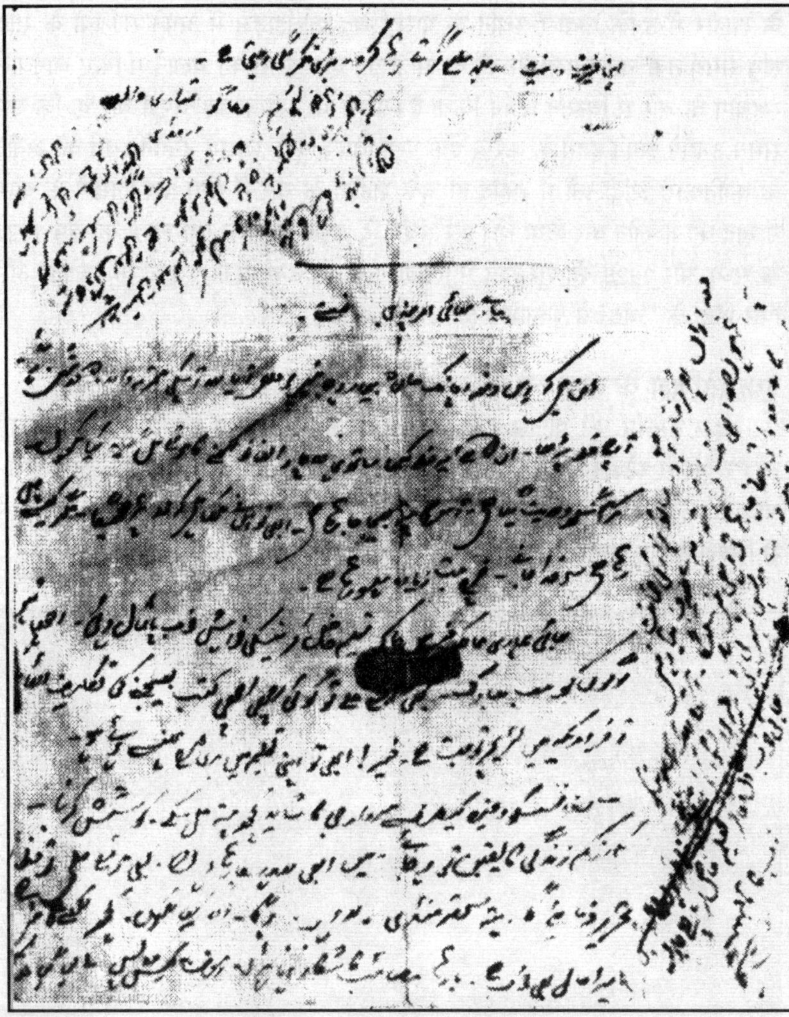

दोस्त अमर चंद को लिखे गए पत्र का प्रतिरूप

वरिंदरजी ने अपने चाचा की जीवन-शैली के बारे में, जिस समय वे 4 जुलाई से फरवरी 1928 तक जमानत पर थे और जमानतदारों की ओर से दी गई सुरक्षा के रद्द होने से पहले अधिकारियों के समक्ष लगातार प्रस्तुत हो उस केस से निकलने के लिए प्रयास कर रहे थे, के बारे में लिखा है।

उन्होंने 'डेयरी और डायरी' शीर्षक वाले अलग से लिखे गए अध्याय में भगत सिंह

के लाहौर में उनके निवास-स्थान के पास स्थित फार्महाउस में अपने साथियों के साथ लंबे समय तक चलनेवाली बैठकों के अतिरिक्त एक डेयरी को चलाने में किए जानेवाले सहयोग के बारे में विस्तृत वर्णन किया है। इससे भी अधिक महत्त्वपूर्ण यह था कि उस समय उन्होंने अपने हृदय के करीब एक ऐसा विषय चुना, जिसमें उन्होंने स्वयं को अतीत के क्रांतिकारी आंदोलनों में शहीद हो चुके शहीदों के बारे में शोध कर लिखने के काम में खुद को तल्लीन कर दिया था। इस संबंध में, उनके बहुत से ऐसे लेखों को वर्ष 1927 के मध्य और 1928 की शुरुआत में लिखा गया था। उन्हें पहले पंजाबी के 'कीर्ति' और फिर हिंदी के 'चाँद' में प्रकाशित किया गया था।[6]

एक साजिश के तहत ली गई तसवीर

इस तसवीर को पुलिस द्वारा गुपचुप तरीके से इसलिए लिया गया था, जिससे लाहौर पुलिस स्टेशन पर भगत सिंह को पहचानने में दिक्कत न हो। इसमें उनके हाव-भाव देखकर साफ लग रहा है कि इस समय वे पूरी तरह से सामान्य थे, क्योंकि वे कैमरे से बिल्कुल अनजान थे।

शहीद भगत सिंह की लाहौर रेलवे पुलिस द्वारा ली गई तसवीर
यह तसवीर उनकी पहली गिरफ्तारी के समय ली गई थी (29 मई-4 जुलाई, 1927), उनकी गिरफ्तारी लाहौर दशहरा बम कांड में हुई। (25 अक्तूबर, 1926) इस तसवीर में वे गोपाल सिंह पन्नू, डी.एस.पी., सी.आई.डी. लाहौर के साथ दिख रहे हैं

उनसे बात कर रहे बुजुर्ग व्यक्ति गोपाल सिंह पन्नू हैं, जो कि डी.एस.पी., सी.आई.डी. थे, जो क्रांतिकारियों से पूछताछ करनेवाले सबसे पुराने व्यक्ति थे, क्योंकि वह वर्ष 1915-16 के दौरान गदरियों पर चले मुकदमे की जाँच करनेवाले व्यक्तियों में भी थे। वह नौशेरा पनॉन ग्राम (जिला अमृतसर) के रहनेवाले थे। वे इस मुकदमे में पी.डब्ल्यू. 231 के रूप में सामने आए, जहाँ पर उन्होंने यह बताया था कि सन् 1929 में उन्होंने सुखदेव की गिरफ्तारी के तुरंत बाद उनसे पूछताछ कर जाँच की थी। इस तसवीर में दिख रहा है कि भगत सिंह के उलटे हाथ में बेड़ियाँ बँधी हुई हैं, जिससे यह अंदाजा सहजता से लगाया जा सकता है कि जंजीर का दूसरा छोर चारपाई के साथ बड़ी सावधानी से तालाबंद किया गया हो। उन दिनों 'जाँच के लिए लाए गए कैदियों' को पंजाब पुलिस द्वारा आमतौर पर इसी तरह से रखा जाता था। अन्यथा बंदी की जंजीर का दूसरा छोर गायब होता। इसके अतिरिक्त, उस स्थिति में किसी व्यक्ति को जंजीर से बाँधना बेकार है, जब उसके दूसरे छोर को खुला असुरक्षित ढंग से छोड़ दिया जाए। जंजीर का मध्य भाग जो खुला है, उसे भगत सिंह द्वारा दोनों हाथों से ऐसे पकड़ा गया है, जैसे वे उसके साथ खेल रहे हों।

यह चारपाई काफी पुरानी लग रही है; पीछे की ओर दीवार पर भगत सिंह के सिर तक प्लास्टर किया गया है और उसके ऊपरी हिस्से पर बिना प्लास्टर की खुले तौर पर ईंटों से दीवार बनी है। यह एक आमतौर पर उस समय तैयार किया गया एक जेल के साथ जाँच केंद्र था।

चारपाई के सिरहाने पर वैसी ही एक कुरसी रखी हुई है, जैसी पर गोपाल सिंह बैठे हैं, जो कि खाली है, जो यह संकेत भी देती है कि किसी ने एक मकसद के तहत उसे खाली छोड़ दिया है या फिर इसे जाँच में शामिल होनेवाले किसी अन्य सी.आई.डी. व्यक्ति की प्रतीक्षा के लिए रखा गया है।

यह समय दोपहर का प्रतीत होता है, क्योंकि चारपाई की छाँव बहुत ही छोटी है और थोड़ी सी सीधे की ओर है, जिसे दोपहर से थोड़ा पहले या बाद का समय समझा जा सकता है।

दोनों व्यक्तियों के हाव-भाव से शायद स्पष्ट रूप से अलग अर्थ निकलता है; लेकिन दोनों पूरी तरह से बातचीत में व्यस्त दिख रहे हैं, जबकि गोपाल सिंह बात कर रहे हैं और भगत सिंह मन लगाकर सुन रहे हैं, जो कि अपनी भावनाओं को प्रकट किए बिना जिज्ञासापूर्वक जाँचकर्ता की आँखों में सीधे तौर पर देख रहे हैं।

डी.एस.पी. की तुलना में भगत सिंह की लंबाई उनकी कमर में थोड़ा सा झुकाव होने के कारण कम आँकी जा सकती है, क्योंकि वह थोड़ी सी ढीली चारपाई पर बैठे हुए हैं, जिस कारण उन्होंने खुद को थोड़ा सा सिकोड़ा हुआ है।

उनके पैर घुटनों तक तिरछे हो रखे हैं, जो कि उनके लंबे समय तक इस अवस्था में बैठे रहने का संकेत करते हैं।

उनके (सिर के) लंबे बाल सिखों के पारंपरिक तरीके से एक ढीली गाँठ लगाकर बँधे हुए हैं, जो कि बीच में रहने के बजाय पीछे की ओर गिर रहे हैं; गाँठ से खुले कुछ बाल भी पीछे की ओर गिरकर लटक रहे हैं।

उनकी पुरानी कमीज छाती पर दाईं ओर प्रत्यक्ष रूप से बिल्कुल फटी हुई दिख रही है, जिसे देखकर ऐसा लगता है कि अचानक ही किसी नुकीली चीज में फँसकर फट गई हो।

अपने शरीर के निचले हिस्से में उन्होंने एक खुला कपड़ा चद्दर ले रखी है। यह पंजाब के गाँवों में लोगों का विशिष्ट पहनावा है। इस कपड़े को घुटनों से ऊपर तक घुमाकर पहना जाता है। शायद गरमी का मौसम होने के कारण ऐसा किया जाता है।

ऐसा देखा जाता था कि चद्दर पहननेवाले के लिए अपने डाब में रिवॉल्वर बाँधकर रखना बहुत ही आसान हो जाता था। वे उसे चद्दर के ऊपरी छोर में लपेट लेते और फिर उसे नीचे के कच्छे में डाल लेते। अकसर शराबी अपनी शराब की बोतल इसी प्रकार छुपाने में सफल होते थे!

पोशाक के बारे में बात की जाए तो उनके सहयोगी यशपाल के अनुसार, ऐसी पोशाक मूल रूप से भगत सिंह की ही थी।

अंतत:, चूँकि यह तसवीर गुपचुप तरीके से भगत सिंह पर नजर रखने के लिए खींची गई थी, इसलिए इसकी कुछ ही कॉपियाँ तैयार की गई होंगी और विभिन्न जगहों पर उनके बारे में जानने के लिए रखी गई होंगी।

(फोटो सौजन्य से—श्री गुरबचन सिंह भुल्लर और इंजी. दर्शन नाथ : 4-4-2002)

एक गुप्तचर

द्वारका दास लाइब्रेरी और उसके लाइब्रेरियन

द्वारका दास लाइब्रेरी लाहौर के सभी नौजवानों के बीच किताबों के लिए एक जाना-माना नाम था, जिसके आसपास कॉलेजों की लंबी कतारें मौजूद थीं। उसका रीडिंग रूम हमेशा छात्रों से भरा रहता था, जो कि इस लाइब्रेरी को एक 'किताबों के संग्रह' से कुछ अधिक ही बना देता था। इसके लाइब्रेरियन राजा राम शास्त्री थे, जो उस वक्त केवल 21 वर्ष के थे, जिन्होंने उस दौर के सबसे खास वर्ष सन् 1926 में करीब पूरी लाइब्रेरी का प्रभार सँभाल लिया था।

राजा राम अपनी नौकरी में सन् 1930 तक रहे। फिर उन्हें गांधीजी के द्वारा चलाए गए 'सविनय अवज्ञा आंदोलन' के दौरान एक 'आपत्तिजनक भाषण' देने के लिए जेल जाना पड़ा था। उन्हें लाहौर षड्यंत्र केस (पी.डब्ल्यू. 427) में गवाह के रूप में, फिर

राजा राम शास्त्री

गुजरात जेल में एक कैदी के रूप में समन भेजा गया था। वह न्यायालय के समक्ष 19 अगस्त, 1930 को पेश हुए।

सन् 1931 में अपनी रिहाई के बाद वह कानपुर में रहने लगे और हरिहर नाथ शास्त्री के साथ सक्रिय रूप से मजदूर आंदोलन में भाग लिया। सन् 1947 के बाद वह उत्तर प्रदेश में लजिस्ट्रेटर भी बन गए और यूरोपीय देशों की विभिन्न संगोष्ठियों में भारतीय श्रमिक वर्ग का प्रतिनिधित्व किया। उन्होंने अपने वृत्तांत को सन् 1981 में हिंदी में प्रकाशित किया, जिसे 2004 में कॉमरेड नरभिंदर सिंह द्वारा पंजाबी भाषा में अनूदित किया गया।

उनकी रचनाओं के अलावा शास्त्रीजी का रिकॉर्ड किया हुआ एक इंटरव्यू भी नेहरू मेमोरियल लाइब्रेरी एवं संग्रहालय, नई दिल्ली में मौजूद है। इसे संग्रहालय के अधिकारियों का अच्छा व्यवहार ही कहा जाएगा कि वे उनके हिंदी लेखों की प्रतिलिपि को कागजों के रूप में उपलब्ध करवाते हैं। इनमें मौजूद छोटी-छोटी कहानियों, घटनाओं और भावनाओं से भरे हुए विचारों को पढ़कर ऐसा महसूस होता है, जैसे ये कल ही घटित हुए हों। यह अविश्वसनीय-सा भी है, क्योंकि इस वृत्तांत को 50 वर्ष पहले लिखा गया था, जब इनके रचनाकार अपनी उम्र के सातवें दशक के मध्य में पहुँच चुके थे।

वह स्पष्ट रूप से याद करते हुए कहते हैं—

"इस लाइब्रेरी में काम करने का जो सुनहरा अवसर मुझे प्राप्त हुआ, वह वास्तव में मेरे जीवन का एक परिवर्तन-बिंदु साबित हुआ। काशी विद्यापीठ में अपने छात्र जीवन के दौरान मैं फ्रांस की राजनीतिक क्रांति से बहुत प्रभावित हुआ था और इसलिए मैंने इसे अपने कोर्स के दौरान किए जानेवाले रिसर्च प्रोजेक्ट के विषय के तौर पर चुना। चूँकि सन् 1926 तक मैं कभी भी किसी सामाजिक विचारधारा से प्रभावित नहीं हुआ था और न ही मैं रूस की क्रांति से परिचित था, इस कारण उससे प्रभावित होने का कोई सवाल ही पैदा नहीं होता। इस प्रकार, मैंने राष्ट्रवाद और देश-प्रेम के विचार को दृढ़ता के साथ अपने मन में बैठा लिया था।

"जब मैं लाहौर पहुँचा तो मुझे एक लाइब्रेरी में नौकरी मिल गई, जिस कारण मुझे कार्ल मार्क्स व लेनिन जैसे साहित्यकारों की किताबें पढ़ने का अवसर मिला और उन्हें पढ़ने से प्रभावित होकर मैं एक सोशलिस्ट बन गया। वहाँ उस पुस्तकालय में बहुत सी

असाधारण किताबें थीं; लाला जगन्नाथ और लाला फिरोज चंद के मार्गदर्शन से मैं लाहौर के जाने-माने पुस्तक विक्रेताओं से किताबें खरीदने लगा, जैसेकि राम किशन एंड संस।

"वहाँ पुस्तकालय के आसपास बहुत से कॉलेज थे। इस कारण रोजाना बहुत से विद्यार्थी पुस्तकालय में आया-जाया करते थे। मैं हमेशा से नौजवानों को सोशलिस्ट किताबें पढ़ने के सुझाव देने के मौके तलाशता रहता था। मैंने देखा कि उस पुस्तकालय में जल्द ही क्रांतिकारी पार्टी के नौजवानों के साथ-साथ सी.आई.डी. के लोग भी नियमित रूप से आने-जाने लगे। मैंने उन विद्यार्थियों पर पैनी नजर रखना शुरू कर दिया, जिनका उग्र सुधारवादी दृष्टिकोण होता था, ऐसे विद्यार्थी, जो क्रांतिकारी साहित्य को प्राप्त कर, उसे पढ़कर समाजवाद पर जीत हासिल कर सकते थे। इसी प्रेरणा के साथ मैं उन नौजवानों, जैसे कि भगत सिंह, धन्वंतरि, राम किशन, अहसान इलाही, दुर्गादास खन्ना और अन्य से परिचित हुआ। इन सब में से भगत सिंह, सुखदेव, यशपाल एवं भगवती चरण वोहरा मेरे और नजदीकी बन गए थे।

"मैं 'लोक सेवा मंडल भवन' के एक छोटे से कमरे में रहने लगा, जो कि पुस्तकालय के बिल्कुल करीब था। भोजन के लिए मुझे नजदीक के ही एक या अन्य ढाबों पर निर्भर रहना पड़ता था। भगत सिंह और सुखदेव मुझसे इतने घुल-मिल गए कि वे जब भी आसपास होते तो हमेशा मेरे पास आते और समाजवाद पर हमारी चर्चा अकसर आधी रात तक जारी रहती थी।[7]

"भगत सिंह का स्वभाव बहुत ही प्रसन्नचित्त था, जबकि सुखदेव थोड़े से मूडी थे। ऐसे ही एक बार, मैं एक होटल में खाना खा रहा था और भगत सिंह की नजर मुझ पर पड़ी, क्योंकि वे वहाँ से गुजर रहे थे। मुझे देखते ही वे पास आए और मेरी ओर मुँह करके बैठ गए। हमारा बातों का लंबा सिलसिला शुरू हो गया। मुझे समझ में आ गया कि इसके पीछे जरूर कोई मकसद छुपा हुआ है। एक तरफ, उन्होंने मुझे अपनी बातों में लगा लिया और दूसरी तरफ, मेरी थाली से खाना शुरू कर दिया।

"मुझे गुस्सा आ गया, क्योंकि उन्होंने अपने हाथ तक नहीं धोए थे और खाना शुरू कर दिया था। वह बोले, 'आखिरकार, मैं आपसे जो बात साझा करने के लिए आया हूँ। मुझे वह करने दो।' और अपना खाना जारी रखा।

"फिर उन्होंने कहा, 'अब मैं आपको खाने का लुत्फ उठाने के अंदाज के बारे में बताता हूँ।' फिर मुझसे पूछा कि मुझे 'खीर' पसंद है या नहीं। 'तुम्हें क्या हो गया है?' मैंने कहा, 'मुझे खीर पसंद है, लेकिन वह बहुत ही महँगी है।' 'मेरा कहना मानो, तुम जब भी खाना खाने बैठो तो शान से खाओ!' उन्होंने ऐसा कहा और अपने लिए खीर तथा बहुत सी और चीजों का ऑर्डर कर दिया। मैं बहुत ही परेशान हो गया। तभी सुखदेव वहाँ पर आ गए। वह मामला और भी खराब हो गया! मुझे दोनों तरफ के ऑर्डर्स के बिल का भुगतान करना पड़ा।[8]

"इन सबसे तंग आकर मैंने अपना बदला लेने का निश्चय किया। एक दिन, जब भगत सिंह एक होटल में अपने खाने का लुत्फ उठा रहे थे, मैं चुपके से यह कहकर निकल गया कि मैं एक पान खरीदकर फिर वापस लौटता हूँ। लेकिन वापस जाने के बजाय मैं एक स्थान पर छिप गया, जहाँ से मैं वहाँ का सारा नाटक देख सकूँ। भगत सिंह, जो कि अपना खाना खत्म करने वाले थे, बड़ी उलझन में थे, क्योंकि होटल के मालिक ने पैसों की माँग कर दी थी। उनके बीच गरमागरम बहस छिड़ गई। फिर मैंने बीच में जाकर मामला शांत करवाया और उन दोनों को वहाँ से आजाद करवाया।

"एक दिन के बाद, भगत सिंह ने मुझ पर यह कहकर वादा करने के लिए दबाव डाला कि अगर मैं उनका सच्चा दोस्त हूँ तो मैं वही करूँगा, जो वह मुझसे करने के लिए कहेंगे। जब मैंने उनका विरोध किया और पहले उनसे यह बताने को कहा कि वह मुझसे क्या करवाना चाहते हैं तो उन्होंने मुझे एक वानर का चित्र दिखाया। उनकी इच्छा थी कि मैं उसे अपने एक दोस्त को दिखाऊँ और उसकी प्रतिक्रिया को नोट करूँ और फिर उसे भगत सिंह को बताऊँ! हमारा वह दोस्त और कोई नहीं, भगवान दास माहौर था, जो इस मजाक का मोहरा बनने जा रहा था। मेरे साफ तौर से मना करने पर भगत ने कहा, 'ठीक है, मैं इसे डाक के जरिए भेज दूँगा और उसके लिफाफे पर लिख दूँगा—राजा राम शास्त्री की ओर से।'[9]

"एक और रोचक कथा : मेरा कमरा बहुत ही छोटा था, बस, एक चारपाई के लिए काफी था। भगत सिंह और सुखदेव रात के 3 बजे मेरे कमरे का दरवाजा खटखटाते हैं—मैं दरवाजा खोलता हूँ।''' वे अपने ही अंदाज में कपड़े उतारने लगे'''मैं एक छोटी सी चारपाई पर लेटा हुआ था। वे लोग मेरी ही चारपाई पर बैठे हुए थे। दोनों एक से दूसरी ओर मुँह किए हुए थे। कुछ देर बाद वे मेरे सामने चारपाई पर लेट गए''' मुझे बहुत घुटन महसूस होने लगी। मैंने अपना बिस्तर छोड़ दिया और फर्श पर जाकर लेट गया। वे लोग चारपाई पर आराम से लेट गए। फिर भगत सिंह ने सुखदेव से कहा, 'देखो सुखदेव, तुम्हें एक बात मान लेनी चाहिए। राजा राम बहुत ही महान् हैं। इन्हें जब यह पता लगा कि इनके दोस्त यहाँ पर हैं, इन्होंने अपना बिस्तर छोड़ दिया। सचमुच महान् हैं!' मैं स्वयं को दो बार धोखा खाया हुआ महसूस करने लगा—पहला मुझे मेरे बिस्तर से दूर करने का और उसके ऊपर मेरा मजाक उड़ाने का! उन्हें इस सबसे भी संतुष्टि नहीं मिली तो उन्होंने कहा कि समाजवाद हमें अपनी परेशानियों को समान रूप से साझा करने का आदेश देता है। यह ठीक नहीं लगता कि हम चारपाई पर लेटे रहें और वह फर्श पर सोए रहें।' फिर उन्होंने चारपाई को एक तरफ खड़ा कर दिया और हम सब फर्श पर लेट गए। उनका मनोरंजन करने का यह एक अनोखा तरीका था!

"इसके बाद की एक और घटना : एक दिन मैं बाजार से कुछ खरीदारी करके लौट रहा था। मैंने जैसे ही अपना दरवाजा खोला और अपने खरीदे गए सामान को रखा, तभी भगत सिंह अंदर आ गए; उस समय तक मैंने अपना सामान मेज पर रख दिया। भगत सिंह, जो कि तेल की बोतल को देख रहे थे, अपने सिर को खुजलाने लगे और बोले, 'मुझे पता है, तुम मुझे मना करोगे; लेकिन सच कहूँ तो मैंने अपने बालों में काफी दिनों से तेल नहीं लगाया है। कितनी अच्छी बात होगी, अगर तुम मुझे थोड़ा सा तेल तोहफे में दे दो!' मैंने कहा, 'भगत सिंह, मेरा खाना चुराकर खाने, सोते समय मेरे बिस्तर में घुस जाने की तुम्हारी पुरानी खराब आदत है। अब, जब मैं तेल की छोटी सी बोतल खरीदकर लाया हूँ, तुम्हारी नजर उस पर भी है।' भगत सिंह बोले, 'देखो भाई, अब जब मेरे मन में कोई इच्छा है तो तुम्हें उसे खुशी से पूरा करना चाहिए। जब मेरे सिर में खुजली हो रही है, क्या तुम इन्हें ऐसे ही छोड़ दोगे?' आखिरकार, वह उसके लिए मुझसे आग्रह करने लगे, 'यदि कोई शक्तिशाली व्यक्ति तुम्हारे सामने कोई माँग करता है, जिसका तुम विरोध नहीं कर सकते, तो तुम्हें खुशी-खुशी उसकी माँग को मान लेना चाहिए, वरना वह तुमसे वह चीज छीन लेगा। तुम दोनों ही तरीकों से हार जाओगे!' मैंने कहा, 'यदि कोई डकैत डरपोक व्यक्ति को डराता है तो उस विरोध का कोई लाभ नहीं होता। हमें अपनी क्षमतानुसार अपने साथ हो रहे जुल्म का विरोध करना चाहिए।' आखिरकार, भगत सिंह मेरे हाथों से तेल की बोतल खींचने लगे और उसे पाने में वह सफल भी हो गए। बोतल को ध्यान से देखते हुए उन्होंने ढक्कन खोला और अपने सिर में सारा तेल उँड़ेल लिया…। तेल उनके सिर से टपकने लगा। मैंने कड़े शब्दों में कहा, 'यह क्या बेहूदगी है!' इस पर उनका जवाब था, 'जब किसी को यह पता चले कि उसकी कोई चीज हाथ से निकल रही है तो उसे समझौता कर लेना चाहिए; सबकुछ खोने से बेहतर होता है, आधा अपने पास रख लेना।' वह रूस की क्रांति के कई चरणों पर लेनिन द्वारा अपनाई गई रणनीतियों पर मुझे उपदेश देने लगे।

"बहुत ही विरोधी तरीके से हमारे बीच का तनाव तेल को साझा करने से शुरू हुआ और एक क्रांति में सफल हुई रणनीति की बहस जैसी एक गंभीर बहस के रूप में बदल गई। तब एकाएक भगत सिंह ने कहा, 'बहुत हो चुका क्रांति के बारे में बात करना। आओ, चलो, लस्सी और रसगुल्लों का मजा लें।'

"…वह अंदर से बहुत ही चिंतनशील, आनंदित और देश-प्रेमी व्यक्ति थे। हर समय उनके पास उत्तम विचारों का खजाना रहता था।"[10]

क्रांति का प्रचार

जब हमारा मिलना-जुलना और भी बढ़ गया तो मेरे कमरे और पुस्तकालय में उनका आना बहुत आम हो गया। इस पर किसी भी तरह का संदेह न हो, इससे बचने के

लिए मैंने उनका नाम एक पुस्तकालय सदस्य के तौर पर लिखवा लिया। लाइब्रेरी में मेरा एकमात्र उद्देश्य उन्हें क्रांति से जुड़ी सभी किताबों से परिचित करवाना था। हम दोनों ने रोजाना आनेवाले नौजवानों में उग्र मार्ग पर चलनेवालों को आकर्षित करने के लिए लाइब्रेरी का पर्याप्त तौर पर इस्तेमाल करने का दृढ़ मत बना लिया।

भगत सिंह ने मुझे अच्छी किताबों की पहचान करने तथा बेहतर किताबों को सुखदेव और उन्हें पढ़ने के लिए देने की जिम्मेदारी सौंपी थी। कुछ समय बाद, ऐसी किताबों को कॉलेज के हॉस्टल में भी उपलब्ध करवाया जाने लगा। हमने प्रधानाचार्य छबील दास द्वारा लिखी गई कुछ प्रचार-पुस्तिकाएँ मुद्रित करवाकर उन्हें वितरित करवाने की जिम्मेदारी भी सँभाल ली।

एक बार भगत सिंह ने मुझे वीर सावरकर द्वारा लिखित पुस्तक 'भारत का प्रथम स्वतंत्रता संग्राम' दिखाई। वह उसे किसी भी कीमत पर मुझे देना नहीं चाहते थे। जब मैं उसे पाने की जिद करने लगा तो वह उसे एक-दो दिन के लिए देने की बात मान गए और मैंने 36 घंटों में उस किताब को पढ़कर समाप्त कर दिया। वह एक प्रतिबंधित किताब थी। भगत सिंह ने उसे फिर से छपवाना और उसके लिए एक प्रकाशक की व्यवस्था करना चाहते थे। वह शाम को ही उसके प्रूफ लेकर आए और मैंने रात के समय उसके प्रूफ पढ़े। उसे दो संस्करणों में प्रकाशित किया गया। उसकी कीमत 8 आना (आधा रुपया) थी। उसकी पहली प्रति पुरुषोत्तम दास टंडन को बेची गई।

शहीदों के चित्र

"भगत सिंह हमेशा नौजवानों को शहीदों के जीवन और संकल्पों के बारे में प्रेरणा देने का प्रयास करते थे। वे इधर-उधर जहाँ कहीं से भी संभव होता, उनके चित्रों का संग्रह करते, उनके जीवन पर संक्षेप टिप्पणियाँ लिखते और उन्हें विभिन्न पत्रिकाओं, जैसे—'कीर्ति' एवं 'चाँद' में प्रकाशित किया करते थे। उन्होंने उन चित्रों को स्लाइडों में भी तैयार किया, जिन्हें जनसभाओं में एक मैजिक लालटेन द्वारा पेश किया जाता था। उन सभी शहीदों में से करतार सिंह सराभा उनके प्रेरणा-स्रोत थे।"[11]

भगत सिंह सांप्रदायिक झगड़ों और दंगों से बहुत ही परेशान हो गए थे। उन्हें इन सब घटनाओं पर बहुत ही आश्चर्य होता था; क्योंकि उनका कहना था, 'ईश्वर को एक ही शक्ति माना जाता है।' शायद इन सबसे परेशान होकर ही उन्होंने दर्शन-शास्त्रियों, जैसेकि बाकुनिन और उनकी किताब 'गॉड एंड द स्टेट' को पढ़ना शुरू किया।

अराजकतावाद और अन्य निबंध

"वे जिन किताबों को पढ़ते थे, उनमें पॉल वैलेंट की एक किताब का नाम लेना खासतौर पर जरूरी है। इस किताब में फ्रांसीसी अराजकतावादी क्रांतिकारी द्वारा शीर्षक

'साइकोलॉजी ऑफ वायलेंस' के नाम से लिखा गया लेख था, जिसमें अदालत के मुकदमे के दौरान उनके द्वारा कहे गए कथन शामिल थे। जब उनसे यह पूछा गया था कि उन्होंने सभा में बम क्यों गिराया था? क्या वे अपनी आवाज उठाने के लिए कोई और तरीका नहीं अपना सकते थे? इस पर वैलेंट का जवाब था, 'मैं मजदूरों का नेतृत्व करता हूँ, प्रदर्शन व सभाएँ आयोजित करता हूँ, भाषण देता हूँ। इन सब में सरकार का कोई विरोध नहीं होता है। मेरा यह मानना है कि फ्रांसीसी समाज उस ज्वालामुखी के मुख पर बैठा हुआ है, जो कि विस्फोट के करीब था। इसका अहसास करके इस बहरे समाज को नींद से जगाने के लिए एक तीव्र आघात की जरूरत थी। इसलिए मैंने जनसभा में एक धमाका किया। मुझे मेरे इस कार्य पर कोई अफसोस नहीं है।'

"यह लेख थोड़ा सा बड़ा था, जिसे उस किताब में पूरा दिया गया था। मैंने इसे पढ़ा था। मैंने जोर देकर भगत सिंह को इसे पढ़ने का सुझाव दिया था। मैंने उन्हें यह किताब जारी की थी। जब वह उसे पढ़कर वापस आए तो उन्होंने मुझे प्यार से गले लगा लिया और कहा, 'मेरे दोस्त, तुमने मुझे पढ़ने के लिए बहुत ही कीमती चीज दी है।' उन्होंने मेरी पीठ भी थपथपाई। उन्होंने उस किताब को इतनी बार पढ़ा था कि मैं गिनती ही भूल गया।

"जनसभा में बम की घटना के पश्चात् अदालत के सामने जब मैं ये सारे कथन पढ़ने लगा तो मुझे सबकुछ याद आने लगा।"[12]

बम बनाने की तकनीक

"एक बार वह मुझसे जिद करने लगे कि मैं उन्हें बम बनाने की विधि कहीं से खोजकर लाऊँ। मैंने अपनी सारी किताबों को छान मारा, लेकिन कुछ नहीं मिला। मेरा दिल टूट गया, क्योंकि मैं भगत सिंह की तीव्र इच्छा को पूरा नहीं कर पाया था। एक दिन मैंने सारी किताबों को स्कैन करना शुरू कर दिया—और मुझे अपने सवाल का जवाब बहुत ही आकस्मिक ढंग से एक रचना 'इनसाइक्लोपीडिया ब्रिटैनिका' में मिला। अगले दिन मैंने इसे उन्हें दिखाया—और ऐसा करने से जिस रोमांच व उत्साह का मैंने अनुभव किया, उसे मैं कभी भी भुला नहीं सकता! वह उस किताब को अपने साथ ले जाना चाहते थे और जब मैंने ऐसा करने में अपनी असमर्थता प्रकट की, क्योंकि वह संदर्भ खंड की एक किताब थी, तो उन्होंने पूरी किताब की प्रतिलिपि तैयार कर ली और प्रसन्नचित्त होकर मेरी पीठ थपथपाई।"[13]

अदालत के समक्ष मेरा बयान

"सुखदेव के लिए जारी की गई लाइब्रेरी की एक किताब 'एडमिनिस्ट्रेशन ऑफ आयरलैंड' को 15 अप्रैल, 1929 को कश्मीर बिल्डिंग पर रेड के दौरान पुनः प्राप्त किया गया, जब सुखदेव और अन्य लोगों को वहाँ से गिरफ्तार किया गया था। इस

संबंध में, मुझे अदालत के समक्ष उपस्थित होने के लिए सम्मन भेजा गया था। एक दिन, मुझे बुलाने का इंतजार करते वक्त, सी.आई.डी. के सुपरिंटेंडेंट अब्दुल अजीज मुझे एक अलग कमरे में ले गए और मुझसे दोषियों के बारे में बातें करनी शुरू कर दीं। उन्होंने मामले में दोषियों द्वारा उनका सहयोग न करने के कारण दुःख व्यक्त किया। यह मामला आगे नहीं बढ़ रहा था। एक के बाद एक उनका कोर्ट में आना बंद हो गया। देखो, आज सुखदेव नहीं आया है। यह मामला आगे कैसे बढ़ सकता है? सुखदेव की उपस्थिति उस दिन बहुत आवश्यक थी, क्योंकि मेरा बयान उनसे ही जुड़ा हुआ था।[14]

"कुछ समय बाद, जब मुझे गवाही के लिए वहाँ बुलाया गया तो भगत सिंह, जो कि वहाँ मौजूद थे, मुझे देखकर मुसकराने लगे। उन्हें देखकर ऐसा लग रहा था, जैसे मुझसे भी वह इसी तरह प्रफुल्लित मन के साथ हँसी-मजाक की उम्मीद कर रहे हैं। सच कहूँ तो हम दोनों ही हँसी-मजाक पसंद करनेवाले थे और हमेशा से कुछ-न-कुछ मनोरंजक चीजों की तलाश में रहते थे।

"मेरे अदालत में प्रवेश करने पर सरकारी वकील ने पूछा, 'क्या आप सुखदेव को पहचान सकते हैं?' 'हाँ, बेशक।' न्यायालय के जज ने मुझे आदेश दिया कि दोषी व्यक्तियों के पास जाओ और सुखदेव की ओर संकेत करो। उनकी ओर देखते हुए मैंने एक गंभीर आवाज में जवाब दिया, 'सर, आपके आदेशानुसार मैं ऐसा करना चाहता हूँ; लेकिन जब सुखदेव अदालत में आज आया ही नहीं है तो मैं उसे कैसे पहचान सकता हूँ?' भगत सिंह को मुझ पर हँसी आ रही थी। जज को गुस्सा आया और उन्होंने कहा, 'तुम्हें कैसे पता कि सुखदेव आज कोर्ट में आया ही नहीं है?' मैं चुप रहा। लेकिन जब जज ने यही सवाल दोबारा पूछा तो मैंने कहा, 'कोर्ट में आने से पहले सी.आई.डी. ऑफिसर ने अपने विश्वास में लेकर बताया था कि सुखदेव अदालत में नहीं आया है। इसलिए जब वह यहाँ आया ही नहीं है तो मैं उसे कैसे पहचान सकता हूँ?' इसके बाद उनके बीच कुछ बहस हुई और आखिरकार, मुझे अदालत से बाहर ले जाने का आदेश दे दिया गया।[15]

भगत सिंह की भूख हड़ताल

"एक बार मैं भगत सिंह और उनके दोस्तों की भूख हड़ताल के दौरान अदालत की काररवाई देखने के लिए अदालत में गया। उन्हें स्ट्रेचर पर लाया गया। लंच के दौरान हम दोनों बरामदे में एक-दूसरे के आमने-सामने आए। कुछ समय के लिए हम दोनों में से किसी ने एक शब्द नहीं कहा। फिर उन्होंने अपनी चुप्पी तोड़ी, 'भाई राजा राम, कृपया मुझे तुम्हारे दस रुपए न लौटाने के लिए माफ कर देना, जो मैंने तुम्हें देने का वादा किया था।' 'ओह! क्या तुम अभी भी उसी के लिए परेशान हो? बहुत अजीब बात है कि तुम अभी भी उसके लिए परेशान हो!' मैंने दबी हुई आवाज में कहा। हमने एक-दूसरे के कंधों पर हाथ रखा। मैं जब भी उस पल के बारे में सोचता हूँ, मेरी आँखें अब भी नम हो जाती हैं।

शेर पिंजरे में भी दहाड़ता है!

"एक दिन मैंने अदालत में देखा कि जज ने भगत सिंह को दूसरे कैदियों के साथ हँसी-मजाक करते पाया। जज ने कहा, 'तुम क्यों हँस रहे हो, भगत सिंह? मैं यह बरदाश्त नहीं कर सकता।' भगत सिंह खड़े हुए और अपनी हथकड़ी की चेन से झनकार करने लगे और खड़े होकर बोले, 'मैजिस्ट्रेट सर, अभी आप मेरी हँसी से नाराज हो गए; लेकिन आप तब क्या करोगे, जब मैं फाँसी के तख्ते पर खड़े होकर 'इनकलाब जिंदाबाद' कहते हुए हँसूँगा?' मैजिस्ट्रेट शर्मिंदा हो शांत हो गए।"

अंतिम मुलाकात

वर्ष 1930 के दौरान, मुझे नमक सत्याग्रह आंदोलन में दो साल की कड़ी सजा सुनाई गई। मेरे मामले को लाहौर सेंट्रल जेल में स्थानांतरित कर दिया गया था। मैंने भगत सिंह को कुछ दूरी पर से देखा और किसी तरह उनके पास जाने में सफल हो गया। एक-दूसरे को गर्मजोशी से गले लगाने के बाद उन्होंने कहा, 'तुम यहाँ कैसे आए?' मैंने कहा, 'मुझे नमक आंदोलन में दो साल की सजा मिली है और शेखूपुरा जेल से मुझे यहाँ भेजा गया है।' 'गांधीजी के आंदोलन के लिए इतनी बड़ी जेल।' उन्होंने कहा। उनकी जानकारी के लिए मैंने बताया कि मैंने काफी समय पहले ही लाहौर छोड़ दिया था। 'अब मैं समझा कि राजा राम ने मुझे किताबें भेजनी क्यों बंद कर दी थीं!' भगत सिंह ने कहा। जब हम दोनों अलग होने लगे तो मैंने कहा, 'प्रिय भाई, वह क्रांतिकारी साहित्य, जो तुम पूरा मन लगाकर अच्छी तरह पढ़ चुके हो और जिस पर हमने चर्चा की थी, तुमने उसे अपने जीवन का मकसद बना लिया था और उसी के साथ द्वारका दास लाइब्रेरी को भी अमर कर दिया है। वह तुम्हारे साथ से ही पवित्र हो चुकी है।…'

यह कहते हुए अलग होने से पहले हमने एक-दूसरे को कसकर गले लगा लिया—हमेशा के लिए।[16]

एक अंतिम प्रतिबिंब

"आज तक मैं उनके बारे में एक चीज नहीं समझ पाया कि हमारी दोस्ती बहुत गहरी थी, लेकिन उन्होंने जो भी गुप्त कार्य किए थे, उनके बारे में मुझे कभी भी नहीं बताया। साथ ही, जब भी वह किसी ऐक्शन के लिए जाते तो मुझे कभी नहीं बताते थे… यहाँ एक और गहरा रहस्य भी था, जिसे मैं कभी भी सुलझा नहीं सका; हमारी बहुत गहरी दोस्ती होने के बावजूद उन्होंने कभी भी मुझे अपनी पार्टी में जुड़ने के लिए नहीं कहा।"

शास्त्रीजी के इस सवाल पर भगत सिंह ने अपनी प्रतिक्रिया उनके केंद्रीय असेंबली में ऐक्शन पर जाने से पहले सुखदेव को दिनांक 5.4.29 को लिखे अपने पत्र में उनके पार्टी से जुड़ने के कारणों का खुलासा किया था, जिसमें उन्होंने लिखा था—

"आपके समाज के प्रति कुछ कर्तव्य हैं और जिसे आप यह कार्य करके पूरा कर सकते हैं। सुझाव के तौर पर, मैं यह कहूँगा कि एम.आर. शास्त्री (राजा राम शास्त्री, जिनका प्यार से नाम 'मस्त राम शास्त्री' था) ने कई बार मुझसे यह आग्रह किया है। उन्हें इस कार्यक्षेत्र में लाने की कोशिश करो, जिसमें वे स्वेच्छा से आना चाहें। इसके काले भविष्य को स्पष्ट रूप से जानते हुए उन्हें अन्य सहकर्मियों के साथ घुलने-मिलने दो और उनकी मानसिकता का अध्ययन करने दो। यदि वह एक अच्छी सोच से कार्य कर सकते हैं तो यह बहुत ही लाभदायी और अत्यंत मूल्यवान् सिद्ध होगा। लेकिन जल्दबाजी मत करो, इस विषय में आप बेहतर निर्णय कर सकते हो। जो आपको सही लगे, आगे वही करो। भाई, खुश रहो।"[17]

...लेकिन सुखदेव इसके बाद 15 अप्रैल, 1929 को ही गिरफ्तार हो गए। उनके पास इस पर आगे काम करने का समय नहीं मिला।

संदर्भ—

1. के.सी. यादव एवं बाबर सिंह, 'मैं एक नास्तिक क्यों हूँ ?' (व्हाय आई एम एन एथेस्टिक ?), होप इंडिया पब्लिकेशंस, गुड़गाँव, पृष्ठ-26-27
2. मलविंदर जीत सिंह वरैच एवं राजवंती मान, 'द हैंगिंग ऑफ भगत सिंह', भाग-2, (मिस्त्री जलाल दीन एंड हेड कॉन्स्टेबल नूर शाह), यूनीस्टार पब्लिशर्स, चंडीगढ़
3. मलविंदर जीत सिंह वरैच, 'नेशनल गैलरी ऑफ पॉर्ट्रेट्स, (सन् 1857 से 1947), चंडीगढ़ संग्रहालय, मूल दस्तावेज अंग्रेजी में
4. मलविंदर जीत सिंह वरैच एवं हरीश जैन, भाग-3, दस्तावेज : 'पी.ई.पी.' (भगत सिंह द्वारा आवेदन की कॉपी उनकी रिहाई के बाद, जिसमें उनकी व्यक्तिगत चीजों की माँग की गई है
5. वरिंदर संधू, op. cit., पृष्ठ-157
6. वही, पृष्ठ-158-61
7. 'अमर शहीदाँ दियाँ यादें' (राजा राम शास्त्री के वृत्तांत का पंजाबी संस्करण), तर्क भारती प्रकाशन, बरनाला, 2004, पृष्ठ-8
8. 'राजा राम शास्त्री के वृत्तांत की प्रतिलिपि' (हिंदी की मूल प्रति); नेहरू संग्रहालय पुस्तकालय, तीन मूर्ति, नई दिल्ली, पृष्ठ-219-20
9. 'अमर शाहीदाँ दियाँ यादें', पृष्ठ-10-12
10. 'राजा राम शास्त्री के वृत्तांत की प्रतिलिपि', पृष्ठ-219-20
11. 'अमर शहीदाँ दियाँ यादें', पृष्ठ-10-12
12. वही, पृष्ठ-24-26
13. वही, पृष्ठ-28-29
14. मलविंदर जीत सिंह वरैच एवं राजवंती मान, भाग-2 (19.08.1930 का न्यायालय का आदेश)
15. 'अमर शहीदाँ दियाँ यादें', पृष्ठ-59-60
16. वही, पृष्ठ-32-34
17. 'राजा राम शास्त्री के वृत्तांत की प्रतिलिपि' (हिंदी में मूल प्रति), पृष्ठ-229-230

□

"... पिछले राजनीतिक आंदोलनों, जैसेकि कूका आंदोलन, का उद्‌देश्य ठीक उसी तरह का दूसरा आंदोलन खड़ा करना नहीं था; इसका उद्‌देश्य केवल इतना था कि लोगों को भारत की आजादी के लिए समर्पण की भावना का प्रदर्शन करनेवाले उदाहरणों से प्रेरणा लेनी चाहिए और उस इच्छा-शक्ति को अपनाना चाहिए।"

—भगत सिंह

7

शहीदों के चरणों में समर्पित : 'चाँद' का 'फाँसी अंक', नवंबर 1928

सन् 1985 में दुर्गा भाभी का स्मरण करते हुए

"दीवाली के समय पर इसके प्रकाशन ने आजादी की आग को भड़का दिया था और पूरे देश में क्रांति की चिनगारी प्रज्वलित हो चुकी थी।

"डरी हुई सरकार ने इस पर प्रतिबंध लगाने में तनिक भी समय नहीं गँवाया और इसकी सारी प्रतियों को कब्जे में ले लिया; हालाँकि, उस वक्त इसकी 10,000 प्रतियों में से 100 को पहले से ही यहाँ और वहाँ, हर स्थान पर, वितरित कर पढ़ा जा चुका था, जिसने इस देश को उत्तेजना से भर दिया था।"[1]

लेकिन इसके प्रकाशन, जिसमें बीते समय के शहीदों के बारे में सब सही जानकारियों के साथ तैयार लेख को प्रकाशित कर वितरित किया गया था, से सरकार इतना भयभीत क्यों हो गई? सरकार के इस भय को समझा जा सकता है, क्योंकि सन् 1907 से लेकर इंडिया हाउस लंदन के दिनों से पहले तक के शहीदों के जीवन वृत्तांत को लोगों को आजादी की लड़ाई में शामिल करने के लिए प्रेरित करने के लिए उपयोग किया गया था और सफलतापूर्वक बहुत बड़ी संख्या में लोगों को शामिल भी किया गया था।

इसका प्रभाव इतना अधिक था कि बहुत बदनाम रॉलेट कमेटी की रिपोर्ट, जिसमें सन् 1917 तक हुई सभी क्रांतिकारी गतिविधियों के बारे में विस्तार से जानकारी को शामिल किया गया था, को क्रांतिकारी आंदोलन में शामिल होनेवाले नए सदस्यों के लिए पढ़ना आवश्यक कर दिया गया था। इससे यह अच्छी तरह से समझ में आता है कि क्यों वर्ष 1929-30 में पुलिस द्वारा जितने भी युवा क्रांतिकारियों के ठिकाने पर छापा मारा गया, रॉलेट कमेटी की इस रिपोर्ट को जरूर पाया गया।

प्रकाशनों में जिन 53 क्रांतिकारियों की जीवनियाँ प्राप्त होती हैं, उनमें से शायद करीब 41 को भगत सिंह द्वारा लिखा गया था। उनमें से प्रत्येक कृति अलग-अलग नामों से, जैसे—'बसंत', 'गौतम', 'विद्रोही', 'चक्रेश' इत्यादि से लिखा गया। यह उनके संपूर्ण तौर पर समर्पण के भाव को दरशाता है, जिसमें वे शहीदों के संपूर्ण जीवन वृत्तांत और कार्यों की जानकारी प्राप्त करते, उनके चित्रों को खोजते और उनके वीर चरित्र का लगातार प्रसार करते, जिसके लिए वे हर सार्वजनिक सभा में मैजिक लालटेन के माध्यम से उनके चित्रों का प्रदर्शन करते और उन्हें आनेवाली पीढ़ियों के लिए एक आदर्श की तरह प्रस्तुत कर उनकी सराहना करते थे।

उन्होंने ऐसे दुर्लभ आधिकारिक/न्यायिक रिकॉर्ड को उस समय प्राप्त किया, जिन्हें पाने के लिए आज के समय में भी बहुत सी आधिकारिक बाधाओं को पार किए बिना प्राप्त नहीं किया जा सकता। यह बहुत ही अद्भुत बात है और लेखक द्वारा स्वयं भगत सिंह के उस खजाने, दुर्लभ चित्रों को अपनी आँखों से देखकर उस अनुभव का साक्षी बना गया है।

जय गोपाल (अनुमोदक) के अनुसार, भगत सिंह ने क्रांतिकारियों पर बीते समय में चले मुकदमों के संबंध में निम्नलिखित दस्तावेज जुटाए थे—

1. लाहौर षड्यंत्र केस-1 (13 सितंबर, 1915)
2. लाहौर षड्यंत्र केस-2 (30 मार्च, 1916)
3. बब्बर अकाली षड्यंत्र केस (28 फरवरी, 1925)
4. दिल्ली षड्यंत्र केस (5 अक्तूबर, 1914)

इन चारों में से लाहौर षड्यंत्र केस-1 और बब्बर अकाली मामले के फैसले की मूल प्रति को भगत सिंह के पैतृक गाँव खटकड़ कलाँ के संग्रहालय में रखा गया है।

लेखक द्वारा इन दोनों को बहुत बारीकी से पढ़कर, संपादित करके अलग-अलग वर्ष 2001 और 2007 में क्रमशः प्रकाशित किया गया है।

जहाँ तक बब्बर मामले के फैसले की बात है, जिस तरह से उन्होंने उस फैसले में जगह-जगह पर अंडरलाइन और साइड लाइन किया, उससे उनकी एक पूरी तरह से समर्पित शोधकर्ता, जिसने उस पर गहन अध्ययन किया था, की छवि उभरती है।

जहाँ तक प्रथम लाहौर षड्यंत्र केस के फैसले का संबंध है, यह हर पृष्ठ-पर बहुत ही घनिष्ठता के साथ मुद्रित किया गया 400 पन्नों का फैसला था, जिसकी प्रत्येक पंक्ति को उन्होंने पैनी दृष्टि रखनेवाले एक वकील के रूप में पढ़ा था और कई जगहों पर पृष्ठ-के किनारे पर अस्पष्ट लिखाई वाली टिप्पणियाँ अनगिनत जगहों पर लिखी थीं।

यहाँ शहीदों पर भगत सिंह द्वारा समय-दर-समय प्रकाशित रचनाओं की समीक्षा को दिनांक/वर्ष सहित प्रस्तुत करने का एक छोटा सा प्रयास किया गया है, जो इस प्रकार है—

(क) कूका आंदोलन (1871-72)
(ख) पंजाब में लहर (1907)
(ग) मदन लाल ढींगरा (1909)
(घ) दिल्ली-लाहौर षड्यंत्र केस (1912-15)
(ङ) गदर आंदोलन (1914-15)
(च) पंजाब में मार्शल लॉ (1919)
(छ) बब्बर अकाली के शहीद (1926)
(ज) काकोरी कांड के शहीद (1927)

(क) कूका आंदोलन

'क्रांतिकारी आंदोलनों का तूफानी केंद्र', पंजाब—

आजादी का पहला विद्रोह ('विद्रोही' नाम से अक्तूबर 1928 में पंजाब के 'कीर्ति' (पंजाबी) में प्रकाशित।)

मौजूदा समय के लिए हम अपने पाठकों के समक्ष राजनीतिक जागरण एवं क्रांतिकारी गतिविधियों के विवरण को प्रस्तुत कर रहे हैं। इस संबंध में, सबसे नवीन प्रयास कूका आंदोलन द्वारा किया गया था। ऊपरी तौर पर, इसका स्वरूप थोड़ा धार्मिक लगता है, लेकिन ध्यान से देखने पर यह भीतर से राजनीतिक प्रतीत होता था। धर्म का इसमें उसी प्रकार समावेश था, जिस प्रकार सिख इतिहास के मूल चरणों में यह व्याप्त था।

हम पंजाबी कितने संकीर्ण विचार वाले होते हैं, जो कि अपने सीमित सांप्रदायिक कट्टरपंथी दृष्टिकोण से परे ऐसे बड़े-बड़े क्रांतिकारियों को भुला देते हैं, जैसेकि गुरु राम सिंह!...हमने शायद उन्हें एक गुरु के तौर पर नहीं माना है, ठीक है... लेकिन हम इस सीमा तक नहीं जा सकते कि इतिहास में उनकी भूमिका के महत्त्व से ही इनकार कर दें। इस लिहाज से बंगाली हमसे आगे हैं, जो कि ऐसे व्यक्तित्वों के प्रति अधिक सम्मान रखते हैं।

पंजाब न सिर्फ सो चुका था, बल्कि वह गहरी निद्रा में डूब गया था। फिर इस आंदोलन का उदय हुआ, जो कि स्वाभाविक तौर पर थोड़ा धार्मिक और थोड़ा सामाजिक था। फिर भी, इसके लिए कहा गया कि इसका स्वरूप क्रांतिकारी था।

सन् 1857 के दौरान इस महापाप को होते हुए देखना और उसमें पंजाब की सहभागिता के अभाव ने उसे बेचैन जरूर किया। इसलिए सामाजिक व नैतिक सुधार की शिक्षा देते हुए उन्होंने लोगों को विदेशी दास प्रथा के विरुद्ध जाग्रत् भी किया।

13 जनवरी, 1872 को हजारों की संख्या में जमा हुए लोगों की बहुत बड़ी सभा में से करीब 150 उग्र स्वभाव वाले लोगों ने बुरे शाही राज्यों के खिलाफ धर्मयुद्ध छेड़ने के

लिए एक गुप्त सभा का आयोजन किया, जो प्रमुख तौर पर विदेशी शासन की शरण में थे। गुरु राम सिंह को यह पता था कि इसके परिणामस्वरूप अनावश्यक तौर पर लोगों का रक्त बहेगा, साथ ही सरकार को इस आंदोलन को कुचलने के लिए एक बहाना भी मिल जाएगा। वे अपने बुद्धि-कौशल एवं कूटनीति के सहारे सरकार का ध्यान इस ओर से हटाने में समर्थ हो पाए और उन्होंने सरकार द्वारा उन पर सन् 1863 में लगाए गए प्रतिबंधों को हटाने के लिए 1869 में मना लिया।

15 जनवरी को लुधियाना के डी.सी. मि. कोवान ने अंबाला सीमा के कमिश्नर को लिखे अपने पत्र में यह बताया था कि गुरु राम सिंह ने पुलिस को सही समय पर यह सूचित किया था कि वे लोग क्षति पहुँचाने के लिए आगे बढ़ने वाले थे।

मालेरकोटला पर कूका की मुठभेड़ के बाद, जहाँ पर दोनों ओर से 8-10 लोग मारे गए एवं बहुत से घायल हुए और बचे हुए लोगों ने पटियाला राज्य सीमा की ओर कदम बढ़ाया। उन्होंने राढ़ गाँव के पास जंगल में अपनी रात बिताई। अमरगढ़ के डी.सी. ने उन्हें घेरकर उनमें से 68 लोगों को गिरफ्तार कर लिया, जिनमें से कुछ लोगों को गंभीर चोटें आईं।

लुधियाना के डी.सी., मि. कोवान ने लिखा—'यह किसी बगावत की शुरुआत दिखाई पड़ रही है।'

अगले ही दिन, वे मालेरकोटला ले जाए गए, जहाँ एक खुले मैदान में अंधाधुंध

17-18 जनवरी, 1872 को बिना मुकदमे के मलेरकोटला में कूका सिखों को उड़ाया जा रहा है

गोलीबारी की गई और 49 लोगों को मौत के घाट उतार दिया गया। इस दिन का 50वाँ शहीद 12 वर्ष का एक छोटा लड़का बिशन सिंह था, जिसे डी.सी. द्वारा बुलाया गया और गुरु राम सिंह को छोड़ने के लिए कहा गया था, जहाँ उस लड़के ने उनकी लंबी दाढ़ी को तब तक पकड़े रखा, जब तक उसके टुकड़े नहीं हो गए। बाकी लोगों को सोलहवें दिन उड़ा दिया गया।

(ख) पंजाब में आजादी के संघर्ष की लहर (1907)

(*i*) *आजादी की लड़ाई में पंजाब में पहली राजनीतिक लहर*

(सन् 1931 में जेल में लिखा गया यह लेख 'वंदे मातरम' और 'द पीपल' में प्रकाशित किया गया।)

हालाँकि, पंजाब आजादी की लड़ाई में कुरबानियाँ देनेवाला पहला राज्य रहा है, फिर भी इसे स्वीकार करना होगा कि यह राजनीतिक जागरूकता के क्षेत्र में बहुत पीछे छूट चुका था। इसका केवल एकमात्र कारण यह था कि राजनीतिक विद्रोह सामान्य तौर पर पंजाबी लोगों के जीवन का एक हिस्सा नहीं बन पाया था। साहित्यिक क्षेत्र में भी पंजाबी अधिक दूर तक नहीं जा सके थे। बुद्धिजीवियों के विचार में, उनके लिए भारत की स्वतंत्रता का सवाल ऐसा विषय नहीं था, जिस पर वे गंभीरता से काम करें। इसलिए, यह कहा गया था कि पंजाब बहुत पिछड़ा हुआ है। निस्संदेह ही, कुछ अन्य प्रांत इस संबंध में पंजाब से अभी भी पीछे हैं; लेकिन दु:ख की बात यह है कि पंजाब पिछड़ा हुआ कहलाए जाने के बाद भी पिछड़ता ही गया। इसकी अपनी कोई भाषा नहीं थी। कुछ को छोड़ दें तो दूर-दूर तक अपनी कोई साहित्यिक रचनाएँ भी नहीं मिलती थीं। बौद्धिक विकास के लिए हमें पश्चिमी रचनाओं पर निर्भर रहना पड़ता था। पंजाबियों का ध्यान इस कमी की ओर आकृष्ट करना ही इन रचनाओं का मुख्य उद्‌देश्य रहा है।

सन् 1907 से पहले पंजाब का राजनीतिक गलियारा बहुत सुस्त था। इसके पश्चात् कांग्रेस ने लोगों को उनके प्रति अपनी विश्वसनीयता का वचन दिया। बस, इतना ही तब तक इसका राजनीतिक वातावरण रहा था। हालाँकि, वर्ष 1905-06 के बंगाल विभाजन के मसले पर हुए विद्रोह, जिसमें विदेशी वस्तुओं का बहिष्कार करने और स्वदेशी वस्तुओं का उपयोग करने का आह्वान देश भर में किया गया, उसने पंजाब के आर्थिक जीवन पर पूरी तरह से प्रभाव डाला था और पंजाबी लोगों को सामान्य तौर पर हिलाकर रख दिया था। लेकिन अंतत: पंजाब में चीनी मिलों की शुरुआत होने से इसमें बहुत बड़ा अंतर आने लगा।

(ii) नए उपनिवेश कानून

पंजाब के पूर्वी जिले से नए किसानों का स्थापित होना, जिन्होंने लायलपुर और अन्य नहरों के पास बंजर धरती को उपजाऊ क्षेत्र में बदल दिया था, उन्हें उनकी जमीन के मालिकाना हक पर कड़ी काररवाई करते हुए वंचित कर दिया गया था—मालिकाना हक के रूप में उन पर अनगिनत प्रतिबंध लगा दिए गए थे, यहाँ तक कि वे अपनी जमीन से कोई पेड़ भी नहीं काट सकते थे।

बाँके दयाल

दूसरी ओर, सरदार अजीत सिंह एवं सरदार किशन सिंह ने वर्ष 1906 की शुरुआत में कांग्रेस के अधिवेशन में भाग लिया था और ये ही वे दिन थे, जब पार्टी में बी.जी. तिलक जैसे स्वतंत्रता सेनानी के नेतृत्व का उदय हुआ था। अपनी वापसी पर उन्होंने 'भारत माता' नाम से एक मासिक अखबार की शुरुआत की और 'भारत माता सोसाइटी' भी बनाई। वे किसानों का नेतृत्व करने के लिए उनके आंदोलनों में मौजूद रहे थे। उनके पास वहाँ सूफी अंबा प्रसाद उनके प्रमुख सहयोगी के रूप में मौजूद रहते थे। लाला लाजपत राय भी उनके साथ थे।

एक प्रख्यात कवि बाँके दयाल ने 'पगड़ी सँभाल ओ जट्टा' नाम की एक कविता पढ़ी थी, जो तब से पंजाबी लोक-साहित्य का कथानक गीत बन गई थी।

यह विद्रोह पूरे पंजाब में फैल गया और इंटेलिजेंस एजेंसियों ने इसे एक बहुत ही गंभीर समस्या के तौर पर लिया।...आखिरकार, सरकार को हार माननी पड़ी।

(iii) सूफी अंबा प्रसाद

श्रृंखला का एक भाग : पहली रचना : 'पंजाब में लहर 1907')

(इनका जन्म सन् 1858 में मुरादाबाद (यू.पी.) में हुआ। ये सन् 1917 में शीराज, ईरान में शहीद हुए।)

क्या भारत में कोई इनके नाम से परिचित है? क्या यहाँ कोई ऐसा व्यक्ति है, जिसने इनको याद करते हुए कुछ आँसू बहाए हैं? अहसानफरामोश लोग इनके जैसे कितने ही कई रत्नों को भुला चुके हैं और फिर भी उनमें रत्ती मात्र पछतावा नहीं है। ये हृदय से

सूफी अंबा प्रसाद

एक देश-प्रेमी थे। ये अपने देश की दुर्दशा को देखकर बहुत ही दुःखी होते थे। ये भारत को उन्नति के शिखर पर पहुँचाना चाहते थे। फिर भी, केवल कुछ ही लोग इनके नाम से परिचित थे। इसे विडंबना ही कहेंगे कि इनके महत्त्व को केवल ईरान में सराहा गया था और अब तक इन्हें वहाँ उचित सम्मान देते हुए इन्हें परम पूजनीय माना जाता है।

सूफीजी का जन्म सन् 1858 में मुरादाबाद (यू.पी.) में हुआ। उन्होंने जन्म के समय से ही अपना सीधा हाथ खो दिया था। वे अपनी इस कमी पर मजाक करते हुए कहते थे, "हमने सन् 1857 में अंग्रेजों के विरुद्ध लड़ाई लड़ी; हाथ कट गए; मौत हो गई और पुनर्जन्म होने पर हमने पाया कि यह हाथ खो गया था।" उन्होंने अपनी कानून की पढ़ाई पूरी की, लेकिन वकालत कभी नहीं की। वे उर्दू के बहुत अच्छे लेखक थे और यही चीज उन्हें आगे तक ले गई।

सन् 1890 में उन्होंने मुरादाबाद से एक उर्दू साप्ताहिक 'जाम-उल-इलाख' की शुरुआत की। उनके प्रत्येक लेख में उनकी सोच और संवेदनाएँ झलकती थीं। परिहास करने में वे उस्ताद थे, साथ ही मन से गहरे विचारक भी थे। कभी भी सत्ताधारियों की निंदा करने से नहीं डरे।

वे पंजाब आए और 'हिंदुस्तान' अखबार में नौकरी करने लगे, जहाँ पर वे अधिक समय तक काम नहीं कर सके; क्योंकि उनके संपादक के साथ मतभेद हो गए। उन्हीं दिनों सरदार अजीत सिंह ने 'भारत माता सोसाइटी' की स्थापना की, जिसने स्थापना के कुछ समय के बाद ही उपनिवेश कानून के विरोध में आंदोलन में शिरकत की। वे सरदार अजीत सिंह के साथ जुड़ गए। अविवेकपूर्ण गिरफ्तारी को देखते हुए सूफीजी सरदार किशन सिंह (भगत सिंह के पिता) और मेहता आनंद किशोर के साथ नेपाल के लिए रवाना हो गए। वहाँ गवर्नर जंग बहादुर ने उनकी अच्छी तरह से सेवा की। लेकिन उन्हें इसकी कीमत चुकानी पड़ी; इसके कुछ ही दिनों बाद उन्हें बरखास्त कर दिया गया और उनकी संपत्ति को जब्त कर लिया गया। सूफीजी को लाला पिंडी दास द्वारा चलाए जा रहे 'इंडिया' अखबार में उनके लेख के प्रकाशित होने के कारण गिरफ्तार कर लिया गया; लेकिन सुबूतों का अभाव होने के कारण दोष-मुक्त कर दिया गया।

तब सरदार अजीत सिंह भी मांडले, बर्मा से वापस आ चुके थे। तब सन् 1908 में 'भारत माता बुक सोसाइटी' का गठन किया गया। उसका बहुत सा कार्य-भार सूफीजी पर निर्भर था। उन्होंने 'बागी मसीह' या 'विद्रोही मसीह' नाम की पुस्तक को प्रकाशित किया, जिसे प्रतिबंधित घोषित कर दिया गया था।

सन् 1909 में उन्होंने एक अखबार 'पेशवा' को प्रकाशित करना शुरू कर दिया। उन दिनों बंगाल में क्रांतिकारी गतिविधियाँ सक्रिय हो चुकी थीं। सरकार को डर था कि पंजाब भी इसी राह पर न आगे बढ़ जाए। दबाव बढ़ने लगा। इसके परिणामस्वरूप वे और सरदार अजीत सिंह दोनों गिरफ्तारी से बच निकलने के लिए ईरान के लिए रवाना हो गए।

ईरान में उनके जीवन के बारे में अधिक जानकारी नहीं प्राप्त हो पाई, सिर्फ इसे छोड़कर कि उन्होंने एक अखबार 'आब-ए-हयात' की शुरुआत की थी और ईरान की आजादी की लड़ाई में भाग लेना शुरू कर दिया था। जब अंग्रेजों ने सन् 1915 में ईरान पर कब्जा करने की कोशिश की थी तो उन्हें वहाँ पर हो रहे विरोध के चलते काफी बाधाओं का सामना करना पड़ा था। सूफीजी शीराज में थे, जहाँ उन्हें सेना के सिपाहियों द्वारा घेर लिया गया, जिनसे वे एक हाथ से बंदूक से गोलीबारी करते हुए बच निकले। किंतु आखिरकार, वे उनके हत्थे चढ़ गए। अगले दिन उन्हें गोली मारने का निश्चय किया गया। उन्हें जेल में बंद कर दिया गया। जब अगली सुबह जहाँ उन्हें रखा गया था, वहाँ का दरवाजा खोला गया तो पाया कि वे बेसुध पड़े हैं और उनकी मौत हो चुकी है!

(ग) मदन लाल ढींगरा (1909)

(मार्च 1928 के 'कीर्ति' (पंजाबी) में प्रकाशित उनके द्वारा मार्च से अक्तूबर 1928 तक शहीदों के लेखों की एक श्रृंखला लिखी गई, जिसका उद्देश्य उनके जीवन को दरशाना और साथ ही सहानुभूतिपूर्ण तरीके से आंदोलन के स्वरूप का विश्लेषण करना भी था, जिससे कि पाठक समझ सकें कि पंजाब में राजनीतिक जागरण कैसे विकसित हुआ, उसका स्वरूप कैसा है और किस विचारधारा एवं लक्ष्य को लेकर वे शहीद अपने जीवन का त्याग करने की हद तक चले गए।)

पंजाब का पहला विद्रोही—शहीद मदन लाल ढींगरा

(जन्म : 8 फरवरी, 1883, अमृतसर; शहीदी : 17 अगस्त, 1909, पेंटोनविले जेल, इंग्लैंड)

"जिस तरह के सामान से इन शहीदों की रचना हुई, उन्हें बँगला के मशहूर कवि काजी नजरुल इस्लाम की आँखों से उनकी कविता 'द रिबेल' में देखा जा सकता है, जिसका अंग्रेजी से हिंदी अनुवाद इस प्रकार है—

मैं विद्रोही, थक चुका हूँ लड़ते-लड़ते,
मैं भी तब आराम करूँगा, जब यह आकाश शांत हो जाएगा,
लोगों की चीखों-पुकार से
कोई नहीं कराहेगा, पीड़ा से
और क्रूर अत्याचारी का खून का प्यासा खंजर,
मासूमों के शरीर में घुसना बंद कर देगा,
बल्कि समाप्त हो जाएगा
तब, बस तभी, मैं शांत हो, आराम करूँगा।

मदनलाल ढींगरा

विशिष्ट रूप से ऐसे असाधारण विद्रोही, जिन्होंने सत्ता को चुनौती दी और क्रोध की अग्नि में बिना अपने हितों की परवाह किए कूद जाते थे, जिससे कि संसार और भी विस्तृत रूप से खूबसूरत बने तथा मानव समाज अपने आत्मसंयम की खूबी के बल पर आगे बढ़ता जाए। ऐसे शूरवीर समय-दर-समय मिलते रहते हैं। भारत के पास भी ऐसे शूरवीर थे और आगे भी मिलते रहेंगे। भारत के भीतर पंजाब के पास भी ऐसे रत्नों की प्रचुर मात्रा थी। बीसवीं शताब्दी में ऐसे लक्षण मदन लाल ढींगरा में दिखाई दिए।

वे कोई ऐसे 'नेता' नहीं थे, जिनकी जीवनी को प्रकाशित कर जल्द-से-जल्द बेचा जा सके, न ही वे इस धरती पर जनमे ऐसे अवतार थे, जिसके बारे में ज्योतिष और उपासकों द्वारा दिव्य शक्ति का बचपन में ही बयान किया जा सकता था; बल्कि उनके बारे में तो कहा गया कि वे जन्म के समय कुछ अलग थे।

न ही हम ढींगरा के बचपन या किशोरावस्था के किसी प्रकार के साहसिक कार्य से परिचित हैं, जिसके आधार पर हम यह कह सकें कि 'यह सब उनकी महानता का पूर्वाभास था।'

वह एक असहाय विद्रोही थे। उनके पिता ने उनका त्याग कर दिया था। यहाँ तक कि राष्ट्रवादी नेता, जैसेकि विपिन चंद्र पाल, जिन्हें एक उग्र सुधारवादी के रूप में जाना जाता था, जिन्हें खुशामदी बिल्कुल पसंद नहीं थी, ने भी जितना उनसे संभव था, अपशब्द उनके लिए कहे थे। फिर इस बात को अच्छी तरह से समझा जा सकता है कि ऐसे व्यक्ति

के जीवन के बारे में जानकारी एकत्रित कर उनके जीवन का खाका तैयार करने का कार्य कितना मुश्किल होगा!

ऐसी स्थिति में, हमने उनका एक खाका तैयार करने की जिम्मेदारी उठाई है। अन्यथा हम भी अगर यह प्रयास न करें तो संभव है कि आनेवाले समय में हम उनका नाम तक भूल जाएँ। भविष्य की स्थिति को भाँपते हुए मैंने उनकी एक झलक को बयान करने का प्रयास किया है, जिसे पाठकों के समक्ष प्रस्तुत किया जा सके।

ढींगरा संभवतः अमृतसर के रहनेवाले थे। वे एक बहुत धनी परिवार से थे, जो बी.ए. करने के बाद उच्च शिक्षा के लिए इंग्लैंड चले गए थे। वे बहुत ही असाधारण व्यक्ति थे। फूलों के प्रति उनका प्रेम अनोखा था।

सन् 1907 में अंग्रेजों ने 1857 के विद्रोह की स्वर्ण जयंती का आयोजन किया। वास्तव में, इन परिस्थितियों में अजीब मोड़ तब आया, जब 10 मई, 1857 के दिन को इंग्लैंड में भारतीयों द्वारा 'रेड लेटर डे' के रूप में मनाए जाने का विकास हुआ, जो भारत में अंग्रेजी शासन की सत्ता में होनेवाली चुनौतियों की घोषणा करता था। अंग्रेजी शासन के विरुद्ध अतीत में संघर्ष के दौर के शहीदों को गौरवान्वित करने की शुरुआत पहले इंग्लैंड में हुई, फिर कनाडा, अमेरिका और उसके बाहर हुई। लेकिन अभी तक भारत की भूमि पर इसकी शुरुआत नहीं हुई थी।

1 जुलाई, 1909 को एक ब्रिटिश जासूस कर्जन वायली को मदन लाल ढींगरा ने गोली मार दी। उन्होंने उसे एक समारोह में गोली मारी, जो भारतीय विरोधी गतिविधियों के लिए बदनाम था। उन्होंने अपने इस कार्य को स्वीकार किया और इसके लिए उन्होंने 17 अगस्त, 1909 को पूरे आत्मविश्वास के साथ फाँसी पर चढ़ना स्वीकार किया। (मलविंदर जीत सिंह वरैच एवं डॉ. कुलदीप पुरी द्वारा रचित 'ट्रस्ट विद् मारटीडम' ट्रायल ऑफ मदनलाल ढींगरा।[2]

(घ) दिल्ली-लाहौर षड्यंत्र केस (1912-15) : पृष्ठभूमि

(इस मामले के बारे में इस लेख को अगस्त 1928 के 'कीर्ति' में प्रकाशित किया गया था (1) अल्तार ऑफ लिबर्टी पर शहादत और (2) मशहूर पंजाबी शहीद भाई बाल मुकुंदजी)

यह मामला दो बम केसों से बना—पहला 23 दिसंबर, 1912 को दिल्ली के वायसराय पर फेंका गया बम और दूसरा 17 मई, 1913 को लाहौर में।)

इन मामलों के 11 दोषियों में से अमीर चंद, अवध बिहारी, बाल मुकुंद एवं वसंत कुमार को मौत की सजा सुनाई गई और बलराज, हनुवंत सहाय को आजीवन कारावास और बाकी अन्य को मुक्त कर दिया गया था। इनमें से बलराज को एच.एस.आर.ए. द्वारा मैस्काट के रूप में अपनाया गया, जैसाकि 18 दिसंबर, 1928 एवं 8 अप्रैल, 1929 दोनों

तिथियों को जारी और वितरित किए गए पोस्टरों में इनको एच.एस.आर.ए के कमांडर-इन-चीफ के नाम से दरशाया गया था। इसका तात्पर्य यह है कि भगत सिंह की ये रचनाएँ चारों शहीदों की जीवनी हैं।—संपादक

(i) मास्टर अमीर चंदजी (शहादत : 8 मई, 1915 को दिल्ली जेल में)

ईश्वर से डरनेवाले, 50 वर्ष की उम्र के, उच्च शिक्षा प्राप्त अमीर चंदजी मिशन कॉलेज स्कूल, दिल्ली में एक अध्यापक थे। वे अपनी मातृभूमि से बहुत प्रेम करते थे और हमेशा इस पर जान देने के लिए आगे रहते थे। उनकी उर्दू व अंग्रेजी दोनों भाषाओं पर अच्छी पकड़ थी। शुरुआत में, वह स्वामी रामतीर्थ से पंजाब के अपने अल्पावास में मिले। उन्होंने अपनी शिक्षा को किताब और समाचार-पत्रों में पूरे मन से फैलाया। जब हरदयाल सरकार द्वारा दी गई छात्रवृत्ति का त्याग करके इंग्लैंड से भारत लौटे तो उन्होंने वैरागी स्वयंसेवकों के कैडर को मातृभूमि के लिए कार्य करने के लिए आगे बढ़ने के लिए प्रेरित किया। उन्होंने बहुत से विद्यार्थियों को अपनी पढ़ाई छोड़कर उनके साथ काम करने के लिए प्रेरित किया। एक आधिकारिक रिपोर्ट के अनुसार, वर्ष 1908 के अंत में जब हरदयाल ने भारत छोड़ा तो उन्होंने अपनी सेना का कार्यभार मास्टरजी को सौंप दिया।

मास्टर अमीर चंदजी

कलकत्ता के अवध बिहारी की गिरफ्तारी के बाद इस मामले में उनकी गिरफ्तारी मुख्यतः इस कारण हुई थी, क्योंकि वे जब भी दिल्ली में होते थे तो अधिकतर मास्टरजी के साथ रुकते थे।

नवंबर 1913 के क्रांतिकारी पत्रक 'लिबर्टी' के विचारों को उनके दिमाग का आविष्कार होने का संदेह किया गया, क्योंकि उसकी हाथ से लिखी प्रतिलिपि को उनके घर से बरामद किया गया था।

मुकदमे के दौरान यह सिद्ध हो गया था कि वे न केवल एक राजद्रोही थे, बल्कि चूँकि वह एक बहुत ही सक्षम और बुद्धिमान व्यक्ति थे, इसलिए उनके पास बहुत से नौजवानों को इस षड्यंत्र में भाग लेने को प्रेरित करने की क्षमता थी। इसलिए न्यायाधीशों के अनुसार, उन्हें मौत की सजा सुनाई गई। "हरदयाल के शिष्यों को केवल उन्हीं को

सौंपा गया, जिसमें जो अवध बिहारी उनके घनिष्ठ मित्र थे; रास बिहारी बोस ने स्वीकार किया था कि वह जनवरी और फरवरी 1914 में उनके घर में रहे थे, जिसमें राम लाल और सुल्तान चंद को एक विद्रोही के तौर पर उन्हीं के द्वारा लाया गया था। उन्होंने नवंबर 1913 के 'लिबर्टी' पत्रक को तैयार करने में भाग लिया था और वह बम की टोपी दरअसल उनके घर के एक बंद कमरे से ही मिली थी।

वे 8 मई, 1915 को दिल्ली जेल में फाँसी के तख्ते पर हँसते-हँसते चढ़ गए।

(ii) अवध बिहारी

अवध बिहारी

एक बुद्धिमान नौजवान, जिन्होंने बी.ए. करने के बाद लाहौर ट्रेनिंग कॉलेज से स्नातक की उपाधि प्राप्त की थी। उन्हें 'लिबर्टी' पत्रक में लिखने की जिम्मेदारी दी गई थी। उन्हें यू.पी. और पंजाब में क्रांतिकारी दल का कार्यभार सौंपा गया था। 'बंदी जीवन' के रचनाकार शचींद्र सान्याल उनका बहुत सम्मान करते थे। वे स्वभाव से बहुत जिंदादिल इनसान थे।

उन्हें लाहौर लॉरेंस रोड बम धमाके का दोषी ठहराया गया था। जब उन्होंने अपनी मौत की सजा का आदेश सुना तो खुद को बहुत ही गर्वित महसूस हुआ। यह कहा गया है कि यह सबकुछ होने के बिल्कुल पहले उनसे पूछा गया, "तुम्हारी आखिरी इच्छा क्या है?"

"केवल यही—शैतान इन अंग्रेजों को ले जाए।"

उन्हें कहा गया, "शांत रहो! कम-से-कम मरते वक्त तो शांत हो जाओ।" एक अंग्रेज के शब्द थे, "देखो सर, आज किस तरह की शांति है! मैं चाहता हूँ कि सब जगह एक लौ प्रज्वलित हो, सब जगह हो...जिसमें हम जल जाएँ और हमारी दास-प्रथा भी, जिससे भारत का एक तपे हुए सोने के रूप में उदय हो।" यह कहते हुए वह फाँसी के फंदे की ओर लपका और उसे उसकी गरदन पर कस दिया। दिल्ली की जेल में 8 मई, 1915 को आजादी की बलिवेदी पर उनके प्राण न्योछावर हो गए। जजों के अनुसार, अवध बिहारी बौद्धिक क्षमता के धनी नौजवान थे। वे पंजाब विश्वविद्यालय की अपनी बी.टी. (बेचलर ऑफ टीचिंग) परीक्षा में प्रथम श्रेणी पाकर दूसरे नंबर पर आए थे।

इसलिए यहाँ पर दीनानाथ के समर्थकों का कोई अंतर्निहित असंभावित बयान नहीं है, जिसमें यह कहा गया हो कि वे मई और जुलाई के 'लिबर्टी' पत्रक के लेखक थे।

(iii) बसंत कुमार बिश्वास

बसंत कुमार बिश्वास

वे नादिया, बंगाल के रहनेवाले थे। वह केवल 23 वर्ष के थे और उच्च शिक्षा प्राप्त व्यक्ति थे। शुरुआत में, रास बिहारी बोस ने उन्हें अपने साथ रखा और अपने घर में नौकरी दी। फिर उन्हें लाहौर ले जाया गया, जहाँ वह एक डिस्पेंसरी में कंपाउंडर के तौर पर काम करने लगे। ऐसा माना जाता है कि वे लॉरेंस गार्डन, लाहौर में बम लगाने के लिए अवध बिहारी के साथ गए थे। वे दिसंबर 1913 में बंगाल चले गए और 1914 में उन्हें वहीं से गिरफ्तार कर लिया गया तथा लाहौर वापस लाया गया। पंजाब के गवर्नर सर माइकल ओ' डायर बहुत ही नाराज हुआ, क्योंकि लाहौर बम धमाकों के अपराधियों का कोई भी सुराग नहीं मिल पाया था। इसलिए वही ऐसा व्यक्ति था, जिसने इसमें हस्तक्षेप किया और उनके आजीवन कारावास की सजा मौत की सजा में आगे बढ़ा दी। यह उसने स्वयं स्वीकार किया था।

जजों ने बसंत कुमार बिश्वास के बारे में यह ध्यान दिया था, "वह कोई 23 वर्ष का लड़का नहीं है। वह एक परिपक्व भारतीय है।...हमें वह एक अति बलशाली चरित्र का इनसान दिखता है, जिसके चेहरे पर कमजोरी का कोई निशान नहीं है।"

बसंत कुमार बिश्वास का बहुत लंबा प्रशिक्षण हुआ था और वे कुछ भी करने के लिए तैयार रहते थे; हालाँकि, उन्हें खासतौर पर आंतरिक समूह से बाहर रखा गया था, जिससे कि यदि वह पकड़े जाएँ तो वे अपने पकड़नेवाले को अधिक जानकारी न दे पाएँ।

वे अंबाला जेल में सन् 1915 में एक बहादुर योद्धा की तरह फाँसी के तख्ते पर जा पहुँचे।

(iv) पंजाब के प्रख्यात शहीद : भाई बालमुकुंद

जब औरंगजेब द्वारा दिल्ली में गुरु तेग बहादुर को शहीद किया गया था, तब उनका एक अनुयायी, जिसका नाम मतिदास था, उसी जगह उसी समय पर शहीद

भाई बालमुकुंद

हुआ था। भाई बालमुकुंद उनके वंशज थे और भाई परमानंद के चचेरे भाई थे, जो वर्ष 1914-15 के 'गदर' आंदोलन के बहुत बड़े क्रांतिकारी थे। वे दोनों पंजाब में झेलम जिले में करियाला गाँव के रहनेवाले थे। वह रास बिहारी बोस थे, जो कुछ समय से उनके संपर्क में थे, जिन्होंने सन् 1910 में उन्हें पंजाब में पार्टी संगठन की कमान सौंपी थी।

दिलचस्प बात यह है कि उनके विरुद्ध कुछ भी नहीं पाया गया था, न तो दिल्ली मामले में और न ही लाहौर घटना में। जजों को यह स्वीकार करना पड़ा था कि जोधपुर में उनके मकान में खोज करने पर और साथ ही के उनके गाँव करियाला से कुछ भी संदिग्ध नहीं पाया गया, न ही कोई राजद्रोही साहित्य ही मिला। अपनी गिरफ्तारी के समय वे जोधपुर में महल में राजकुमारी के शिक्षक के तौर पर कार्य कर रहे थे। दूसरा, उनका लाहौर बम कांड या उस जुलाई के 'लिबर्टी' पत्रक के साथ कोई प्रत्यक्ष संबंध नहीं था।

उनके दोषी पाए जाने पर जेल में होने पर उनकी पत्नी राम राखी उनसे मिलीं और उन्हें वहाँ मिलनेवाले भोजन के बारे में पूछा। वे नमूने के तौर पर कुछ भोजन अपने साथ ले आईं; उन्होंने भी वही भोजन करना शुरू कर दिया। जब उनकी मुलाकात अपने पति से अगली बार हुई तो उन्होंने उनसे पूछा कि वे कहाँ और कैसे सोते हैं? उनके पति ने बताया गया कि वे (उनके पति) एक बंद कमरे के फर्श पर सोते हैं। वे प्रचंड गरमी के दिन थे। वे भी अपने पति की तरह बाहर उसी तरह से फर्श पर सोने लगीं। 8 मई, 1915 को उन्हें अपने पति के देहांत की खबर मिली। पति के मृत शरीर को परिवार को सौंपने से अधिकारियों द्वारा इनकार कर दिया गया था। अत: उन्होंने अपनी दुलहन की पोशाक एवं आभूषण पहने, लकड़ी के मंच पर बैठ गईं और इस नश्वर संसार को एक समाधि अवस्था में त्याग दिया। ऐसे शहीदों की जय हो!

(ङ) गदर आंदोलन (1914-15)

'गदर' पार्टी को सन् 1913 में अमेरिका-कनाडा में प्रवासी भारतीयों, किसानों, विद्यार्थियों और निर्वासित बुद्धिजीवियों के संयुक्त प्रयास द्वारा बनाया गया था। इसका नाम पहले प्रशांत तट का हिंदी संघ (हिंदी एसोसिएशन ऑफ द पैसिफिक कोस्ट) था,

लेकिन बाद में इसका नाम 'गदर' पार्टी के रूप में सामने आया। पार्टी का यह नाम इसके शीर्षक के अर्थ के कारण रखा गया, जो इसके संदेश को व्यापक और विस्तृत रूप से फैलाने में सक्षम था। इस पार्टी का उद्‌देश्य सन् 1857 के काल को दोहराना था। पार्टी का यह नाम रखने का दूसरा कारण यही था। भगत सिंह के परिवार का भी गदरियों के साथ गहरा संबंध था।

ट्रिब्यूनल के अनुसार, सरदार किशन सिंह ने सन् 1914 में पार्टी को 1,000 रुपए दान में दिए। एच.एस.आर.ए. के घोषणा-पत्र को भी करतार सिंह, प्रेसिडेंट एच.एस.आर.ए. के नाम पर जारी किया गया था। 'चाँद' के 'फाँसी अंक' में गदरियों पर 22 लेखों को शामिल किया गया था। वे लेख विभिन्न नामों से लिखे गए। संभवतः सभी लेख भगत सिंह द्वारा लिखे गए थे। उनमें से पाँच नाम इस प्रकार हैं—करतार सिंह सराभा, विष्णु गणेश पिंगले, भान सिंह, पं. कांशीराम और भाई बलवंत सिंह।

19 फरवरी, 1915 को गदरियों के उदय के असफल होने के संदर्भ में भगत सिंह की टिप्पणियाँ इस प्रकार थीं—

"अपने इरादों के पक्के इन लोगों के जिद्‌दीपन में भी कुछ तो भव्यता थी। उसमें निस्संदेह एक नए दृष्टिकोण की झलक थी। 19 फरवरी, 1915 को अपने निरंकुश उत्साह से भरे अत्याचारियों द्वारा गोलीबारी करने के समय केवल 50 लोग, जिनमें एक नौजवान करतार सिंह भी शामिल थे, ने उनकी सबसे बेहतर सैन्य छावनी को नुकसान पहुँचाने के लिए हमला करने का साहस किया। हालाँकि, वे अपने मकसद में नाकाम रहे, पर इसके बावजूद निश्चित तौर पर उनके विरुद्ध चाल चली जा चुकी थी। इसमें कोई संदेह नहीं कि वे अपनी परम निष्ठा, असीम उत्साह और असाधारण आत्मविश्वास के चलते इतिहास के पन्नों पर अपनी अमिट छाप छोड़ चुके थे।"

"भगत सिंह एक ऐसे माहौल में बड़े हुए थे, जिसमें औसत तौर पर राजनीति से मायूस होने पर बहुत से देशभक्तों ने क्रांतिकारी राजनीति की राह को अपना लिया था। हम विशेष न्यायालय द्वारा किए गए फैसलों पर आधारित प्रो. मलविंदर जीत सिंह और हरिंदर सिंह के वर्ष 1914-15 के संबंधित गदर आंदोलन पर प्रस्तुत किए गए विस्तृत विचार-शृंखला का आभार व्यक्त करते हैं, जो वास्तव में पहला लाहौर षड्‌यंत्र केस था।" (किंग सम्राट् के विरुद्ध जंग—1914-15 का गदर आंदोलन : विशेष न्यायालय द्वारा एक फैसला, भाई साहिब रणधीर सिंह ट्रस्ट, लुधियाना, 2001)

"श्री ए.जी. नूरानी ने भी 'ट्रायल ऑफ भगत सिंह', 2005 के अपने सबसे नवीन संस्करण के परिचय में 'सम्राट् के विरुद्ध जंग' (वॉर अगेंस्ट द किंग एंपरर) के प्रकाशन की दृष्टि से भगत सिंह पर गदर आंदोलन के प्रभावों को ध्यान में रखते हुए नोट लिखा था।"[3]

(*i*) *करतार सिंह सराभा*

(जन्म 24 मई, 1896 को सराभा गाँव, जिला लुधियाना में; शहादत 16 नवंबर, 1915 को केंद्रीय कारागार, लाहौर में; जेल परिसर में ही रहस्यमय तरीके से अंतिम संस्कार।)

करतार सिंह सराभा

एक अच्छे परिवार में जनमे, जिन्होंने बचपन में ही अपने पिता को खो दिया और जिनका पालन-पोषण उनके दादाजी सरदार बदन सिंह ने किया था। उनकी उच्च शिक्षा प्राप्त करने की तीव्र इच्छा ही उन्हें उसके लिए अमेरिका ले गई। जब आप्रवासी अधिकारी द्वारा उनके वहाँ आने का कारण पूछा गया तो उन्होंने कहा, "उच्च शिक्षा।" उनसे पूछा गया, "मान लो, तुम्हें प्रवेश देने से इनकार कर दिया जाए तो?" करतार ने जवाब दिया, "यह मानवता की उन्नति के प्रति बहुत बड़ा अन्याय होगा।"

वह गदर पार्टी के कार्यकर्ताओं में सबसे आगे रहनेवालों में से थे। उन्होंने स्वयं 'गदर' को लिखा था और हाथ से चलाई जानेवाली प्रिंटिंग मशीन द्वारा प्रकाशित किया था। अपना काम करते समय वे गुनगुनाया करते थे, "देशभक्ति की राह काफी कठिन होती है। भाषण देना बहुत आसान है। जो मातृभूमि की सेवा के मार्ग पर चलते हैं, उन्हें अनगिनत परेशानियों का सामना करना पड़ता है।"

विशेष न्यायालय ने उनके बारे में लिखा था—'इन 61 अपराधियों में से वह सबसे खास है और इसकी फाइल सबसे बड़ी है। वास्तव में, इस षड्यंत्र का अमेरिका, समुद्र के पार और भारत में कोई ऐसा भाग नहीं है, जिसमें इस दोषी ने भाग नहीं लिया है।'

एक बार उनके दादाजी उनसे मिलने तब गए, जब उन्हें मौत की सजा सुनाई गई और करतार से कहा, "जिनके लिए तुम मर रहे हो, वे तुम्हें गाली देते हैं। ऐसा भी नहीं दिख रहा कि इस देश को तुम्हारी मृत्यु से कोई लाभ होगा।"

करतार ने शांतिपूर्वक पूछा, "दादाजी, हमारा वह एक रिश्तेदार कहाँ है?"

"प्लेग से मर गया।"

"वो और कोई (कोई और रिश्तेदार)?"

"हैजा से मर गया।"

"कौन सी मौत ज्यादा अच्छी है? महीनों तक बिस्तर पर रहकर कष्टकारी मौत या

किसी और प्रकार से, जैसे इस तरह ?"

दादाजी के पास कोई जवाब नहीं था। यहाँ तक कि आज भी यह सवाल उठता है कि उन्होंने मौत को अपने आगोश में क्यों लिया ?

'अपने भले के लिए', इसका यह जवाब है। उनका सपना मातृभूमि के लिए मरना था। इसके अलावा, वे बिना किसी शोर व असम्मान के और चुपचाप मरना चाहते थे। जैसे—

चमने जार-ए-मोहब्बत में, उसी ने बागबानी की,
कि जिसने अपनी मेहनत को ही मेहनत का समर जाना।
नहीं होता है मोहताजे-नुमाइश फैज शबनम का,
अँधेरी रात में मोती लुटा जाती है गुलशन में।

(सरल अनुवाद)

वही ऐसे हैं, जिसके लिए प्रेम के बगीचे में मजदूर,
प्रेम की मजदूरी में
जो कुछ इस तरह की बूँदें चुपचाप गिरा देते हैं,
एक गहरी रात में, बगीचे में मोती बिखेर देते हैं।

वे 16 नवंबर, 1915 को उसी प्रकार खुश थे, जैसेकि और दिन हुआ करते थे। *(स्रोत : 'चाँद', पंजाबी संस्करण, पृष्ठ-117-27)*

(ii) विष्णु गणेश पिंगले

(उनका जन्म 2 फरवरी, 1889 को ग्राम तालागाँव धामधेरा, पुणे में हुआ; शहादत 16 नवंबर, 1915 को केंद्रीय कारागार लाहौर में; जेल परिसर में ही अंतिम संस्कार हुआ।)

विष्णु गणेश पिंगले

अपने बचपन के दिनों से ही उन्हें गुलाम देश में जन्म लेने पर तरह-तरह की पीड़ाएँ सहन करनी पड़ी थीं। उन्हें इंजीनियरिंग की पढ़ाई करने के लिए अमेरिका भेजा गया था, लेकिन वे क्रांतिकारी आंदोलन 'गदर आंदोलन' में शामिल हो गए। भारत वापस आने पर वह गदर पार्टी के साथ सन् 1912 के हार्डिंग बम केस के नाम प्रचलित रास

बिहारी बोस द्वारा चलाए जा रहे 'बनारस ग्रुप ऑफ बंगाल' के साथ गदर पार्टी को जोड़नेवाले मुख्य सहायक बन गए थे। उन्होंने करतार सिंह के साथ मिलकर शचींद्र सान्याल की सहायता से रास बिहारी बोस की अध्यक्षता में लाहौर में पार्टी के मुख्यालय की स्थापना में अहम योगदान दिया।

पार्टी के एक जासूस के कारण उनकी '19 फरवरी को चढ़ाई करने की योजना' असफल हो गई। चूँकि गदर पार्टी की रणनीति में सन् 1857 के विद्रोह की तरह सक्रिय रूप से भारतीय सैन्य दलों में शामिल करना था, इसलिए विभिन्न सैन्य दलों के साथ संपर्क स्थापित किया गया। करतार को बारहवीं घुड़सवार सेना के केंद्र को स्थापित करने का दायित्व सौंपा गया, जिसे मेरठ में पदस्थापित किया गया था। रॉलेट रिपोर्ट के अनुसार, रास बिहारी और पिंगले बनारस वापस आए, लेकिन केवल कुछ दिनों के लिए और कुछ बमों को मेरठ ले गए, जहाँ उन्हें 23 मार्च को एक बक्से के साथ 12 कैवेलरी लाइंस पर गिरफ्तार कर लिया गया था। उनके कब्जे से 'एक सैन्य दल के विनाश के लिए पर्याप्त' 10 बम मिले थे।

जब 16 नवंबर, 1915 को उन्हें फाँसी दी जानी थी, उनसे पूछा गया, "आप कुछ कहना चाहते हैं?" तो उनका उत्तर था, "ईश्वर से प्रार्थना करने के लिए दो मिनट का वक्त।"

हथकड़ी को खोल दिया गया और उन्होंने हाथ जोड़कर प्रार्थना की, "हे ईश्वर! आप हमारे मन को जानते हैं। वह पवित्र कारण, जिसके लिए हम अपने जीवन का त्याग कर रहे हैं, उसकी देखभाल करना। भारत स्वतंत्र हो जाए, केवल यही एक कामना है।" यह कहकर उन्होंने स्वयं ही अपनी गरदन में फाँसी का फंदा डाल लिया और इस संसार को 'अलविदा' कह दिया। ('चाँद', पंजाबी संस्करण, पृष्ठ-128-29)

(iii) भान सिंह

(सन् 1875 में लुधियाना जिले के सुनेत गाँव में जन्म; 2 मार्च, 1918 को सेल्युलर जेल, पोर्ट ब्लेयर, अंडमान में शहादत।)

पंजाब के पिछड़े गाँव के बहुत से नौजवानों की तरह वे भी सेना में भरती हुए और कुछ वर्षों के लिए घुड़सवार सेना में सेवा की। नौकरी से पदच्युति के बाद वे डॉलर कमाने के लिए अमेरिका चले गए। लेकिन अपनी मातृभूमि को पराधीनता के बंधन में देखकर उन्होंने 'गदर पार्टी' में भाग लिया और इसके पश्चात् उन्हें गदर के लिए भारत बुलाया गया। वह 29 अक्तूबर, 1915 को भारत आए और उन्हें मॉण्टगोमेरी कारागार में नजरबंद कर दिया गया। उन्हें निर्दोष पाने पर छोड़ दिया गया। फिर उन्होंने अपने मन और आत्मा को पार्टी की गतिविधियों में लगा दिया। उन्हें सम्राट् के विरुद्ध युद्ध छेड़ने का

भान सिंह

प्रयास करने के बाद गिरफ्तार किया गया। आजीवन कारावास की सजा सुनाते हुए उन्हें सेल्युलर जेल, अंडमान भेज दिया गया।

अंडमान में नरक के समान जीवन व्यतीत करने के बावजूद एक बार जेल के दरवाजे पर खड़े होकर वह गुरु गोविंद सिंह की प्रसिद्ध पंक्तियाँ गुनगुनाने लगे, "मित्तर प्यारे नूँ हाल मुरीदाँ दा कहणा।" (मेरे प्रिय दोस्तों को उनके मुरीद का हाल बताना...) एक अंग्रेज जेल वार्डन ने पूछा, "तुम्हें यहाँ गाना गाने का अधिकार किसने दिया?" उन्होंने अपना गाना जारी रखा। इसके बाद उन्हें पूरी तरह अलग-थलग करके कमरे में रखा गया और बुरी तरह से पीटा गया। लेकिन उन्होंने हार नहीं मानी। जब वे अपने अंत के करीब आ गए तो जेल अधिकारियों ने अपने पर किसी तरह के दोषारोपण से बचाने के लिए उन्हें अस्पताल भेज दिया, जहाँ पहुँचते ही उनकी मृत्यु हो गई। ('चाँद', पंजाबी संस्करण, पृष्ठ-173-75)

(iv) पं. कांशीराम

पं. कांशीराम

(इनका जन्म 14 अक्तूबर, 1882 को (वर्तमान में रोपड़) अंबाला जिले के मरौली कलाँ ग्राम में हुआ। इनकी शहादत 27 मार्च, 1915 को लाहौर केंद्रीय कारागार में हुई। इनका अंतिम संस्कार जेल परिसर में ही हुआ।)

जिस कमरे में उनका जन्म हुआ, वह अभी भी वैसा ही और साफ-सुथरा है। अपनी इंटर की परीक्षा पास करने के बाद वह अमेरिका के लिए रवाना हो गए, जहाँ पर वे एक समृद्ध ठेकेदार बन गए। उन्हें 'गदर पार्टी' का कोषाध्यक्ष नियुक्त किया गया था। उन्होंने गदर पार्टी द्वारा वापस

बुलाए जाने पर भारत आने के लिए अमेरिका को छोड़ दिया।

अपने विद्रोह की तैयारी के दौरान गदरियों ने फिरोजपुर छावनी मुख्यालय पर एक आक्रमण की तैयारी की, जिसे उन्होंने टाल दिया। वे ताँगे पर ही मोगा के लिए रवाना हो गए। उन्हें मिसरीवाला गाँव के पास पुलिस का सामना करना पड़ा। वहाँ एक मुठभेड़ हुई, जिसमें एक पुलिस सब-इंस्पेक्टर और एक जेलदार मारे गए।

उन्हें छह अन्य गदरियों के साथ, जिनका नाम—जीवन सिंह, रहमत अली, बख्शीश सिंह, लाल सिंह, जगत सिंह और ध्यान सिंह था, को अलग-अलग जेलों में 25-27 मार्च, 1915 की समयावधि के दौरान फाँसी दे दी गई।

उनकी फाँसी से कुछ दिनों पहले, जब उनके बूढ़े माता-पिता उनसे जेल में मिलने गए तो उनके पिता ने उनसे प्रायश्चित्त करने और अपनी दयनीय वित्तीय स्थिति होने का हवाला देते हुए क्षमा-याचना करने के लिए कहा। पिता की ऐसी बातें सुनकर उस संन्यासी मनुष्य ने जवाब दिया, "इस मोह-माया से क्या लाभ होगा? इस नश्वर संसार में वास्तव में कोई किसी का बेटा या पिता नहीं है।...यह सब एक माया है। इस मातृभूमि के सभी सुपुत्रों को अपना बेटा मानकर देखें और उनमें विश्वास रखें। ('चाँद', पंजाबी संस्करण, पृष्ठ-110-12)

(v) भाई बलवंत सिंह

(उनका जन्म 15 सितंबर, 1882 को जालंधर जिले के खुर्दपुर गाँव में हुआ; शहादत 29 मार्च, 1917 को लाहौर केंद्रीय कारागार में हुई; जेल परिसर में ही उनका अंतिम संस्कार हुआ।)

भाई बलवंत सिंह

वे दस साल तक सेना में कार्य करने के बाद वापस अपने गाँव आ गए। वे अपना काफी समय ध्यान-चिंतन करने में ही गुजारते थे। सन् 1905 में वे कनाडा चले गए। वैंकूवर के पहले उन्हें सिख मंदिर में पुजारी का पद सौंपा गया, जो जल्द ही क्रांतिकारी गतिविधियों का केंद्र बन गया। इस गुरुद्वारे का निर्माण उनके और उन्हीं के सहयोगी भाई भाग सिंह द्वारा किया गया था, जो अमृतसर जिले के भिखी विंड के रहनेवाले थे।

वर्ष 1907 के दौर में उनके आसपास

रहनेवाले अंग्रेज इन उद्यमशील काले माने जानेवाले भारतीयों से ईर्ष्या करने लगे और भारत से कनाडा आनेवाले भारतीयों को रोकने के लिए एक 'एशियाटिक एक्सक्लूजन लीग' की स्थापना की। वे भारतीय, जो पहले से ही वहाँ मौजूद थे, उन्हें अपने परिवारों को वहाँ बुलाने की अनुमति नहीं थी। वह कुछ एक अन्य लोगों के साथ मिलकर अपने परिवार को वहाँ ले लाए और उनके वापस भेजे जाने का विरोध करने के लिए उनके कानूनी प्रवेश को सुरक्षित करने के लिए लड़ाई शुरू की। वे इस उद्देश्य में सफल नहीं हुए; हालाँकि, उनके परिवारों को दया-भाव से कनाडा में रहने की अनुमति मिल गई थी।

यह बात भारत के गुलाम लोग समझ नहीं सके कि वे वहाँ क्यों उत्पीड़ित हो रहे थे? भारतीयों ने एक प्रतिनिधिमंडल दिल्ली में भेजा और भारत व इंग्लैंड में रहनेवाले आम लोगों के सुझावों को भी इकट्ठा किया।

उस प्रतिनिधिमंडल का नेतृत्व भाई बलवंत सिंह ने किया, जो पंजाब के गवर्नर सर माइकल ओ' डायर से भी मिले, जिन्होंने अपनी खुफिया जानकारी में यह सूचित किया था कि यह व्यक्ति एक खतरनाक क्रांतिकारी प्रतीत होता है।

आखिरकार, उन्हें यह अहसास हो गया कि भारत को आजादी दिलाने के लिए क्रांतिकारी संघर्ष की कमी है, जो समय की आवश्यकता थी। अपने परिवार के साथ भारत वापस आने के लिए यात्रा करते समय उनका शंघाई में पुत्र पैदा हुआ। उन्होंने इस अवसर पर एक कठिन निर्णय लिया। उन्होंने अपने सहयोगी नवान चंद के भाई करतार सिंह के साथ अपने परिवार को भारत भेज दिया और वे थाईलैंड में पार्टी कार्यों में सक्रिय रूप से भाग लेने लगे। किंतु उन्हें गिरफ्तार कर लिया गया और मुकदमे के लिए भारत भेज दिया गया। उन्हें 5 जनवरी, 1915 को अपने चार सहयोगियों—हरनाम चंद उर्फ नामा, डॉ. रूर सिंह, हाफिज अब्दुल्ला और बाबू राम के साथ दूसरे अनुपूरक लाहौर षड्यंत्र केस में मौत की सजा सुनाई गई।

गदरियों के शहीदों वाली भगत सिंह के हाथों से तैयार सूची को इस अध्याय के अंत में प्रदर्शित किया गया है।

(च) मार्शल लॉ-1919

शहीद खुशीरामजी

(जन्म 10 अगस्त, 1900, को झेलम जिले के सैदपुर में हुआ। शहादत : 12 अप्रैल, 1919 को लाहौर में एक शांतिपूर्ण जुलूस के दौरान सैनिकों की गोलीबारी में शहीद हुए।)

वर्ष 1919 को भारत के इतिहास में सदा के लिए याद रखा जाएगा। उस समय विश्व युद्ध का अंत होने ही वाला था। भारतीय, खासतौर पर पंजाबियों, ने अंग्रेजों को युद्ध में हराने के लिए खुद को सक्षम बना लिया था। लेकिन इन अहंकारी ब्रिटिशों ने हमें बदले

में रॉलेट ऐक्ट एवं ब्लैक ऐक्ट दे दिए, जिनके चलते हमारे लिए शांतिपूर्ण ढंग से प्रदर्शन की अनुमति भी नहीं थी। इसके बाद बहुत बड़ी लहर उठी, जिसके परिणामस्वरूप आखिरकार मार्शल लॉ लगाया गया।

खुशीराम उस वक्त 19 वर्ष की उम्र के एक किशोर थे, जिन्होंने डी.ए.वी. कॉलेज, लाहौर के विद्यार्थी होते हुए पंजाब विश्वविद्यालय की शास्त्री परीक्षा में भाग लिया।

12 अप्रैल को लाहौर की बादशाही मसजिद में ब्लैक ऐक्ट के विरुद्ध एक बहुत बड़ी सार्वजनिक बैठक का आयोजन किया गया, जिसमें सिख, मुसलमान, हिंदू सभी एकजुट हुए। उस बैठक के बाद जन-समूह ने एक जुलूस के रूप में शहर की ओर रुख किया। उन्हें वहाँ सैनिकों द्वारा घेर लिया गया और तितर-बितर होने का आदेश दिया गया। किंतु किसी ने भी उनके आदेश की परवाह नहीं की और आगे बढ़ते गए। नौजवान खुशीराम सबसे आगे थे। सात गोलियाँ उन्हें एक-एक करके लगीं, जो उन्हें उनके पक्के इरादे से नहीं डिगा सकीं; लेकिन आठवीं गोली लगने पर वे नीचे गिर गए। अगले दिन लगभग 50,000 लोगों ने उनके अंतिम संस्कार की शोभा-यात्रा में भाग लिया। (जगमोहन, रचनाएँ, पृष्ठ-121-23)

(छ) शहीद बब्बर अकाली (सन् 1926)

होली के दिन खूनी छींटे

(यह 15 मार्च, 1926 को 'एक पंजाबी युवक' (ए पंजाबी यूथ) के नाम से भगत सिंह द्वारा हिंदी में लिखा गया शहीदों पर पहला लेख था।

27 फरवरी, 1926 को होली के दिन, जब हम सभी मौज-मस्ती में डूबे हुए थे, तब पंजाब प्रांत में एक भयानक घटना घटित हुई थी, जिसके बारे में सुनकर शायद आपकी हड्डियाँ तक जम जाएँ और आप काँप उठें। लाहौर केंद्रीय कारागार में छह विद्रोहियों, जिनके नाम—सरदार धरम सिंह, सरदार दलीप सिंह (जूनियर), सरदार किशन सिंह गरगज्ज, बाबू संता सिंह, सरदार नंद सिंह और सरदार करम सिंह थे, को बब्बर अकाली षड्यंत्र केस में सुनवाई के बाद फाँसी दे दी गई।

मामले में दो वर्ष तक चली सुनवाई के बाद जिस दिन यह फैसला आया, वे सभी अपनी जीत की मर्मभेदी आवाज में एक साथ बोल उठे, "बोले सो निहाल!"[4]

पृष्ठभूमि : इस सिख समुदाय को अपने गुरुद्वारों को उन भ्रष्ट पुरोहितों व महंतों से आजाद करवाने के लिए बहुत लंबा संघर्ष जारी रखना पड़ा, जिन्हें उन दिनों सरकार का पूरा समर्थन प्राप्त था। इस संदर्भ में कुछ घटनाएँ, जैसेकि ननकाना साहिब नर-संहार 1921, गुरु का बाग घटना 1922 और जयतो मोर्चा ऐतिहासिक थीं। चूँकि सरकार का महंतों के साथ घनिष्ठ संबंध था, अकाली समूह—जो इस उद्देश्य की पूर्ति के लिए

बाएँ से—(1) धर्म सिंह (हयातपुर), (2) दलीप सिंह (धामियाँ), (3) किशन सिंह गरगज्ज (वरिंग), (4) बाबू संता सिंह, (5) नंद सिंह और (6) करम सिंह

आंदोलन कर रहा था—का वह भाग, जो उग्र सोचवाला था, इस कारण गुस्से से आगबबूला हो गया था और अपने समूह की मुख्य विचारधारा से अलग हो गया तथा उन्होंने विदेशी शासकों के विरुद्ध हथियार उठा लिये थे। तब उनका उद्देश्य पूर्ण स्वतंत्रता से कम कुछ भी नहीं रहा। लेकिन उनकी त्याग की भावना का प्रदर्शन उनके द्वारा लिये गए इस संकल्प में हुआ, "हम अपने परिवार का देश की सेवा के लिए त्याग कर देंगे। हम प्रतिज्ञा लेते हैं कि हम पुलिस के हाथ में आने के बजाय लड़ते-लड़ते मरेंगे।"

वह स्थान जहाँ मुठभेड़ हुई

उनके आंदोलन के दौरान जो अलग-अलग घटनाएँ घटित हुईं, उनमें से दो का जिक्र करना बहुत आवश्यक हो जाता है—पहली 1 सितंबर, 1923

को फगवाड़ा के निकट बबेली गाँव में पुलिस के साथ हुई मुठभेड़, जिसमें उनमें से चार लोग सेना व पुलिस द्वारा घिर चुके थे। गाँव में मौजूद होने पर गाँववालों को यह चेतावनी दी गई कि या तो बब्बर बाहर खुले में आ जाएँ, अन्यथा पूरे गाँव को जला दिया जाएगा। फिर वे चारों, जिनके नाम—सरदार करम सिंह, सरदार उदय सिंह, सरदार मोहिंदर सिंह व सरदार बिशन सिंह थे, पुलिस व सेना को चुनौती देते हुए सामने प्रकट हुए। उनके बीच भीषण युद्ध हुआ। उन चारों में से किसी ने पुलिस के समक्ष आत्मसमर्पण के बारे में सोचा तक नहीं और पास के ही एक ऐतिहासिक गुरुद्वारे के निकट एक के बाद एक चारों शहीद हो गए।

साहस व बलिदान की एक और विशिष्ट घटना कपूरथला जिले में फगवाड़ा के निकट मन्ननहाना गाँव के बेहबलपुर में धन्ना सिंह की शहादत से हुई। यह उनके साथ उनके मेजबान द्वारा किया गया विश्वासघात था, जिसने उन्हें गिरफ्तार कराने के लिए पुलिस को बुलाने से पहले उनका रिवॉल्वर निकाल लिया। 25-26 अक्तूबर, 1923 की उस विध्वंसकारी रात को एक बड़े पुलिस दल ने धन्ना सिंह को कैद कर लिया, जब वे गहरी नींद में सो रहे थे। उन्हें हथकड़ी लगाई गई और घर से बाहर लाया गया। बहुत से सैनिकों और अंग्रेजी अफसरों ने उन्हें घेर लिया। वहाँ पर उनको ताना मारते हुए एस.पी., जो एक अंग्रेज था, ने कहा, "धन्ना सिंह, तुमने यह कहा था कि मैं पुलिस के हाथों में जिंदा नहीं आऊँगा। अब क्या?" तभी धन्ना सिंह ने अपनी कमर में बँधे हुए बम से विस्फोट कर पुलिसकर्मियों के साथ खुद को भी मार दिया।

धन्ना सिंह

इसका निष्कर्ष यह निकला कि अगले दो वर्षों से अधिक समय तक (1922-24) बब्बरों ने पूरी पुलिस व्यवस्था को शक्तिहीन कर दिया। पुलिस में इस कदर दहशत फैल गई कि पुलिस पंजाब में दोआब के तीन जिले, अर्थात् जालंधर, होशियारपुर एवं कपूरथला में बिना सशस्त्र दलों के घुमने का साहस तक नहीं जुटा पाती थी। (जगमोहन, रचनाएँ, पृष्ठ-38-42)

(ज) काकोरी के शहीद

('विद्रोही' के नाम से जनवरी 1928 में 'कीर्ति' पंजाबी में भगत सिंह के चार लेखों को प्रकाशित किया गया।)

(i) राजेंद्र नाथ लाहिड़ी

(जन्म सन् 1892 में, ग्राम मोहनपुर, जिला पबना; वर्तमान में बांग्लादेश; शहादत : 17 दिसंबर, 1927, गोंडा जेल में हुई।)

राजेंद्र नाथ लाहिड़ी

वे बनारस हिंदू विश्वविद्यालय में एम.ए. के विद्यार्थी थे। वे सन् 1925 में कलकत्ता के एक घर से गिरफ्तार हुए थे, जो एक बम हाउस था। उन्हें इस मामले में 7 वर्ष के सश्रम कारावास की सजा सुनाई गई थी। फिर उन्हें काकोरी मामले में पकड़ा गया। उन्हें बाराबंकी और गोंडा जेल में रखा गया। वे अकसर मौत पर हँसा करते। उन्हें उस समय भी मौत नहीं डरा सकी, जब उनका उससे सामना हुआ और उसने उनकी आँखों में आँखें डालकर देखा। वे बहुत ही साहसी और मिलनसार थे, जो मौत की हँसी उड़ाते थे। हमारे पास उनके दो पत्र हैं। पहला पत्र 6 अक्तूबर, 1927 का है, जब वायसराय ने उनकी याचिका खारिज कर दी थी—

"छह महीने गोंडा और बाराबंकी जेल में गुजारने के बाद मुझे बताया गया कि मुझे एक हफ्ते के भीतर ही मार दिया जाएगा; क्योंकि वायसराय ने मेरी याचिका खारिज कर दी थी। अब, यह मेरा कर्तव्य है कि मैं अपने उन सभी दोस्तों का शुक्रिया अदा करूँ, जिन्होंने मेरे लिए जितना उनसे हो सकता था, कोशिश की। वे मेरा आखिरी प्रणाम स्वीकार करें। हमारे लिए मौत का अर्थ इससे अधिक और कुछ भी नहीं कि धारण किए गए कपड़ों को बदला जाए। मैं उसे हर्षोल्लास और खुशी से गले लगाऊँगा। जेल के नियमों से जुड़ा होने के कारण और अधिक नहीं लिख सकता। सभी को नमस्कार, वंदे मातरम्, देश का भला चाहनेवाला। आपका आर.एन. लाहिड़ी।"

प्रिवी काउंसिल में दायर एक याचिका के कारण यह फाँसी लंबित हो गई। इस कारण दूसरा पत्र, आखिरी पत्र, 14 दिसंबर, 1927 को भेजा गया—

"कल मुझे यह पता चला कि प्रिवी काउंसिल ने मेरी याचिका खारिज कर दी। आप लोगों ने मुझे बचाने की बहुत कोशिश की, लेकिन ऐसा लगता है कि आजादी की देवी को

अपनी थाल में मेरे सिर की आवश्यकता है। मृत्यु कुछ भी नहीं है, बल्कि जीवन का दूसरा संस्करण है। फिर डर कैसा ? मुझे पूरा विश्वास है कि हमारा बलिदान व्यर्थ नहीं जाएगा। आपका आर.एन. लाहिड़ी।"

कितना मासूम, कितना दिल को छूनेवाला है यह पत्र और इसका लेखक बालक के समान हृदयवाला है! उसने फाँसी के फंदे पर जाने से पहले हथकड़ी लगाने से इनकार कर दिया और साहस के साथ, स्वेच्छा से वहाँ गए। उनके अंतिम संस्कार को बहुत बड़े जुलूस के रूप में किया गया। (नोट : भगत सिंह की सलाह पर उनके छोटे भाई का नाम 'राजिंदर सिंह' रखा गया।) (जगमोहन, रचनाएँ, पृष्ठ–53–56)

(ii) रामप्रसाद बिस्मिल

(जन्म 11 जून, 1897 को शाहजहाँपुर, उत्तर प्रदेश में हुआ; 19 दिसंबर, 1927 को गोरखपुर जेल में ही उनकी शहादत हुई।)

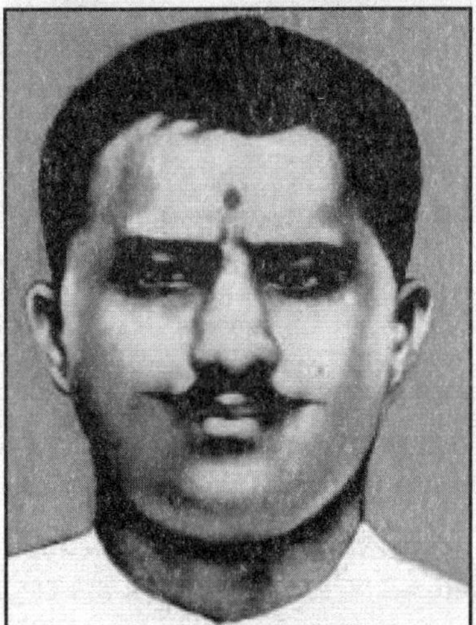

रामप्रसाद बिस्मिल

राम प्रसाद एक बहुत ही होनहार, खूबसूरत, तंदुरुस्त नौजवान और एक कवि भी थे। वह विशेष रूप से सामर्थ्यवान् और सुशिक्षित थे। लोग कहा करते थे कि अगर वे किसी दूसरे स्थान और हालात में पैदा हुए होते तो शायद सेना के जनरल होते।

उन्होंने अकेले ही पूरी योजना को अंजाम तक पहुँचाया, जिसके चलते उन्हें मौत की सजा मिली थी। उन्हें 19 दिसंबर को फाँसी पर लटकाया गया था। 17 तारीख की शाम को जब उन्हें दूध दिया गया तो उन्होंने उसे यह कहकर पीने से इनकार कर दिया कि अब वे केवल माँ का ही दूध पीएँगे। 18 दिसंबर को उनकी अपने परिवार के साथ आखिरी मुलाकात हुई। उनकी माँ में अद्भुत साहस था। अपने पुत्र की आँखों में आँसू देखकर उन्होंने उन्हें इस अच्छे कारण के लिए अपना जीवन बलिदान करने का आदेश दिया और कहा कि यह देश हमारे पूर्वज हरिश्चंद्र जैसे आदर्शों को पसंद करता है। वे हँसने लगे और कहा, "माँ, मैं इसकी चिंता या पश्चात्ताप क्यों करूँ ? मुझे मौत से डर नहीं लगता। लेकिन माँ, घी तब तक नहीं पिघलता, जब तक कि उसे आग के पास न रखा जाए।"

फाँसी के फंदे पर ले जाते वक्त उन्होंने जोरदार आवाज में नारा लगाया—'वंदे

मातरम्', 'भारत माता की जय'।[5] उन्होंने अपनी आत्मकथा को 16 दिसंबर को इन पंक्तियों के साथ पूरा किया—

शहीदों के खून से
सैकड़ों विद्रोही उत्पन्न होंगे।
बिस्मिल, रोशन, लाहिड़ी, अशफाक,
क्रूरता की तलवार लेकर आगे बढ़ो।

(iii) अशफाकुल्ला खाँ

(जन्म 21 दिसंबर, 1899 को शाहजहाँपुर में हुआ; शहादत : 19 दिसंबर, 1927 को फैजाबाद जेल में हुई।)

अशफाकुल्ला खाँ

इस बेपरवाह कवि ने भी हर्षोल्लास के साथ फाँसी को गले से लगा लिया। एक तगड़ा व लंबा नौजवान। वे जेल में थोड़ा कमजोर हो गए थे, हालाँकि उन्होंने अपने कमजोर होने के रहस्य का खुलासा करते हुए बताया कि वे चिंता के कारण दुबले नहीं हुए, बल्कि चूँकि वे काफी समय ईश्वर की आराधना करते हुए चिंतन में डूबे रहते थे, इस कारण वे बहुत थोड़ा खाना खाते थे। अपनी कुरबानी वाले दिन से पहले उन्होंने कहा था कि अगले दिन उनकी शादी थी। उन्हें सुबह 6 बजे ही फाँसी दे दी गई। हाथ में पवित्र 'कुरान' लिये हुए, हज यात्रियों की तरह पाक आयतों को दोहराते हुए वह फाँसी के फंदे की ओर बढ़ चले। वहाँ पहुँचकर उन्होंने रस्सी को चूमा, फिर कहा, "मैंने कभी भी किसी के खून से अपने हाथ गंदे नहीं किए हैं। इसलिए 'अल्लाह' इसका सही इनसाफ करेगा। मेरे खिलाफ लगाए गए सभी इल्जाम झूठे हैं।" उनके 'अल्लाह' कहते ही रस्सी को खींच दिया गया। उनका आखिरी संदेश 16 दिसंबर, 1927 को फैजाबाद जेल से यह भेजा गया—"हमने भारत माता के मंच पर अपना अभिनय अदा कर दिया है। हमने जो भी कुछ गलत या सही किया, हमने केवल अपनी आजादी को पाने के वास्ते किया था। फिर चाहे हमारे नेता हमारी प्रशंसा करें या निंदा, हमारे दुश्मन कम-से-कम हमारे साहस और निडरता की सराहना करने के लिए विवश हो चुके हैं। कुछ लोग हमें आतंकवादी बुलाते हैं। यह गलत है। यदि ऐसा होता तो हमारे बहुत से सहयोगी

खुले तौर पर घूम रहे होते; लेकिन उन्होंने किसी को कभी कोई हानि नहीं पहुँचाई। जबकि ऐसे बहुत से लोग हैं, जिन्होंने हमारे विरुद्ध कार्य किए हैं। हम प्रतिशोध लेने पर विश्वास नहीं करते। हमारा लक्ष्य इस देश को क्रांति के माध्यम से स्वतंत्र कराना है।"

संदर्भ—

1. 'ट्रिस्ट विद मार्टर्डम : ट्रायल ऑफ मदन लाल ढींगरा', मलविंदर जीत सिंह वरैच एवं डॉ. कुलदीप पुरी, 2003, पृष्ठ-21-24
2. 'गदर आंदोलन मूल दस्तावेज', संस्करण-1, लाहौर षड्यंत्र केस 1 और 2, यूनीस्टार पब्लिशर्स, 2008
3. 'चाँद फाँसी अंक' (पंजाबी संस्करण), (संपा.) हरीश जैन, लोकगीत प्रकाशन, चंडीगढ़, 2006
4. 'गैलरी ऑफ नेशनल पोर्ट्रेट्स, मलविंदर जीत सिंह वरैच, पैनल नं. 17—'द बब्बर अकालीज', सेंट्रल स्टेट लाइब्रेरी, सेक्टर-17, चंडीगढ़
5. 'रामप्रसाद बिस्मिल की आत्मकथा' (ऑटोबायोग्राफी ऑफ रामप्रसाद बिस्मिल), राजिंदर सिंह द्वारा किया गया अंग्रेजी अनुवाद, संपादक, मलविंदर जीत सिंह वरैच, यूनीस्टार पब्लिकेशंस, चंडीगढ़ (2007)

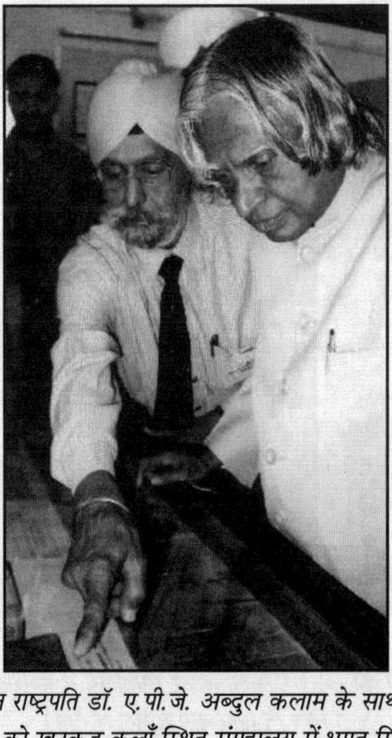

तत्कालीन राष्ट्रपति डॉ. ए.पी.जे. अब्दुल कलाम के साथ लेखक।
तसवीर में वे राष्ट्रपति जी को खटकड़ कलाँ स्थित संग्रहालय में भगत सिंह के हाथ से लिखित उस सूची को दिखा रहे हैं, जिनमें विभिन्न मामलों में फाँसी पर गदरियों के नाम शामिल हैं।
भगत सिंह द्वारा तैयार गदरी शहीदों की सूची अगले पृष्ठ पर दी गई है

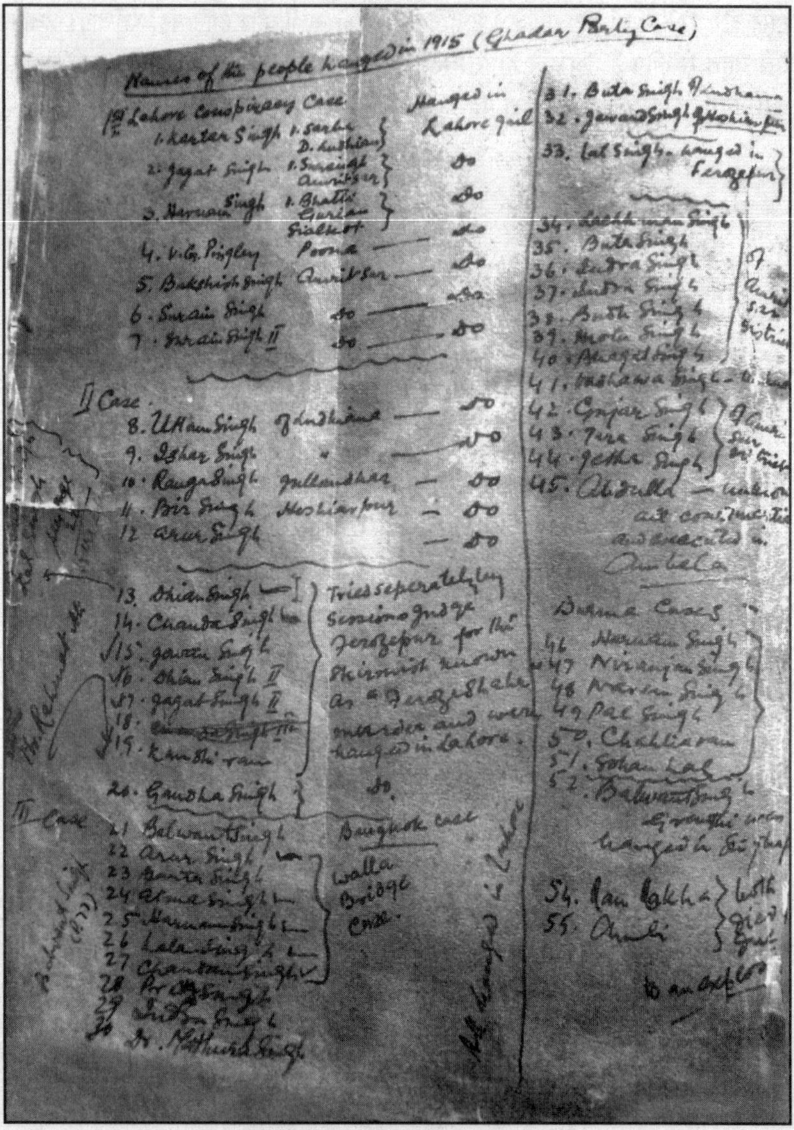

Names of the people hanged in 1915 (Ghadar Party Case)

Ist Lahore Conspiracy Case — Hanged in Lahore Jail

1. Kartar Singh — Sarabha, D. Ludhiana — Lahore Jail
2. Jagat Singh — Sursingh, Amritsar — Do
3. Harnam Singh — Bhatti Gurian, Sialkot — Do
4. V. G. Pingley — Poona — Do
5. Bakhshish Singh — Amritsar — Do
6. Surain Singh — Do — Do
7. Surain Singh II — Do — Do

II Case.

8. Uttam Singh — of Ludhiana — Do
9. Ishar Singh — " — Do
10. Rangasingh — Jullundhar — Do
11. Bir Singh — Hoshiarpur — Do
12. Arur Singh — Do

13. Dhian Singh
14. Chanda Singh
15. Jawand Singh
16. Dhian Singh II
17. Jagat Singh II
18. [illegible]
19. Kanshi Ram

Tried seperately by Sessions Judge Ferozepur for the skirmish known as "Ferozeshahar" murder and were hanged in Lahore.

20. Gandha Singh — Do.

III Case

21. Balwant Singh
22. Arur Singh
23. Banta Singh
24. Atma Singh
25. Harnam Singh
26. Lal Singh
27. Chanan Singh
28. [illegible] Singh
29. Inder Singh
30. Dr. Mathura Singh

Bangkok case / Walla Bridge Case

All hanged in Lahore

31. Buta Singh [illegible]
32. Jawand Singh [illegible]
33. Lal Singh — hanged in Ferozepur

34. Lachhman Singh
35. Buta Singh
36. Inder Singh
37. Inder Singh
38. Budh Singh
39. Mota Singh
40. Bhagat Singh
41. Mohawa Singh

42. Gujjar Singh
43. Tara Singh
44. Jetha Singh
45. Abdulla — ... and executed in Ambala

Burma Cases

46. Harnam Singh
47. Niranjan Singh
48. Narain Singh
49. Pal Singh
50. Chalia Ram
51. Sohan Lal
52. Balwant Singh ... hanged in Singapore

54. Ram Rakha
55. Amar Singh ... both died in jail

लाहौर षड्यंत्र केस 1915 के फैसले के पहले पृष्ठ–से शहीद हुए गदरियों की सूची : भगत सिंह की व्यक्तिगत प्रति को खटकड़ कलाँ स्थित संग्रहालय में प्रदर्शित किया गया है

(चित्र के लिए कृपया मूल में देखें)

सन् 1915 में फाँसी दिए गए लोगों के नाम (गदर पार्टी केस)

पहला लाहौर षड्यंत्र केस

क्र.	नाम	स्थान	
1.	करतार सिंह	वी. सराभा डी. लुधियाना	लाहौर जेल में फाँसी
2.	जगत सिंह	वी. सुरसिंह अमृतसर	लाहौर जेल में फाँसी
3.	हमाम सिंह	वी. भाटी गुरीमा सीसकोट	लाहौर जेल में फाँसी
4.	वी.जी. पिंगले	पूना	लाहौर जेल में फाँसी
5.	बख्शीश सिंह	अमृतसर	लाहौर जेल में फाँसी
6.	सुरेन सिंह	अमृतसर	लाहौर जेल में फाँसी
7.	सुरेन सिंह	अमृतसर	लाहौर जेल में फाँसी

दूसरा केस :

8.	लुधियाना के उत्तम सिंह	लाहौर जेल में फाँसी
9.	लुधियाना के इसार सिंह	लाहौर जेल में फाँसी
10.	जालंधर के राँगा सिंह	लाहौर जेल में फाँसी
11.	होशियारपुर के वीर सिंह	लाहौर जेल में फाँसी
12.	होशियारपुर के अरी सिंह	लाहौर जेल में फाँसी

बख्शीश सिंह लाल सिंह पैरा 22 देखें—

13. धीम सिंह—1
14. चंदा सिंह
15. जीवन सिंह
16. धीम सिंह-2
17. जगत सिंह-2
18. चंदा सिंह-2
19. कांशीराम

(13–19) स्कीर शीश के लिए सेशन जज फिरोजपुर द्वारा अलग किए गए जिसे बलपूर्वक मर्डर के रूप में जाना जाता है और इन्हें लाहौर जेल में फाँसी दे दी गई।

20. गुर्धा सिंह

तीसरा केस :

21. बलवंत सिंह — बैंकॉक केस
22. अरूर सिंह
23. बंता सिंह
24. अन्ना सिंह
25. हमाम सिंह
26. काला सिंह
27. चंदर सिंह

(22–27) वाला ब्रिज केस

28. प्रेम सिंह
29. इंदर सिंह
30. डॉ. मथुरा सिंह

दोनों की मृत्यु एक

31. लुधियाना के बाटा सिंह
32. होशियारपुर के जसवंत सिंह
33. लाल सिंह — फिरोजपुर में फाँसी दी गई
34. लेखमान सिंह
35. बूटा सिंह
36. इंद्र सिंह
37. इंद्र सिंह-2
38. बुद्ध सिंह
39. मोटा सिंह
40. भगत सिंह

(34–40) अमृतसर जिला के

41. वाधवा सिंह — अज्ञात
42. गुर्जर सिंह
43. तारा सिंह
44. जेठा सिंह
45. अब्दुल्ला — अज्ञात

अमृतसर जिला के

वर्मा केस :

46. हरनाम सिंह
47. निरंजन सिंह
48. नारायण सिंह
49. पुला सिंह
50. चंदिला राम
51. सोहन लाल
52. बलवंत सिंह ग्रंथी को फाँसी दी गई''
54. राम राधा
55. अमली

(54–55) बम धमाके में हुई

इस सूची का पठनीय संस्करण (ओवरलीफ)

8

'रिपब्लिकन' से 'सोशलिस्ट' रिपब्लिकन

सन् 1925 के बाद से एच.आर.ए. के सभी पहली पंक्ति के नेताओं को गिरफ्तार कर लिया गया था और इस मिशन को आगे बढ़ाने की जिम्मेदारी अब युवाओं के ऊपर आ गई थी। इन प्रयासों में शिव वर्मा, जयदेव, विजय कुमार सिन्हा, सुरेंद्र पांडे और पंजाब से भगत सिंह व सुखदेव जैसे युवा शामिल हुए। युवा लोगों ने महसूस किया कि न केवल सदस्यता के संबंध में, बल्कि विचारधारा और संगठन के संबंध में भी पार्टी का पुनर्निर्माण शुरू से करना होगा।

जैसाकि सभी जानते हैं कि पहले चरण में रामप्रसाद बिस्मिल को मुक्त कराने के लिए और बाद में जोगेश चटर्जी के लिए उनके जेल तोड़ने के प्रयासों के असर के कारण उन्हें आंदोलन के सभी पहलुओं के बारे में निरीक्षण करने का अवसर मिला। इसने सन् 1917 की रूसी क्रांति और सभी धर्मों के क्रांतिकारियों के लेखन सहित क्रांतियों के इतिहास का व्यापक अध्ययन किया। फरवरी 1928 में जमानत पर भगत सिंह के आजाद होने के बाद घटनाक्रम बहुत तेजी से आगे बढ़ा, जिसने उन्हें स्वतंत्र रूप से आगे बढ़ने और आंदोलन की विरासत को आगे बढ़ाने के लिए एक नया सेटअप स्थापित करने में सक्रिय किया।

फिरोजपुर केंद्र

विशिष्ट उद्देश्य को ध्यान में रखते हुए फिरोजपुर को एक केंद्र के रूप में चुना गया था। जिस तरह से इसे स्थापित किया गया और इसका उपयोग किया गया, उससे प्रतीत होता है कि यह नई पार्टी के लिए मुख्यालय के रूप में कार्य करता, जिसका गठन होना अभी बाकी था। पार्टी का गठन 10 अगस्त, 1928 को किया गया और फरवरी 1929 के पहले 15 दिनों तक यह पार्टी समाप्त भी हो गई थी। उस समय तक, बम बनाने पर ध्यान देने के साथ गतिविधियों का केंद्र आगरा में स्थानांतरित हो गया था। फिरोजपुर के ठीक समानांतर मध्य अगस्त से नवंबर 1928 के प्रारंभ तक अमृतसर में एक उपकेंद्र

भी बसाया गया था, जहाँ मुगल बाजार में एक मकान की पहली मंजिल पर एक कमरा सुंदर दास (सुखदेव) द्वारा किराए पर लिया गया था। यह 16 अगस्त, 1928 से नवंबर 1928 (पी.डब्ल्यू. 197, राम सहाय) तक सुंदर दास के पास रहा।

लाहौर : एक हब

ट्रिब्यूनल ने 7 अक्तूबर, 1930 को अपने अंतिम निर्णय में बताया—

"पंजाब की ओर रुख करते हुए अभियुक्त सुखदेव, जिनका मुख्यालय लाहौर में था, 1926 में एक क्रांतिकारी पार्टी के लिए भर्तियाँ करने में व्यस्त थे। सरकारी गवाह जय गोपाल (पी.डब्ल्यू. 2) नेशनल स्कूल, लाहौर में थे, जो उस वर्ष के अंत तक बंद हो गया था। उस स्कूल में रहते हुए उन्हें भगोड़े यशपाल के माध्यम से सुखदेव का पता चला, जो उस स्कूल में मास्टर के रूप में काम कर रहे थे। नवंबर 1926 में जय गोपाल सुखदेव के गुप्त सोसाइटी में शामिल होने के लिए सहमत हुए। सुखदेव की एक और भरती थे हंसराज वोहरा (पी.डब्ल्यू. 5), जो सुखदेव से संबंधित थे और जिनके साथ सुखदेव ने अगस्त 1926 में राजनीति पर चर्चा शुरू की थी'''। वर्ष 1927 के दौरान सुखदेव की गतिविधियाँ विचारणीय प्रतीत नहीं हो रही थीं, लेकिन वह भगत सिंह के संपर्क में था। मई या जून 1927 में सुखदेव के कहने पर जय गोपाल ने एक कन्हैया लाल (पी.डब्ल्यू. 61) का घर मंडी, लाहौर में किराए पर लिया और 1927 की गरमियों में घर में न केवल सुखदेव आए, बल्कि भगत सिंह भी आए थे।"[1]

दिल्ली की ओर : फिरोजशाह कोटला में बैठक

फिरोजशाह कोटला किला, दिल्ली

भगत सिंह से पहले क्रांतिकारियों का उद्‍देश्य मुख्य रूप से देश की स्वतंत्रता थी। तब तक वे इस स्वतंत्रता के उद्‍देश्य को लेकर स्पष्ट नहीं थे। क्या किसी भारतीय द्वारा वायसराय की जगह लेने से स्वतंत्रता का उद्‍देश्य पूरा हो जाएगा? क्या समाज में व्यक्ति द्वारा असमानता और व्यक्ति का शोषण जारी रहने पर लोग वास्तविक तरीके से स्वतंत्रता का आनंद ले पाएँगे? स्वतंत्रता के बाद सरकार कौन बनाएगा और भविष्य के समाज का क्या आकार होगा? इस तरह के अन्य सवालों के बारे में क्रांतिकारी स्पष्ट नहीं थे। वे भगत सिंह थे, जिन्होंने सबसे पहले क्रांतिकारियों के बीच इन मुद्‍दों पर जोर दिया और पार्टी के लक्ष्य के रूप में समाजवाद को आगे रखा। उन्होंने कहा कि देश की राजनीतिक स्वतंत्रता के लिए संघर्ष केवल लक्ष्य की ओर पहला कदम था और अगर हम वहाँ रुक जाते हैं तो हमारा अभियान थम जाएगा। सामाजिक एवं आर्थिक परिवर्तनों के अभाव में स्वतंत्रता केवल कुछ लोगों तक ही सीमित रहेगी—शोषण और असमानता के उन्मूलन के सिद्धांतों पर समाज का पुनर्गठन केवल देश का सर्वांगीण विकास सुनिश्चित कर सकता है।

समाजवाद उस युग का मुख्य चिंता का विषय था। सबसे पहले भगत सिंह ने इस आवाज को अपनाया और पहचाना। यहाँ वह अपने अन्य साथियों से कहीं आगे थे।

इसके अलावा, तब तक राष्ट्रीय स्तर पर एक भी क्रांतिकारी संगठन नहीं था। बंगाल में अनुशीलन समिति, युगांतर आदि संगठन थे; पंजाब की अपनी पार्टी थी और यू.पी. व बिहार में ज्यादातर हिंदुस्तान रिपब्लिकन एसोसिएशन (एच.आर.ए.) सक्रिय थी। यहाँ तक कि शहीदों की विरासत पर बराबर का दावा करनेवाले लोगों के बीच कोई संबंध नहीं था। भगत सिंह और उनके अधिकांश साथी इन सभी संगठनों को मिलाकर एक देशव्यापी संगठन की स्थापना करना चाहते थे। इस उद्‍देश्य के लिए सन् 1928 में सभी प्रांतों के प्रतिनिधि क्रांतिकारियों की एक बैठक दिल्ली में आयोजित की गई थी, जिसमें यू.पी., बिहार, पंजाब और राजस्थान के दस प्रतिनिधियों ने भाग लिया था। उस समय बंगाल के अधिकांश क्रांतिकारी जेलों में थे। उस समय जो लोग बाहर थे, जब उनसे संपर्क किया गया तो वे समाजवादी और लोकतांत्रिक संगठन को अपनाने के लिए सहमत नहीं हुए। उन्होंने बैठक में भाग लेने से इनकार कर दिया था।

दिल्ली की बैठक एक तरह से भगत सिंह के नेतृत्व में हुई थी। उनके सुझाव पर समाजवाद को पार्टी का लक्ष्य घोषित किया गया और इसके नाम 'हिंदुस्तान रिपब्लिकन एसोसिएशन' को बदलकर 'हिंदुस्तान सोशलिस्ट रिपब्लिकन एसोसिएशन' कर लिया गया। बैठक का दूसरा महत्त्वपूर्ण निर्णय संगठन का लोकतंत्रीकरण था, जिसमें एक व्यक्ति के नेतृत्व में आंदोलन होने और सबकुछ उसके अनुसार करने के विचार को खारिज कर दिया गया। इसलिए संगठन को चलाने के लिए केंद्रीय समिति का गठन

किया गया और इसे नीतिगत मामलों में सर्वोच्च माना गया। इस बैठक में सुखदेव, फणींद्र घोष, कुंदन लाल और शिव वर्मा को क्रमशः पंजाब, बिहार, राजस्थान एवं यू.पी. के लिए संयोजक के रूप में चुना गया। भगत सिंह व विजय कुमार को प्रचार और अंतर-प्रांतीय समन्वय का प्रभार दिया गया। इन छह लोगों और आजाद ने केंद्रीय समिति का गठन किया।

बिहार से जयदेव कपूर, सुरेंद्र नाथ पांडे, ब्रह्मदत्त मिश्र और मनमोहन बनर्जी ने भी बैठक में भाग लिया था।

पार्टी के कमांडर का चुनाव करने की परंपरा शुरू की गई और आजाद पहले निर्वाचित कमांडर थे—आजाद आँख की तकलीफ के कारण बैठक में शामिल नहीं हो सकते थे, लेकिन भगत सिंह एवं विजय कुमार ने पहले ही उनसे सलाह कर ली थी और वे उनके सभी सुझावों पर सहमत हो गए थे।

इसके अलावा, इससे पहले क्रांतिकारियों की ताकत का एक बड़ा हिस्सा सरकारी गवाहों, मुखबिरों, जासूसी प्रणाली के अधिकारियों की हत्या करने और धन इकट्ठा करने के लिए डकैती करने में लगा हुआ था। इसे गलत माना गया। इस संबंध में दिल्ली में भी एक विशिष्ट नीति अपनाई गई। धन-संग्रह के बारे में यह निर्णय लिया गया था कि पार्टी केवल सरकारी नकदी पर अपना हाथ फेरेगी। इसके अलावा, एक नियम के रूप में केवल ऐसे 'कार्यों' को चुना जाएगा, जो देश की राजनीतिक समस्याओं से सीधे जुड़े होंगे।

सन् 1928 राजनीतिक परिदृश्य के दृष्टिकोण से एक महत्त्वपूर्ण वर्ष था। श्रमिकों की देशव्यापी हड़ताल बड़े पैमाने पर आयोजित की गई थी। अंतरराष्ट्रीय पूँजीवाद के आर्थिक संकटों की विषम छाया भारत पर भी पड़ी थी, जिसके कारण किसान, मध्यम वर्ग के लोग और राष्ट्रीय पूँजीपति वर्ग भी आंदोलन कर रहे थे। इंग्लैंड के कड़ाई से दबाए गए पूँजीपतियों को राहत देने के लिए भारत की ब्रिटिश सरकार ने 1 रुपए की कीमत को 1 शिलिंग 4 पेंस से 1 शिलिंग और 6 पेंस तक बढ़ा दिया था। इस तरह, अंग्रेजी व्यापारियों और उद्योगपतियों ने एक ही बार में लाखों रुपए का लाभ कमाया। दूसरी तरफ, भारतीय इस्पात उद्योग को दिया जानेवाला संरक्षण वापस ले लिया गया और अंग्रेजी स्टील के आयात का रास्ता खोल दिया गया था। भारतीय पूँजीपति वर्ग पर भी सीधा प्रहार किया गया। इस राष्ट्रव्यापी असंतोष से निपटने के लिए अंग्रेजों ने कुछ सुधारों का आश्वासन दिया और साइमन कमीशन के गठन की घोषणा की। इस कमीशन के सभी सदस्य अंग्रेज थे। भारत के लगभग सभी दलों ने इस सौ प्रतिशत अंग्रेजी कमीशन का विरोध किया। फिर भी, कमीशन पहुँचा। देश ने इसका बहिष्कार किया। लोगों ने इसके आगमन के खिलाफ हड़ताल की और 'साइमन वापस जाओ' के नारों के साथ काले झंडे दिखाए। अंग्रेजी सरकार ने इसकी जरा भी परवाह नहीं की और कमीशन को

लागू कर दिया गया। यह उनकी भारतीयता का अपमान था।

एच.एस.आर.ए. ने उत्तरी भारत में साइमन कमीशन का पीछा करने का फैसला किया। जब यह दिल्ली में आया तो भगत सिंह, बटुकेश्वर दत्त और जयदेव कपूर ने कमीशन के पास पहुँचने की कोशिश की, जिसके लिए वे दिल्ली में भटकते रहे; लेकिन वे उसकी परछाईं भी नहीं देख सके। उस समय इन कॉमरेडों के पास केवल रिवॉल्वर एवं पिस्तौलें थीं। दिल्ली के अनुभव पर हमने निष्कर्ष निकाला कि सफलता के लिए बमों का प्रावधान आवश्यक था।[2]

भगत सिंह ने कहा कि वे कांग्रेस अधिवेशन के समय कलकत्ता आ रहे हैं और वे तथा फणींद्र किसी बम बनानेवाले को भी देखेंगे। फणींद्र ने उन्हें कँवल नाथ तिवारी का पता दिया, जो उस समय कलकत्ता में विद्यासागर कॉलेज में पढ़ रहे थे और आर्यसमाज मंदिर में रहते थे।

बी.के. सिन्हा ने उल्लेख किया कि पार्टी के पास धन नहीं था और धन जुटाने के लिए डकैती करने का सुझाव दिया गया। उन्होंने सुझाव दिया कि डकैती बिहार में की जानी चाहिए, क्योंकि उस प्रांत में कोई काररवाई नहीं हुई थी। फणींद्र को कुछ जगह सुझाने के लिए कहा गया था और उन्होंने इसके लिए बेतिया का प्रस्ताव दिया था। बी.के. सिन्हा ने पूछा कि क्या उनके विचार में कोई विशेष घर है, और फणींद्र ने जवाब दिया कि उन्होंने अभी तक कोई घर नहीं चुना है। यह तय किया गया था कि 11 या 12 दिनों के भीतर भगत सिंह बेतिया आएँगे और वे तथा फणींद्र डकैती के लिए उपयुक्त जगह की पहचान करेंगे। भगत सिंह ने कहा कि वह बेतिया बंगाली पोशाक पहनकर, अपनी दाढ़ी व मूँछें कटवाकर आएँगे। उनसे कहा गया था कि वे अपनी मूँछें न काटें, क्योंकि इससे संदेह पैदा होगा, क्योंकि बिहार में यह प्रचलन में नहीं था।

बैठक के दौरान किले का एक 'चपरासी' वहाँ आया। उसने पूछा कि वे वहाँ क्या कर रहे थे? सुखदेव और भगत सिंह ने उत्तर दिया कि वे छात्र हैं और अध्ययन करने के लिए यहाँ आए थे। उनके पास कुछ किताबें और अखबार थे।

नोट : *संभवत: वह बारा सिंह था—पी.डब्ल्यू. 420, जो 16 अगस्त, 1930 को गवाह के रूप में उपस्थित हुआ था।*

कम महत्त्वपूर्ण मामला (अनावश्यक मामला)

दिल्ली की बैठक बिना किसी धूमधाम के संपन्न हुई। फिर भी, इसने पहले की तुलना में बहुत तेज गति से घटनाओं की शृंखला को गति दी। एच.आर.ए. के पूर्ण रूप से एच.एस.आर.ए. बनने का अहसास करने में सरकार और यहाँ तक कि राजनीतिक दलों को काफी समय लगा।

इसकी काररवाई की सावधानीपूर्वक जानकारी सरकार को अंदरूनी सूत्र फणींद्र द्वारा सरकारी गवाह बनने के बाद दी गई। एक केंद्रीय समिति का गठन किया गया था, जिसके तहत पाँच 'काररवाइयाँ' की जानी थीं, जिसमें साइमन कमीशन पर किए गए हमले को छोड़कर बाकी किसी भी तरह से इसके पूर्ववर्ती एच.आर.ए. से अलग नहीं थीं।

इसके चेहरे के रूप में 'रिवॉल्यूशनरी' जैसा कोई विस्तृत वैचारिक दस्तावेज नहीं था और न ही एच.आर.ए. के संविधान की तरह कोई संगठनात्मक मसौदा। दिलचस्प बात यह है कि बाद में हमने पाया कि पुलिस छापे और बरामदगी के दौरान एच.आर.ए. के दोनों ऐसे दस्तावेजों की कई प्रतियाँ एच.एस.आर.ए. केंद्रों से बरामद की गईं। यह आकस्मिक नहीं हो सकता है; एच.एस.आर.ए. कैडरों ने इन्हें अपने मार्गदर्शक के रूप में मूल्यवान् पाया होगा।

प्रचार के मोर्चे पर भी एच.एस.आर.ए., एच.आर.ए. की तरह देश के पिछले क्रांतिकारी आंदोलन एवं भारत के शहीदों के कार्यों का अध्ययन करने और उनका प्रचार करने के लिए भी प्रतिबद्ध था।

लेकिन मार्गदर्शक विचारधारा क्या थी और वह थी स्वतंत्रता के समान ही समाजवाद को अपनाने का लक्ष्य प्राप्त करना। इसमें कोई शक नहीं कि 'रिवॉल्यूशनरी' में 'प्रत्येक व्यक्ति के लिए समान वास्तविक अवसर, फिर चाहे वह उच्च या निम्न, अमीर या गरीब हो' का संदर्भ था। न्यायिक रिकॉर्ड में भी 18 अक्तूबर, 1924 को कलकत्ता में उनकी आकस्मिक गिरफ्तारी पर योगेश चटर्जी से बरामद एक दस्तावेज है, जिसमें सामाजिक क्रांतिकारी विचारों एवं साम्यवादी सिद्धांतों का प्रचार किया गया है।[3]

फिर भी, तथ्य यह है कि दिल्ली की बैठक 'घोषणा-पत्र' की प्रकृति में कोई औपचारिक दस्तावेज जारी किए बिना संपन्न हुई। जहाँ तक एच.एस.आर.ए. के घोषणा-पत्र की बात है, तो यह दिसंबर 1929 में ही 'स्पष्ट' हो गया था।

हालाँकि, नौजवान भारत सभा और बाद में एच.एस.आर.ए. अधिक स्पष्ट परिभाषित विचारधारा एवं काररवाई के साथ सामने आया, जो निम्नलिखित चार लेखों में विस्तृत रूप से दिए गए हैं, जिन्हें व्यापक रूप से दीर्घकालिक ऐतिहासिक महत्त्व का माना जाता है—

1. नौजवान भारत सभा का घोषणा-पत्र, लाहौर, 1928।
2. अप्रैल 1929 में असेंबली बम केस सुनवाई के दौरान भगत सिंह एवं बटुकेश्वर दत्त के बयान।
3. दिसंबर 1929 में कांग्रेस के लाहौर अधिवेशन के समय एच.एस.आर.ए. द्वारा जारी किया गया घोषणा-पत्र।
4. 'द फिलॉसफी ऑफ द बॉम्ब', 26 जनवरी, 1930।

भगवती चरण वोहरा

इसमें कोई संदेह नहीं है कि इन चार दस्तावेजों में से मुख्य रूप से तीन भगवती चरण वोहरा द्वारा लिखे गए थे। हालाँकि, उन्होंने सभा का घोषणा-पत्र लिखा, क्योंकि वह इसके प्रचार सचिव थे, लेकिन एच.एस.आर.ए. के गठन में उनकी कोई भूमिका नहीं थी। ऐसा इसलिए हुआ, क्योंकि पंजाब में पार्टी के प्रमुख प्रो. जयचंद्र विद्यालंकार ने द्वेष और ईर्ष्या के तहत भगवती चरण वोहरा पर सी.आई.डी. का आदमी होने का बेबुनियादी आरोप लगाया। परिणामस्वरूप वह सितंबर 1928 से नवंबर 1929 तक पार्टी से बाहर रहे। फिर भी, विडंबना यह थी कि अपनी जान को जोखिम होने पर भी महत्त्वपूर्ण परिस्थितियों में आवश्यक समर्थन के लिए पार्टी ने उन पर और उनकी पत्नी पर भरोसा करना जारी रखा। आंदोलन में उनकी जीवन-संगिनी 'दुर्गा भाभी' के योगदान के अलावा उनकी भूमिका भी उतनी ही उल्लेखनीय है।

गौरतलब है कि सीरीज के पिछले दो दस्तावेज, यानी कि एच.एस.आर.ए. के घोषणा-पत्र और 'फिलॉसफी ऑफ द बॉम्ब' विशेष रूप से भगवती चरण वोहरा द्वारा लिखे गए, जब ज्यादातर एच.एस.आर.ए. नेता जेल में थे। उनमें से कोई भी न तब और न ही बाद में अपनी बात से मुकरे। अपने सदस्यों और सहयोगियों के बीच जिस तरह के संबंध विकसित हुए हैं, उसे दिखाने के लिए एक लंबा रास्ता तय किया जाता है। वे एक-दूसरे को कितना समझते थे और कितना भरोसा करते थे, उसे वर्णित करने की बजाय समझा जा सकता है।

अंतिम विश्लेषण में, सितंबर 1928 में उनके सामने निर्धारित कार्यों को पूरा करने में उनकी उल्लेखनीय सफलता, और वह भी ऐतिहासिक रूप से ढाई साल की कम अवधि में, पूरा करना भी ऐसे उत्कृष्ट भाईचारे के बिना संभव नहीं था।

स्वगत कथन

एच.आर.ए. के गठन के साथ सन् 1924 में लाहौर षड्यंत्र शुरू हुआ। एफ.आई.आर. :

"शिकायत भारतीय दंड संहिता की धारा 121, 121ए, 122 और 123 के तहत दर्ज की गई।

शिकायतकर्ता द्वारा सम्मानपूर्वक कहा गया कि—

I. यह कि उपर्युक्त अभियुक्तों के साथ-साथ अन्य अभियुक्त ने ब्रिटिश भारत में लाहौर एवं अन्य स्थानों पर सन् 1924 से कई मौकों पर गतिविधियाँ करनी शुरू कर दी थीं और गिरफ्तारी के वर्तमान समय तक जारी रखने के लिए महामहिम के खिलाफ युद्ध छेड़ने की साजिश में लगे हुए थे। सम्राट् और उन्हें ब्रिटिश भारत की संप्रभुता से वंचित करने तथा उक्त वस्तु एवं उद्देश्य के लिए तैयारी करने के लिए या अन्यथा पुरुषों, हथियारों और गोला-बारूद को इकट्ठा करने के लिए।

II. उन्होंने सम्राट् के खिलाफ युद्ध करने के लिए एक डिजाइन के अस्तित्व को छुपाया, ताकि इस तरह के युद्ध के मंचन की सुविधा हो सके।

III. इन वस्तुओं के साथ, जैसाकि पैरा I और II में उल्लिखित है, अन्य लोगों के साथ इन अभियुक्तों ने मिलकर 'हिंदुस्तान रिपब्लिकन एसोसिएशन' नाम से एक पार्टी बनाई और ब्रिटिश भारत में लाहौर एवं अन्य स्थानों पर अपनी बैठकें आयोजित कीं, जिसमें कानून द्वारा स्थापित सरकार को उखाड़ फेंकने और इसके अनुरूप संघीय गणराज्य सरकार स्थापित करने पर विचार किया गया।"[4]

संदर्भ—

1. 'हैंगिंग ऑफ भगत सिंह', खंड-I, मलविंदर जीत सिंह वरैच एवं डॉ. गुरदेव सिंह सिद्धू, यूनीस्टार बुक्स प्रा.लि., चंडीगढ़, पृष्ठ-96
2. 'शिव वर्मा द्वारा साथी क्रांतिकारियों की यादें', मलविंदर जीत सिंह वरैच एवं माधवी कटारिया धौम्य द्वारा अनुवादित व संपादित, यूनीस्टार बुक्स प्रा.लि., चंडीगढ़ (2013), पृष्ठ-22-25
3. 'रामप्रसाद बिस्मिल की फाँसी, जजमेंट', (सं.) मलविंदर जीत सिंह वरैच, यूनीस्टार बुक्स प्रा. लि., चंडीगढ़
4. मलविंदर जीत सिंह वरैच एवं डॉ. गुरदेव सिंह सिद्धू, op. cit., पृष्ठ-72

□

9
प्रवेश करना

सितंबर 1928 के मध्य में भगत सिंह एवं सुखदेव लाहौर गए और फिरोजपुर में रुके। उस अवसर पर भगत सिंह ने दिल्ली बैठक में किए गए विचार के अनुसार अपने बाल व दाढ़ी कटवा ली।

सितंबर के अंत में, भगत सिंह फणींद्र से मिलने बेतिया पहुँचे और डकैती के प्रस्ताव पर चर्चा की।

डॉ. गया प्रसाद

सितंबर के अंत में शिव वर्मा फिरोजपुर में गया प्रसाद के घर गए और वहाँ लगभग एक सप्ताह तक रहे। उनके पास पुस्तक 'विस्फोटक का निर्माण और उपयोग' (पेज 364) थी और वह 'चाँद' पत्रिका के लिए फाँसी के मुद्दे पर लेख लिखने में भी संलग्न थे; फिरोजपुर से वह अमृतसर के लिए रवाना हुए।

फिरोजपुर से बेतिया आने के रास्ते में लगता है कि भगत सिंह इलाहाबाद में रुके थे, जहाँ वे अजय घोष के घर पर ललित कुमार मुखर्जी और विजय कुमार सिन्हा से मिले थे। इस अवसर पर उन्होंने मुखर्जी के साथ कुछ बातचीत की और उन्हें बताया कि दो समूहों वाले एक क्रांतिकारी दल का गठन किया गया है, जिनमें से एक में सक्रिय सदस्य शामिल होंगे तथा दूसरे में सहानुभूति रखनेवाले लोग होंगे।

बेतिया में अपने आगमन पर आजाद के साथ भगत सिंह ने फणींद्र और मनमोहन बनर्जी के साथ बैठक की। उस समय बिहार में बेतिया या किसी भी अन्य जगह पर

डकैती करने के प्रस्ताव को उचित नहीं माना गया। लेकिन भगत सिंह ने फणींद्र से कुछ रिवॉल्वर लिये, जिन्हें उन्होंने योगेश चंद्र चटर्जी के प्रस्तावित बचाव के समय उपयोग के लिए आगरा भेजने की व्यवस्था की।

सितंबर के अंत तक बी.के. सिन्हा एवं आजाद झाँसी में थे और वहाँ उनके रहने का इंतजाम राम दुलारे (पी.डब्ल्यू. 288) ने किया, जिसके साथ कुंदन लाल (अभियुक्तों में से एक) उस समय रह रहा था। गवाह राम दुलारे कुंदन लाल के पुराने परिचित थे और सन् 1922 में कुछ राजनीतिक गतिविधियों के सिलसिले में उनके साथ जेल गए थे। झाँसी में राम दुलारे का घर बाद में पार्टी के कुछ सदस्यों के रुकने की जगह बन गया था।

अक्तूबर 1928 के दौरान पार्टी की गतिविधियाँ उतनी दूर नहीं थीं, जितनी कि वे महत्त्वपूर्ण थीं।

उस समय प्रेमदत्त और किशोरी लाल लाहौर के गुरुदत्त भवन के क्वार्टर में रह रहे थे; लेकिन प्रेमदत्त उस समय किसी भी तरह पार्टी के सदस्य नहीं थे।

सुखदेव भी किशोरी लाल और प्रेमदत्त दोनों के गुरुदत्त भवन में एक मेहमान थे। 9 अक्तूबर को सुखदेव फिरोजपुर में थे और जय गोपाल को अमृतसर में शिव वर्मा के पास संदेश लेकर भेजा। 10 अक्तूबर को महावीर सिंह ने लाहौर में भारत मोटर स्कूल छोड़ा और शिव वर्मा द्वारा फिरोजपुर में डॉ. गया प्रसाद उर्फ डॉ. निगम के पास भेजा, क्योंकि वे उस समय बीमार थे। उन्होंने फिरोजपुर में दो सप्ताह बिताए और जब वे वहाँ थे, सुखदेव एक बार और वहाँ आए।

किशोरी लाल

प्रेमदत्त

"फिरोजपुर में उपचार के अलावा महावीर सिंह का काम लाहौर आने के रास्ते में उ.प्र. से कुछ लोगों की अनुमानित यात्रा की व्यवस्था करना था। फिरोजपुर का लाहौर से दिल्ली के मुख्य मार्ग पर स्थित होना दिल्ली, उ.प्र. और उससे आगे से आनेवाले कॉमरेडों के लिए पारगमन स्थल के रूप में काम करता था। यहाँ वे अपनी पोशाक को स्थान के अनुसार बदलते थे।"[1]

लाहौर में साइमन कमीशन

30 अक्तूबर, 1928 को साइमन कमीशन ने लाहौर का दौरा किया। नौजवान भारत सभा द्वारा और लाला लाजपत राय एवं पं. मदन मोहन मालवीयजी के नेतृत्व में आयोजित धरना-प्रदर्शन पर यशपाल के अनुसार, जो इस अवसर पर उपस्थित थे—

जे.ए. स्कॉट

"अपने वृद्ध नेता लाला लाजपत राय को सुरक्षा प्रदान करने के लिए युवकों ने उनके सिर के ऊपर छतरी रखकर उनके चारों ओर घेरा बनाया।

"लालाजी के चारों ओर इस सुरक्षा चक्र को अभेद्य जानकर पुलिस अधीक्षक स्कॉट ने उस समूह पर लाठी-चार्ज करने का आदेश दिया। ए.एस.पी. सांडर्स खुद अपने हाथ में एक बेंत के साथ युवकों के उस समूह पर अपने कॉन्स्टेबल के साथ मारपीट में शामिल हो गए। कुछ प्रहार लालाजी के सिर पर हुए, जो छाते को भेदते हुए उनके सीने पर जा लगे।

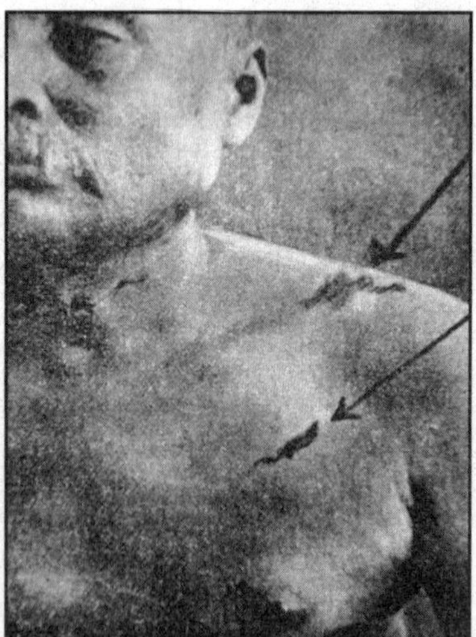

घायल लाला लाजपत राय

"लालाजी 63 साल की बड़ी उम्र में खुद पर हुए हमले से नहीं डरे और उसी शाम लाहौर के मोरी गेट के पास आयोजित एक विरोध सभा को संबोधित किया। उन्होंने दहाड़ते हुए कहा, 'मैं घोषणा करता हूँ कि मुझ पर किया गया प्रहार

भारत में ब्रिटिश शासन के ताबूत में आखिरी कील साबित होगा।'"[2]

लालाजी ने 17 नवंबर, 1928 को अंतिम साँस ली। सभी ने 30 अक्तूबर को हुए लाठी-चार्ज को उनकी मौत का जिम्मेदार ठहराया।

लाठी-चार्ज के तुरंत बाद ली गई लालाजी की छाती की सुप्रसिद्ध तसवीर में उनके शरीर पर चोट के निशान के आकार और उनका इलाज कर रहे डॉ. धर्मवीर द्वारा दिए गए चोट के विवरण के अनुसार, यशपाल ने आरोप लगाते हुए बताया कि लाठी लालाजी के सिर के ऊपर छाते पर लगी (और छाते पर जोर के प्रभाव के कारण), जिसके कारण लालाजी की छाती पर चोट लगी।

द्वारका दास लाइब्रेरी के लाइब्रेरियन राजा राम शास्त्री, जो लालाजी के भक्त थे और उनके निधन तक उनके करीब रहे, बताते हैं—

गहरा मानसिक आघात : दर्दनाक

"सीने पर लाठी के वार से लगी चोट के अलावा उसका मानसिक आघात उनके लिए असहनीय हो गया था। बाद में, जब भी वह उस दिन की घटना को सुनाते थे तो यही विलाप करते, 'आज हमारे देश का भाग्य इतना नीचे डूब गया है कि ब्रिटिश सरकार के साधारण पुलिसकर्मी भी अति सम्मानित व्यक्ति पर हमला करने की हिम्मत कर सके, वह भी इतनी क्रूरता से और इतनी सरलता से।' उनकी आँखों में पीड़ा और आक्रोश दिख रहा था।[3]

दिन के अंत में, हालाँकि 17 नवंबर, 1928 को लालाजी की मृत्यु को अंधाधुंध लाठी-चार्ज के लिए जिम्मेदार ठहराया गया और सबके द्वारा इसे राष्ट्रीय अपमान माना गया था। भगत सिंह और उनके साथियों के लिए यह जो कुछ भी हुआ, वह राष्ट्रीय अपमान था, जिसे ऐसे ही भुलाने नहीं दिया जा सकता था।

दिसंबर 1928 में घटनाएँ और तेजी से बढ़ने लगीं।

स्वगत कथन

अब भगवान दास माहौर का एक 'वास्तविक किस्सा', जो उन दिनों ग्वालियर से लाहौर बुलाए गए थे—

"दिसंबर 1928 के दौरान मैं लाहौर आया, जहाँ मैं हंसराज वोहरा और जय गोपाल, जो बाद में सरकारी गवाह बन गए थे, के अलावा उ.प्र. के अपने कुछ दोस्तों तथा लाहौर के कुछ नए दोस्तों से मिला। सन् 1929 में जलगाँव में मेरे मुकदमे के दौरान इन दोनों में से जय गोपाल को मारने की मैंने कोशिश की थी, लेकिन वह बच गया और मुझे हत्या के प्रयास के लिए आजीवन कारावास की सजा सुनाई गई। हंसराज वोहरा भगत सिंह का चहेता था। एक दिन वह कॉलेज के लिए कुछ ज्यादा ही तैयार होकर आया। उसने नीचे से आवाज लगाई। भगत सिंह ने मुझसे कहा, 'कैलाश, तुम नीचे जाओ और साइकिल ऊपर ले आओ।' मैं उस समय बहुत उत्साहित रहता था। मैंने कहा, 'यह कौन है? कोई भगवान्

भगवान दास माहौर

है, जो अपनी साइकिल खुद नहीं ला सकता है?' भगत सिंह ने मेरी मनोदशा को देखते हुए राजगुरु से यह काम करने के लिए कहा। इस बीच भगत सिंह ने मुझसे कहा, 'हनुमानजी, आप पर कौन सा पहाड़ टूट पड़ा है? मैंने ऐसा इसलिए नहीं किया, क्योंकि मैं बहुत अधिक पहचाना जाता हूँ।' वोहरा फिर ऊपर आया। वह काफी अच्छा दिखता था। मेरी सराहनीय टकटकी उस पर टिकी देख भगत सिंह ने कहा, 'अब तुम सोच रहे होगे कि तुम्हें मेरा कहा करने के लिए तैयार हो जाना चाहिए था। क्या यह सच नहीं है?' मैंने कहा, 'हाँ, शब्द-दर-शब्द।' भगत सिंह ने अपने व्यंग्यात्मक अंदाज में कहा, 'इस समय तुम्हें हमारे लिए गीत गाना चाहिए, फिर भले ही हम सुनने के लिए तैयार न हों; बस, खुद का गुस्सा शांत करने के लिए। चलो, तो शुरू हो जाओ। जल्दी करो, क्योंकि इसके बाद हमें कुछ जरूरी बात करनी है।' वोहरा भी मुझसे गाने के लिए कहने में शामिल हो गया और कहा, 'हाँ, भाई, गाइए ना। मैंने सुना है कि आप बहुत अच्छा गाते हैं।' भगत सिंह मेरे मूड को भाँपने में काफी तेज थे। हालाँकि, मैं गाना चाहता था, लेकिन कहा, 'क्या यह तरीका है किसी को गाने के लिए कहने का? मैं गाने के मूड में नहीं हूँ।' मैंने कहा। भगत सिंह ने कहा, 'यह नाटक बंद करो, तुरंत गाना शुरू कर दो।' लेकिन मैं कैसे गा सकता था? भगत सिंह मुझे छेड़ते रहे। आखिरकार, उन्होंने मुझे मुक्का मारने के लिए उकसा ही दिया। इसके बाद हाथापाई शुरू हो गई। अब कहावत के अनुसार, 'शरीर से कमजोर, गुस्से में उग्र व्यक्ति खुद को पिटने के लिए आमंत्रित करता है।' मेरी खूब पिटाई हुई। अंततः, अन्य साथियों ने समझौता करने के लिए कहा। भगत सिंह ने कहा, 'कैलाश हमलावर है, जबकि मैंने आत्मरक्षा में हाथ उठाया। इसलिए मैं युद्ध-विराम प्रस्ताव स्वीकार करता हूँ। लेकिन शर्तें मैं निर्धारित करूँगा। इसके अलावा, मेरी शर्त है कि कैलाश मराठी गीत 'कुथा गुन थाला' गाएँगे, जिसे वे अकसर गाते हैं।' अन्य लोगों ने भी उनका समर्थन किया। मेरे लिए उन सभी के साथ दोस्ती करने का इससे बेहतर कोई तरीका नहीं था। भगत सिंह मेरी ओर पीठ करके बैठ गए। जब मैंने आपत्ति जताई तो उन्होंने कहा, 'मैं अपनी शर्त को वापस लेता हूँ। अगर मुझे गाना सुनते समय तुम्हारा चेहरा भी देखना है तो मैं अपना प्रस्ताव वापस लेता हूँ।' सभी हँसने लगे और उस दिन के बाद से मुझे लाहौर में 'कुथा गुन थाला' उपनाम मिला। हंसराज वोहरा एवं जय गोपाल दोनों ने पुलिस के सामने केवल इस 'नाम' का उल्लेख किया था और फरार लोगों की सूची में मेरी यही पहचान थी।

"बाद में, पार्टी के संचालन के बारे में उचित निर्णय लेने के लिए 9 या 10 दिसंबर, 1928 को मोजांग हाउस में केंद्रीय समिति की बैठक आयोजित की गई, जिसमें चंद्रशेखर आजाद, भगत सिंह, सुखदेव, बी.के. सिन्हा और कुंदन लाल ने भाग लिया। उस बैठक में आजाद के कहने पर राष्ट्र के अपमान का बदला लेने और इस अपराध के अपराधियों को सबक सिखाने का निर्णय लिया। पुलिस अधीक्षक स्कॉट, लाहौर को 'मौत की सजा' दी गई थी। आजाद ने इस ऑपरेशन की कमान सँभाली। जय गोपाल को मार्ग पर नजर रखने और स्कॉट की ऑफिस टाइमिंग पर ध्यान देने के काम पर लगाया गया था।

"16 दिसंबर की शाम को ब्रैडलॉफ हॉल, लाहौर में काकोरी के शहीदों को श्रद्धांजलि देने के लिए एक सार्वजनिक बैठक आयोजित की जानी थी, जिसमें मैजिक लालटेन की मदद से उनके चित्रों को प्रदर्शित किया जाना था। बाद में, हॉल से बाहर निकलने के बाद सड़क के किनारे हमने फिल्म 'अंकल टॉम्स केबिन' के पोस्टर देखे। भगत सिंह का प्रस्ताव था कि यह फिल्म, जिसमें अमेरिका में नीग्रो दासों पर क्रूरता और स्वतंत्रता के लिए उनके क्रांतिकारी संघर्ष को दरशाया गया है, हमें इसे देखना चाहिए। लेकिन टिकट के पैसों का क्या? पैसे? अब अभ्यास के अनुसार, प्रत्येक कॉमरेड को प्रति भोजन 4 आने (1/4 रुपए) दिया जाता था। इस छोटी सी रकम से एक ने एक शानदार भोजन और मूँगफली का प्रबंध किया। मुझे तीन साथियों के रात के खाने और दिन के भोजन के लिए डेढ़ रुपए दिए गए थे। भगत सिंह ने मुझसे वह राशि माँगी। लेकिन मैं उस राशि को कैसे दे सकता था, क्योंकि पंडितजी ने उसे भोजन के लिए दिया था। भगत सिंह बहुत परेशान हो गए और हमें जीवन में कला के महत्त्व पर एक उपदेश दे डाला। जब मैंने 'अनुशासन' का जिक्र किया तो मुझे उसके विरोध में उनका भाषण सुनने को मिला। ये सब बोलते हुए हम विशेष सिनेमा हॉल की ओर बढ़ रहे थे। आखिरकार, भगत सिंह ने एक चुनौती देते हुए कहा, 'अब अगर तुम अड़े हुए हो तो मैं इस पैसे को छीन लूँगा।' चूँकि मैं भी फिल्म देखना चाहता था, मैंने कहा, 'हमें सार्वजनिक स्थान पर हंगामा नहीं करना चाहिए। आप पैसे ले लें। लेकिन यह स्पष्ट है कि आप इसे मुझसे जबरन ले रहे हैं।' भगत सिंह ने कहा, 'ठीक है और इसके अलावा, मैं तुम्हें 4 आने के तीन टिकट खरीदने के लिए भी मजबूर कर रहा हूँ।' मैं मान गया। लेकिन टिकट खिड़की पर धक्का-मुक्की करनेवालों की बहुत भीड़ थी कि मैं बुकिंग खिड़की तक पहुँच ही नहीं सका। एक अनुभवी कोच की तरह भगत सिंह ने मुझे सफलता के टिप्स देते हुए बार-बार भेजा, लेकिन सब व्यर्थ रहा। उन्हें काफी गुस्सा आया। अब तक मैं भी तंग आ गया था, अत: मैंने कहा, 'अब मैं नहीं जाऊँगा। अगर तुम चाहो तो जाओ।' भगत सिंह ने अपना कोट उतारा, शर्ट की आस्तीन ऊपर की और खिड़की पर पहुँचे। 4 आने की टिकट पाने में असमर्थ होने पर उन्होंने 8 आने की टिकट खरीदी, और इसी के साथ अगले दिन का नाश्ता भी हमारे हाथ से निकल गया था।

"हाँ, हमने फिल्म देखी। फिल्म बहुत अच्छी थी। इस बीच मेरे अनुशासित होने

का मजाक उड़ाते हुए भगत सिंह मुझे चिढ़ाने के लिए कहते, 'चलो, हम चलते हैं।' अपने कमरे में वापसी करने पर भगत सिंह ने फिल्म की खूबियों और क्रांतिकारियों के लिए उसके मूल्य पर इतना अच्छा प्रवचन दिया कि आजाद ने भी इस पर खर्च हुई राशि पर ध्यान नहीं दिया और हमें अगली सुबह के भोजन के लिए भी 'अग्रिम' भुगतान राशि मिली। भगत सिंह ने मुसकराते हुए मेरी ओर आँख मारी!

"अगली सुबह आजाद अपने नाश्ते के लिए कुछ 'नान' (बेक्ड ब्रेड) और गुड़ लाए। आजाद गुड़ और ब्रेड का सेवन अकेले कर लेते, यह भगत सिंह को 'बरदाश्त' नहीं हो रहा था। उन्होंने आजाद की थाली से गुड़ का एक टुकड़ा लिया और हम सबको भी ऐसा करने का संकेत दिया, जो हमने किया। आजाद ने यह सब देखकर कहा, 'मुझे परेशान मत करो; मुझे बहुत से काम करने हैं। मुझे कम-से-कम वह खाने दो, जो मैं खाता हूँ।' फिर भी भगत सिंह ने अपने हाथ में पकड़े गुड़ के टुकड़े को नहीं दिया। आजाद नाराज हो रहे थे और उन्होंने गुड़ को फेंक दिया, जो नाले के पास गिरा। हमने आजाद को शांत किया। वे चिल्लाए। आजाद ने गुड़ के साथ सूखी ब्रेड फिर से खानी शुरू कर दी। भगत सिंह ने कहा कि चूँकि गुड़ नाली के पास गिरा था, इसलिए खाने से पहले इसे कम-से-कम धो लेना चाहिए था!"[4]

काररवाई

जय गोपाल ने गवाही दी, "पंडितजी ने माउजर रखा था; राजगुरु को रिवॉल्वर दिया गया था और भगत सिंह को ऑटोमैटिक पिस्तौल दी गई थी। ये तीनों और मैं हत्या करने वाले थे। राजगुरु पैदल गए थे और हम तीनों साइकिल पर थे।

"दो साइकिलों को शौचालय (डी.ए.वी. कॉलेज) के पास रखा जाना था और मुझे एक साइकिल अपने पास रखनी थी तथा पुलिस कार्यालय के पास खड़ा होना था। मेरे पास साइकिल रखने का कारण था कि अगर मि. स्कॉट पर पहला निशाना चूक जाता है तो भगत सिंह मुझसे साइकिल लेकर मि. स्कॉट का पीछा करेंगे और उन्हें गोली मार देंगे। तीन साइकिलों को मोजांग हाउस के सामने लाया गया—एक मेरे द्वारा और दूसरी दो भगत सिंह एवं पंडितजी द्वारा। मैंने अपनी साइकिल शौचालय के पास खड़ी कर दी और पुलिस कार्यालय के पास डी.ए.वी. परिसर तक पैदल गए। उनमें से एक (अन्य दो) मैं ले गया और उसे अपनी साइकिल के पास शौचालय के निकट खड़ी कर दी। मैं पुलिस कार्यालय के सामने स्थित डी.ए.वी. कॉलेज के परिसर से पैदल ही गया और तीसरी साइकिल, जो तब वहाँ थी, को पकड़कर सड़क पर खड़ा हो गया। उस समय पंडितजी डी.ए.वी. कॉलेज के परिसर में थे। भगत सिंह और राजगुरु सड़क पर चल रहे थे। उनके पास कोई साइकिल नहीं थी। समय शाम के 4 बजे थे। उस समय डी.ए.वी. स्कूल के कई लड़के सड़क से गुजरे।

शिव राम हरी राजगुरु

"इसके बाद 'साहेब', जिनके बारे में मेरा मानना था कि वे मि. स्कॉट हैं, कार्यालय से बाहर आए। उनके पीछे वरदी में एक लंबा सिख कॉन्स्टेबल था। कॉन्स्टेबल ने 'साहेब' के हाथ में कुछ रखा और कार्यालय की ओर मुड़ गया। 'साहेब' ने मोटरसाइकिल स्टार्ट की। वह धीरे-धीरे रवाना हुए। इस समय राजगुरु और मैं काफी निकट थे और मैंने यह कहने का संकेत दिया कि 'साहेब' आ रहे हैं। इस पर राजगुरु ने अपनी पिस्तौल निकाली और 'साहेब' की ओर बढ़े। मैं उस समय सड़क के मोड़ पर खड़ा था और भगत सिंह पंडितजी के करीब थे, लेकिन गेट के बाहर सड़क पर थे। जैसे ही मोटरसाइकिल उनके पास पहुँची, राजगुरु ने अधिकारी की ओर फायरिंग कर दी। राजगुरु के पास रिवॉल्वर था। अधिकारी, जिसे मारा गया था, उसने मोटरसाइकिल से अपना हाथ हटाया और उसके बाईं ओर गिर गया। मोटर साइकिल का इंजन स्टार्ट था। अधिकारी का एक पैर मोटरसाइकिल के नीचे आ गया। भगत सिंह अधिकारी की तरफ दौड़े और उनकी ओर कई गोलियाँ चलाईं। उनके पास एक ब्राउनी ऑटोमैटिक पिस्तौल थी।"[5]

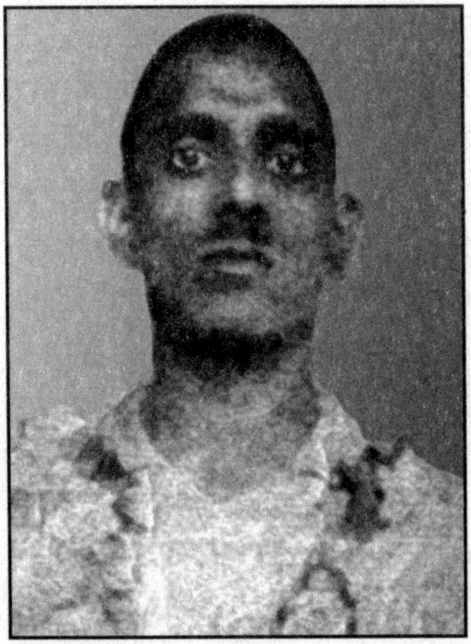
सुखदेव

सुखदेव के अनुसार, "भगत सिंह को पहले फायर करना था। 'एम' (राजगुरु) को केवल भगत सिंह को बचाने के लिए भेजा गया था। पंडितजी को उन दोनों की रक्षा करनी थी। फरार होते समय भगत सिंह ने कहा कि 'साहब' स्कॉट नहीं है, तो वह पंडितजी को बताने के लिए उनकी ओर बढ़े। इस बीच 'एम' ने गोली चला दी, जो उसे नहीं चलानी चाहिए थी। उसे स्कॉट की पहचान नहीं थी। तब भगत सिंह भी गलत आदमी पर गोली चलाने के लिए बाध्य हो

गए थे। इस तरह, मि. सांडर्स की हत्या हो गई।"[6]

"स्कॉट की बात करें तो वह 17 दिसंबर को आधिकारिक दौरे पर थे और कसूर गए हुए थे।"[7]

जय गोपाल ने आगे बताया, "…भगत सिंह ने एक रंगीन टोपी, गरम कोट, खाकी निक्कर, मोजे और काले जूते पहन रखे थे। पंडितजी ने 'कुल्लाह' और बादामी रंग की पगड़ी, सलवार, गरम कोट और दौड़नेवाले जूते पहन रखे थे। राजगुरु के पास भगत सिंह की तरह फोल्डिंग टोपी, सूती कोट, पाजामा और दौड़नेवाले जूते थे। मेरी (जय गोपाल) एक पगड़ी (लुंगी), गरम कोट, काले रंग के जूते व पाजामा था।[8]

"इसके बाद पंडितजी, राजगुरु और भगत सिंह डी.ए.वी. कॉलेज परिसर के छोटे से गेट से होते हुए देव समाज रोड पर पहुँचे। वे तार की बाड़ से होते हुए सचिवालय की ओर बढ़े। तीन अभियुक्त इस तरह भाग निकले और आखिरकार, मोजांग हाउस पहुँच गए।"[9]

उनके पास पैसे नहीं थे; इसलिए आजाद ने जय गोपाल को बंसी लाल के पास भेजा, जिनसे उन्होंने 10 रुपए उधार लिये थे और इस तरह रात के खाने का प्रबंध किया। हालाँकि, जय गोपाल और महावीर सिंह सुखदेव के साथ रात 9 बजे चले गए थे। आजाद, भगत सिंह, राजगुरु कृपा राम स्ट्रीट स्थित कमरे पर गए, जो हाल ही में किराए पर लिया गया था और सुखदेव की माँ वहाँ रह रही थीं।

माहौर याद करते हैं, "हत्या के बाद, मैं खुद और बी.के. सिन्हा एक अलग घर में रहे। भगत सिंह सिन्हा को देखने आए। उनका चेहरा, जो उस दिन मैंने देखा, हमेशा के लिए मेरे मन में छप गया था। उनके बड़े से माथे पर उच्च भाव स्पष्ट दिख रहे थे, जिसका मैं वर्णन नहीं कर सकता। वे दो लोगों की हत्या में शामिल होने के बाद आए थे। वे परेशान थे। उनकी चिंता और बेचैनी दिखाई दे रही थी। उन्हें मानव जीवन, उसके महत्त्व और उसकी भव्यता के प्रति अथाह सम्मान था। इसमें कोई शक नहीं कि यह भगत सिंह का प्रस्ताव था कि लाठी के वार के कारण लालाजी की मृत्यु, जो देश का अपमान था, का बदला लिया जाना था और हमारी सार्थक उपस्थिति दुनिया को दिखानी थी। सांडर्स की हत्या के बाद के दिनों में पुलिस का आतंक लाहौर के विभिन्न इलाकों में रह रहे लोगों के चेहरों पर भी दिखाई दे रहा था। लेकिन हमें यह देखकर खुशी हुई कि पुलिस आतंक की काली धुंध भी उनके चेहरे पर राष्ट्रीय बेईमानी का बदला लेने की संतुष्टि की किरणों को ग्रहण नहीं लगा सकी थी।

"लेकिन भगत सिंह का चेहरा, जो हमेशा अपनी भावनाओं को व्यक्त कर देता था, दयनीय था। मानवता के उस उपासक का भाव, जो मैंने उस दिन देखा था, उससे उनके समक्ष मेरा मस्तक श्रद्धापूर्वक झुक गया था और मुझे लगा कि मुझे उनके चरणों

की धूल अपने माथे पर लगा लेनी चाहिए।

"एकांत कोने में बैठे भगत सिंह और बी.के. सिन्हा देर रात तक बातचीत करते रहे। यह स्पष्ट था कि उनके दिल भारी थे। भगत सिंह की भावनाएँ चरम पर थीं। अपनी बातों को विराम देते हुए वे उठे और मुझसे सामान्य बात की। मैं पार्टी अनुशासन से बँधा हुआ था, इसलिए मैंने खुद को नियमित बातचीत तक ही सीमित रखा। मुझे आज भी अपनी उस मूर्खता का पश्चात्ताप है कि मैंने भगत सिंह को याद दिलाया कि लाहौर आने पर उन्होंने 20 रुपए की राशि जो मुझसे ली थी, उसे लौटाया जाए, नहीं तो मैं अपने छात्रावास के लिए भुगतान कैसे करूँगा। लेकिन पैसा था कहाँ? मेरी बात का जवाब दिए बिना उन्होंने सलाह दी, 'कैलाश, तुम कभी कविता लिखने का प्रयास नहीं करना!' मेरे उत्तर की प्रतीक्षा किए बिना वह यह कहते हुए चले गए, 'माँ सरस्वती के प्रति तुम्हारी सबसे बड़ी सेवा यह होगी कि तुम कभी कवि बनने की कोशिश नहीं करोगे।'"[10]

जे.पी. सांडर्स

"सांडर्स के वध के बाद कई गुलाबी पोस्टर, जिनमें से कुछ भगत सिंह की लिखावट में थे, इस शीर्षक के साथ—'सांडर्स मर चुका है, लालाजी का बदला ले लिया गया है', विभिन्न व्यक्तियों द्वारा लाहौर में कई सार्वजनिक स्थानों पर चिपकाए गए थे।"[11]

पोस्टर 'एच.एस.आर.ए. के कमांडर-इन-चीफ बलराज' द्वारा जारी किए गए थे।

प्रथम सूचना रिपोर्ट

ट्रैफिक इंस्पेक्टर डब्ल्यू.जे. फर्न का लिखित बयान—

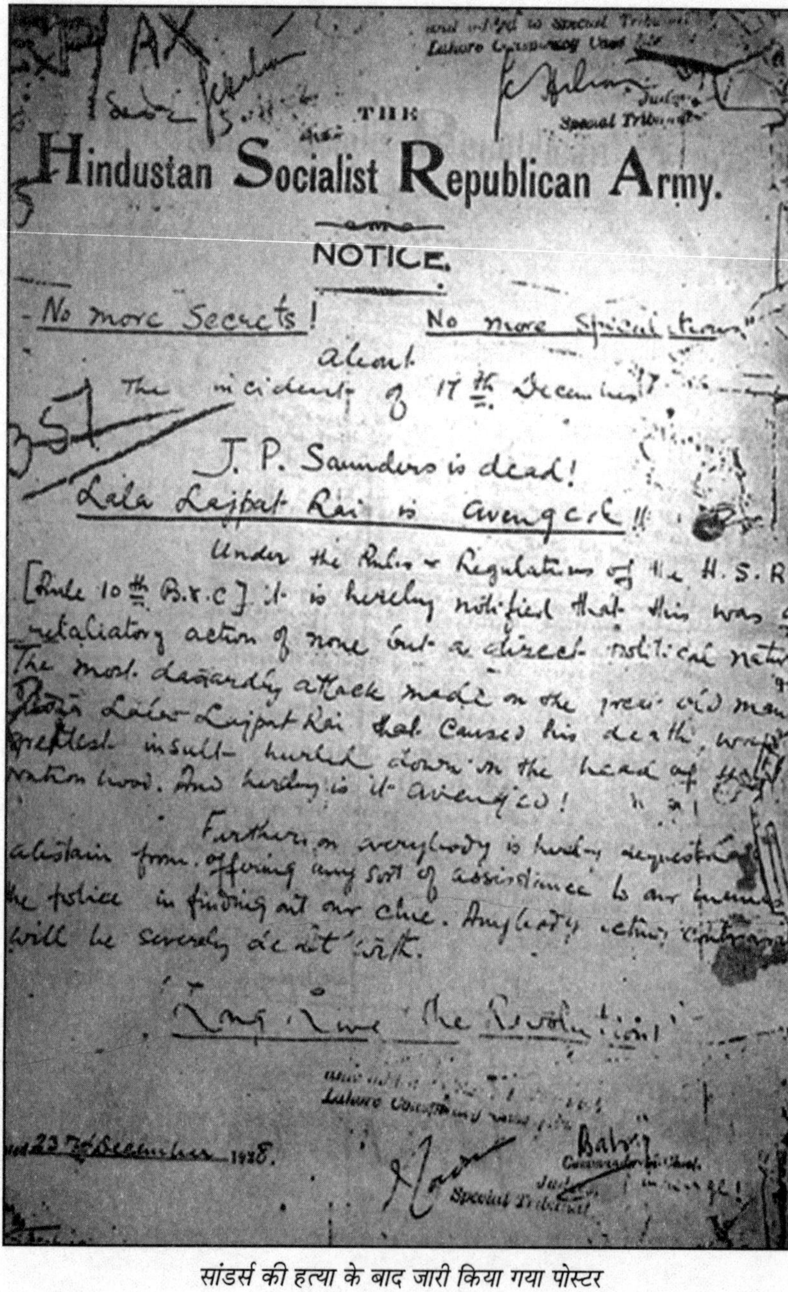

THE

Hindustan Socialist Republican Army.

NOTICE.

No more Secrets! No more Speculations!

about

The incident of 17th December

J. P. Saunders is dead!

Lala Lajpat Rai is avenged!!

Under the Rules & Regulations of the H.S.R. [Rule 10th B.R.C.] it is hereby notified that this was a retaliatory action of none but a direct political nature. The most dastardly attack made on the great old man Lala Lajpat Rai that caused his death was greatest insult hurled down on the head of nationhood. And hereby is it avenged!

Furthermore everybody is hereby requested to abstain from offering any sort of assistance to our enemies the police in finding out our clue. Anybody acting contrary will be severely dealt with.

Long Live the Revolution!

23rd December 1928.

Balraj
Commander-in-Chief

सांडर्स की हत्या के बाद जारी किया गया पोस्टर

"शाम को लगभग 4 बजकर 25 मिनट पर मैं अपनी शाम की ड्यूटी के लिए जाने के लिए ऑफिस में अपनी मेज से उठा। अभी मैंने अपनी बेल्ट और हेलमेट पहना ही था कि मैंने अपने ऑफिस के बाहर ए.एस.पी. सांडर्स को अपनी मोटरसाइकिल स्टार्ट करते देखा। वह अभी गेट से बाहर निकले ही थे, जब मैं कार्यालय के बरामदे से नीचे कूदा और अपनी मोटरसाइकिल की ओर गया, जो कार्यालय के गेट के पीछे खड़ी थी। मि. सांडर्स कोने के पास लैंप पोल पर पहुँचे, जहाँ से कोर्ट स्ट्रीट समाप्त हो जाती है, जब दो लोग जान-बूझकर सड़क के बीच आ गए और उन पर गोलियाँ चलाईं। मैंने ऊपर देखा और मि. सांडर्स की ओर भागा, जो जमीन में ईंटों से बने पैदल रास्ते पर बाईं ओर गिरे हुए थे। मैंने देखा कि दो लोग भागते हुए आए और सड़क पर गिरे मि. सांडर्स पर जान-बूझकर गोलियाँ दागीं। हेड कॉन्स्टेबल चनन सिंह और मैं भागे। दोनों लोग कोर्ट स्ट्रीट की ओर भागे और हम उनके पीछे भागे। मैं सड़क के बाईं ओर भाग रहे आदमी के पीछे था और हेड कॉन्स्टेबल चनन सिंह दाईं ओर था। बाईं ओर वाला आदमी अचानक मुड़ा और मुझ पर गोली चलाई, लेकिन गोली लगी नहीं और जब मैं उस पर उछला, उसने अपना ट्रिगर फिर से खींचा; लेकिन उसके हथियार का निशाना चूक गया। वह नीले रंग की एक ऑटोमैटिक पिस्तौल से लैस था। दोनों आदमी फिर प्राचार्य के घर के पास गेट से डी.ए.वी. कॉलेज परिसर की ओर भागे। मैंने हेड कॉन्स्टेबल चनन सिंह को पुकारा, 'अंदर न जाओ!' लेकिन वह गेट के अंदर भागा। ठीक इसके बाद मैंने एक शॉट सुना और वह बाहर आ गया। मैंने कार में बैठे कुछ लोगों को आवाज लगाई, जो क्रॉसिंग तक आए और हेड कॉन्स्टेबल को ऑफिस भेजा। मैंने सरदार अमर सिंह को मुझे एक बंदूक लाकर देने का आदेश दिया, जो उन्होंने पूरा किया और फिर डी.ए.वी. कॉलेज के परिसर और मुख्य भवन के पीछे सभी घरों की तलाशी ली। वहाँ किसी ने मुझे नहीं बताया कि उन्होंने किसी को देखा है। कई छात्रों ने डी.एस.पी. मॉरिस को बताया, जो कॉलेज के मुख्य द्वार के आसपास आए थे कि छात्र उस रास्ते से आए थे। मैं डी.ए.वी. कॉलेज के शौचालय के पीछे देव समाज कॉलेज की दीवार तक उनके साथ गया, जब मैंने उनसे कहा कि मैं वापस जाना चाहता हूँ, क्योंकि मेरे हाथ को काफी गंभीर चोट पहुँची है; और उन्होंने मुझे जाने की अनुमति दी। जब मुझ पर गोली बरसाई गई, तब कोर्ट स्ट्रीट के किनारे उथले नाले में गिरने से मेरी बाँह में चोट लगी थी।

"मैं किसी भी आदमी को नहीं देख सका। वह आदमी लगभग 5 फीट 5 इंच या इसके आसपास लंबा था। मध्यम ऊँचाई, औसत गेहुँआ रंग, छोटी व पतली मूँछें। वह सफेद पाजामा, गहरे रंग का गरम कोट और एक छोटे काले रंग की क्रिस्टी टोपी पहने था।"

(एसडी) डब्ल्यू. फर्न
ट्रैफिक इंस्पेक्टर, 17 दिसंबर, 1929

थाना अनारकली में पुलिस द्वारा उठाए गए कदम

थाना अनारकली में एक टेलीफोन संदेश प्राप्त हुआ कि सहायक पुलिस अधीक्षक सांडर्स की हत्या कर दी गई है और पिस्तौल के माध्यम से हेड कॉन्स्टेबल चानन सिंह को घायल कर दिया गया है। तत्पश्चात् मैं इंस्पेक्टर पुलिस कार्यालय पहुँचा। ट्रैफिक इंस्पेक्टर मि. फर्न ने अपना लिखित बयान अंग्रेजी में दिया। बयान संलग्न है। बयान के मद्देनजर यह अपराध आई.पी.सी. की धारा 302/120 (बी)/109 के तहत प्रतीत होता है। उक्त धाराओं के तहत प्रथम सूचना रिपोर्ट तैयार की जाए और इसकी संख्या की सूचना मुझे दी जाए।

जाँच चल रही है।

दिनांक 17 दिसंबर, 1928 (एसडी/-) मणि राम

इंस्पेक्टर इंचार्ज ए डिवीजन

एफ.आई.आर. सं. 164, धारा 302/120(बी)/109 के तहत मामला इस थाने में दर्ज किया गया था।

दिनांक 17 दिसंबर, 1928 (एसडी/-) अहमद अली

मोहर्रर अनारकली (फारसी वर्णों में)[12]

दिलचस्प बात यह है कि इंस्पेक्टर फर्न ने पी.डब्ल्यू. 46 के रूप में कोर्ट में यह स्वीकार किया कि—

"मैंने कई पहचान परेडों में भाग लिया, लेकिन सांडर्स के दोनों हमलावरों को पहचानने में विफल रहा।"[13]

हत्यारे?

लेकिन हत्यारे कौन थे? क्या यह संभव है कि जिला पुलिस मुख्यालय के सामने भरी दोपहरी में मुख्य मार्ग पर एक हत्या की जाती है, जिसकी कुछ हद तक या पूरी तरह से गवाह कई लोग होंगे, जिनमें से आधे पुलिसवाले थे और पुलिस के पास एक भी अभियुक्त की पहचान को लेकर कोई सुराग नहीं था। यह और अधिक आश्चर्यजनक रहा कि भगत सिंह, अपनी उत्कृष्ट काया के साथ, जिनकी तसवीर सन् 1927 के बाद से पुलिस के पास थी, वे संदिग्धों में नहीं थे। पुलिस सचमुच अँधेरे में टटोल रही थी। इसका सबूत है—नौजवान भारत सभा और छात्र संघ के कार्यकर्ताओं, जैसे हंसराज वोहरा, की अंधाधुंध गिरफ्तारी, जिन्हें कुछ दिनों के बाद रिहा कर दिया गया था।

फिर भी, जिन लोगों ने ऐसा किया था, वे पूरी तरह से जानते थे कि वे वास्तव में विभिन्न कोणों से देखे गए थे, जिनमें पुलिसकर्मियों सहित कई चश्मदीद गवाह शामिल थे। इसलिए उन्हें अपनी पहचान छुपाने के लिए अधिकतम सावधानी बरतनी थी और

जल्द-से-जल्द लाहौर से भागने के सबसे सुरक्षित तरीके को चुनना था। रेलवे स्टेशन संभवतः पुलिस एवं सी.आई.डी.—जिसमें कुछ वे लोग भी शामिल थे, जो घटना के चश्मदीद गवाह थे—की अधिकतम निगरानी में था।

लाहौर से भागना

सुखदेव के लिए तीनों साथियों के सुरक्षित ढंग से भागने को सुनिश्चित करने का एकमात्र विकल्प दुर्गा भाभी का सहयोग लेना था, क्योंकि भगवती भाई कांग्रेस अधिवेशन में भाग लेने कलकत्ता गए थे।

दुर्गा भाभी

दुर्गा भाभी याद करते हुए बोलीं : "जब मेरठ षड्यंत्र केस में वारंट की वजह से मेरे पति भूमिगत हो गए थे, तब वह कभी भी आ जाते और वह भी केवल कुछ समय के लिए। हत्या से कुछ दिन पहले वे यह कहते हुए मेरे पास कुछ पैसे छोड़ गए थे कि इसकी आवश्यकता हो सकती है। इसने मुझे सचेत कर दिया था। मैं स्थानीय आर्य कन्या विद्यालय में हिंदी की शिक्षिका थी। प्रत्येक शिक्षक को बारी-बारी से हर दिन ड्यूटी पर रहना पड़ता था, जब तक कि विद्यालय से सभी लड़कियाँ घर नहीं चली जाती थीं। 17 दिसंबर को मुझे इस ड्यूटी पर लगना था। हमारे बस ड्राइवर ने मुझे बताया कि उस दिन कुछ घटना घटी थी, जिसका सामना करना पुलिस के लिए मुश्किल हो रहा है। मैं भी अधिक जानने के लिए उत्सुक थी। ड्राइवर को डी.ए.वी. कॉलेज के मार्ग से जाने के लिए कहा गया, जहाँ घटना घटी थी। जो कुछ मैं देख सकती थी, वह पुलिसकर्मियों की भीड़ थी। मैं सीधे घर आ गई।

"अगली शाम सुखदेव रात करीब 8 बजे मेरे पास आए। उस समय मेरे संस्कृत के शिक्षक पंडितजी मुझे पढ़ा रहे थे; सिर्फ इसलिए नहीं कि हम भाषा के दीवाने थे, बल्कि सी.आई.डी. के लोगों को भ्रमित करने के लिए भी यह कदम उठाया गया था। वास्तव में, सी.आई.डी. का एक आदमी हमारा किराएदार था। इसलिए पंडितजी आए; मुल्लाजी (मुसलिम विद्वान्) भी आए थे, ये सब जीवन की विद्वत्तापूर्ण शैली का निर्माण करने के लिए था।

"'आपकी और अधिक संस्कृत नहीं।' सुखदेव ने अपनी शैली में कहा, इसलिए

शिक्षक चले गए। उन्होंने मुझसे पूछा कि क्या कुछ पैसे हैं? उन्हें उसकी बहुत जरूरत है। मैंने 'हाँ' में जवाब दिया और उन्हें पैसे दे दिए।

"आधे घंटे के बाद वह फिर आए और कहा, 'क्या आप छुट्टी ले सकती हैं?' चूँकि सर्दियों की छुट्टियाँ 21 दिसंबर को होनी थीं, मैंने कहा, 'हाँ, ब्रेक के दौरान।'

'ब्रेक या कोई ब्रेक नहीं।' उन्होंने कहा।

'ओके।' मैंने कहा।

'आपको लाहौर छोड़ना होगा और अपने बच्चे को अपने साथ ले जाना होगा।'

'हाँ, मैं ले जाऊँगी।'…

"सुखदेव ने लाहौर से वांछित साथियों को निकाल ले जाने को सुनिश्चित करने के लिए अपनी योजना बनाई होगी; लेकिन मुझे केवल यह बताया गया कि हमें कलकत्ता जाना है।

"अगली शाम वह भगत सिंह और राजगुरु के साथ आए। तब तक मैंने भगत सिंह को बिना कटे बालों के साथ देखा था। सुखदेव ने मुझसे पूछा कि क्या मैंने उन्हें पहचान लिया है? मैंने अपना सिर हिलाते हुए कहा, 'नहीं, भाई।' राजगुरु की बात करें तो मैं उनसे पहले कभी नहीं मिली थी।

"सुखदेव ने शरारती मुसकान के साथ कहा, 'यह वही जट्टू है, जिसने संतरे निगले थे।' वे (भगत सिंह) वास्तव में हमारे घर पर अकसर आते थे और खुद फल आदि ले लेते थे।

"मैं जट्टू के संतरों को याद करने के लिए खयालों में खो गई। वह एक वाकया, जिसके बाद हमने उन्हें यह उपनाम दिया था।

"इस तरह, मुझे सुराग मिला और फिर भगत सिंह खुलकर हँसे, जिससे उनके जट्टू होने को लेकर कोई संदेह नहीं रहा। मैंने उनके लिए भोजन बनाया। राजगुरु और भगत सिंह दोनों वहीं सो गए।

"राजगुरु तब एक नौकर के वेश में थे। उनका बिस्तर एक फटी हुई दरी थी और उन्होंने जर्जर पोशाक पहनी हुई थी; जबकि भगत सिंह हाई-फाई शैली में तैयार हुए थे।

"मैं इस अवसर पर राजगुरु के प्रति अपने बुरे बरताव के लिए खुद को कभी क्षमा नहीं कर पाई। सुखदेव और भगत सिंह ने मजे से भोजन किया; लेकिन दूसरी ओर, राजगुरु को एक थाली में भोजन भेजा गया, ताकि यह लगे कि वह नौकर हैं। लेकिन उस समय मेरा मन बहुत उधेड़बुन में था कि मैं यह पहचानने में विफल रही कि वह भी हमारा अपना प्रिय है। उन्होंने एक शब्द भी नहीं कहा, यहाँ तक कि उन्होंने अपने प्रति हुए बुरे बरताव का भी बुरा नहीं माना।

"इससे पहले कि सी.आई.डी. के आदमी अपनी नियमित चौकसी के लिए वहाँ

पहुँचते, आखिरकार 20 दिसंबर को हमने एक ताँगे में घर छोड़ा। भगत सिंह अपनी अधिकारी जैसी पोशाक में—ओवरकोट हैड एट अल, ओवरकोट के कॉलर से अपना चेहरा छुपाए, गोद में छोटा सा शची लिये थे, वहीं उनके पीछे 'अर्दली' (नौकर) की आड़ में राजगुरु चल रहे थे। दोनों के पास कारतूस भरे रिवॉल्वर थे; और इस तरह हम ट्रेन में सवार हो गए।

"लखनऊ पहुँचकर हमने कुछ घंटे वेटिंग रूम में बिताए और अपनी थकान मिटाई। वहाँ से राजगुरु अलग चले गए।"

सुशीला दीदी के कलकत्ता के पते पर लखनऊ से एक टेलीग्राम भेजा गया था—

'भाई के साथ आ रही हूँ—दुर्गावती।'

प्राप्तकर्ता हैरान थे—कौन दुर्गावती? क्योंकि भाभी को कभी इस नाम से नहीं पुकारा गया था और कौन सा भाई? इसके अलावा, चूँकि भाभी ने अपने पति के साथ कलकत्ता जाने से साफ इनकार कर दिया था, जो वहाँ कांग्रेस अधिवेशन में भाग लेने के लिए आ रहे थे, इसलिए इस अवसर पर उनके आने की उम्मीद शायद ही किसी को थी। उन्होंने यह कहकर बात को टाल दिया था कि उन्हें अपने शिक्षण कार्य पर रहना है। पर उनके कलकत्ता आगमन पर ही रहस्य खुला। भगवती खुद सुखद आश्चर्य में थे। तुरंत उनके कंधे पर हाथ रखते हुए उन्होंने कहा, 'आज मैंने तुम्हें खोज लिया है!'

"स्वाभाविक रूप से, हम कलकत्ता तक की अपनी पूरी रेल यात्रा के दौरान चौकन्ने थे, यह सुनिश्चित करने के लिए कि हम विशेष रूप से नजर में नहीं आएँ। हमारे साथी यात्रियों के लिए हम प्रथम श्रेणी के डिब्बे में लगभग 'अकेले' थे। दिलचस्प बात यह है कि वर्तमान दूसरी श्रेणी की लागत उन दिनों की पहली श्रेणी के किराए से कुछ ही अधिक थी। कुछ अजीब सी जोड़ियाँ कुछ दूरी तक हमारे साथ यात्रा करतीं; लेकिन एक अकेला यात्री था, जो काफी लंबे समय तक वहाँ रहा था; वह ज्यादातर सो रहा था, कभी-कभी उठ रहा था, खाता/पीता और फिर से सो जाता। पूरी तरह से हमें कभी नहीं लगा कि हम पर किसी की नजर है।

दिलचस्प बात यह है कि लाहौर षड्यंत्र केस के मुकदमे के दौरान विशेष न्यायाधिकरण के सामने पेश किए गए इस 'बच निकलने' के बारे में पुलिस का बयान यह था कि भगत सिंह व राजगुरु 20 दिसंबर को बॉम्बे मेल से दिल्ली की ओर गए थे और उन्होंने कानपुर तक की यात्रा की थी; जबकि आजाद लाहौर से 26 दिसंबर को ट्रेन से मथुरा पहुँचे थे। अभियोजन पक्ष ने चार रेलवे अधिकारियों को भी गवाह (पी.डब्ल्यू. 115, 116, 117, 118) समर्थन साक्ष्य के रूप में पेश किया था, यह साबित करते हुए कि वापसी की टिकट कथित यात्रा के लिए लाहौर में जारी की गई थी। सुखदेव ने कारवाई की फाइल पर अपने सूक्ष्म नोट में कहा है कि ये गवाह झूठे थे, जो सिर्फ जय गोपाल का समर्थन

करने के लिए सामने लाए गए थे, जिन्होंने अपने भागने के बारे में उपर्युक्त विवरणों को बताया था। हालाँकि, आजाद के भागने के संबंध में जय गोपाल का संस्करण सही था कि वह 25 या 26 दिसंबर को किशोरी लाल, सुखदेव की माँ और बहन के साथ दिल्ली के लिए रवाना हुए थे, जो बाद में दिल्ली से लौट आए थे। सुखदेव ने मार्च 1929 में हंसराज वोहरा (गवाह : पी.डब्ल्यू. 5) के समक्ष स्वीकार किया था कि भगत सिंह और राजगुरु ने क्रमश: दूसरे व तीसरे-सेवक वर्ग में 20 दिसंबर को लाहौर छोड़ दिया था।

लेकिन किसी को भी उनके भागने के सटीक तौर-तरीकों के बारे में कोई सुराग नहीं मिला, जो सन् 1947 के बाद के कई वर्षों के बाद उनके निकट सहयोगियों के द्वारा प्रकट होने तक शीर्ष रहस्य बना रहा।

कलकत्ता के एक धनी सेठ सर छज्जू राम राष्ट्रीय भावनाओं में रँगे थे, बावजूद इसके कि 'सर' के सम्मानजनक पद पर उन्हें शासकों ने सम्मानित किया था। सामान्य प्राथमिकता के अनुसार, मिशनरी स्कूल में अपनी बेटी सावित्री को शिक्षित करने के लिए तैयार नहीं थे, इसलिए उन्होंने कन्या महाविद्यालय, जालंधर के प्रधानाचार्य से संपर्क किया और देशभक्तिपूर्ण दृष्टिकोण के साथ एक शिक्षक का चित्रण करते हुए उसे घर पर बेटी को ट्यूशन पढ़ाने के लिए भेजने को कहा। इस पर प्रधानाचार्य शन्नो देवी ने जगह भरने के लिए सुशीला को वहाँ भेजा। दीदी के स्वभाव और आचरण ने परिवार का दिल इस हद तक जीत लिया कि सेठ की पत्नी लक्ष्मी देवी उनकी प्रशंसक बन गईं। मेरठ षड्यंत्र केस में फरार होने के बाद भगवती चरण के रहने की जगह बनी और बाद में सन् 1928 में भगत सिंह के लिए उनका घर न केवल सुरक्षित ठिकाना बना, बल्कि आरामदायक भी रहा।

भगत सिंह आमतौर पर दिन भर अपने कमरे तक ही सीमित रहते थे, केवल रात होने पर ही बाहर निकलते थे। बहाने के रूप में उन्होंने बीमार होने का नाटक किया और अपने बिस्तर के पास 'दवाई' की एक बोतल रखी थी। अगर कोई 'बाहरी व्यक्ति' आता तो दवा की एक खुराक 'रोगी' को दी जाती थी। वहाँ एक अन्य साथी 'झंडा सिंह' थे, जिनका वास्तविक नाम जसवंत सिंह था। वे अपने साथ घी व शक्कर लेकर आए थे। उन्होंने सुशीला दीदी को वह सारा सामान दे दिया था, नहीं तो कोई उसे चुरा लेता। लेकिन नकचढ़े भगत सिंह को दूर रखना मुश्किल था। इस प्रकार, सेठजी की रसोई से उनके पास भेजी जानेवाली रोटी में घी और शक्कर दोनों खूब भेजा गया, जबकि वे रोटियों के साथ भेजी जानेवाली दाल से परहेज करते थे।

अपने कलकत्ता आगमन के एक-दो दिनों के भीतर भगत सिंह प्रसिद्ध जयचंद्र से मिले। वे भी कांग्रेस अधिवेशन के अवसर पर वहाँ थे और अभी भी खुद को एक प्रमुख क्रांतिकारी के रूप में पेश करने का प्रयास कर रहे थे। भगत सिंह को पहचानते

हुए उन्होंने उन्हें बधाई एवं आशीर्वाद दिया और सावधानी की आवश्यकता पर उपदेश देते हुए उन्हें आनेवाले खतरे के बारे में भी बताया, 'देखो, भगवती भी यहाँ हैं; हमेशा चौकन्ने रहो!'

भगत सिंह ने बाद में यशपाल से कहा कि उन्हें इतना गुस्सा आ रहा था कि वह एक थप्पड़ लगा देते; लेकिन केवल उनकी उम्र और अपने पूर्व गुरु होने के कारण वे चुप रहे।[14]

संदर्भ—

1. 'द हैंगिंग ऑफ भगत सिंह', खंड-I, मलविंदर जीत सिंह वरैच एवं डॉ. गुरदेव सिंह सिद्धू, पृष्ठ-102-03
2. 'सिंहावलोकन' (हिंदी), यशपाल, लोकभारती प्रकाशन, इलाहाबाद, 1994, पृष्ठ-88
3. राजा राम शास्त्री, 'अमर शहीदों के संस्मरण' (हिंदी), साधना साहित्य मंदिर प्रकाशन, 10/425, खलासी लाइन, कानपुर, 1981, पृष्ठ-61-63
4. 'यश की धरोहर' (हिंदी), भगवान दास माहौर, सदाशिव राव मलकापुरकर एवं शिव वर्मा, आत्माराम एंड संस, दिल्ली, 1991, पृष्ठ-35-41
5. 'द हैंगिंग ऑफ भगत सिंह', खंड-II, मलविंदर जीत सिंह वरैच एवं राजवंती मान, (पी.डब्ल्यू. 2, जय गोपाल)
6. चंडीगढ़ की राष्ट्रीय पोर्ट्रेट्स गैलरी
7. मलविंदर जीत सिंह वरैच एवं राजवंती मान, op. cit., (पी.डब्ल्यू. 80, अब्दुल वहीद)
8. वही (के.पी.डब्ल्यू. 2. जय गोपाल)
9. मलविंदर जीत सिंह वरैच एवं संग्राम सिंह, 'चंद्रशेखर आजाद : एक जीवनी', यूनीस्टार बुक्स प्रा. लि., चंडीगढ़, 2012, पृष्ठ-109
10. भगवान दास माहौर, सदाशिव राव मलकापुरकर एवं शिव वर्मा, op. sit.., पृष्ठ-35-41
11. मलविंदर जीत सिंह वरैच एवं डॉ. गुरदेव सिंह सिद्धू, op. cit., पृष्ठ-109
12. मलविंदर जीत सिंह वरैच एवं हरीश जैन, 'द हैंगिंग ऑफ भगत सिंह', खंड-III, प्रदर्शन : 'PAT' एफ.आई.आर., दिनांक 17.12.1928
13. मलविंदर जीत सिंह वरैच एवं राजवंती मान, op. cit., पृष्ठ-292
14. मलविंदर जीत सिंह वरैच, 'भगवती चरण वोहरा एवं दुर्गा भाभी की जीवनी', यूनीस्टार बुक्स प्रा. लि., चंडीगढ़, 2012, पृष्ठ-28, 69-73

□

10

आगरा : द मेल्टिंग-पॉट

19 दिसंबर, 1928 को फणींद्र एवं एम.एम. बनर्जी कांग्रेस अधिवेशन के लिए कलकत्ता गए थे और वहाँ वे आर्यसमाज मंदिर, 19, कार्नवालिस स्ट्रीट पर कँवल नाथ तिवारी से उनके स्थान पर मिले। फणींद्र ने इससे पहले भगत सिंह को कलकत्ता में उनसे संवाद करने के लिए यह पता दिया था। भगत सिंह ने 25 दिसंबर को के.एन. तिवारी के माध्यम से फणींद्र से मुलाकात की। भगत सिंह ने पार्टी के सदस्यों को बम बनाने की शिक्षा देने के लिए एक व्यक्ति को खोजने के सवाल उठाए और फिर वे तथा फणींद्र कलकत्ता में जतिन दास के संपर्क में आए। फणींद्र और एम.एम. बनर्जी को जनवरी 1929 के अंत में आगरा आने के लिए कहने के बाद भगत सिंह लगता है, दिसंबर के अंत तक शायद कलकत्ता छोड़ चुके थे। लाहौर में उनकी गतिविधियों के बाद पार्टी के नेता अब विस्फोटकों के निर्माण पर अपना ध्यान केंद्रित कर रहे थे और इस उद्देश्य के लिए आगरा को केंद्र के रूप में चुना गया।[1]

यतींद्रनाथ दास

कलकत्ता में रहते हुए भगत सिंह ने कपिला टोला लेन के उत्तर में एक पार्क में फणींद्र की कंपनी में जतिन दास से मुलाकात की थी, जहाँ उन्होंने आगरा में बम बनाने और कलकत्ता में गन कॉटन बनाने के विषय में परामर्श किया था।

फणींद्र कहते हैं, "जतिन दास ने भगत सिंह के अनुरोध पर उन्हें बम बनाना सिखाने के लिए सहमति दी और मुझे बम के दो गोले देने का वादा किया। भगत सिंह ने कहा कि दास को इस उद्देश्य से आगरा जाना होगा।

दास ने उल्लेख किया कि चूँकि यह सर्दियों का मौसम है, ऐसे में आगरा में बर्फ की खरीद नहीं होगी, लेकिन कलकत्ता में उपलब्ध हो सकती है और इसलिए गन कॉटन की तैयारी कलकत्ता में ही हो सकती है। दास ने मुझे गन कॉटन बनाने के लिए उपयुक्त जगह देखने के लिए कहा। मैंने आर्यसमाज मंदिर की सबसे ऊपरी मंजिल पर एक कमरा चुना था, जिसमें के.एन. तिवारी तब निवास कर रहे थे। वह एक एकांत कमरा था।

"अगली सुबह मैं के.एन. तिवारी से मिलने आर्यसमाज मंदिर गया। मैंने उन्हें उनके कमरे में गन कॉटन बनाने के प्रस्ताव के बारे में बताया। वह सहमत हो गए। उन्होंने यह भी कहा कि वह गन कॉटन बनाना सीखेंगे। दोपहर में दास और भगत सिंह मेरे चाचा के घर मुझसे मिलने आए। दास ने मुझे बम बनाने के लिए आवश्यक उपकरण एवं सामग्री की सूची दी। भगत सिंह ने मुझे उन चीजों को खरीदने के लिए 50 रुपए दिए। मैं सूची को के.एन. तिवारी के पास ले गया। वह और मैं बोनफील्ड लेन गए, जहाँ कई केमिस्टों की दुकानें थीं। तीन-चार दिनों के दौरान हमने कॉलेज स्क्वायर के पास की दुकानों से चीजें खरीदीं। ये खरीदें 4, 5, 6 और 7 फरवरी, 1929 को की गई थीं।"

फणींद्र जारी रखते हैं, "संदेह से बचने के लिए हमने एक दुकान से सभी चीजें नहीं खरीदीं। हमने उन खरीदी गई चीजों को के.एन. तिवारी के कॉर्नवालिस स्ट्रीट स्थित आर्यसमाज मंदिर के कमरा नं. 19 और 20 में जमा किया।

"निश्चित दिन पर भगत सिंह आर्यसमाज मंदिर आए और मैं उस दिन बांगो बासी कॉलेज गया और दास को वहाँ से ले आया। वापस आते समय दास ने मुझे दो बम के गोले थमाए। हम आर्यसमाज मंदिर गए। भगत सिंह और तिवारी पहले से वहाँ मौजूद थे। मैंने भगत सिंह को दो बम के गोले सौंपे। तिवारी आधा मौंड (18 कि.ग्रा.) बर्फ लेकर आए। कमरा नं. 20 में संगृहीत चीजों को कमरा नं. 19 में रख दिया गया था। दास ने गन कॉटन बनाना शुरू कर दिया और मैं, भगत सिंह एवं तिवारी ने यह सीखना शुरू कर दिया कि इसे कैसे करना है। जब गन कॉटन बनाया जा रहा था, जमादार तुलसी पानी की बालटी के ऊपर आ गया। वह हमें आते-जाते देखता था। मैंने गन कॉटन को बनाकर नम स्थिति में अपनी जेब में रखा।"[2]

तुलसी, जो इस मुकदमे में पी.डब्ल्यू. 397 के रूप में पेश हुआ, ने कहा, "जनवरी (फरवरी) 1929 में एक दिन तिवारी ने मुझे पानी लाने के लिए कहा। जब मैं पानी लेकर ऊपर पहुँचा तो मैंने तिवारी के साथ चार लोगों को उनके कमरे में पाया। चार लोगों में से एक हाल ही में आए थे। उसके पास पैकिंग का सामान था। उसमें बर्फ थी और बर्फ पर एक चाइना प्लेट थी। पुरुष चने चबा रहे थे। उन दिनों में ठंड थी, इसलिए मैंने तिवारी से पूछा कि वह बर्फ के साथ क्या कर रहे हैं? उन्होंने बताया कि वह बीमार थे और अपने सिर पर उसका इस्तेमाल कर रहे थे।"[3]

"जनवरी 1929 के अंत तक सुखदेव भी इसी काम में व्यस्त थे। उन्होंने जय गोपाल को अमृतसर कुछ रसायनों को साथ ले जाने के लिए कहा और खुद उनके पीछे गए। जनवरी में भी भगत सिंह ने इलाहाबाद का दौरा किया और ललित मोहन मुखर्जी (एम.एस-सी. के छात्र) से अजय कुमार घोष के कमरे में मिले।

"उस समय तक आगरा पार्टी की गतिविधि का केंद्र बन गया था। शिव वर्मा ने नवंबर 1928 में 5 रुपए प्रति माह के किराए पर नूरी गेट में एक मकान पहली मंजिल पर लिया था। लेकिन जनवरी 1929 के अंत तक वे कमरे खाली कराए गए थे और उसी समय एक अन्य घर (सं. 1784) की ऊपरी मंजिल में जो भरोसी लाल (पी.डब्ल्यू. 238) के हींग की मंडी में था, वह पार्टी के एक सदस्य द्वारा प्रति माह 10 रुपए के किराए पर लिया गया था। कुछ समय बाद, गया प्रसाद ने 4 फरवरी, 1929 को डॉ. दीवान सिंह (पी.डब्ल्यू. 302) को फिरोजपुर में अपनी दवाएँ एवं अन्य स्टॉक बेच दिया था और वे आगरा आ गए थे। उन्होंने राम लाल के नाम पर पार्टी के लिए किराए पर दूसरा घर नाई की मंडी में उसके मालिक नारायण प्रसाद (पी.डब्ल्यू. 248) से 15 फरवरी, 1929 को 13 रुपए प्रतिमाह पर ले लिया था। इस घर को बाद में पार्टी द्वारा आवासीय प्रयोजन के लिए इस्तेमाल किया गया था और गया प्रसाद अधिकांश समय के लिए 31 मार्च, 1929 तक इसके इंचार्ज रहे, जब इसे खाली कर दिया गया था। दूसरी तरफ, हींग की मंडी घर का उपयोग पार्टी द्वारा विस्फोटक के निर्माण के लिए किया गया था।

जीवन-शैली

भगवान दास ने आगरा में अपने अनुभवों का एक चित्रात्मक खाका दिया था, जो उन्हें अपनी पहली यात्रा के दौरान और बाद में हुआ था। "सन् 1928 में, मैं विक्टोरिया कॉलेज, ग्वालियर में बी.ए. का छात्र था। मैं बोर्डिंग में रहता था। तब तक एच.एस.आर.ए. से मैं आजाद, कुंदन लाल, बी.के. सिन्हा और सुरेंद्र पांडे को जानता था। एक दिन विश्वनाथ वैशंपायन मेरे पास आए। अचानक वह मुझे आगरा ले गए। वहाँ नूरी गली में क्रांतिकारी समूह एक घर की पहली मंजिल पर एक कमरे में रह रहे थे। जब मैं विश्वनाथ के साथ आधी रात के आसपास वहाँ पहुँचा तो किसी ने पहली बार हमें सिर से पैर तक टॉर्च से देखा और फिर दरवाजा खोला। कमरे में प्रवेश करने पर एक बड़े रिवॉल्वर के बैरल ने मेरा स्वागत किया। जब मैंने अपनी आँखें उससे हटाईं तो देखा कि एक युवक की चमकती आँखें मुझे घूर रही थीं। वह युवक भगत सिंह थे, जो संतरी की ड्यूटी पर थे। मिट्टी के तेल के दीये की मंद रोशनी में मैं शायद ही उसे पहचान सका।

"कमरे में कुछ युवा, जो छात्र जैसे दिख रहे थे, फर्श पर एक पंक्ति में सो रहे थे। समाचार-पत्र और धोती उनके बिस्तर थे। हमारे प्रवेश के कारण होनेवाली ध्वनि ने उनमें से एक या दो को जगा दिया था। उनमें से एक ने हमें घूरा और इससे पहले कि मैं उसे पहचानता, वह मुझे उस धुँधली रोशनी में भी पहचान गया था।

"हम (मैं और विश्वनाथ) उस जगह पर पहुँचने तक बारिश में भीग गए थे। जब कपड़े उतारने के बाद मैं उन्हें अपने हाथ में पकड़े हुए था, उसका कुछ समाधान सोच रहा था कि भगत सिंह ने मुझसे कपड़े ले लिये और उन्हें सूखने के लिए रस्सी पर फैला दिया। वहाँ बहुत ठंड थी। मैं काँप रहा था। भगत सिंह ने मुझसे पूछा, 'क्या तुम्हें भूख नहीं लगी है?' इससे पहले कि मैं जवाब दे पाता, विश्वनाथ ने कहा, 'कुछ खास नहीं। अगर लगी भी होती...तो सुबह देखा जाएगा। मुझे खुद को गरम करने और कपड़े सुखाने के लिए कुछ कोयला जला लेना चाहिए।' वह ऐसा करने लगे। मैं बी.के. सिन्हा के करीब अखबार के ऊपर, जहाँ वे सो रहे थे, लेट गया। लेकिन काटनेवाली ठंड में कोई कैसे सो सकता है? इसके अलावा, हमारे यहाँ बुलाए जाने के उद्देश्य के बारे में अंतहीन जिज्ञासा? किस गंभीर कार्य के लिए ये लोग और अन्य हैं, यह मुझे परेशान करता रहा।

"अगली सुबह मैंने भगत सिंह, बी.के. सिन्हा और शायद सुखदेव को एक कोने में एक-दूसरे से फुसफुसाते हुए बात करते देखा। अकसर उनकी नजर मुझ पर पड़ रही थी, जिससे मुझे लगा कि वे मेरे बारे में ही बात कर रहे थे; यह स्वाभाविक भी था, क्योंकि उन सभी में मैं ही नया था। पार्टी के कोड के अनुसार, मैं बात करने या उनकी बात सुनने में शामिल नहीं हो सकता था। मैंने यह महसूस किया कि वास्तव में, वे मेरे बारे में बात कर रहे थे। जब मैंने सुनने की कोशिश की तो मैंने भगत सिंह की टिप्पणी सुनी, 'हाँ, डार्विन, सही लग रहा है। वह मिसिंग लिंक हो सकता है।' सिन्हा बहुत तेजी से हँसे। मैं हैरान रह गया और 'हाँ' के साथ मैंने उनकी तरफ देखा—'मैं समझ गया हूँ' के अंदाज में। सिन्हा अभी भी हँस रहे थे; लेकिन भगत सिंह गंभीर हो गए और मुझे पास आने का संकेत दिया।

"अब मुझे पार्टी में नया नाम दिया जाना था। यह प्रथा थी, क्योंकि चंद्रशेखर आजाद को 'पंडितजी' और भगत सिंह को 'रंजीत' कहा जाता था। सिन्हा ने 'हनुमान' या ऐसा ही कुछ नाम सुझाया। भगत सिंह ने अपनी मुसकान को दबाते हुए कहा, 'नहीं, इस तरह का कुछ भी नहीं। नाम ऐसा होना चाहिए कि उससे कोई पहचाना न जा सके।' भगत सिंह के सामान्य से मजाक ने मेरा दिल जीत लिया। अंत में, मुझे 'कैलाश' नाम दिया गया, जो उनके द्वारा सुझाया गया था।

"फिर स्नान सत्र शुरू किया। स्नान से पहले भगत सिंह ने आजाद की पीठ पर

तेल डाला और फिर आजाद ने भगत सिंह की पीठ पर। फिर उन्होंने एक-दूसरे के हाथों की मालिश की, जो कुश्ती में समाप्त हुई। भगत सिंह ने आजाद को उठाया और फर्श पर पटक दिया, जिसके कारण आजाद के घुटनों पर चोट लग गई! तब तक आजाद मेरे लिए सबसे शक्तिशाली व्यक्ति थे! वहीं भगत सिंह पंजा लड़ा प्रतियोगिता में न ही मुझे और न ही सदाशिव को हरा सके।

"सिन्हा और भगत सिंह दोनों गाने के शौकीन थे। इस संबंध में, मुझे कम-से-कम थोड़ा सम्मान मिला। इसने मुझे भगत सिंह के करीब ला दिया, जिन्होंने अन्यथा मुझे सिर्फ एक देहाती पहलवान के रूप में देखा, जिसका बुद्धि या विचारधारा आदि से कोई लेना-देना नहीं था।

"यहाँ तक कि भगत सिंह के अंदाज पर एक सतही नजर भी उन्हें एक संपन्न परिवार से दिखाता था, जो हमारे जैसे अन्य लोगों के विपरीत था, जो गरीब परिवारों से संबंधित थे और गंदे-फटे कपड़े पहनने एवं साधारण भोजन खाने की आदत डालने के लिए संघर्ष कर रहे थे। हमारा भोजन दिखने में भी ऐसा था कि भूख ही मिट जाए। एक दिन, भगत सिंह ने नवाबी शैली के भोजन करने का एक नाटक तैयार किया। उन्होंने अच्छी नकल की, भोजन पर अतिशयोक्ति की बौछार की; लेकिन आधा खाना खाकर ही उठ गए! उसी दिन वह कुछ अच्छे भोजन के लिए पैसे का प्रबंध करने गए और कुछ बरतन भी खरीदे, जो अब तक मिट्टी के कटोरे आदि के टूटे टुकड़े से बने थे। बाद में, जब एक बार वह मुझसे मिलने ग्वालियर आए तो आजाद ने शहर के बाहर के इलाके में एक घर की पहली मंजिल पर हमारे लिए कमरे की व्यवस्था की थी। सिन्हा, सुखदेव और बटुकेश्वर दत्त भी वहाँ थे। उस घर की छत से चाँदनी रात में पहाड़ी-सी चमक दिखाई दे रही थी। भगत सिंह और सुखदेव छत पर बैठकर पंजाबी में बातें कर रहे थे, चाँदनी में बहुत जोर से पूरी तरह निश्चिंत कि वे लाहौर में नहीं थे। वे रात के 2-3 बजे तक बातें करते रहे, जब राउंड पर एक संतरी ने उन्हें देखा। वे काफी विनम्र थे, फिर भी संतरी ने अगली सुबह पुलिस थाने में बुलाने की धमकी देकर छोड़ दिया।

"चूँकि हमारे पास घर में कुछ पार्टी साहित्य और हथियार थे, इसलिए अधिकांश बाहरी लोग इस तरह की सामग्री के साथ पहाड़ी की ओर चले गए। जब पुलिसकर्मी आए तो हमने अपने 'बाहरी छात्र मित्रों' की ओर से विनम्रतापूर्वक माफी माँगी।

"उन दिनों हमारे कॉलेज के छात्रों द्वारा एक नाटक का मंचन किया गया था, जिसमें मैंने एक खलनायक की भूमिका निभाई थी। जब भगत सिंह को पता चला कि अभिनय में मुझे पहला पुरस्कार मिला है, तो उन्होंने कहा, 'हनुमान द ग्रेट! आप और अभिनय? अब किसी को सौंदर्य प्रतियोगिता में तुम्हारे प्रथम आने की खबर लाने दो!'

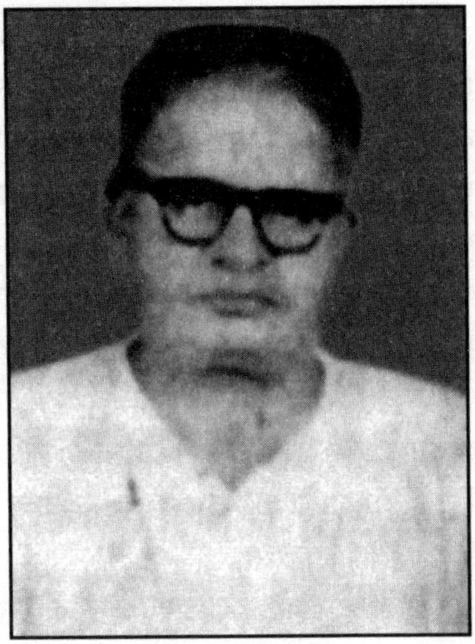

विश्वनाथ वैशंपायन

इस तरह, भगत सिंह की मुझे हमेशा चिढ़ाने की आदत शुरू हुई, जैसाकि उन्होंने राजगुरु के साथ किया था!"[4]

विश्वनाथ वैशंपायन याद करते हैं, "आगरा में रहते हुए हम राष्ट्रीय मुद्दों पर चर्चा करके, गंभीर पुस्तकें पढ़कर, अवकाश पर ताश खेलकर और कभी-कभी चाँदनी रात में ताज के नजारे का आनंद लेते हुए अपना समय बिताते। आजाद, हालाँकि, एक बार ही वहाँ गए थे और यही कहते थे, 'कुछ अशुभ भावनाएँ वहाँ आनेवाले लोगों को घेर लेती हैं, लेकिन मैं इसके विपरीत महसूस करता हूँ।' दूसरी ओर, भगत सिंह अपने सपनों की दुनिया में खो जाते और घंटों वहाँ मौन बैठे रहते। राजगुरु ने एक बार 'गंभीर प्रेमी' के रूप में अपना जलवा दिखाया था। एक बार जब हम सभी ताज से वापस आए, वे कविता लिखने के लिए पेंसिल और कागज के साथ बैठ गए। उन्होंने थोड़ी देर बाद कहा, 'हो गया! हो गया! एक दोहा लिख लिया!' किसी के सुनने की प्रतीक्षा किए बिना उन्होंने सुनाया—

अब तक, नहीं पता था कि प्यार क्या था,
मकबरे पर एक नजर ने मेरे प्यार को बगावत बना दिया!

"हर कोई प्यार को बगावत सुनकर हँसने लगा; लेकिन भगत सिंह ने शांतिपूर्वक अपना रिवॉल्वर निकाला और राजगुरु को सौंपते हुए कहा, 'इसे ले लो और मुझे गोली मार दो या वादा करो कि कभी कविता लिखने का प्रयास नहीं करोगे।'

"हम सभी की खाना पकाने की बारी होती थी। लेकिन भगत सिंह ने किसी तरह खुद को इससे अलग रखा था और इसके बदले हमारे कपड़े धोने का प्रस्ताव रखते। सुखदेव भी कभी-कभी उनके साथ शामिल हो जाते। एक दिन मैं भी उनके साथ शामिल हो गया। कपड़े धोते समय वह आयरिश क्रांति से संबंधित घटनाओं के बारे में बताते रहे। कभी-कभी गाने गाए जाते थे, जिनमें हिंदी, मराठी व बँगला गीत शामिल थे। मराठी गीत 'राजा कुथा गुंथला, सखिए तो परन' (शुद्ध आत्मा के साथ बेहतरीन राजा) हमारा पसंदीदा था। इसके बोल और धुन इतने आकर्षक थे कि सुननेवाले मंत्रमुग्ध हो जाते थे। गायकों में मैं, भगत सिंह, दास और सिन्हा शामिल थे।

"भगत सिंह कभी-कभी 'मेरा रँग दे बसंती चोला' और 'हीर' (पंजाब की प्रेमकथा) गाते थे। उनकी आवाज मधुर थी, हालाँकि वे संगीत की बारीकियों से वाकिफ नहीं थे। हमारे बीच एकमात्र 'औरंगजेब' (पुरितन) सुखदेव थे, जिनकी गीतों में बहुत कम रुचि थी। आजाद को संगीत पसंद था, लेकिन वे उनके गायन की तुलना में गाने के शब्दों से अधिक आकर्षित होते थे। अकसर वे एक बुंदेलखंडी कविता के पहले मुखड़े गाते थे; लेकिन बीच में मुझसे या भगवान दास से कहते, 'हाँ-हाँ, इस गीत को गाओ।' अपने अंतिम दिनों के दौरान, जब भी वे विचारों और भावनाओं की उधेड़-बुन में फँस जाते थे तो वे हमसे गाने के लिए कहते थे, जो किसी तरह उनकी भावनाओं को शांत करता।''कभी-कभी अचानक रंजीत के बारे में सोचते हुए वह 'मेरा रँग दे बसंती चोला' गुनगुनाने लगते। एक लंबी आह के बाद वे फिर कहते, 'आगरा के दिन कितने अच्छे थे''!'

"उन्होंने कभी भी भगत सिंह को केवल पार्टी का एक सदस्य नहीं माना, बल्कि उन्हें अपना मांस व खून मानते थे। उनके मन में भगत सिंह के लिए असीम स्नेह था। वह किसी भी कीमत पर कभी भी भगत सिंह को असेंबली टास्क के लिए नहीं भेजना चाहते थे। केवल इस बात का अहसास होने पर कि उनकी गिरफ्तारी और उनके बयान के पश्चात् राष्ट्रीय राजनीति में हमारी पार्टी की स्थिति मजबूत होगी और यह कि दुनिया भर के लोग महसूस करेंगे कि भारतीय क्रांतिकारी सर्वोच्च बलिदान देने में पीछे नहीं हैं, स्वतंत्रता की वेदी पर वह बलि उन्होंने दी। फिर भी, अंदर उन्होंने महसूस किया कि भगत के चले जाने से पार्टी को एक अपूरणीय क्षति होगी।

"भगवती भाई (मई 1930) के निधन के बाद पार्टी के भाग्य पर विचार करते हुए उन्होंने कहा था, 'बच्चन, काकोरी के समय मैं उतना परिपक्व नहीं था; लेकिन बाद में, जब पार्टी का पुनर्गठन हुआ, नए सदस्यों में भगत सिंह एक रत्न था। मुझे पता था कि उसके जाने से पार्टी का वैचारिक पक्ष कमजोर हो जाएगा और ऐसा हुआ भी। प्रत्येक कदम पर उसकी अनुपस्थिति बुरी तरह से महसूस की गई। लेकिन जब मैं बापू भाई (बी.सी. वोहरा) से मिला तो आशा की एक किरण उभरी। मुझे विश्वास था कि हमारी पार्टी फिर उसी स्थिति में बहाल होगी, जैसाकि भगत सिंह के दिनों में थी। तब तक पुराने युग की शुरुआत हो गई थी। असेंबली बम काररवाई की तरह वाइसरीगल ट्रेन बम ऑपरेशन को अंजाम दिया गया था। उनकी (बी.सी. वोहरा की) पुस्तक 'फिलॉसफी ऑफ द बॉम्ब' ने राष्ट्रीय राजनीतिक परिदृश्य को बेहतर बनाया था; लेकिन उनकी अचानक शहादत से वही प्रेतछाया मुझे परेशान करने लगी है।"[5]

एजेंडा (कार्य-सूची)

"फरवरी 1929 की शुरुआत में एल.के. मुखर्जी इलाहाबाद में अजय घोष के कमरे में आजाद से मिले और फरवरी के मध्य में भगत सिंह ने मुखर्जी को इलाहाबाद से आगरा लाने के लिए राजगुरु को भेजा।

"कलकत्ता से जाने पर भगत सिंह ने अपने और दास के लिए आगरा तक का रेलवे का किराया फणींद्र को दे दिया था और 11 फरवरी को फणींद्र एक दिन बाद आगरा के लिए रवाना हुए थे। उसके बाद दास 14 फरवरी को आए। भगत सिंह उन्हें स्टेशन पर लेने आए, जिन्होंने प्रस्तावित किया था कि दास का पार्टी नाम 'मास्टरजी' होना चाहिए। फरवरी के मध्य में वे दास से बम बनाने की प्रक्रिया सीखने के लिए एकत्र हुए। उपस्थित लोगों में थे—भगत सिंह, आजाद, फणींद्र, सुखदेव, बी.के. सिन्हा, शिव वर्मा, सदाशिव और एल.के. मुखर्जी। उस समय आगरा में पार्टी के अन्य सदस्य गया प्रसाद, बटुकेश्वर दत्त, भगवान दास माहौर और राजगुरु थे।

सदाशिव मलकापुरकर

"बम बनाने के लिए रसायनों की तैयारी के बाद 14 फरवरी की दोपहर को हींग की मंडी हाउस में बम बनाना शुरू हुआ।...16 फरवरी को बमों के निर्माण में रसायनों के मिश्रण की प्रक्रिया दास द्वारा जारी रखी गई...17 फरवरी को सुखदेव अपने साथ दो बम के साथ लाहौर गए, जिसे भगत सिंह कलकत्ता से लाए थे। सुखदेव का इरादा उस बम को लाहौर में दोहरा करने का था। 24 फरवरी के आसपास भगत सिंह लाहौर से सुखदेव से पाँच बम लेकर आए थे, जबकि आजाद पैसे लेकर आए थे। शिव वर्मा भी वापस आ गए थे। पाँच बमों को शिव वर्मा, भगत सिंह, आजाद, फणींद्र, बी.के. सिन्हा, बटुकेश्वर दत्त, गया प्रसाद और राजगुरु द्वारा भरा गया... उस रात भगत सिंह, आजाद और फणींद्र बनाए गए पाँचों में से एक बम के साथ झाँसी के लिए रवाना हुए। अगली सुबह, वे झाँसी में राम दुलारे (पी.डब्ल्यू. 288) के घर गए और सदाशिव से मुलाकात की। सदाशिव के साथ (लेकिन राम दुलारे के बिना) वे देवकी (पी.डब्ल्यू. 206) की टैक्सी लेते गए, जिसे रामानंद (पी.डब्ल्यू. 290) ने चलाई। उन्होंने झाँसी से लगभग 20 मील की दूरी तक गाड़ी चलाई और सड़क के किनारे कार रोक दी। उन्होंने टैक्सी

चालक को कार में छोड़ दिया और चार लोग बम रखे बक्से को सड़क पर कुछ दूरी पर पहाड़ी पर बसावट से दूर ले गए। भगत सिंह ने बम के ढक्कन को फिट किया और नीचे फेंककर विस्फोट कर दिया।[6]

टैक्सी चालक रामानंद (पी.डब्ल्यू. 290) के अनुसार, 'झाँसी से निकलने के बाद पंडितजी (हरि शंकर) ने स्टेयरिंग अपने हाथ में ले ली, गाड़ी को सड़क के एक किनारे पर रोक दिया। सभी चार लोग उतरे और चमड़े के बक्से को अपने साथ ले जंगल और धारा की दिशा में चले गए। वे एक या डेढ़ घंटे के बाद लौटे। जब वे दूर थे, तब मुझे बंदूक की जैसी आवाज सुनाई दी। पंडितजी ने फिर दखवन बाँध तक गाड़ी चलाई, जो ललितपुर से झाँसी की दिशा में दूसरी सड़क है। वे बाँध देखने के लिए गए, जबकि मैं कार में बैठा रहा।'[7]

योगेश चटर्जी से संबंधित योजना पर चर्चा के लिए हींग की मंडी स्थित घर में 14 फरवरी को एक बैठक हुई। बैठक में फणींद्र, भगत सिंह, पंडितजी, शिव वर्मा, सुखदेव और बी.के. सिन्हा, यानी केंद्रीय समिति के सात सदस्यों में से छह मौजूद थे। सातवें सदस्य कुंदन लाल तब आगरा में मौजूद नहीं थे।

उस बैठक में यह निर्णय लिया गया कि भगत सिंह, पंडितजी, बी.के. सिन्हा, शिव वर्मा, राजगुरु, भगवान दास और बटुकेश्वर दत्त को मिलाकर एक बचाव दल बनाया जाए। 15 फरवरी को दास ने एक बम बनाया और उसी दिन बी.के. सिन्हा ने बताया कि योगेश चटर्जी का लखनऊ जेल में स्थानांतरण 16 फरवरी को होगा। इस दौरान, भगत सिंह ने एल.के. मुखर्जी को पार्टी में शामिल होने के लिए मनाने की कोशिश की, लेकिन उन्होंने मना कर दिया। उन्हें वापस इलाहाबाद भेज दिया गया।

दिलचस्प बात यह है कि जतिन दास ने भगत सिंह को चेतावनी दी कि मुखर्जी पुलिस का मुखबिर बन सकता है, जिससे आगरा में छापेमारी हो सकती है। लेकिन हालाँकि, यह असंभव माना गया, फिर भी यह महसूस किया गया था कि अगर वह पुलिस के हाथों लग गया तो वह सारा खुलासा कर देगा। वास्तव में, यही हुआ, क्योंकि गिरफ्तार होते ही वह सरकारी गवाह बन गया और पी.डब्ल्यू. 6 बन गया।[8]

16 फरवरी को बमों के निर्माण में रसायनों के मिश्रण की प्रक्रिया दास द्वारा जारी रखी गई, जबकि बटुकेश्वर दत्त को योगेश चटर्जी की हरकतों पर नजर रखने के लिए आगरा स्टेशन भेजा गया। शाम 6 बजे उन्होंने बताया कि चटर्जी पहले ही 5.30 बजे की ट्रेन से लखनऊ के लिए रवाना हो चुके थे। इसके बाद कानपुर में लॉकअप में मारपीट करने का निर्णय लिया गया, जहाँ यह पता चला कि लखनऊ के लिए रात में ट्रेन न होने के कारण चटर्जी को रात के लिए रखा जाएगा। तदनुसार, उसी रात 8.30 बजे की ट्रेन से बचाव दल आगरा से कानपुर के लिए अपने साथ पिस्तौल, दो रिवॉल्वर और दास द्वारा एक दिन

पहले बनाए गए बमों के साथ निकले। उसी ट्रेन से दास कलकत्ता के लिए रवाना हुए।

सुखदेव और फणींद्र ने हींग की मंडी स्थित घर पर ताला लगा दिया। चटर्जी का अनुमानित बचाव विफल हो गया, क्योंकि यूँ तो पार्टी अच्छी तरह से सशस्त्र थी, लेकिन कानपुर में लॉकअप तक पहुँचना बहुत मुश्किल माना; क्योंकि उनके लिए इमारत में घुसना कठिन था। 17 फरवरी को बचाव दल के सदस्य आगरा लौट आए।[9]

भगवान दास माहौर ने निरस्त प्रयास के बारे में बताया, "चूँकि योगेश को आगरा से स्थानांतरित किया जा रहा था, इसलिए हमें विशेष रूप से आगरा बुलाया गया था। हमें उम्मीद थी कि वह 10 बजे की ट्रेन से चले जाएँगे और हमने उसी के अनुसार योजना बनाई थी। लेकिन हमें बटुकेश्वर दत्त द्वारा सूचित किया गया, जो आगरा रेलवे स्टेशन में स्थिति की निगरानी कर रहे थे कि उन्हें शाम 7 बजे ट्रेन द्वारा ले जाया जा रहा है। इसलिए हम असहाय थे। बी.के. सिन्हा ने इस बात को ध्यान में रखते हुए राजगुरु को उसी ट्रेन से कानपुर जाने के लिए कहा कि अगली सुबह ही लखनऊ के लिए ट्रेन उपलब्ध थी और योगेश को रात के समय कानपुर में कहीं रखा जाना था। राजगुरु को उस स्थान की पहचान करनी थी और स्थानीय सदस्यों के सहयोग से एक घर की व्यवस्था करनी थी, जहाँ योगेश को बचाव के बाद रखा जाना था। हम—मैं, आजाद, भगत सिंह, बी.के. सिन्हा, बटुकेश्वर दत्त, शिव वर्मा और सदाशिव सशस्त्र होकर कानपुर के लिए रवाना हुए। वहाँ पहुँचने पर हमें पता चला कि कानपुर में किसी भी घर की व्यवस्था नहीं की जा सकती। उसके अलावा, आजाद का पर्स चोरी हो गया था, जिसमें सारी धनराशि और उनका ड्राइविंग लाइसेंस भी था। इस प्रकार, आजाद ने अपनी ज्ञान-युक्त अंतर्दृष्टि और सूक्ष्मता से तुरंत नई योजना बनाई। सदाशिव और मैं प्लेटफॉर्म पर लोहे के उपकरण काटनेवाले बॉक्स में टहल रहे थे। भगत सिंह हमारे पास आए और भारी मन से कहा, 'हमें आगरा लौट जाना चाहिए। राजगुरु को भी वापस बुलाओ।' इसी बीच, हमने देखा कि योगेश पुलिसकर्मियों से घिरे घूम रहे थे और उनकी बेड़ियाँ उनके प्रत्येक कदम के साथ आवाज कर रही थीं। हम उसकी कोई मदद नहीं कर सके और असहाय होकर उन्हें देखते रहे। चूँकि हमारी आगरा की ट्रेन को जल्द ही रवाना होना था, इसलिए आजाद ने हमें तैयार रहने का संकेत दिया। सदाशिव ने राजगुरु को भी वापस बुला लिया था।

"जिस क्षण हम अपने आगरावाले घर में प्रविष्ट हुए, भगत सिंह, जिन्होंने कानपुर से अपने चेहरे पर शांत भाव रखा हुआ था, अचानक फूट-फूटकर रोने लगे थे। लंबी यात्रा के दौरान उन्हें एकदम शांत देख हम में से कोई भी उनके दिल में उमड़ रही भावनाओं के तूफान की उम्मीद नहीं कर सकता था। इस असफलता ने उनके संवेदनशील मन पर गहरा असर छोड़ा।"[10]

एच.एस.आर.ए. के आगरा चरण ने उसके अधिकांश प्रमुख पदाधिकारियों की एक

स्थान पर नियमित उपस्थिति दर्ज की थी। यहाँ यह भी था कि उनके शस्त्रागार में बमों को इस हद तक भर दिया गया कि उन्हें बाद में कभी भी इस हथियार की कमी नहीं हुई। लेकिन अभियोजन पक्ष के लिए जो बहुत कम महत्त्वपूर्ण बात थी, वह थी—विशाल साहित्य का अध्ययन करके क्रांतिकारियों द्वारा प्राप्त की गई भावना और अंतर्दृष्टि, समकालीन भारतीय राजनीतिक परिदृश्य के संबंध में विचारों के अंतहीन औपचारिक व अनौपचारिक आदान-प्रदान के साथ किताबों की सामग्री की व्याख्या का शामिल होना।

क्रांतिकारियों में से, यशपाल ने उस चरण के इस आयाम का उल्लेख किया था। वह लिखते हैं—"आगरा में एच.एस.आर.ए. के कई सदस्य काफी समय से एक साथ थे। हालाँकि, उन्होंने वहाँ बम का प्रयोग किया था, साथ ही उन्हें विचारों और ज्ञान के आदान-प्रदान का भी मौका मिला। एक विचार से दूसरा उपजा और विचारों की शृंखला बनती गई; जबकि प्रतिभागियों के विचारों के लिए स्पष्टीकरण बढ़ता गया।"[11]

उन्होंने आगरा में उपलब्ध 23 पुस्तकें भी सूचीबद्ध कीं—

1. ब्रिटिश भारत में क्रांतिकारी संघर्ष का इतिहास : ओपेन और सीक्रेट
2. रिपब्लिक का आदर्श
3. वर्ष 1914-15 का उदय
4. समानता, स्वतंत्रता, बंधुत्व के आदर्श
5. भारतीय राजकुमारी और क्रांतिकारी (सरकार का पैंफ्लेट)
6. भारत के मुसलिम शासकों को तुर्की में संदेश
7. बर्लिन समिति और जर्मन प्लॉट
8. असहयोग
9. स्वतंत्रता का अस्पष्ट आदर्श
10. असहयोग और क्रांतिकारी दलों की विफलता
11. साम्यवादी विचार
12. अध्यात्मवाद
13. उन्नत समाजवादी विचार
14. कम्युनिस्ट स्कूल ऑफ थॉट
15. नेहरू रिपोर्ट
16. आतंकवादी और जन क्रांतिकारी
17. अराजकतावाद और समाजवाद
18. साम्यवाद
19. श्रमिक संघवाद और सामूहिकता
20. क्रांति और दुनिया

21. आधुनिक ब्रीच लोडर
22. विस्फोटक का उपयोग
23. एकाधिकार या कैसे श्रम लूटा गया

13 मई, 1929 को पुलिस की छापेमारी के दौरान सहारनपुर केंद्र से बरामद पुस्तकों की सूची से विचारों की इन विस्तृत आदान-प्रदान की श्रृंखला और गहराई को एकत्रित किया जा सकता है। "मार्च के अंत में पार्टी द्वारा आगरा को छोड़ दिया गया था। गया प्रसाद को बी.के. सिन्हा द्वारा पहले सहारनपुर भेजा गया था, ताकि वहाँ एक मकान किराए पर लिया जा सके और मालिक राम चंद (पी.डब्ल्यू. 332) से 'राम लाल' के नाम से रानी बाजार में एक मकान ले लिया गया। शिव वर्मा गया प्रसाद के पीछे सहारनपुर पहुँचे, लेकिन उस घर पर कुछ ही दिनों तक कब्जा किया गया था। गया प्रसाद ('रामनाथ' के नाम पर) ने मालिक मो. हनीफ (पी.डब्ल्यू. 207) से चोब फरोशान मोहल्ले में एक और मकान लिया। आगरा में पार्टी की संपत्ति की पैकिंग गया प्रसाद एवं फणींद्र द्वारा की गई थी और उस संपत्ति को गया प्रसाद व शिव वर्मा द्वारा आगरा से सहारनपुर ले जाया गया था।[12]

जाहिर है कि उनकी पुस्तकों का भंडार पार्टी के आगरा केंद्र से लाया गया था। 13 मई, 1929 को बरामद किए गए इन 125 लेखों में से लगभग 60 राजनीतिक-ऐतिहासिक प्रकृति के थे, जिन्हें उनके संबंधित सीरियल नंबर के अनुसार नीचे सूचीबद्ध किया गया है।

भगत सिंह के मार्क्सवादी-लेनिनवादी विचारों के संपर्क में आने को लेकर जो झूठी खबर फैलाई थी, उसके विपरीत उनकी गिरफ्तारी के बाद पहली बार जेल में रहने के दौरान पार्टी पुस्तकालय में इस तरह के सभी साहित्य उपलब्ध थे।

(3) आँसू
(4) मदर स्मृति
(5) गंदी का नाजी (?) पुत्तर
(6) आनंद मठ
(9) हवा के नायक
(12) युद्ध को कैसे समाप्त करें
(14) सुधार या क्रांति
(15) निकोलाई लेनिन
(17) समाजवाद की शुरुआत
(18) आई अपील अनटू कैसर
(19) लेनिनवाद का सिद्धांत और व्यवहार
(20) भारतीय राज्य क्या है ?

(22) भारत और अगला युद्ध
(23) दिगाई ममालिक मेन काटा तुआलकत (अन्य देशों में असहयोग)
(24) और अब सत्ता के लिए
(25) भारतीय राष्ट्रीय कांग्रेस
(26) चीन की गुलामी
(27) बेरोजगारी
(28) भारतीय युवाओं का जागरण
(33) वेतन प्रणाली
(36) क्या भारत सभ्य है?
(40) 'रूसे का खर्यांतर'
(42) 'पृथ्वी उधर'
(43) 'जख्मी पंजाब'
(47) लियो टॉल्सटॉय की कृतियाँ
(48) नोकालोए की महिला
(49) 'द डॉन ओवर द एशिया'
(50) 'लाल शर्ट'
(51) 'भारत की संपातक अवस्था'
(53) कुछ स्मृतियाँ, ग्रिफिथ और उसका समय
(54) संसद् में श्रम और पूँजी
(55) मातृभूमि और अन्य कविताएँ
(56) आई.डब्ल्यू.डब्ल्यू. क्या है?
(58) भारत 'होम ऑफ लर्निंग' के रूप में
(59) साम्राज्यवाद
(60) तेल की राजनीति
(61) एक बड़ा संघ
(63) स्वाधीनता के प्यारे
(64) आयरलैंड और राष्ट्र संघ
(65) आयरिश स्वतंत्रता का आर्थिक मामला
(66) सोवियत रूस
(67) माइकल आर्लेन द्वारा 'पाइरेसी'
(68) साम्राज्यवाद (?) समाजवाद
(69) भारतीय शासन-पद्धति (?)

(70) 'हमारे जमाने की गुलामी'
(71) मोलियन (?) की लड़ाई
(74) नौसेना के नायक
(75) सुबह से शाम तक
(76) एकाधिकार या कैसे श्रम लूटा गया
(77) द मैन वर्सेस द स्टेट
(78) युद्ध का तरीका
(79) गांधी बनाम लेनिन
(80) 'बंदी जीवन'
(81) रूस : रूस को ब्रिटिश व्यापार प्रतिनिधिमंडल की आधिकारिक रिपोर्ट
(87) द पाथ टू फ्रीडम
(93) जर्मनी में बारह दिन
(103) हिंदुस्तान सोशलिस्ट रिपब्लिकन आर्मी नोट्स
(106) रिपोर्ट ऑफ द सेडिशन कमेटी (1918)
(107) अखिल भारतीय राजनीतिक पीड़ित सम्मेलन[13]

संदर्भ—

1. मलविंदर जीत सिंह वरैच एवं डॉ. गुरदेव सिंह सिद्धू, 'द हैंगिंग ऑफ भगत सिंह', खंड-I, पृष्ठ-109-10
2. मलविंदर जीत सिंह वरैच एवं राजवंती मान, 'भगत सिंह की फाँसी', खंड-II (पी.डब्ल्यू. 3. फणींद्र घोष)
3. वही, खंड-II (पी.डब्ल्यू. 397, तुलसी)
4. 'यश की धरोहर' (हिंदी), भगवान दास माहौर, सदाशिव राव मलकापुरकर एवं शिव वर्मा, आत्माराम एंड संस, दिल्ली, 1991, पृष्ठ-35-41
5. मलविंदर जीत सिंह वरैच एवं संग्राम सिंह, 'चंद्रशेखर आजाद : एक जीवनी', यूनीस्टार बुक्स प्रा. लि., चंडीगढ़, 2012, पृष्ठ-128-29
6. मलविंदर जीत सिंह वरैच एवं डॉ. गुरदेव सिंह सिद्धू, op. cit., पृष्ठ 111-14
7. मलविंदर जीत सिंह वरैच एवं राजवंती मान, op. cit., (पी.डब्ल्यू. 290, रामानंद)
8. शिव वर्मा, op. cit., पृष्ठ-104-05
9. मलविंदर जीत सिंह वरैच एवं राजवंती मान, op. cit., पृष्ठ-111-13
10. माहौर, सदाशिव, op. cit., पृष्ठ-42-43
11. 'सिंहावलोकन' (हिंदी), यशपाल, लोकभारती प्रकाशन, इलाहाबाद, 1994, पृष्ठ-138
12. मलविंदर जीत सिंह वरैच एवं डॉ. गुरदेव सिंह सिद्धू, op. cit., पृष्ठ-115
13. मलविंदर जीत सिंह वरैच एवं हरीश जैन, 'हैंगिंग ऑफ भगत सिंह', खंड-III, पृष्ठ-106-10

□

11

मास्टर स्ट्रोक

'प्लंज' के बाद आगरा में तीन महीने के लंबे सम्मेलन के दौरान पार्टी के अधिकांश साथियों ने महसूस किया कि चूँकि सांडर्स के वध ने उनकी छवि को उचित परिप्रेक्ष्य में पेश नहीं किया था, इसलिए उन्होंने अपने मिशन को पूरा करने के लिए अधिक उपयुक्त रूप में काररवाई की माँग की। उन दिनों बंबई के मजदूर मिल मालिकों के खिलाफ प्रदर्शन कर रहे थे और उनके खिलाफ सशस्त्र संघर्ष में लगे हुए थे। सरकार ने मिल मालिकों के साथ मिलकर एक ट्रेड्स डिस्प्यूट्स बिल का प्रस्ताव रखा, जो नियमित व्यापार संघ की गतिविधियों पर भी अंकुश लगाने के लिए कड़े कदम प्रदान करता था।[1]

शिव वर्मा कहते हैं, "भगत सिंह देश के राजनीतिक घटनाक्रम के एक चतुर समीक्षक थे। वे वर्ष 1927-28 में मजदूरों की देशव्यापी हड़तालों को करीब से देख रहे थे। उन मजदूरों के साथ विदेशी मजदूरों की आत्मीयता और मजदूर वर्ग के अंतरराष्ट्रीय भाईचारे का प्रदर्शन, भारतीय श्रमिकों को अंग्रेजी श्रमिकों की वित्तीय सहायता, भारत में आंदोलन के आयोजन में इंग्लैंड के श्रमिक नेताओं की सक्रिय भागीदारी, भारत सरकार द्वारा अपनी सारी ताकत से श्रमिक आंदोलन को दबाने की धमकी, इस उद्देश्य के साथ असेंबली में ट्रेड्स डिस्प्यूट्स बिल एवं पब्लिक सेफ्टी बिल प्रस्तुत करना, एक स्वर से पूरे देश की जनता और सभी राजनीतिक दलों द्वारा दोनों बिलों का विरोध करना। उन्होंने महसूस किया कि भारतीय मजदूर वर्ग की अभूतपूर्व जागरूकता ने देश के राजनीतिक जीवन में एक नए मोड़ का संकेत दे दिया है।

"केंद्रीय समिति के सदस्यों ने महसूस किया कि ब्रिटिश सरकार चाहती थी कि असेंबली द्वारा ये विधेयक पारित किए जाएँ, ताकि दुनिया देख सके कि ये (दमनकारी) कानून लोगों के प्रतिनिधियों द्वारा बनाए गए थे। लेकिन अगर इन कानूनों को लागू किया जाना था तो उन्हें वायसराय की विशेष शक्तियों के तहत स्थापित किया जाना चाहिए। चूँकि सरकार बहरी हो गई थी, इसलिए उसने पूरे देश में इन कानूनों के खिलाफ आवाज नहीं सुनी। 'हमें अपनी आवाज सुनानी होगी'।"[2]

नाराजगी की इस भावना को अखबार 'टाइम्स', लंदन : 15 अप्रैल, 1929 के 'इंपीरियल एंड फॉरेन न्यूज' में आवाज मिली।

बम धमाके का 'दिल्ली में असेंबली' का दृश्य

भारत सरकार के ट्रेड्स डिस्प्यूट्स बिल एवं पब्लिक सेफ्टी बिल के खिलाफ आंदोलन में देरी महसूस की गई। पूर्व बिल का उद्देश्य औद्योगिक विवादों की जाँच एवं निपटान करना था और बाद का बिल सरकार को ब्रिटिश-विरोधी आंदोलनकारियों को हटाने में सक्षम होगा। ट्रेड्स डिस्प्यूट्स बिल में नागरिक प्राधिकरण के राजनीतिक बल के लिए ट्रेड यूनियन संगठन के उपयोग के खिलाफ दंडात्मक धाराएँ शामिल थीं और पब्लिक सेफ्टी बिल को विशेष रूप से अराजक जन-आंदोलन को उत्तेजित करने के लिए आंदोलनकारियों के खिलाफ निर्देशित किया गया था। उन्होंने इन आधारों पर राजनीतिक चरमपंथियों से दुश्मनी मोल ली।[3]

जैसाकि 10 अप्रैल, 1928 को लाहौर में सुखदेव ने हंसराज वोहरा के सामने खुलासा किया था, "पार्टी ने यह (असेंबली में बम फेंकने का) निर्णय हमारा विरोध जताने के लिए किया था, यानी कि ट्रेड्स डिस्प्यूट्स बिल और पब्लिक सेफ्टी बिल के अनुचित प्रावधानों के खिलाफ क्रांतिकारी दल का विरोध दिखाना, जिसकी चर्चा उस समय हो रही थी।" सुखदेव ने यह भी बताया कि "पार्टी का असेंबली में किसी भी व्यक्ति की जान लेने का कोई इरादा नहीं था और इस कारण से बम जान-बूझकर हलके रखे गए थे।…"[4]

किसके द्वारा फेंका जाए?

"इस कार्य के लिए जिस तरह से भगत सिंह और बटुकेश्वर दत्त को चुनने का निर्णय लिया गया था, उस पर बहुत कुछ कहा गया। भगत सिंह के सुझाव पर केंद्रीय समिति ने विधेयकों पर मतदान के बाद और विधेयकों पर मतदान के परिणाम की घोषणा से पहले दर्शक दीर्घा से ट्रेजरी बेंच की ओर बम फेंकने का फैसला किया गया। विस्फोट का उद्देश्य विधेयकों के प्रति जनता की नाराजगी का परिमाण प्रदर्शित करना था। दूसरे शब्दों में, उनका उद्देश्य किसी को मारे बिना बहरी सरकार के कान खोलना था। समिति ने यह भी स्पष्ट किया कि बम विस्फोट करने के लिए जानेवाले क्रांतिकारियों को वहाँ आत्मसमर्पण करना चाहिए और गिरफ्तार होने के बाद वे अदालत के माध्यम से अपनी काररवाई का उद्देश्य बताएँ। भगत सिंह कोर्ट को एक राजनीतिक मंच के रूप में इस्तेमाल करना चाहते थे; लेकिन केंद्रीय समिति के सदस्यों ने प्रस्ताव को मंजूरी नहीं दी। वे एक बयान के लिए दो सदस्यों को खोना नहीं चाहते थे। बाद में, वे इसके लिए सहमत हो गए।"

रामशरण दास

प्रासंगिक न्यायिक रिकॉर्ड्स के अनुसार, एक दिग्गज 'गदर' क्रांतिकारी लाला रामशरण दास ने स्वयं असेंबली में बम फेंकने पर जोर दिया। 26 अगस्त, 1929 को मुल्क राज मजिस्ट्रेट, लाहौर के समक्ष अपने इकबालिया बयान में कुबूल किया (हालाँकि, बाद में वह इससे मुकर गए) कि—

"25 फरवरी, 1929 की सुबह श्री सुखदेव मुझसे लाहौर में मिले और मुझे गोवलमंडी में एक घर में ले गए। जब मैं वहाँ पहुँचा तो सरदार भगत सिंह भी वहाँ थे।''उस समय जब सरदार भगत सिंह से बातचीत चल रही थी, उन्होंने कहा कि वह खुद असेंबली में बम फेंकना चाहते थे। चूँकि मैं राज्य द्वारा उत्पीड़न के परिणाम के रूप में जीवन देने के लिए तैयार हूँ और चूँकि मुझे सरदार भगत सिंह से बहुत प्रेम व सम्मान है और मैं अभी भी वही खयाल रखता हूँ और इस तथ्य के मद्देनजर कि मुझे उनके जैसे होनहार युवा का इतनी जल्दी मरने का विचार पसंद नहीं आया और वह भी उनके मूल्यवान् जीवन की तुलना में, मैं स्वेच्छा से इस काम के लिए अपनी सेवाएँ देना चाहता हूँ। सुखदेव और सरदार भगत सिंह ने मेरा कड़ा विरोध किया।"[5]

शिव वर्मा याद करते हैं, "भगत सिंह खुद बम फेंकना चाहते थे। उनका मानना था कि अपने किसी भी साथी की तुलना में वे अदालत में काररवाई के राजनीतिक महत्त्व को बेहतर ढंग से उजागर कर पाएँगे। हालाँकि, उनकी धारणा सही थी, लेकिन हम जानते थे कि उन्हें निश्चित रूप से मृत्युदंड दिया जाएगा। इसलिए उनकी राय से सहमत होने के बावजूद हम में से किसी ने भी उनके ऐसा करने का समर्थन नहीं किया। बहुत चर्चा के बाद उन्होंने बहुमत की राय पर भरोसा किया और केंद्रीय समिति ने दो अन्य साथियों के नामों को मंजूरी दे दी।

"इसके तुरंत बाद पंजाब से सुखदेव आए। जब उन्हें हमारे फैसले के बारे में पता चला तो वह आगबबूला हो गए। उन्होंने कहा कि भगत सिंह के अलावा कोई भी व्यक्ति प्रस्तावित काररवाई के पीछे के उद्देश्य को पूरा नहीं कर सकता है। वह दो साथियों का बलिदान देने और उसके बाद भी वांछित लक्ष्य हासिल नहीं कर पाने के पक्ष में नहीं थे। उन्होंने भगत सिंह के साथ इस मुद्दे पर चर्चा की और दोनों एक-दूसरे से सहमत हुए। उनकी माँग पर केंद्रीय समिति की बैठक फिर से हुई। इस बार भगत सिंह अड़े रहे

और आखिरकार, हम उनसे सहमत होने के लिए मजबूर हुए। समिति ने भगत सिंह और बटुकेश्वर दत्त के नामों को मंजूरी दे दी; लेकिन काररवाई के बाद भगत सिंह को हमेशा के लिए खो देंगे। इस विचार ने हम सभी को बहुत दु:खी कर दिया था।"[6]

इस सिलसिले में भगत सिंह के साथ सुखदेव की बातचीत के बारे में शिव वर्मा ने कहीं लिखा था—

"सुखदेव अपने व्यवहार में अड़ियल थे। उन्होंने भगत सिंह से कुछ कठोर बातें कहीं, 'तुम अभिमानी हो गए हो। तुम यह सोचने लगे हो कि पार्टी केवल तुम पर निर्भर करती है। तुम्हें मृत्यु का भय सताने लगा है। तुम कायर हो।' उन्होंने तर्क दिया, 'जब तुम मानते हो कि कोई और पार्टी के विचारों को प्रस्तुत नहीं कर सकता है तो तुमने केंद्रीय समिति को यह निर्णय लेने की अनुमति क्यों दी कि कोई और बम फेंकने जाएगा?'

"जितना अधिक भगत सिंह ने सुखदेव के आरोपों का खंडन किया, वह उतना ही कठोर हो गए। जब भगत सिंह ने कहा, 'तुम मेरा अपमान कर रहे हो।' सुखदेव ने जवाब दिया, 'मैं अपने दोस्त के प्रति अपना कर्तव्य निभा रहा हूँ।' अंत में, भगत सिंह यह कहते हुए चले गए, 'भविष्य में मुझसे बात मत करना।' भगत सिंह के अनुरोध पर केंद्रीय समिति की बैठक फिर से बुलाई गई। बैठक में सुखदेव केवल बैठे रहे। उन्होंने एक शब्द भी नहीं कहा। समिति को भगत सिंह की दृढ़ता पर अपने पिछले फैसले को बदलना पड़ा। किसी के साथ एक भी शब्द साझा किए बिना उसी शाम सुखदेव लाहौर के लिए चले गए। दुर्गा भाभी के अनुसार, जब सुखदेव अगली सुबह लाहौर पहुँचे तो उनकी आँखें सूजी हुई थीं। वह शायद फूट-फूटकर रोए थे। उन्होंने उस दिन किसी से बात नहीं की थी। बाद में, उन्होंने न तो किसी के सामने अपनी कमजोरी दिखाई और न ही उन्होंने एक भी बूँद आँसू बहाया; लेकिन वह अंदर तक हिल गए थे। उन्होंने उद्देश्य हासिल करने के लिए अपने सबसे अच्छे दोस्त को खो दिया था।[7]

"इस योजना को अंजाम देने के लिए 25 फरवरी, 1929 को दिल्ली में पार्टी सदस्यों के उपयोग के लिए एक घर किराए पर लिया गया था, जिन्हें वहाँ रहना था। वह रामशरण दास (पी.डब्ल्यू. 169) से किराए पर लिया गया था और उसे मार्च के अंत तक बरकरार रखा गया था।[8]

"उस घर के चौबारे को किराएदार चंगा सिंह ने 5 रुपए प्रतिमाह किराए पर लिया था। वह घर हौज काजी थाना क्षेत्र में सीताराम बाजार में स्थित था, जो थाने से लगभग 100 गज की दूरी पर था। उनके निवास के दौरान घर के भूतल के एक किराएदार जुगल किशोर (पी.डब्ल्यू. 173) ने कहा था कि बाबुओं की तरह दिखनेवाले तीन या चार युवा सज्जनों ने चौबारा पर कब्जा कर रखा था। वे एक महीने तक वहाँ रहे। वे बाबू मेरे द्वार के सामने अपनी साइकिल लगाते थे और उसे बंद कर देते थे। मैंने इसके बारे में उन बाबुओं में से एक से बात की और उसने मुझसे झगड़ा कर लिया।" मैंने मकान मालिक से शिकायत की—दो या तीन दिन बाद उन्होंने चौबारा खाली कर दिया।"[9]

दिल्ली में एक घर की व्यवस्था करने और असेंबली के लिए अपने साथियों के लिए पास का प्रबंध करने का काम जयदेव को सौंपा गया था। असेंबली की काररवाई देखने के बाद एक्शन के लिए सटीक क्षण के रूप में उनका मार्गदर्शन करने के लिए भी वही थे।

व्यक्तिगत नोट

एक बार अक्तूबर 1969 में शिव वर्मा और जयदेव दोनों लुधियाना में अपने कॉलेज के निवास पर एक लेखक के साथ रहे। जयदेव से जब उस 'ऑपरेशन' के विवरण को याद करने का अनुरोध किया गया तो उन्होंने कुछ घटनाओं के बारे में बताया, जिन्हें तुरंत लिखा गया था और शब्दश: पुन: प्रस्तुत किया जा रहा था।

जयदेव ने बताया, "मुझे दिल्ली में एक घर की व्यवस्था करने और असेंबली में उनके लिए पास का इंतजाम करने का काम सौंपा गया था। जैसाकि मकान मालिकों के लिए अपने किराएदार के पारिवारिक व्यक्ति (विवाहित) होने पर जोर देना बहुत आम बात थी, मुझे भी अपनी मकान मालकिन (श्रीमती मुकंदी पी.डब्ल्यू. 174) को बताना पड़ा कि (भगत सिंह) मेरा बड़ा भाई था, जिसकी अभी-अभी शादी हुई है और कुछ ही दिनों में भाभी आ जाएँगी। चूँकि हमें सीताराम बाजार में पहला घर खाली करना था, इसलिए हम काफी उत्सुक होकर वैकल्पिक स्थान खोज रहे थे।

"जहाँ तक भोजन की बात थी, हम हलवाइयों (दुग्ध विक्रेताओं) के साथ दोस्ती करते थे, जिनकी दुकानों से हम उधार में दूध ले सकते थे और महीने के अंत में उनका हिसाब कर देते थे—उन होटल मालिकों के विपरीत, जिन्हें मौके पर भुगतान करना पड़ता था। मैंने राजनीति-शास्त्र के तीसरे वर्ष के छात्र के रूप में खुद को प्रस्तुत करते हुए प्रवेश पास प्राप्त करने के लिए असेंबली के कुछ सदस्यों के साथ मित्रता बढ़ाई और परिदृश्य एवं काररवाई की निगरानी के लिए असेंबली का दौरा भी करता रहा।

"फिर घटना के दिन उन (दोनों) के पासों को लेकर मैं चैंबर से बाहर आया। मैं सड़क के किनारे एक रेहड़ीवाले के पीछे खड़ा था। विस्फोट की आवाज सुनकर मैंने पास जला दिए। थोड़ी देर बाद उन्हें पुलिस बल के साथ बाहर लाया गया। उन्होंने मुझे धक्का देने का इशारा किया और मैंने वैसा ही किया। उस रात मैं अपने बिस्तर पर उदास लेटा हुआ था। बूढ़ी औरत ने पूछा, 'तुम्हारा भाई कहाँ है?' मैंने बताया, 'वह भाभी को लेने गया है।' हम अगले दिन घर से निकल गए। मकान मालकिन, जो पी.डब्ल्यू. 174 के रूप में दिखाई दीं, उन्होंने मुझे 'मास्टर' के रूप में पहचाना, जैसाकि मैंने खुद को उनसे मिलवाया था। उन्होंने अदालत में उपर्युक्त संस्करण की पुष्टि की।"[10]

'कार्य-योजना' को सूक्ष्म सटीकता के साथ तैयार किया गया था। पोशाक के लिए भगत सिंह को उनकी उत्कृष्ट ऊँचाई और आकर्षण के आधार पर पहचान से बचने के

लिए एक टोप पहनना था। टोप विदेशी था, जिसे लाहौर की एक दुकान से खरीदा गया था, जिसके दुकानदार जगन्नाथ (पी.डब्ल्यू. 319) ने मुकदमे के दौरान इस तथ्य की गवाही दी; लेकिन उन्होंने खरीदार की पहचान करने से इनकार कर दिया। (सुखदेव की टिप्पणियाँ, खंड-II, पृ. 696)।[11] इसका रंग हरे और हलके पीले रंग के बीच का था। सिविल लाइंस थाने के पुलिस सब-इंस्पेक्टर हरगुरचेत सिंह (पी.डब्ल्यू. 323) के अनुसार, 19 अप्रैल, 1928 के रिकवरी मेमो के अनुसार, उनके वस्त्र थे—

1. नुकीले कॉलर के साथ खाकी ड्रिल की एक शर्ट।
2. खाकी ड्रिल की आधी पैंट, जिसमें सफेद लंबे कपड़े की दो जेबें थीं।
3. कबूतर के रंग का गैब्रन चेक कपड़े का एक कोट, जिसमें तीन बाहरी जेबें और एक आंतरिक जेब थी।
4. कबूतरी रंग के तस्मे के साथ लंबे ऊनी मोजे की एक जोड़ी।

बटुकेश्वर दत्त ने खाकी निकर व शर्ट और हलके नीले रंग का एक कोट पहन रखा था। (उनकी पोशाक का अधिक विवरण न्यायिक फाइल पर उपलब्ध नहीं है।)[12]

भगत सिंह

बटुकेश्वर दत्त

मीडिया प्रचार के प्रस्ताव के रूप में उन्होंने सोचा कि यह फोटो खींचने के लिए उपयुक्त है, वह भी उन वस्त्रों में, जो घटना के दिन पहने हुए थे, प्रामाणिकता का आधार बनेगी। इस प्रयोजन के लिए वे 3 अप्रैल, 1929 को रामनाथ फोटोग्राफर, कश्मीरी गेट, दिल्ली (पी.डब्ल्यू. 177) की दुकान पर गए, जहाँ वे 6 अप्रैल को फिर से आए थे, शायद तसवीरों को इकट्ठा करने के लिए।[13]

विदाई उपहार : जब वे बस, अपने घर से निकलने वाले थे तो जयदेव के पहने हुए फटे जूते पर भगत सिंह की पैनी नजर पड़ी। उन्होंने यकायक अपने जूते की जोड़ी के आदान-प्रदान का प्रस्ताव रखा, क्योंकि उनके जूते उच्च गुणवत्ता के थे और बहुत अच्छी स्थिति में थे। जयदेव के अनुसार, जूते की वह जोड़ी वह तब लाए थे, जब उन्हें सैन्य अधिकारी के वेश में सांडर्स के वध के बाद लाहौर से बाहर जाना था। भगत सिंह ने जयदेव को जेब घड़ी भी सौंपी, जिसका ऐतिहासिक महत्त्व था। जयदेव के अनुसार, यह घड़ी सन् 1915 में गदर पार्टी द्वारा फरवरी 1915 में भारत में क्रांति की शुरुआत के समय को चिह्नित करने के लिए खरीदी गई थी। वीरता के प्रयास में असफल होने के बाद रासबिहारी बोस ने इस घड़ी को 'बंदी जीवन' के प्रसिद्ध लेखक शचींद्रनाथ सान्याल को दी थी और सान्याल ने भगत सिंह को वह घड़ी भेंट की थी। जयदेव ने इन दो स्मृति-चिह्नों को शहीद स्मारक भवन, हरदोई में संरक्षित रखा, जो उन्होंने वहाँ बनवाया था।[14]

8 अप्रैल, 1929 को दिल्ली में भगत सिंह द्वारा जयदेव कपूर को दी गई 'घड़ी' और 'जूते'

एक मार्मिक अंतराल : भगत सिंह से मिले वोहरा

भगवती चरण और दुर्गा भाभी की बात करें तो, हालाँकि वे अन्यथा चित्र में नहीं थीं, लेकिन उन्हें पता चला कि वह सुखदेव—भगत सिंह का सबसे अच्छा दोस्त—था, जिसने उन्हें खुद को इस कार्य को करने के लिए मजबूर कर दिया था और जिसने उन सभी की आखिरी मुलाकात की व्यवस्था करनी चाही थी।

"जब मैं (दुर्गा) सियालकोट में थी, मुझे अपने पति से संदेशवाहक के माध्यम से एक पत्र मिला कि मुझे और सुशीला दीदी को एक-दो दिन के लिए सीधे दिल्ली पहुँचना है। हमने तुरंत लाहौर के लिए बस ली और वहाँ से दिल्ली की ओर प्रस्थान कर, रात भर यात्रा कर 8 अप्रैल की सुबह वहाँ पहुँचे, जिस दिन भगत सिंह और बटुकेश्वर दत्त को

दोपहर में अपनी 'काररवाई' के लिए असेंबली जाना था। उससे ठीक पहले हम कदुसिया गार्डन पहुँचे, जहाँ हम भगत सिंह से मिले, जिन्हें सुखदेव लाए थे। भगवती चरण भी वहाँ थे। हम अपने साथ पका हुआ भोजन लेकर आए थे, जिसे हम सभी ने मिलकर खाया। दीदी ने अपनी उँगली में छेद किया और भगत सिंह के माथे पर अपनी रक्तस्राव वाली उँगली से शुभ टीके का निशान बना दिया। हम हालाँकि, इस बात से बिल्कुल बेखबर थे कि उनका आगे क्या परिणाम होगा, सिवाय इसके कि वे कुछ 'कार्य' के लिए जा रहे थे।

"फिर हमने एक ताँगा किराए पर लिया, जिसमें स्वयं मैं, दीदी, शची के साथ भगवती बैठे और असेंबली हॉल की ओर बढ़े। सुखदेव भी हमारे साथ-साथ साइकिल पर थे। जब हम असेंबली परिसर के पास पहुँचे तो चारों तरफ पुलिस-ही-पुलिस थी। तब हमने देखा कि भगत सिंह को पुलिस वैन में ले जाया जा रहा था। उनके पीछे बटुकेश्वर दत्त थे, जिन्हें मैंने पहले कभी नहीं देखा था। उन्हें भी ले जाया जा रहा था, लेकिन दूसरी वैन में। जैसे ही शची ने, जो मेरी गोद में था, भगत सिंह को देखा, वह चिल्लाया, 'लंबे चाचा!' मैंने तुरंत उसका मुँह बंद कर दिया। भगत सिंह भी खुद को रोक नहीं सके और उन्होंने भी अपना सिर हमारी ओर घुमा लिया। लेकिन अगले ही पल में वे चले गए थे।"[15]

भगवती चरण वोहरा अपनी पत्नी दुर्गा देवी और बच्चे शची के साथ

सुशीला 'दीदी'

घटना का दिन

सार्जेंट टेरी के अनुसार, जो वहाँ ड्यूटी पर थे—"8 अप्रैल, 1929 को मैं असेंबली की महिला दीर्घा में ड्यूटी पर था। लगभग 12.30 बजे मैंने एक विस्फोट सुना और चैंबर में नीचे देखने के लिए बेंच की ओर जा रहा था कि मैंने चैंबर के बीच से धुआँ उठते हुए देखा, जो उस जगह के पास था, जहाँ सर जॉर्ज शूस्टर बैठे थे। थोड़ी देर बाद एक और विस्फोट हुआ और उस अवसर पर मैंने चैंबर में महिला दीर्घा के ठीक नीचे से धुआँ उठता देखा। दूसरे विस्फोट के तुरंत बाद मैंने जल्दी-जल्दी दो पिस्टल शॉट की आवाजें सुनीं।

"उन लोगों (भीड़ के बीच) के संकेत के बाद मैं खंभे के पास दौड़ा। मैंने देखा कि दो लोग महिला दीर्घा और मुख्य दरवाजे के बीच में खड़े हैं। उनके और मेरे बीच कोई नहीं था। मैंने जब पहली बार उन्हें देखा कि वे उत्तेजित थे और दोनों गरजती आवाजों में 'डाउन विद इंपीरियलिज्म' चिल्ला रहे थे। उन्होंने मेरी ओर मुँह किया हुआ था। वह आदमी, जिसे मैंने बाद में जाना कि भगत सिंह था, मेरे करीब था। उसके दाएँ हाथ में नीचे की ओर इशारा करते हुए एक पिस्तौल थी। (यहाँ सुखदेव लिखते हैं—'उस समय भगत सिंह के हाथ में कोई पिस्तौल नहीं थी। पिस्तौल असेंबली के आधिकारिक सदस्यों में से एक की सीट से उठाई गई थी। वह केवल यह साबित करने के लिए किया गया था कि यह वही पिस्तौल है, जिसका इस्तेमाल सांडर्स के वध में किया गया था।')

"दूसरा आदमी, जिसका नाम मैंने बाद में जाना कि बटुकेश्वर दत्त था, उसके बगल में खड़ा था।

"भगत सिंह के व्यक्ति के पास से एक भरी पिस्तौल मैगजीन बरामद की गई। दोनों पुरुषों के पास से कुछ अखबार और परचे भी बरामद किए गए। परचे मोटे कागज के थे, जिन पर लाल रंग से 'हिंदुस्तान सोशलिस्ट रिपब्लिकन आर्मी' शीर्षक में छपा था। शीर्षक के बाद शब्द 'कमांडर-इन-चीफ' लिखा था और 'बलराज' के हस्ताक्षर थे। शीर्षक और मुद्रित शब्दों के बीच क्रांतिकारी चरित्र का कुछ नीले जैसा चिह्न था।"[6]

8 अप्रैल, 1929 को असेंबली में पोस्टर फेंकना

"वैलेंट, एक फ्रांसीसी अराजकतावादी शहीद, द्वारा ऐसे ही अवसर पर बोले गए ये अमर शब्द 'बहरे को सुनाने के लिए तेजी से चिल्लाना पड़ता है', हमारी कारवाई को दृढ़ता से सही ठहराते हैं।

"सुधारों (मॉण्टेग्यू-चेम्सफोर्ड सुधार) के कामकाज के पिछले दस वर्षों के अपमानजनक इतिहास को दोहराए बिना और इस सदन के माध्यम से, जिसे 'भारतीय संसद्' कहा जाता है, हुए भारतवर्ष के अपमान का उल्लेख किए बिना हम इस ओर ध्यान दिलाना चाहते हैं, जहाँ कुछ लोग साइमन कमीशन से कुछ और सुधारों की उम्मीद कर रहे हैं और कभी अपेक्षित हड्डियों के वितरण पर झगड़ा कर रहे हैं। सरकार हमें

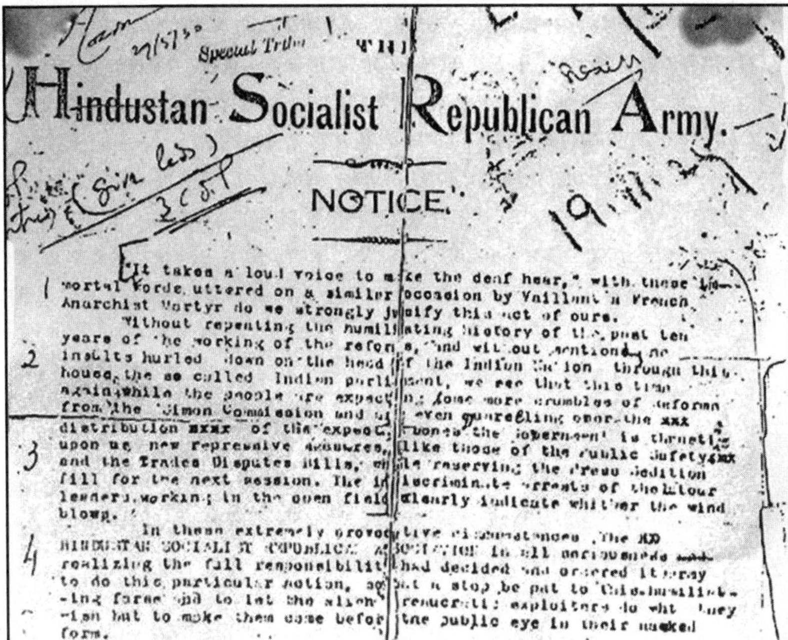

Hindustan Socialist Republican Army.

NOTICE.

"It takes a loud voice to make the deaf hear," with these immortal words uttered on a similar occasion by Vaillant a French Anarchist Martyr do we strongly justify this act of ours.

Without repeating the humiliating history of the past ten years of the working of the reforms, and without mentioning the insults hurled down on the head of the Indian Nation through this house, the so called Indian parliament, we see that this time again, while the people are expecting some more crumbles of reforms from the Simon Commission and are even quarrelling over the distribution xxxx of the expected bones, the Government is thrusting upon us new repressive measures, like those of the Public Safety xxx and the Trades Disputes Bills, while reserving the Press Sedition Bill for the next session. The indiscriminate arrests of the labour leaders working in the open field clearly indicate whither the wind blows.

In these extremely provocative circumstances, the xx HINDUSTAN SOCIALIST REPUBLICAN ASSOCIATION in all seriousness realizing the full responsibility had decided and ordered its army to do this particular action, so that a stop be put to this humiliating farce and to let the alien bureaucratic exploiters do what they wish but to make them come before the public eye in their naked form.

Let the representatives of the people return to their constituencies and prepare the masses for the coming Revolution, and let the Government know that while protesting against the Public Safety and the Trades Disputes Bills, and the callous murder of Lala Lajpat Rai, on behalf of the helpless Indian masses, we want to emphasise the lesson often repeated by the history, th t.

xx We are sorry to admit that we who attach so great a sanctity, we who dream of a very glorious future, when man will be enjoying perfect peace and full liberty have been forced to shed human blood. But the sacrifice of individuals at the altar of the great Revolution that will bring freedom to all rendering the exploitation of man by man impossible -- is inevitable.

LONG LIVE THE REVOLUTION.

...ted ———— 192

Balraj
Commander-in-Chief.

पब्लिक सेफ्टी और ट्रेड्स डिस्प्यूट बिल जैसे नए दमनकारी उपायों को हम पर थोप रही है, जबकि अगले सत्र के लिए सडिशन बिल को बचाकर रख रही है। खुले मैदान में काम करनेवाले श्रमिक नेताओं की अंधाधुंध गिरफ्तारियाँ स्पष्ट रूप से हवा के झोंके को इंगित करती हैं।

"इन बेहद उत्तेजक परिस्थितियों में हिंदुस्तान सोशलिस्ट रिपब्लिकन एसोसिएशन

ने पूरी गंभीरता से अपनी पूरी जिम्मेदारी का अहसास करते हुए यह फैसला दिया और अपनी सेना को यह विशेष कार्य करने का आदेश दिया था, ताकि इस अपमानजनक कृत्य पर रोक लगाई जा सके और विदेशी नौकरशाही को जो चाहे करने दें, लेकिन उन्हें उनके नग्न रूप में जनता की आँखों के सामने आने दिया जाना चाहिए।

"लोगों के प्रतिनिधियों को उनके निर्वाचन-क्षेत्रों में लौटने दें और आनेवाली क्रांति के लिए जनता को तैयार करें तथा सरकार को बताएँ कि पब्लिक सेफ्टी एवं ट्रेड डिस्प्यूट बिलों और लाला लाजपत राय की नृशंस हत्या का विरोध करते हुए, असहाय भारतीय जनता की ओर से हम इतिहास के द्वारा दोहराए गए पाठ को समझाना चाहते हैं कि व्यक्तियों को मारना आसान है, लेकिन आप विचारों को नहीं मार सकते। बड़े-बड़े साम्राज्य टूट गए, जबकि विचार जिंदा रहे। बॉर्बन्स और जार का पतन हो गया।

"हमें यह स्वीकार करते हुए खेद है कि हम जो मानव-जीवन को इतना पवित्र मानते हैं, हम जो शानदार भविष्य का सपना देखते हैं, जब मनुष्य पूर्ण शांति और पूर्ण स्वतंत्रता का आनंद ले रहा होगा, हमें मानव रक्त बहाने के लिए मजबूर किया जा रहा है। लेकिन इस महान् क्रांति की वेदी पर लोगों का बलिदान सभी को स्वतंत्रता दिलाएगा। मनुष्य द्वारा मनुष्य का शोषण असंभव, अपरिहार्य है।

"क्रांति अमर रहे!"

एसडी-/

बलराज

कमांडर-इन-चीफ

"असेंबली सत्र स्थगित कर दिया गया। यह खबर पूरे देश में आग की तरह फैल गई। अखबारों ने समाचार छापा—'भगत सिंह और बटुकेश्वर दत्त ने असेंबली में बम फेंके। इनकलाब जिंदाबाद के नारे लगाए।' भगत सिंह और बटुकेश्वर दत्त ने गिरफ्तारी दी।"[17]

खालीपन (शून्य)

शिव वर्मा ने 8 अप्रैल, 1929 की शाम को याद करते हुए कहा कि वह दिल्ली में अपने नए कमरे में जयदेव के साथ थे—

"केवल जयदेव और मैं दिल्ली में थे। हमने पहले ही एक अलग कमरा किराए पर ले लिया था। दिन भर के काम के बाद हम छत पर अपने बिस्तर पर चले गए। हमारे दिल दुःख से भारी थे। ऐसा लग रहा था, जैसे हम कुछ समय पहले अपने दो प्यारे लोगों का बलिदान देकर लौटे हैं। जैसे ही मैंने अपनी आँखें बंद कीं, जेल की तसवीर मेरे सामने आनी शुरू हो गई। मैंने तब तक कभी जेल नहीं देखी थी और केवल उसके बारे में भयावह किस्से सुने थे।'' अभी पिछली रात हम सब एक साथ सोए थे। अब हम में से दोनों हमेशा के लिए विदा हो गए थे। मेरा रोने का मन कर रहा था कि हम जीवन

शिव वर्मा

में कभी नहीं मिलेंगे। रोना कमजोरी थी। इसलिए मैं चुपचाप उठा और खिड़की के पास बैठ गया, जो एक उजाड़ सड़क की ओर खुलती थी, ताकि खुद को नियंत्रित कर सकूँ और अपनी भावनाओं को दबा सकूँ। जयदेव भी मेरी तरह आँखें बंद करके लेटे हुए थे। कुछ देर बाद जब जयदेव ने आँखें खोलीं तो उन्होंने देखा कि मैं अपने बिस्तर पर नहीं था। मुझे खोजना उनके लिए मुश्किल नहीं था। मुझे खिड़की से बैठे देखकर चुपचाप वह मेरे पास आए और मेरे पास बैठकर बोले, 'शिव'।

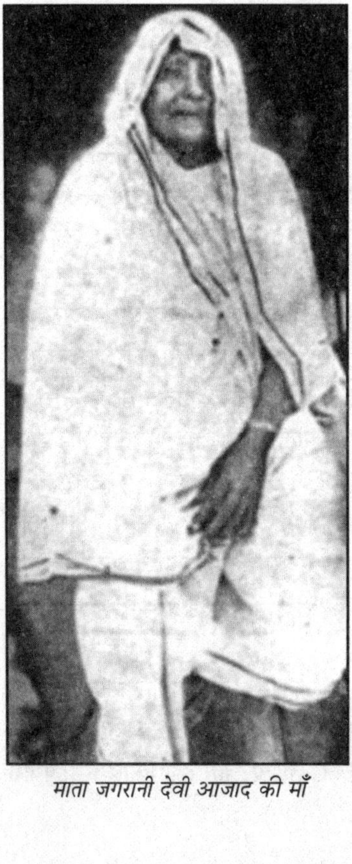

माता जगरानी देवी आजाद की माँ

"प्रकृति ने मानव-शरीर को दो जासूसों के साथ भेजा है, जो दिल के सभी रहस्यों को प्रकट करते हैं, फिर हम भले ही उन्हें छुपाने की कितनी ही कोशिश करें। मैंने कड़ी मेहनत की, लेकिन मेरी आँखों से आँसू गिर ही गए। उसी समय दो अन्य मुखबिर भी अपनी बात कहने के लिए बेचैन हो गए। जयदेव की आँखें भी नम हो गईं।" जब आपके करीबी आपसे दूर होते हैं तो शायद ऐसा होता है!

"उस रात हम लंबे समय तक खिड़की के पास चुपचाप बैठे रहे और जासूसों ने अपनी कहानियों को रुक-रुककर सुनाया। हमारे दोनों साथियों ने पूरी जिम्मेदारी के साथ उस काम को पूरा किया, जो पार्टी ने उन्हें सौंपा था।"[18]

8 अप्रैल, 1929 को भगत सिंह और बटुकेश्वर दत्त की गिरफ्तारी के मद्देनजर पार्टी के साथियों की भावनाओं के बारे में भगवान दास माहौर ने पार्टी के झाँसी केंद्र, जो पार्टी का मुख्यालय था, वहाँ दृश्य को चित्रित किया था—

चंद्रशेखर आजाद

"भगत सिंह और बटुकेश्वर दत्त की गिरफ्तारी के दो-तीन दिनों के बाद शिव वर्मा उन दोनों साथियों की तसवीरों के साथ यहाँ आए। उन तसवीरों को देखकर हर कोई भावुक और गमगीन हो गया। शिव वर्मा ने अत्यधिक भावनात्मक तरीके से बात की कि जो जोखिम उन्होंने इन तसवीरों को निकालने में लिया, उसके लिए अपने जीवन को खतरे में डाल दिया। हम सभी अपने आँसू पोंछ रहे थे। हम सभी ने देखा कि आजाद एक दार्शनिक की तरह पूरी तरह से अप्रभावित रहे और पूरी तरह से अलग-थलग दिखे। वे काफी समय तक हम सभी को घूरते रहे। बाद में, जब मैंने उन्हें आँखों में आँसुओं के साथ एक विचारशील मनोदशा में अकेला पाया तो मैं उनके पास गया और उन्हें सहानुभूतिपूर्ण शब्दों के साथ सांत्वना देने लगा। आजाद ने कहा, 'मेरी पीड़ा इसलिए नहीं है, क्योंकि भगत सिंह और दत्त चले गए हैं; यह हम सभी के साथ होना है—जल्द या बाद में, गिरफ्तारी के साथ या गोली मारने पर। लेकिन मुझे क्या लगता है कि आप सभी के दिलों में कितना प्यार है, जबकि केवल मैं हृदयहीन, पत्थर की तरह, क्रांति की मशीन बन गया हूँ। तुम सच्चे इनसान हो। क्या मेरे दिल को दिल कहा जा सकता है?'"[19]

उस दिन भगत सिंह और बटुकेश्वर दत्त ने 8 अप्रैल, 1929 को सेंट्रल असेंबली में दो हानि-रहित बम फेंके और वह भी खाली जगह पर, ताकि किसी को चोट न लगे। 'इनकलाब जिंदाबाद' के नारे लगाना, यह न केवल क्रांतिकारी आंदोलन के इतिहास में, बल्कि हमारे स्वतंत्रता संग्राम के इतिहास में भी एक मील का पत्थर साबित हुआ। इतना कि जो प्रेस था, अब तक उनकी अनदेखी कर रहा था, ने उन्हें मुख पृष्ठ-पर कवरेज देना शुरू कर दिया था। इस काररवाई की विशिष्ट विशेषताएँ, जो केवल नाम से 'काररवाई' थी, जिसमें किसी को चोट पहुँचाने का इरादा नहीं था, जिसमें अभियुक्त ने घटना के बाद भागने के बजाय खुद को गिरफ्तार करने की पेशकश की और आखिरकार, अदालत में एक सत्याग्रही की तरह उन्हें बयान देना था।

प्रभाव : यशपाल ने भी एक प्रासंगिक किस्सा जोड़ा—"उन दिनों लाला दुर्गा दास दिल्ली में 'द स्टेट्समैन' के संवाददाता थे। वह इस खबर को अपने कलकत्ता मुख्यालय को तुरंत भेजना चाहते थे; लेकिन सभी टेलीफोन लाइनों को आधिकारिक उपयोग

के लिए विशेष रूप से आरक्षित कर दिया गया था। उन्होंने इस रिपोर्ट को अखबार के लंदन कार्यालय को भेजकर एक पत्रकार की दुर्लभ सरलता को प्रदर्शित किया, जहाँ से इसे वायरलेस द्वारा कलकत्ता मुख्यालय में अगले दिन प्रकाशन के लिए भेजा गया था। नतीजतन, कलकत्ता के बाकी अखबारों को अपनी समाचार एजेंसी से खबर मिलती, एसोसिएटेड प्रेस ऑफ इंडिया की रिपोर्ट, 'द स्टेट्समैन' के विशेष संस्करण, जो पहले से ही असेंबली में विस्फोट की खबर दे रहा था, पाठकों के लिए उपलब्ध था।"[20]

जतींद्रनाथ सान्याल

एच.एस.आर.ए. ने उस दिन से प्रेस का पूरा उपयोग किया, क्योंकि वे सुर्खियाँ बनाने लगे थे। जतींद्रनाथ सान्याल के अनुसार, उनके बयान की अग्रिम प्रतियाँ, जो भगत सिंह और बटुकेश्वर दत्त ने बाद में अदालत के समक्ष पेश की थीं, जेल से उसे पहले ही निकाल लिया जाता था और यह सुनिश्चित किया जाता था कि अदालत के समक्ष बयान प्रस्तुत करने से पहले वह समाचार-पत्रों तक पहुँच जाए। उनका विचार था कि बयान के महत्त्वपूर्ण हिस्सों को हटाने और इस तरह उसे रिकॉर्ड में नहीं लिये जाने की किसी भी संभावना को पहले से ही समाप्त कर दिया जाए। यही मुख्य रूप से न्यायालय द्वारा किया गया था। इस प्रकार, उन्होंने सुनिश्चित किया कि बयान के बिना कुछ हटाए संस्करण को पूरा प्रचार प्राप्त हो। केवल भारत में ही नहीं, बयान की प्रतियाँ विदेशी प्रेस को भी भेजी गई थीं; आयरलैंड का 'ला ह्यूमैनाइट' और रूस का 'प्रावदा' उनमें से कुछ हैं। इस प्रकार, इसे अंतरराष्ट्रीय कवरेज मिली। इन प्रयासों में बी.के. सिन्हा का दिमाग काम करते दिख रहा था। वह न केवल निडर क्रांतिकारी थे, बल्कि एक कुशल पत्रकार भी थे।[21]

अब तक, जहाँ भगत सिंह और बटुकेश्वर दत्त का संबंध था, मुकदमा 'अन्य तरीकों से' क्रांतिकारी संघर्ष का हिस्सा था, जिसमें मुख्य रूप से भारतीय समाज के व्यापक संभव वर्गों के बीच उनकी विचारधारा और कार्यक्रम का प्रसार शामिल था। चूँकि उन्होंने चैंबर में बम फेंकने से कभी इनकार नहीं किया, इसलिए केवल एक ही मुद्दा बचा था कि ऐसा करने के पीछे उनका मकसद क्या था? भगत सिंह के बारे में उच्च न्यायालय के न्यायाधीश की टिप्पणी से इस संबंध में उनकी सफलता को मापा जा

सकता है। "भगत सिंह एक ईमानदार क्रांतिकारी हैं, मुझे इसमें कोई संदेह नहीं है। इसका मतलब है, वह इस भ्रम में हैं कि सामाजिक संरचना को नष्ट करके दुनिया को बेहतर बनाया जा सकता है, क्योंकि यह अब कानूनी शासन के विकल्प में है, एक व्यक्ति की असंयमित इच्छा-शक्ति।"[22]

उनके संदेश के व्यापक फैलाव के साथ वे भारत के राजनीतिक परिदृश्य के मुख्य मंच पर आ गए थे। मीडिया, जनमत का ध्वज-वाहक उनका मुखपत्र बन गया था। विभिन्न समाचार-पत्रों में एक-दूसरे के साथ होड़ मच गई थी कि कौन समाचार सबसे पहले प्रकाशित करेगा और जैसा कि श्री दुर्गा दास द्वारा अपनाए गए तौर-तरीके से दिखता है कि कौन उनके कार्यों एवं उनके शब्दों का सबसे प्रामाणिक संस्करण प्रस्तुत करेगा। जनमत पर प्रभाव केवल भारत तक ही सीमित नहीं था; इंग्लैंड में जनमत भी उनकी शालीनता से हिल गया था कि भारत में सब ठीक है और ब्रिटिश शासन से लोग खुश थे।

अब तक, भारत के क्रांतिकारी सभी क्षेत्रों के आलोचकों के लिए 'नरम लक्ष्य' या 'रोते बच्चे' जैसे थे। राष्ट्रीय राजनीति में जब भी कुछ गलत होता, उन्हें बलि का बकरा बनाया जाता। इस पर गुस्से से और लगातार तर्क दिया जाता था कि क्रांतिकारी भारत की आजादी की दिशा में सुचारु प्रगति के लिए बड़ी बाधा साबित हो रहे हैं, क्योंकि उन्होंने अपने कार्यों से 'स्वराज' के प्रति प्रगति के लिए 'सरकार' को 'धीमी गति से' चलने के लिए मजबूर कर दिया था। उन्हें खलनायक के रूप में पेश किया गया, जो विकृत इरादों और तर्क से हटकर हर बात पर हिंसा में लिप्त रहते हैं। उनके हमले की पसंदीदा लाइन क्रांतिकारियों की 'हिंसा' को भड़काने के लिए थी, जिसे भगत सिंह ने 'यूटोपियन अहिंसा' कहा था। लेकिन अब इन युवाओं ने अपने आलोचकों की चाल पलट दी, जब साम्राज्य के सर्वोच्च प्रतिनिधि लॉर्ड इरविन ने भी उनके कार्य को किसी भी व्यक्ति को नुकसान पहुँचानेवाला 'कार्य' माने जाने से इनकार कर दिया।

क्लाइमेक्स : कोर्ट का बयान

ट्रायल कोर्ट द्वारा 8 अप्रैल, 1929 को चैंबर में फेंके गए परचे में दिए गए संकेत के रूप में उनके पक्ष में विस्तृत बयान देने से पहले उनके बयान को निस्संकोच 'उत्कृष्ट' कहा जा सकता है—दोनों अपने विषय और शैली के लिए।

अपने बयान में उन्होंने अपने 'मकसद' को उजागर किया, जिसके अंश नीचे दिए गए हैं—

"हम पर कुछ गंभीर आरोप लगाए गए हैं इस मंच पर; लेकिन यह उचित है कि हम अपने आचरण की व्याख्या करें।

इस संबंध में निम्नलिखित प्रश्न उठते हैं—

1. क्या चैंबर में बम फेंके गए थे और यदि हाँ तो क्यों?
2. क्या यह आरोप, जैसाकि निचली अदालत ने कहा, सही है या नहीं?

"पहले प्रश्न के पहले भाग में हमारा उत्तर 'हाँ' है"

"पहले सवाल के पिछले हिस्से के हमारे जवाब में, हम अपने मकसद और उन परिस्थितियों की पूर्ण और स्पष्ट व्याख्या प्रस्तुत करने के लिए कुछ विस्तार में जाने के लिए विवश हैं, जो अब एक ऐतिहासिक घटना बन गई है।

"जब हमें कुछ पुलिस अधिकारियों द्वारा बताया जाता है, जो हमसे जेल में मिले, कि लॉर्ड इरविन ने दोनों सदनों के संयुक्त सत्र में अपने संबोधन में इस घटना को किसी व्यक्ति पर नहीं, बल्कि एक संस्था के खिलाफ बताया, हमने आसानी से पहचान लिया कि घटना का सही महत्त्व सही ढंग से सराहा गया था।

"हम मानवता के लिए अपने प्रेम में किसी के साथ नहीं हैं। किसी भी व्यक्ति के खिलाफ कोई दुर्भावना रखने से दूर हम मानव-जीवन को शब्दों से परे पवित्र मानते हैं।"

"हमारा व्यावहारिक विरोध संस्थान के खिलाफ था, जिसने अपने जन्म से न केवल अपनी व्यर्थता को प्रदर्शित किया है, बल्कि शरारत के लिए इसकी दूरगामी शक्ति है।

"सदन द्वारा पारित किए गए महत्त्वपूर्ण प्रस्तावों को तथाकथित भारतीय संसद् के धरातल पर अवमानना के तहत रौंद दिया गया है।

"अंततः, उसका अपमान, जिसे हम अमानवीय एवं बर्बर तरीका समझते हैं, उसे पूरे देश के प्रतिनिधियों के समर्पित प्रमुखों पर डाल दिया गया था और भूखे व संघर्ष करनेवाले लाखों लोगों को उनके प्राथमिक अधिकार और उनके आर्थिक अधिकार में सुधार के एकमात्र अधिकार से वंचित किया गया था। गूँगे-बहरे मजदूरों के लिए किसी ने भी हमारी तरह नहीं सोचा। वे संभवतः इस तमाशे को समता से देख सकते हैं। कोई नहीं है, जिसका दिल उनके लिए रिसता हो, जिन्होंने आर्थिक ढाँचे के निर्माण के लिए चुपचाप अपना जीवन दे दिया है। वे इसे फिर से दबा सकते हैं, जिसे इस निर्मम प्रहार ने हमारे दिलों से निकाल दिया था।

"हमारा एकमात्र उद्देश्य 'बहरों को सुनवाना था' और बेखबरों को समय पर चेतावनी देना था। अन्य लोगों ने वैसा ही महसूस किया है, जैसाकि हमने किया और भारतीय मानवता के समुद्र की प्रतीत होनेवाली शांति के तहत एक सच्चाई का तूफान उठने ही वाला है। हमने केवल उन लोगों को चेतावनी देने के लिए 'खतरे की घंटी' बजाई है, जो गंभीर खतरों पर ध्यान न देते हुए तेजी से आगे बढ़ रहे हैं।

"हर कीमत पर बल को अलग करना 'यूथोपियन' है और नया आंदोलन, जो देश में उभर चुका है और उस भोर में हमने एक चेतावनी दी है, जो उन आदर्शों से प्रेरित है, जो गुरु गोविंद सिंह एवं छत्रपति शिवाजी, कमाल पाशा एवं रजा खान, जॉर्ज वाशिंगटन एवं गैरीबाल्डी, लाफाएट एवं लेनिन के मार्गदर्शन से प्रेरित है।"

"यह बम और पिस्तौल का पंथ नहीं है। 'क्रांति' से हमारा तात्पर्य है कि चीजों का वर्तमान क्रम, जो अन्याय पर आधारित है, उसे बदला जाना चाहिए। इसलिए एक क्रांतिकारी बदलाव आवश्यक है और यह लोगों का कर्तव्य है, जो इसे महसूस करते हैं, समाज को समाजवादी आधार पर पुनर्गठित करना चाहते हैं। जब तक यह किया जाता है और मनुष्य द्वारा मनुष्य का एवं राष्ट्रों द्वारा राष्ट्रों का शोषण समाप्त नहीं किया जाता है, पीड़ा व नर-संहार, जिससे मानवता को खतरा है, आज रोका नहीं जा सकता है। युद्ध को समाप्त करने और सार्वभौमिक शांति के युग की शुरुआत करने की सभी बातें सिर्फ पाखंड हैं।

"क्रांति से हमारा तात्पर्य समाज के एक ऐसे क्रम की स्थापना से है, जिसे इस तरह की समस्या का खतरा नहीं हो और जिसमें सर्वहारा वर्ग की संप्रभुता को मान्यता दी जाए और विश्व महासंघ मानवतावाद को पूँजीवाद एवं साम्राज्यवाद के युद्ध के दुःख से मुक्त करे।

"क्रांति सभी का एक अहस्तांतरणीय अधिकार है। श्रम समाज का वास्तविक निर्वाहक है। लोगों की संप्रभुता श्रमिकों की अंतिम नियति है।

"इन आदर्शों के लिए और इस विश्वास के लिए हम किसी भी दुःख का स्वागत करेंगे, जिसकी हम निंदा कर सकते हैं। क्रांति की वेदी पर हम अपने युवाओं को हवन सामग्री के रूप में लाए हैं; क्योंकि कोई भी बलिदान इतने शानदार कारण से बड़ा नहीं है। हम क्रांति के आगमन की प्रतीक्षा करने के लिए प्रतिबद्ध हैं।

"दीर्घ जीवी क्रांति।"[23]

8 अप्रैल, 1929 के बाद प्रत्येक बीतते दिन के साथ, विशेष रूप से भगत सिंह एवं बटुकेश्वर दत्त के लिए स्नेह व सम्मान तथा सामान्य तौर पर उनके साथियों के लिए और बढ़ गया। जब तक 23 मार्च, 1931 को राजगुरु, सुखदेव और भगत सिंह की तिकड़ी फाँसी पर चढ़ी, इससे पहले ही वे आदर्श बन चुके थे। उनके बलिदान को लाखों भारतीयों ने अभूतपूर्व माना। डॉ. गुरदेव सिंह सिद्धू ने अपने नए संकलन 'द हैंगिंग ऑफ भगत सिंह : द बैन्ड लिटरेचर' में भगत सिंह और उनके साथियों पर कम-से-कम 153 प्रकाशनों की पहचान की थी, जिन्हें तत्कालीन अजमेर एवं मारवाड़, बंगाल, बिहार, ओडिशा, बंबई, बर्मा (तब भारत में), मध्य प्रांत (एम.पी.), दिल्ली, मद्रास और यू.पी. की सरकारों द्वारा गैर-कानूनी बताया गया था।[24]

संदर्भ—

1. 'अमर शहीद सरदार भगत सिंह' (हिंदी), जतींद्र सान्याल, क्रांतिकार प्रकाशन, मिर्जापुर, पृष्ठ-71
2. शिव वर्मा : 'संस्मृतियाँ' (हिंदी), लोक प्रकाशन गृह, दिल्ली, 2002, पृष्ठ-29
3. 'टाइम्स' लंदन, 15.4.1929, 'इंपीरियल एंड फॉरेन न्यूज' (सौजन्य : डॉ. के.सी. यादव)
4. 'भगत सिंह की फाँसी', खंड-II, मलविंदर जीत सिंह वरैच एवं राजवंती मान, पी.डब्ल्यू. 5, हंसराज वोहरा

5. 'भगत सिंह की फाँसी', खंड-III, मलविंदर जीत सिंह वरैच एवं हरीश जैन, यूनीस्टार बुक्स प्रा. लि., चंडीगढ़, पृष्ठ-143-44
6. शिव वर्मा, op. cit., पृष्ठ-40
7. वही, पृष्ठ-115-16
8. 'भगत सिंह की फाँसी', खंड-I, मलविंदर जीत सिंह वरैच एवं डॉ. गुरदेव सिंह सिद्धू, पृष्ठ-15
9. मलविंदर जीत सिंह वरैच एवं राजवंती मान, op. cit., (पी.डब्ल्यू. 174—नूर मोहम्मद)
10. हस्तलिखित संरक्षित पांडुलिपि
11. मलविंदर जीत सिंह वरैच एवं राजवंती मान, op. cit., (पी.डब्ल्यू. 139, जगन्नाथ)
12. मलविंदर जीत सिंह वरैच एवं हरीश जैन, op. cit., (एक्स. 'पी.एच.जी.' 19 अप्रैल, 1929)
13. मलविंदर जीत सिंह वरैच एवं राजवंती मान, 'द हैंगिंग ऑफ भगत सिंह', खंड-II, (पी.डब्ल्यू. 177, पं. रामनाथ)
14. जयदेव कपूर के साथ 'इंडियन एक्सप्रेस' का साक्षात्कार, द्वारा—डॉ. चमन लाल
15. मलविंदर जीत सिंह वरैच, भगवती चरण वोहरा एवं दुर्गा भाभी की जीवनी, यूनीस्टार बुक्स प्रा. लि., चंडीगढ़, 2012, पृष्ठ-84-85
16. मलविंदर जीत सिंह वरैच एवं राजवंती मान, op. cit., (पी.डब्ल्यू. 19—सार्जेंट टेरी)
17. मलविंदर जीत सिंह वरैच एवं हरीश जैन, op. cit., पृष्ठ-356-57
18. शिव वर्मा, op. cit., पृष्ठ-32
19. भगवान दास माहौर, सदाशिव राव मलकापुरकर एवं शिव वर्मा, 'यश की धरोहर' (हिंदी), आत्माराम एंड संस, दिल्ली, 1991, पृष्ठ-103
20. यशपाल, 'सिंहावलोकन' (हिंदी), लोकभारती प्रकाशन, इलाहाबाद, 1994, पृष्ठ-152
21. जतींद्र सान्याल, op. cit., पृष्ठ-75
22. मलविंदर जीत सिंह वरैच एवं डॉ. गुरदेव सिंह सिद्धू, op. cit., पृष्ठ-55
23. वही, पृष्ठ-47-51
24. 'द हैंगिंग ऑफ भगत सिंह', खंड-IV, डॉ. गुरदेव सिंह सिद्धू, यूनीस्टार बुक्स प्रा.लि., चंडीगढ़, 2007
25. 'भगवती चरण वोहरा और दुर्गा भाभी की जीवनी', op. cit., पृष्ठ-26-27

□

12

भूख हड़ताल

गिरफ्तारियाँ

भगत सिंह और बटुकेश्वर दत्त को 22 अप्रैल, 1929 तक सिविल लाइंस पुलिस स्टेशन में पुलिस हिरासत में रखा गया था, जब उन्हें दिल्ली जेल भेजा गया था। उन्होंने पुलिस के सामने कोई भी बयान देने से इनकार कर दिया था। अप्रैल 1929 के तीसरे सप्ताह में कभी-कभी सरदार किशन सिंह (भगत सिंह के पिता) अपने बेटे को देखने के लिए दिल्ली आते; लेकिन उन्हें निराश होकर लौटना पड़ा, क्योंकि उन्हें उनको देखने की अनुमति नहीं दी गई थी।

भगत सिंह ने 26 अप्रैल को दिल्ली जेल से अपने पिता को भेजे पत्र में लिखा था—

"मुकदमा 7 मई को शुरू होगा। शायद एक महीने में पूरा नाटक समाप्त हो जाएगा। आपको चिंता करने की जरूरत नहीं है। मुझे पता चल गया है कि आप यहाँ आए थे और कुछ वकीलों के साथ बात की है। आपने मुझसे मिलने की भी कोशिश की। जब भी आप यहाँ आएँ, किसी भी दिन बैठक की व्यवस्था की जा सकती है। इसके लिए वकील की कोई आवश्यकता नहीं है। हालाँकि, मैं कुछ मामलों पर कानूनी राय लेना चाहता हूँ, लेकिन वे इतनी महत्त्वपूर्ण नहीं हैं। आपको अनावश्यक परेशानी नहीं उठानी चाहिए।

"अगर आप मुझसे मिलने आते हैं तो कृपया अकेले आएँ। माँ को साथ मत लाएँ। वे रोएँगी, जो मुझे भी परेशान करेगा; मुझे आपसे सारी खबर मिल जाएगी। कृपया नेपोलियन की जीवनी लाएँ, जो आपको मेरे पुस्तकों के संग्रह में मिल सकती है और कुछ अच्छे अंग्रेजी उपन्यास भी, जिन्हें आप द्वारका दास लाइब्रेरी से प्राप्त करने में सक्षम हो सकते हैं। माताजी और चाचीजी को मेरा प्रणाम। कुलबीर और कुलतार को नमस्ते। दादाजी को प्रणाम। हमारे साथ पुलिस हिरासत में अच्छा व्यवहार किया गया और अब जेल में भी अच्छा व्यवहार किया जा रहा है।"

3 मई को सरदार किशन सिंह ने भगत सिंह से बैरिस्टर आसफ अली के साथ

मुलाकात की। पारिवारिक सूत्रों के अनुसार, किशन सिंह कोर्ट में केस लड़ने पर आमादा थे, लेकिन भगत सिंह ऐसा नहीं करने पर अड़े थे। उनके लिए यह उनकी विचारधारा के प्रचार का मंच था। हालाँकि, उन्होंने कुछ कानूनी मुद्दों पर श्री आसिफ अली से स्पष्टीकरण प्राप्त किया।[1]

अतिरिक्त मजिस्ट्रेट श्री एफ.बी. पूल के न्यायालय में प्रारंभिक मुकदमा शुरू हुआ; लेकिन भगत सिंह एवं बटुकेश्वर दत्त ने वहाँ कोई भी बयान देने से इनकार कर दिया और केवल सत्र न्यायालय में अपना बयान देने की इच्छा व्यक्त की। मामले पर मुकदमा दिल्ली सत्र न्यायाधीश श्री लियोनार्ड मिडिलटाउन के समक्ष होना तय हुआ और यह मुकदमा 4 जून को शुरू हुआ। आरोपियों ने 6 जून को अपना बयान दर्ज कराया। 10 जून को मुकदमा समाप्त हुआ और 12 जून को दोनों को आजीवन कारावास की सजा सुनाई गई।

उनके मुकदमे के दौरान केवल एक अभियोजन पक्ष के गवाह (पी.डब्ल्यू. 70) सर सोभा सिंह (प्रख्यात लेखक खुशवंत सिंह के पिता) ने दावा किया कि उन्होंने वास्तव में भगत सिंह और बटुकेश्वर दत्त को बम फेंकते देखा। हालाँकि, उनकी जिरह के दौरान यह सामने आया कि उनका दावा टिकाऊ नहीं था। न्यायाधीश ने भी यही महसूस किया था, हालाँकि उन्होंने यह कहने से परहेज किया कि 'यह गवाह बहुत सम्मानजनक व्यक्ति है, मानद मजिस्ट्रेट है।'[2]

इसके तुरंत बाद उन्हें पंजाब में मियाँवाली और लाहौर जेलों में स्थानांतरित कर दिया गया, जहाँ उन्हें राजनीतिक कैदियों के विशेषाधिकारों की माँग करते हुए लंबे समय तक भूख हड़ताल पर जाना पड़ा। उच्च न्यायालय के समक्ष उनकी अपील 13 जनवरी, 1930 को खारिज कर दी गई।

जैसाकि पहले उल्लेख किया गया है कि आगरा केंद्र 1 अप्रैल, 1929 तक जर्जर हो गया था और नया केंद्र सहारनपुर (यू.पी.) में स्थापित किया गया था।

लाहौर छापा : "13 अप्रैल को जय गोपाल कोहाट से लाहौर लौट आए और 14 अप्रैल को सुखदेव से मिले। वह कश्मीर बिल्डिंग के क्वार्टर में गए, जहाँ सुखदेव एवं किशोरी लाल बम बनाने में लगे हुए थे और 15 अप्रैल, 1929 की सुबह सुखदेव, किशोरी लाल एवं जय गोपाल वहाँ मौजूद थे, जब कुछ पुलिस अधिकारियों, एक मानद मजिस्ट्रेट तथा उस क्वार्टर के अन्य व्यक्तियों द्वारा छापेमारी की गई थी और उनकी तिकड़ी गिरफ्तार कर ली गई। सुखदेव के पास एक रिवॉल्वर था, जो भरा हुआ था। इन क्वार्टरों की तलाशी के दौरान बरामद किए गए अन्य सामानों में एक जीवित बम, 8 बम सेल, एक अलमारी में बड़ी संख्या में केमिकल थे, जिनकी चाबी किशोरी लाल के एक व्यक्ति से मिली थी।

जीवित बमों की बरामदगी के बारे में पी.डब्ल्यू. 23 डी.एस.पी. नियाज अहमद खाँ ने गवाही दी कि जब वे कमरों की तलाशी लेने लगे तो सुखदेव ने कहा, "उस बॉक्स में एक जीवित बम है। उसे सावधानीपूर्वक उठाएँ, वरना वह फट सकता है।" उन्होंने अलमारी के शेल्फ पर बॉक्स की ओर इशारा किया। बॉक्स को सावधानी से नीचे उतारा गया और लोहे से बने खोल में एक लोडेड बम मिला।

कई अन्य पुस्तकों एवं दस्तावेजों सहित 137 पृष्ठों का एक पत्र, जो असेंबली हॉल में बम फेंकने से पहले भगत सिंह द्वारा लिखा गया था, बरामद किया गया। कश्मीर बिल्डिंग पर पुलिस की छापेमारी ने नूर शाह कॉन्स्टेबल (पी.डब्ल्यू. 132) को गुलाम रसूल द्वारा दी गई जानकारी का परिणाम था—एक साँचाकार (पी.डब्ल्यू. 129), जो उन लोगों में से एक था, जिनसे सुखदेव और किशोरी लाल बम रोल ले रहे थे, जिन्होंने इसके बारे में अपने पिता जलाल दीन (पी.डब्ल्यू. 130) को बताया था। बाद वाले व्यक्ति ने उन्हें नूर शाह कॉन्स्टेबल को सूचित करने की सलाह दी, जिन्होंने उन्हें संदिग्धों के स्थान का पता लगाने का निर्देश दिया, जिससे कश्मीर बिल्डिंग सेंटर का पता चला।

सहारनपुर में छापेमारी : "सहारनपुर के घर खोज से बच गए थे, लेकिन उनके व्यवहार से घर में रहनेवालों के बारे में संदेह पैदा हो गया था और 11 मई को श्री एम.डी. जोशी, डी.एस.पी. (पी.डब्ल्यू. 230) और अन्य पुलिस अधिकारियों ने उस घर पर छापा मारने का फैसला किया। उन्होंने उस घर से शिव वर्मा एवं जयदेव को गिरफ्तार किया और 6 जीवित बम, 3 खाली बम शेल, 3 रिवॉल्वर, कई क्रांतिकारी पुस्तकें और बड़ी मात्रा में रसायन एवं उपकरण कब्जे में ले लिये। घर पर एक गार्ड छोड़ दिया गया और दो दिन बाद, 15 मई को, गया प्रसाद, जो पहले अनुपस्थित थे, घर लौट आए और उन्हें भी गिरफ्तार कर लिया गया।[3]

भूख हड़ताल

न्याय और स्वतंत्रता के लिए धर्मयुद्ध में जेल का जीवन शायद ही एक क्रांतिकारी के लिए कठिनाई खड़ी करता है। केवल उसे एक अलग दृष्टिकोण की आवश्यकता होती है, क्योंकि वह जेल में नियमों के दमनकारी तरीकों से विवश होता है। ऐसे में, सदियों से परखा भूख हड़ताल का तरीका उनके बचाव में आया। क्रांतिकारियों के वीरतापूर्ण संघर्ष के वृत्तांतों को बड़े पैमाने पर अंडमान में पहुँचाया गया; हमारे पढ़ाकू इतिहासकारों द्वारा मुख्य रूप से नजरअंदाज किया गया, जो बहुत अधिक बड़े आदमी थे, उन्होंने इन झूठे अपराधियों के बारे में जानने की भी कोशिश नहीं की।

अब इसे संयोग ही कहें कि सन् 1915 के कुछ गद्दार, जो लंबे समय से अंडमान में भूख हड़ताल, अत्याचार और अपमान से गुजरे थे, उन्हें भी लाहौर की सेंट्रल जेल में

उम्रकैद के अपने अंतिम दिनों में कैद कर दिया था; अंडमान में रहते हुए वे सन् 1922 में राजनीतिक कैदियों के लिए सेल्युलर जेल को रोकने में सफल रहे थे।

भगत सिंह और उनके साथी इसे पहले ही भाँप गए थे। वे पूरी तरह से संघर्ष करने के लिए दृढ़ थे। लेकिन जैसे-जैसे घटनाएँ सामने आती गईं, यह देखा गया कि उन्हें वास्तव में वास्तविक स्थिति से इस हरकत के लिए जान-बूझकर प्रेरित किया गया। यह उनकी पसंद या तरीका नहीं था।

भगत सिंह और दत्त के संबंध में, उन्हें उसी दिन यानी 12 जून, 1929 को दिल्ली जेल से स्थानांतरित कर दिया गया था, जब उन्हें उम्रकैद की सजा सुनाई गई थी। "इसके तुरंत बाद उन्होंने प्रेस को जेलों में अपने आसपास हो रहे 'दुर्व्यवहार' के खिलाफ भूख हड़ताल करने के अपने संकल्प के बारे में सूचित किया था, जिस पर विभिन्न समाचार-पत्र उनके संकल्प के समर्थन में एकजुट हो सामने आए।"[4]

"17 जून, 1929 को मियाँवाली जेल में आने के तुरंत बाद भगत सिंह ने आई.जी. जेल, पंजाब के पास एक प्रतिनिधित्व भेजा, जिसमें लाहौर सेंट्रल जेल में स्थानांतरण की माँग की; इस आधार पर कि लाहौर षड्यंत्र केस में उन पर मुकदमा जल्द ही लाहौर में शुरू होने वाला है, इसलिए उन्हें वहाँ स्थानांतरित कर दिया जाना चाहिए, ताकि वह अपने लिए वकील कर सकें और मामले में अपने बचाव के लिए आवश्यक अन्य सुविधाओं का लाभ ले सकें।"[5]

उनकी अन्य माँगों के बारे में भी उन्होंने उसी दिन जेल अधीक्षक के माध्यम से मियाँवाली जेल से आई.जी. जेल को लिखा—

"मुझे असेंबली बम केस दिल्ली के मामले में आजीवन कारावास की सजा दी गई है और इसलिए जाहिर है कि मैं एक राजनीतिक कैदी हूँ। हमें दिल्ली जेल में विशेष आहार दिया जाता था; लेकिन जब से मैं यहाँ आया हूँ, मुझसे एक सामान्य अभियुक्त की तरह व्यवहार किया जा रहा है। इसलिए मैं 15 जून, 1929 की सुबह से भूख हड़ताल पर हूँ। इन दो या तीन दिनों में मेरा वजन दिल्ली की जेल की तुलना में 6 पाउंड (ढाई किलो) कम हो गया है।

"मैं आपके ध्यान में लाना चाहता हूँ कि मुझे एक राजनीतिक कैदी के रूप में विशेष उपचार मिलना चाहिए।

मेरी माँगें हैं—

1. *विशेष आहार, जिसमें दूध, घी, चावल, दही आदि शामिल हो।*
2. *कोई अनिवार्य श्रम नहीं कराया जाए।*
3. *टॉयलेट का आवश्यक सामान, साबुन, तेल, शेविंग किट आदि दी जाए।*
4. *सभी प्रकार के साहित्य (इतिहास, अर्थशास्त्र, राजनीति विज्ञान, कविता, नाटक, कथा, समाचार-पत्र आदि) उपलब्ध कराए जाएँ।*

मुझे उम्मीद है कि आप मेरी कही गई बातों पर विनम्रतापूर्वक विचार करेंगे और मेरे पक्ष में निर्णय लेंगे।"

व्यक्तिगत प्रतिनिधित्व के पीछे उद्देश्य यह था कि अगर एक राजनीतिक कैदी की माँगों को मान लिया जाता है तो यह अन्य कैदियों की मदद करेगा, जिससे यह एक मिसाल बन जाएगा। यह एक चतुर और रणनीतिक कदम था।

"कुछ दिनों के बाद (25 जून, 1929 के आसपास) भगत सिंह को लाहौर सेंट्रल जेल में स्थानांतरित कर दिया गया, जहाँ बटुकेश्वर दत्त को भी रखा गया था, जो भूख हड़ताल पर थे और उन्होंने भी जेल अधिकारियों को ऐसा ही विवरण भेजा था।

"इस बीच, भगत सिंह के साथियों—लाहौर षड्यंत्र केस में अन्य विचाराधीन अभियुक्त—सुखदेव, जतींद्र नाथ दास, अजय घोष, शिव वर्मा, गया प्रसाद, जयदेव, राजगुरु और बी.के. सिन्हा को लाहौर बोर्स्टल जेल में लाया गया। भगत सिंह और दत्त की भूख हड़ताल के बारे में पता चलने पर उन्होंने भी जुलाई 1929 में भूख हड़ताल शुरू कर दी।"[6]

शिव वर्मा याद करते हैं, "10 जुलाई को जब हमारे मामले की सुनवाई शुरू हुई, भगत सिंह पहले से ही भूख हड़ताल पर थे। उन्हें असेंबली बॉम्ब केस में आजीवन कारावास की सजा सुनाई गई थी और अब उन पर हमारे साथ देशद्रोह के लिए फिर से मुकदमा किया जाना था। उन्होंने 15 जून से खाना बंद कर दिया था, लेकिन फिर भी वह कोर्ट में आए। जब उन्हें स्ट्रेचर पर कोर्ट में लाया गया तो हम सभी की आँखों से आँसू निकल आए। यह वे भगत सिंह नहीं थे, जिनकी मजबूत काया गायब हो गई थी; बल्कि भगत सिंह, जिन्हें हमने अभी देखा, वह अपने पूर्व स्वयं के निर्बल और कमजोर छाया मात्र थे। जेल की सजा और भूख हड़ताल ने उन्हें कंकाल जैसा बना दिया था।

"हमने लगभग तीन दिनों तक बचाव के लिए हमारी रणनीति पर चर्चा की—अपने खराब स्वास्थ्य के बावजूद उन्होंने चर्चाओं में सक्रिय भाग लिया और शानदार भूमिका निभाई… तीन दिनों के बाद, 13 जुलाई, 1929 को भगत सिंह और बटुकेश्वर दत्त द्वारा उठाई गई माँगों के लिए हम बाकी लोगों ने भी भूख हड़ताल शुरू कर दी। इस संबंध में, भगत सिंह ने 14 जुलाई, 1929 को गृह सदस्य को संबोधित करते हुए एक पत्र लिखा, जिसमें हमारी माँगें सामने रखी गई थीं।[7]

"हालाँकि, हमारे भूख हड़ताल शुरू करने से पहले जतिन ही हमारे बीच एकमात्र ऐसे क्रांतिकारी थे, जिन्हें भूख हड़ताल का पूर्व अनुभव था। उन्होंने हम सभी को चेतावनी दी, 'इस हड़ताल पर उतरकर हम एक लंबे समय तक चलनेवाले संघर्ष में प्रवेश कर रहे हैं, जो पिस्तौल और रिवॉल्वर के साथ लड़ी जानेवाली लड़ाई से कहीं अधिक चुनौतीपूर्ण है।…पुलिस की गोली से मरना या फाँसी पर चढ़ना आसान होता है, बजाय धीरे-धीरे मौत

की ओर बढ़ना; और एक बार इसमें प्रवेश कर लिया तो यहाँ पर खुशी क्रांतिकारियों के सम्मान के लिए हानिकारक होगी¨ ऐसी स्थिति में, बेहतर होगा कि इसमें बिल्कुल भी प्रवेश न करें।

"उन्होंने यह भी कहा कि 'जहाँ तक उनकी चिंता है तो वह यह है कि एक बार इसे शुरू कर दिया तो तब तक समझौता नहीं करेंगे, जब तक सरकार हमारी माँगों को पूरा नहीं करती। उन्होंने हमें सलाह दी कि हम 24 घंटे भोजन से परहेज करके अपना पहला अनुभव कर लें और अगर किसी को लगता है कि उसमें भूखे रहने की क्षमता नहीं है कि वह इसे अंत तक झेल पाएगा, तो वह किसी भी सूरत में इसमें शामिल न हो। उन्होंने यह भी आश्वासन दिया कि वे साथी, जो भूख हड़ताल से अलग होते हैं, वे उनका उतना ही सम्मान करेंगे, जितना वे अन्य साथियों का करते हैं।[8]

"ऊपर उल्लिखित केंद्रीय समिति के निर्णय के अनुपालन में भगत सिंह ने गृह सदस्य को लिखे पत्र में निम्नलिखित माँगें रखीं—

1. राजनीतिक कैदी होने के नाते उन्हें अच्छा भोजन दिया जाए, जैसा कि यूरोपीय कैदियों को दिया जाता है।
2. राजनीतिक कैदियों को हाथ से काम करने के नाम पर अपमानित नहीं किया जाना चाहिए।
3. पठन और लेखन सामग्री की आपूर्ति बिना किसी बाधा के की जानी चाहिए।
4. सरकारी खर्च पर प्रत्येक कैदी को कम-से-कम एक अखबार की आपूर्ति की जाए।
5. राजनीतिक कैदियों के लिए एक अलग श्रेणी जारी की जाए। प्रत्येक जेल में एक विशेष अलग वार्ड प्रदान किया जाए, जहाँ वे उन सभी सुविधाओं का आनंद लें, जो यूरोपीय कैदियों को दी गई थीं और जेल के सभी राजनीतिक कैदियों को वहीं रखा जाए।
6. स्नान और उचित कपड़े की सुविधा दी जाए।
7. श्री जगत नारायण और खान बहादुर हाफिज हिदायत हुसैन वाली यू.पी. जेल सुधार समिति की सिफारिशों, जिसमें राजनीतिक कैदियों के साथ उच्च श्रेणी के कैदियों की तरह व्यवहार किया जाए, अनुपालन यहाँ भी किया जाना चाहिए।

"यह भूख हड़ताल 63 दिनों तक चली। भगत सिंह हमेशा की तरह अपने पढ़ने, लिखने, कपड़े धोने, न्यायालय की काररवाई में भाग लेने, दस्तावेजों का मसौदा तैयार करने, बयान देने, मजाक उड़ाने और हँसने, गाना गुनगुनाने और गाने में लगे रहते।

मुकदमे के दौरान, भगत सिंह और बटुकेश्वर दत्त को सेंट्रल जेल में रखा गया था, जबकि हम में से अधिकांश बोर्स्टल जेल में बंद थे। भगत सिंह भूख हड़ताल पर रहने के बावजूद हर रविवार को बोर्स्टल जेल आते थे।

"हमारे पास पहले दिन से ही जेल में कुछ किताबें थीं और अध्ययन एवं विचारों के आदान-प्रदान के लिए वातावरण काफी अनुकूल था। हम वैचारिक व सामाजिक मुद्दों पर भी चर्चा करते थे; लेकिन भगत सिंह की उपस्थिति इसे और अधिक जीवंत बना देती थी। शायद ही कोई दिन बीतता होगा, जब हमने किसी पुराने, घिसे-पिटे मुद्दे पर बहस न की हो। सप्ताह के दौरान जो किताबें पढ़ी गई थीं, वे मार्क्सवाद, सोवियत रूस में प्रगति, अफगानिस्तान में उथल-पुथल, चीन-जापान के झगड़े, राष्ट्र संघ के विद्रोह, मेरठ षड्यंत्र केस, मजदूर संघर्ष, भारतीय पूँजीपति वर्ग की भूमिका, कांग्रेस की नीति और लाहौर कांग्रेस के अधिवेशन में अपने राजनीतिक लक्ष्य में बदलाव की संभावना जैसे विभिन्न विषयों पर थीं। हालाँकि, हम सभी को पढ़ने का शौक था, फिर भी भगत सिंह स्वयं एक अलग ही श्रेणी के थे। समाजवाद के लिए नरम विचार होने के बावजूद वह हमेशा उपन्यास पढ़ने के अपने जुनून से जुड़े रहते थे, विशेष रूप से राजनीतिक व आर्थिक विषयों के साथ। डिकेंस, अप्टन सिनक्लेयर, हॉल केन, विक्टर ह्यूगो, गोर्की, स्टेप्निक, ऑस्कर वाइल्ड, लियोनार्ड एंड्रयू उनके पसंदीदा लेखकों में से थे। वह अकसर उपन्यासों में कुछ विशेष पात्रों के साथ भावनात्मक रूप से जुड़ जाते थे, वह भी इस हद तक कि वे उनके साथ रोते और हँसते थे। एक परिचित उदाहरण लियोनार्ड एंड्रयू के उपन्यास 'द सेवन हू वर हैंग्ड' में एक चरित्र था। वह चरित्र यह कहता रहता था कि 'मुझे फाँसी नहीं दी जाएगी…'। लेकिन जब उसे वास्तव में फाँसी के लिए ले जाया जा रहा था, तब भी वह यही कह रहा था कि 'मुझे फाँसी नहीं दी जाएगी।' उसे पढ़ने के बाद भगत सिंह पहले दिल खोलकर हँसते और फिर चुप हो जाते और उनकी आँखों से आँसू बहने लगते।"[7]

स्वगत कथन :
बाबा सोहन सिंह भकना

लाहौर सेंट्रल जेल में गदर आंदोलन के उनके सह-कैदियों में से एक (बाबा) सोहन सिंह भकना, जो 'गदर पार्टी' के संस्थापक अध्यक्ष थे, ने उन दिनों को लेकर अपना मत दिया—

> *"किसी तरह मैं एवं भगत सिंह अकसर मिलते थे और चर्चा करते थे। एक बार हँसी-मजाक में मैंने भगत सिंह से पूछा, 'आप इतने युवा, शिक्षित और एक अमीर परिवार से हैं और आपकी उम्र मौज-मस्ती करने की है, तो फिर आप इस सब में कैसे उलझ गए?'*

"इस पर भगत सिंह ने एक शरारती मुसकान के साथ जवाब दिया, 'वास्तव में, इसके लिए दोष आप और आपके साथियों का है।'
"कैसे?' मैंने पूछा।
"उन्होंने जवाब दिया, 'अगर करतार सिंह सराभा और उनके साथी मुसकराते हुए फाँसी पर नहीं चढ़े होते और आप जैसे दूसरे की तरह आप भी नरक के चक्कर में न पड़ते, सेल्युलर जेल, तो शायद मैं यहाँ नहीं होता।'
"···जब भी मैं उनसे मिला, मैंने हमेशा उनमें वही गुण देखे, जैसेकि सराभा में थे—बस, एक और सराभा!

बाएँ से दाएँ—बाबा संता सिंह गंदीविंड, बाबा दर्शन सिंह फेरुमन, कॉमरेड फौजा सिंह भुल्लर, बाबा सोहन सिंह भाकना और बाबा करम सिंह चीमा—1938 में सिंचाई विभाग द्वारा किसानों से मनमाना टैक्स वसूलने के विरुद्ध किसानों के आंदोलन 'मोघा मोर्चा' में सक्रियता से भाग लेने के कारण अमृतसर रेलवे स्टेशन पर गिरफ्तार किए गए

"भगत सिंह एवं उनके साथी राजनीतिक कैदियों के लिए विशेष वर्ग और गरीबों व अमीरों के लिए एक समान व्यवहार की माँग को लेकर भूख हड़ताल पर चले गए। मैं इसे कुछ दिनों तक देखता रहा, लेकिन जब यह लंबा हो गया तो मैंने जेल अधिकारियों को अपनी भूख हड़ताल पर जाने की सूचना देने से रोक नहीं सका। जब भगत सिंह को इसके बारे में पता चला तो उन्होंने यह कहते हुए मुझे कई संदेश भेजे, 'बाबाजी, आप पहले ही अंडमान और अन्य जगहों पर बड़ी कड़ी परीक्षा से गुजर चुके हैं, इसलिए अब

आपको भूख हड़ताल से बचना चाहिए।'

"उनके प्रति अपने स्नेह के साथ मैंने उत्तर दिया, 'जब आप जैसे युवाओं ने दूसरों की खातिर अपना जीवन दाँव पर लगा दिया है तो मेरे जैसा बूढ़ा व्यक्ति, जो अपने जीवन के अंतिम पड़ाव पर है, मूक दर्शक बना रह सकता है?'

"तो मैं भी भूख हड़ताल पर चला गया और तब तक ऐसा करता रहा, जब तक उन्होंने ऐसा किया।"[10]

अजय कुमार घोष

अजय घोष ने भी अपने संस्मरणों में इस प्रकरण का जिक्र किया था—"उस भूख हड़ताल की एक विशेष घटना का हम सभी पर गहरा प्रभाव पड़ा था। वह था—1915 के गदर आंदोलन के दिग्गजों में से एक बाबा सोहन सिंह भकना, जो तब लाहौर सेंट्रल जेल में एक कैदी थे, हमारी भूख हड़ताल में शामिल हो गए। वह पहले ही अपने 14 साल के आजीवन कारावास की सजा काट चुके थे और रिहा होने वाले थे। हमें जेल अधीक्षक ने बताया था कि अगर वह अपनी भूख हड़ताल पर टिके रहते तो उन्हें वह छूट नहीं दी जाती, जो उन्हें कारावास की अवधि में मिली थी। इसके अलावा, हमें बताया गया था कि उनका स्वास्थ्य ठीक नहीं था। 14 साल के कठोर कारावास ने उनके शरीर को दुर्बल व जर्जर बना दिया था और यह हड़ताल उनके जीवन को और बड़े खतरे में डाल सकती थी।

"तदनुसार, भगत सिंह बाबाजी से मिले और उनसे भूख हड़ताल समाप्त करने पर बहस की; लेकिन सब व्यर्थ हो गया। वापस आने पर भगत सिंह की आँखों से आँसू टपक पड़े, जब उन्होंने बाबाजी के साथ अपनी बातचीत को दोहराया। जब तक हमारी भूख हड़ताल जारी रही, बाबाजी भी हड़ताल पर रहे। नतीजतन, उनके कारण जो छूट उन्हें मिली थी, वह उनसे वापस ले ली गई थी, जिसके कारण उन्हें एक अतिरिक्त वर्ष के लिए जेल में रहना पड़ा।"[11]

व्यक्तिगत टिप्पणी : *यह लेखक, जिनके बाबाजी के साथ-साथ भगत सिंह के परिवार के साथ लंबे व अंतरंग संपर्क थे, विशेष रूप से उनकी माँ के साथ, और इसलिए जानते थे कि उनका एक-दूसरे के लिए कितना उच्च सम्मान था। एक बार सन् 1968 में पंजाब कृषि विश्वविद्यालय, लुधियाना में एक समारोह में भाग लेने के बाद दोनों एक-एक*

करके लुधियाना में मेरे घर पर आए। बाबाजी पहले पहुँचे। जिस क्षण बेबेजी ने प्रवेश किया, बाबाजी उनके पैरों को छूने के लिए खड़े हो गए, जबकि उन्होंने अपनी ओर से उनके पैरों को छूने की कोशिश की।'' वास्तव में, वह एक भावुक कर देनेवाला दृश्य था।

जनता का समर्थन : भूख हड़ताल से व्यापक जन-सहानुभूति प्राप्त हुई। प्रेस में रोजाना खबरें छपती थीं। सरकार के रवैए की निंदा करने के लिए कई सार्वजनिक बैठकें की गईं। सिटी कांग्रेस और नौजवान भारत सभा के संयुक्त तत्त्वावधान में 30 जून, 1929 को जलियाँवाला बाग में रात 8 बजे डॉ. किचलू की अध्यक्षता में 'भगत सिंह दिवस' मनाने के लिए एक सार्वजनिक बैठक आयोजित की गई थी। यह वही पवित्र स्थान था, जिसने 14 अप्रैल, 1919 को भगत सिंह में बलिदान की भावना को जन्म दिया था। उस बैठक की काररवाई भगत सिंह के लिए, यानी 'लॉन्ग लिव रिवॉल्यूशन' एवं 'डाउन विद इंपीरियलिज्म' के नारों के साथ शुरू हुई। भगत सिंह और उनके साथियों की सराहना की गई। देवकी नंदन चरण और मास्टर मोटा सिंह द्वारा उन्हें श्रद्धांजलि अर्पित की गई। दोनों ने मातृभूमि के सच्चे भक्त के रूप में भगत सिंह की सराहना की। बैठक के समापन पर निम्नलिखित प्रस्ताव पारित किया गया—

"अमृतसर के नागरिकों की बैठक में पिछले 14 दिनों से भगत सिंह एवं बटुकेश्वर दत्त द्वारा जेलों में राजनीतिक कैदियों के साथ किए जा रहे खराब व्यवहार के विरोध में की जा रही भूख हड़ताल की सराहना की और उनके साथ सहानुभूति व्यक्त करते हुए उन्होंने नौकरशाही को चेतावनी दी कि यदि उनके जीवन को किसी भी तरह की क्षति पहुँचती है तो वे इसके लिए जिम्मेदार माने जाएँगे।"

"प्रस्ताव निश्चित रूप से तुरंत पास कर दिया गया था। इसी तरह का 'भगत सिंह दिवस' समारोह 21 जुलाई, 1929 को नौजवान भारत सभा की लाहौर शाखा द्वारा आयोजित किया गया था, जिसमें लगभग 10,000 लोग शामिल हुए थे। एक सरकारी रिपोर्ट के अनुसार, यह कुछ समय के लिए किसी भी राजनीतिक बैठक में भाग लेनेवाली सबसे बड़ी सभा थी।

"भारी सार्वजनिक विरोध के बावजूद सरकार ने भूख हड़ताल करनेवालों के प्रति अपने क्रूर रवैए को जारी रखा और जबरन खिलाने का सहारा लिया, जिसका भगत सिंह और उनके सहयोगियों ने अपनी क्षमता के अनुसार विरोध किया।[12]

"17 जुलाई, 1929 को अदालत स्थगित किए जाने के बाद विशेष मजिस्ट्रेट ने जेल अधिकारियों को पत्र लिखा कि वे उन आरोपियों के खिलाफ अनुशासनात्मक काररवाई करें, जो रियायतों की सरकारी पेशकश को स्वीकार करने से इनकार कर रहे हैं और अदालत की काररवाई को रोक रहे हैं।

"18 जुलाई को किरण दास (जे.एन. दास के भाई), किशोरी लाल के भाई,

महावीर सिंह के पिता और सुरेंद्र पांडेय की माँ एवं बहन से प्राप्त मिलने के आवेदन को विशेष मजिस्ट्रेट ने खारिज कर दिए।

"19 जुलाई को पुलिस ने जिला मजिस्ट्रेट के आदेश से विरोध जुलूस पर लाठी-चार्ज भी किया, जो उनके बचाव के लिए धन एकत्रित कर रहे थे।"[13]

शिव वर्मा लिखते हैं—"हमारे निर्णय के अनुसार, हमारी भूख हड़ताल 13 जुलाई को शुरू हुई। हमने फैसला किया कि भूख हड़ताल के दौरान हम किसी भी दवा को नहीं लेंगे और न ही जेल अधिकारियों को हमें बलपूर्वक भोजन खिलाने की अनुमति देंगे।

"10-12 दिनों के लिए अधिकारियों ने बिल्कुल परेशान नहीं किया। उन्होंने सोचा कि 'ये नौजवान', जो अपने शुरुआती बीसवें साल में हैं, बिना खाए ज्यादा समय तक टिके नहीं रह सकेंगे। जेल अधिकारी हमें धमकाने के मकसद से हमारी सेल में स्वादिष्ट भोजन, दूध, फल आदि हमें लुभाने के लिए छोड़ जाते थे। लेकिन जैसे ही वे चले जाते हैं, हम या तो उसे अपने सेल से बाहर फेंक देते या उसे खराब कर देते, ताकि वह खाने योग्य न रहे।"[14]

अजय घोष ने इस संदर्भ में एक मार्मिक प्रसंग पेश किया था—"जेल अधिकारियों ने हमें हतोत्साहित करने के लिए एक और प्रयोग किया। उन्होंने हमारे घड़े में पानी के बजाय दूध डालना शुरू कर दिया। यह वास्तव में, हम पर एक क्रूर मजाक था। एक दिन के बाद प्यास असहनीय हो गई। हम पानी के लिए घड़े तक जाते, लेकिन दूध के होने पर निराश होकर लौट आते थे। हमने महसूस किया कि हम अपना मानसिक संतुलन भी खो सकते हैं और पागल हो सकते हैं।...अगर वह व्यक्ति मेरे सामने आ जाता, जिसने यह आदेश दिया था तो मैं उसका गला दबाकर उसकी हत्या कर देता।...बाहर बैठा गार्ड यह सब देख रहा था। अब तक प्यास असहनीय हो गई थी। मेरा गला सूख गया था। मैंने संतरी को बुलाया और पानी माँगा। उन्होंने कहा, 'पानी देने के कोई आदेश नहीं हैं।' मैंने अपना आपा खो दिया और दूध के घड़े को उठाकर फर्श पर फेंक दिया, जिससे वह टुकड़े-टुकड़े हो गया। दूध फैल गया और बिखर गया तथा संतरी की वरदी पर भी गिरने लगा। उसे लगा कि मैं पागल हो गया हूँ। उसका चेहरा फीका पड़ गया। सचमुच, मैं अपने होश में नहीं था!

"वास्तव में, किशोरी लाल और अन्य साथियों के साथ भी वही हुआ, जिन्होंने इसी तरह से घड़े को तोड़ा था।

"अंत में, जेलर ने हमारे अनुरोध को मान लिया और हमारी सेल में पानी उपलब्ध कराया गया। मैंने पानी लिया और भरपूर मात्रा में। इसके परिणामस्वरूप मैं बीमार पड़ गया और पानी की प्रत्येक बूँद उलटी में बाहर आ गई।"[15]

शिव वर्मा ने आगे कहा, "आखिरकार, ग्यारहवें दिन जेल अधिकारियों ने हमें 'बलपूर्वक खिलाना' शुरू कर दिया। अब तक, सरकार ने 'ऑपरेशन' को निर्देशित करने

के लिए डॉक्टरों का एक बोर्ड गठित कर दिया था। यदि कैदी ने विरोध नहीं किया तो यह आसान होता; एक रबर पाइप पेट में डालने के साथ एक निर्धारित मात्रा में तरल भोजन डाला जाता और यह इसका अंत होता। लेकिन जब हमने संकल्प लिया था कि हम अपने पेट के अंदर किसी भी भोजन को डालने की अनुमति नहीं देंगे, ऐसे में जबरदस्ती खाना हम पर भयानक खिलाना पड़ा। हमारे लिए एक भयानक आजमाइश थी।

"हमारे प्रतिरोध का सामना करने के लिए हम में से हर एक के लिए दो डॉक्टरों की एक टीम, एक जेल अधिकारी और दस मुस्टंडे व दबंग जेल वार्डनों की नियुक्ति की गई थी। वे मुस्टंडे पहले हम में से प्रत्येक को नीचे फर्श पर गिराते और तब तक पकड़कर रखते, जब तक कि डॉक्टर 'बलपूर्वक खिलाना' समाप्त नहीं कर देते, जो पीड़ित व्यक्ति की नाक या मुँह के माध्यम से रबर पाइप डालने के बाद तरल आहार की उचित मात्रा डालते।

"हमने अपनी ओर से प्रतिरोध के हमारे व्यक्तिगत तरीके खोजे थे—हम में से कुछ, जो खाँसी की तकनीक जानते थे, जब इस तरह से रबर पाइप नाक या गले के नीचे जाने लगती कि वह जबड़े व दाँत के बीच पकड़ी जा सकती थी और उसके बाद फर्श पर दाँतों के बीच पाइप को कसकर पकड़कर फर्श पर लेटे रहते। इस तरह के कैदियों को सँभालना डॉक्टरों के लिए विशेष रूप से मुश्किल होता था। इसलिए डॉक्टर ऐसे विरोध से काफी क्षुब्ध हो जाते थे।

"वे, जिनके नथने बड़े थे, उन्हें मोटे पाइपों के माध्यम से खिलाया जाता था, जिसकी ऊपर बताए गए तरीके से मुँह में पकड़ने की संभावना नहीं थी। डॉक्टर, उनके मामले में, एक ही झटके में पाइप डालते। उन साथियों को फिर पाइप डालने के विरोध पर टिके रहना पड़ता और इसलिए वे जेल अधिकारियों के रोष के पसंदीदा लक्ष्य बने, क्योंकि उन्हें काबू में करना उनके लिए चुनौती बन गया था।

महावीर सिंह

"उनमें से एक, महावीर सिंह, एक पहलवान था। जेल अधिकारियों को मुस्टंडों के साथ अपने पास आता देख वह पहले उनका रास्ता रोकते। जब वे उन्हें वश में कर लेते तो उन्हें जबरदस्ती खिलाया जाता। एक बार जेल अधिकारी को उनके सहयोगियों में

से एक के साथ फुसफुसाते हुए सुना गया, '63 दिनों की अपनी भूख हड़ताल के दौरान एक भी दिन ऐसा नहीं गया, जब हमें महावीर को खिलाने के लिए आधे घंटे से भी कम समय लगा हो।'[16]

"एक बार दास द्वारा भगत सिंह को किए सवाल के जवाब में कि कैसे उन्होंने 'बलपूर्वक खिलाने' का सामना किया था, भगत सिंह ने जवाब दिया, 'मैं जितना विरोध कर सकता था, करता; लेकिन वे मुझे जबरन खिला पाते थे, क्योंकि मेरी नाक बड़ी है। वे आसानी से ट्यूब उसमें पास करते और मुझे खिला देते'।"[17]

सरकार के कदम : जेल जाँच समिति का गठन

हड़तालियों के दृढ़ संकल्प और दुर्दशा तथा देशव्यापी विरोध-प्रदर्शनों की भयावहता से चिंतित हो सरकार राजी हुई और 2 सितंबर, 1929 को पंजाब जेल जाँच समिति की स्थापना की। समिति के चार सदस्यों ने जेल का दौरा किया, भूख हड़ताल करनेवालों से मुलाकात की और उन्हें एक चारपाई, मेज एवं एक कुरसी, समाचार-पत्र और लाइट देने की अनुमति दी।

नतीजतन 2 सितंबर, 1929 को जतिन दास को छोड़कर भगत सिंह और उनके सभी साथियों ने हड़ताल समाप्त की। तब तक भगत सिंह और बटुकेश्वर दत्त ने 81 दिनों और अन्य ने 53 दिनों की भूख हड़ताल पूरी कर ली थी।

"जब तक जतिन दास मृत्यु-शय्या पर थे, तब वे विजयी महसूस नहीं कर सकते थे। इसके दो दिन बाद, यानी 4 सितंबर को, उन्होंने इस आधार पर हड़ताल फिर से शुरू की—

1. जतिन बिना शर्त के रिहा नहीं हुए थे;
2. यह कि दो दोषियों—भगत सिंह और दत्त, जो लाहौर षड्यंत्र केस में विचाराधीन थे, उन्हें अपने साथी गैर-दोषी कैदियों के साथ जुड़ने की अनुमति नहीं थी।"[18]

'द ट्रिब्यून', 4 सितंबर, 1929

आखिरकार

लाहौर, 2 सितंबर

आज जेल जाँच समिति के सदस्यों द्वारा दिए गए कुछ आश्वासनों के परिणामस्वरूप लाहौर षड्यंत्र केस में विचाराधीन कैदियों ने भूख हड़ताल समाप्त करने पर सहमति व्यक्त की है। वे अपने नाम के बराबर में नोट किए गए दिनों की संख्या के लिए हड़ताल पर थे—

नाम	दिन
सरदार भगत सिंह	80
श्री बटुकेश्वर दत्त	80
श्री जतींद्रनाथ दास	50
पं. कमलनाथ तिवारी	50
श्री अजय कुमार घोष	50
श्री जतींद्रनाथ सान्याल	50
डॉ. गया प्रसाद	50
श्री जयदेव	50
श्री शिव वर्मा	50
श्री महावीर सिंह	50
श्री आज्ञा राम	50
श्री किशोरी लाल रतन	50
श्री विजय कुमार सिन्हा	22

विशेष श्रेणी के कैदियों के लिए सुविधाएँ

(हमारे अपने संवाददाता की ओर से)

लाहौर, 2 सितंबर

जेल जाँच समिति के कई सदस्यों, जिनमें जेल महानिरीक्षक, सरदार बहादुर मेहताब सिंह, चौधरी अफजल हक, अंबाला के लाला दुनी चंद और आर.बी. मोहन लाल शामिल थे, ने आज सेंट्रल जेल एवं बोर्स्टल इंस्टीट्यूशन में भूख हड़ताल करनेवालों को देखा और उनसे अनुरोध किया कि समिति के निर्णय को लेकर भूख हड़ताल को समाप्त कर दें। उन्होंने उनकी माँगों को पूरा करने के लिए अपनी ओर से सबकुछ करने का वादा किया। समिति के सदस्यों के साथ लंबी चर्चा के बाद, जो व्यावहारिक रूप से पूरे दिन चली, उन्होंने अपनी शिकायतों के निवारण के संबंध में समिति की ओर से दिए गए कुछ आश्वासनों के मद्देनजर भूख हड़ताल को समाप्त कर दिया।

यह समझा गया कि पंजाब जेल जाँच समिति के सदस्यों की प्रारंभिक चर्चा के दौरान सर्वसम्मति से निम्नलिखित निर्णय लिये गए थे—

यूरोपीय और भारतीय सामान्य कैदियों के बीच कोई नस्लीय भेद नहीं होगा। भारतीयों के समान ही आहार संबंधी वजीफा यूरोपियों को दिया जाएगा।

राजनीतिक कैदियों को दो वर्गों में विभाजित किया जाएगा—सामान्य और विशेष कैदी। विशेष श्रेणी के कैदियों को आगे 'ए', 'बी' और 'सी' तीन श्रेणियों में विभाजित किया जाएगा।

'सी' ग्रेड को उनके भोजन के लिए प्रतिदिन बारह आना और 'बी' ग्रेड को एक रुपए प्रतिदिन मिलेंगे; जबकि 'ए' ग्रेड के कैदियों को, जिन्हें 'स्टार क्लास कैदी' भी कहा जाएगा, उन्हें आहार और निवास के संबंध में सभी संभव सुविधाएँ दी जाएँगी। जरूरत पड़ने पर उन्हें बिजली के पंखे एवं रोशनी की सुविधा दी जाएगी और पहाड़ियों पर घुमाने ले जाया जाएगा। जब एक गिरफ्तार व्यक्ति को 24 घंटे के भीतर मजिस्ट्रेट के सामने पेश किया जाता है, चाहे रिमांड के लिए या ट्रायल के लिए, मजिस्ट्रेट को उस वर्ग को निर्दिष्ट करना होगा कि कैदी किस वर्ग का होना चाहिए और तब से वह अनुशंसित रूप से वर्ग से जुड़े विशेषाधिकारों का आनंद लेगा। यह समझा गया है कि इन निर्णयों के आधार पर एक प्रश्नावली तैयार की गई है। समिति 23 सितंबर से संभवत: साक्ष्य दर्ज करना शुरू कर देगी। समिति द्वारा प्रेस की प्रतिनिधित्व राय भी माँगी गई। प्रेस को समिति की काररवाई की रिपोर्ट करने की अनुमति दी जाएगी।[19]

"अब तक, पंजाब जेल जाँच समिति ने भी अपनी सिफारिशें जमा कर दी थीं। 4 अक्तूबर को सरकार द्वारा भारतीय जेलों में राजनीतिक कैदियों से व्यवहार के सवाल का अंतिम निर्णय लेने तक भगत सिंह और उनके सहयोगियों ने अपनी भूख हड़ताल स्थगित कर दी थी। ये अखिल भारतीय कांग्रेस कमेटी के संकल्प के पालन में और सरदार शार्दूल सिंह के संदेश में व्यक्त की गई इच्छाएँ थीं"।

"लेकिन सरकार ने फिर से जेल जाँच समिति की सिफारिशों के कार्यान्वयन में देरी करना शुरू कर दिया। भगत सिंह जैसे उच्च-उत्साही और साहसी व्यक्ति, जैसा कि वे थे, उनकी इस विलंब करने की रणनीति के लिए तैयार नहीं थे। इसलिए 20 जनवरी, 1930 को उन्होंने विशेष मजिस्ट्रेट के माध्यम से भारत सरकार के गृह सदस्य को एक टेलीग्राम भेजा, जिसमें सरकार को उसकी उदासीनता के बारे में चेतावनी दी गई थी और उन्हें दिए गए आश्वासनों से पीछे हटने तथा एक सप्ताह के भीतर अंतिम निर्णय लेने का आह्वान किया गया था। 28 जनवरी, 1930 को उन्होंने निम्नलिखित प्रभाव के लिए भारत सरकार के गृह मंत्री को एक और याचिका दी—

"जेल समिति द्वारा दिए गए आश्वासन पर समाप्त की गई भूख हड़ताल, जो राजनीतिक कैदियों से व्यवहार के सवाल पर थी, को बहुत ही कम समय के भीतर हमारी संतुष्टि के अनुसार सुलझाया जा रहा था। जेल अधिकारियों द्वारा भूख हड़ताल के संबंध में ए.आई.सी.सी. के प्रस्तावों की प्रतियाँ रोक दी गईं। अधिकारियों ने कैदियों से मिलने के लिए कांग्रेस की प्रतिनियुक्ति को भी खारिज कर दिया था। उच्च पुलिस अधिकारियों के आदेशों पर 23 और 24 अक्तूबर, 1929 को षड्यंत्र केस में विचाराधीन कैदियों को बुरी तरह से मारा गया।"

एसडी/- भगत सिंह, दत्त और अन्य।[20]

मुहम्मद अली जिन्ना

केंद्रीय असेंबली में जिन्ना का गुस्सा : 12 व 14 सितंबर

मुहम्मद अली जिन्ना

"इस बीच भूख हड़ताल का मुद्दा केंद्रीय असेंबली (शिमला में बैठक) के समक्ष आया, जब गृह सदस्य (मंत्री) ने आरोपियों की उपस्थिति के साथ निपटाने के लिए दंड प्रक्रिया संहिता में संशोधन किया'''चाहे फिर वह अभियुक्त का याचिकाकर्ता द्वारा प्रतिनिधित्व किया जाता है या नहीं।' बिल पर बोलते हुए एम.ए. जिन्ना ने कहा, 'जो आदमी भूख हड़ताल पर जाता है, उसकी आत्मा होती है और वह अपने मामले में न्याय होने में विश्वास करता है।'[21]

"सर, क्या आप भूख हड़ताल की तुलना में अत्याचार के और भयानक रूप की कल्पना कर सकते हैं? अगर, सही या गलत, ये लोग खुद को सजा दे रहे हैं और इसलिए आप इसे स्वीकार नहीं कर रहे हैं, क्या यही कारण है कि आप हमें आपराधिक न्यायशास्त्र के मुख्य सिद्धांतों में से एक को छोड़ने के लिए कह रहे हैं? यदि ये युवा इस तरीके को जारी रखते हैं और मुझे यह सुनने को मिलता है कि उनमें से एक की मृत्यु हो गई, तो क्या होगा?'''[22]

"ठीक है, आप अच्छी तरह से जानते हैं कि ये लोग मरने के लिए दृढ़ हैं? यह कोई मजाक नहीं है। मैं माननीय विधि सदस्य (मंत्री) को यह महसूस करने के लिए कहता हूँ कि हर कोई खुद को भूखा मारने की कोशिश नहीं कर सकता है।" ऐसा थोड़ी देर के लिए और आप देखेंगे। '''भूख हड़ताल पर जानेवाले व्यक्ति के पास भी आत्मा होती है। वह उस आत्मा से निर्णय लेता है और वह अपने कारण के न्याय में विश्वास करता है। वह एक सामान्य अभियुक्त नहीं है, जो किसी निर्दयी व घिनौने अपराध के लिए दोषी है।

'''"ध्यान दें, सर, मैं भगत सिंह के कार्य से सहमत नहीं हूँ और मैं इस सदन के पटल पर कहता हूँ। मेरा अनुरोध है कि सही या गलत, भारत में आज के युवाओं में हलचल है और आप नहीं कर सकते हैं, जब आपके पास तीन सौ और कई लाखों लोग हों, जो इस तरह के अपराधों को होने से रोक नहीं सकते हैं; हालाँकि, आप उन्हें बहुत कम कर सकते हैं और आप कितना भी कह लें कि वे गुमराह हैं। यह वह प्रणाली है, सरकार की यह लचर प्रणाली, जिससे लोग नाराज हैं। आप निर्दयी तर्कवादी हो सकते हैं।

मैं शांतचित्त व्यक्ति हूँ और शांतिपूर्वक यहाँ भाषण दे सकता हूँ, जो ट्रेजरी बेंच को प्रभावित कर सकता है। लेकिन याद रखें कि हजारों युवा बाहर हैं। यह एकमात्र ऐसा देश नहीं है, जहाँ इन कार्यों का सहारा लिया जाता है। यह अन्य देशों में भी हुआ है, युवाओं द्वारा नहीं, बल्कि सफेद दाढ़ीवाले पुरुषों ने गंभीर अपराध किए हैं, वह भी देशभक्ति के आवेग में।"[23]

शिव वर्मा फिर से बोले :

"तीसरे दिन, यानी 26 जुलाई, 1929 को उन्होंने अन्य कैदियों से मुक्त होने के बाद दास को अंत में पकड़ा। वह फुरसत में उन्हें देखना चाहते थे। जब कुश्ती का पहला चरण और जबरन पिन डाउन किया गया तो उन्होंने नाक के माध्यम से ट्यूब डाली, जिसे दास ने निगल लिया और अपने दाँतों के बीच दबा लिया। डॉक्टर ने दूसरे नथने के रास्ते एक और पाइप डालना शुरू किया। दास का दम घुटने लगा। फिर भी, बिना मुँह खोले उन्होंने पाइप को अपने पेट तक पहुँचने से रोकने की कोशिश की। पेट के बजाय दूसरा पाइप उनके फेफड़ों में चला गया। डॉक्टर जल्दी में थे। वे इस अवसर को जाने नहीं देना चाहते थे। दास की आँखें पीछे की ओर पलट गई थीं; लेकिन डॉक्टर ने उनके चेहरे की ओर नहीं देखा और लगभग एक सेर (लगभग एक किलो) दूध उनके फेफड़ों में डाला तथा सफल होने की उमंग में उन्हें दर्द में छोड़ दिया और चले गए।

"यह घटना अस्पताल में हुई। उस समय तक दास के अलावा लगभग आधा दर्जन साथी अस्पताल पहुँच चुके थे और वे सभी एक ही बैरक में कैद थे। दास को दर्द से तड़पते देख वे उनके पास गए। दास का तापमान तेजी से ऊपर जा रहा था। वे रुक-रुककर खाँस रहे थे और उन्हें साँस लेने में कठिनाई हो रही थी। उन्हें देखते हुए अन्य साथियों ने शोर मचाना शुरू कर दिया। करीब आधे घंटे के बाद डॉक्टरों की टीम आई। वे अपनी समझ से परे थे। उन्होंने दास को एक चारपाई पर लिटाया। जब वे उनके मुँह में दवा डालने लगे तो दास, जो कुछ बेहोशी की स्थिति में थे, भगवान् जाने कि उनके पास ऊर्जा कहाँ से आई और उन्होंने अपना मुँह कसकर बंद कर लिया और कहा, 'नहीं।' जब कुछ साथियों ने जोर देकर कहा कि उन्हें दवा लेनी चाहिए, तो उस दर्द में भी वे मुसकराए। वे जानते थे कि स्नेह उनके संकल्प पर भारी पड़ रहा है, और मुसकान के साथ हमारे अनुरोध को ठुकरा दिया। अंत तक उन्होंने न तो कोई इंजेक्शन लिया और न ही कोई दवा। उस हालत में बल का प्रयोग करना बेकार था, इसलिए डॉक्टरों को एक और उपचार (छाती पर मरहम लगाना एवं मालिश आदि) से ही संतोष करना पड़ा। दास को न्यूमोनिक घोषित करते हुए वे चले गए। इस घटना के बाद उनकी खाँसी थोड़ी कम हो गई। थोड़ा बेहतर होने पर उन्होंने अपनी आँखें खोलीं। हम सभी को आसपास देखकर वह एक बार फिर मुसकराए। बहुत कमजोर स्वर में उन्होंने जतींद्र सान्याल से कहा, 'मैं अब उनके द्वारा पकड़ा नहीं जाऊँगा।'

"उस दिन से वे धीरे-धीरे मौत की ओर बढ़ने लगे—हर बीतता पल, जो उन्हें शहादत की ओर ले जाता, उनके चेहरे पर दृढ़ संकल्प की रेखाएँ गहरी होती जातीं।

"कुछ दिनों में उनकी हालत खराब हो गई। उनके शरीर में जहर फैल गया और आँखें आधी बंद रहतीं। डॉक्टर एनीमा देना चाहते थे, लेकिन दास उससे सहमत नहीं हुए। कांग्रेस नेताओं और रक्षा समिति के सदस्यों का आना भी काम नहीं आया। किसी ने सरकार को सुझाव दिया कि वह शायद भगत सिंह की बात सुन लें। इसके लिए भगत सिंह को सेंट्रल जेल लाया गया था। उनके पहले अनुरोध पर दास सहमत हो गए। इस पर जेल के एक बड़े अधिकारी ने दास से पूछा कि क्या उन्होंने पहले इस कारण से इनकार किया था; क्योंकि उन्होंने भगत सिंह के अनुरोध पर अपनी सहमति कैसे दी। जवाब में उन्होंने कहा, 'मिस्टर, आप नहीं जानते कि भगत सिंह कितने महान् हैं! मैं उनकी बात से इनकार नहीं कर सकता।'

"इसी तरह, जब एक अन्य अवसर पर भगत सिंह ने उनसे दवा लेने के लिए कहा तो उन्होंने कहा, 'देखो भगत सिंह, मुझे पता है कि मुझे अपनी प्रतिज्ञा से पीछे नहीं हटना चाहिए; लेकिन मैं आपको मना भी नहीं कर सकता। वैसे, भविष्य में मुझसे ऐसी कोई बात मत कहिएगा।'

"उनकी बिगड़ती हालत को देखते हुए सरकार पहले उन्हें मेयो अस्पताल भेजना चाहती थी; लेकिन दास के मना करने पर उन्हें जमानत पर रिहा करने का निर्णय लिया गया। उन्होंने एक व्यापारी की प्रॉक्सी जमानत की व्यवस्था की। उनको अचानक रिहा करने की योजनाओं को सुनकर उन्होंने हम सबको पास बुलाया। 'यह सब एक जाल है।' उन्होंने कहा, 'सरकार को पता है कि मैं लंबे समय तक नहीं जिऊँगा। वे मेरी मौत की जिम्मेदारी नहीं लेना चाहते हैं। वे मुझे जेल के गेट से बाहर निकालकर मुझसे छुटकारा चाहते हैं। मैं इसकी अनुमति नहीं दूँगा।' यह कहते हुए उन्होंने हमारी ओर देखा और कहा, 'मैं यहाँ आपके बीच लड़ना चाहता हूँ। मेरी इच्छा है कि आप इस स्थान से स्थानांतरित होने का विरोध करें।'

"हमारी हड़ताल के लगभग एक-डेढ़ महीने बीत चुके थे और उनकी बिगड़ती हालत को देखते हुए एक या दो को छोड़कर लगभग सभी साथियों को अस्पताल भेज दिया गया था। दास के भाषण ने किसी तरह साथियों को ताकत से भर दिया था। बैरक को अंदर से बंद कर लिया गया था। फिर हम सभी ने अपने लोहे के बिस्तर, टेबल, अलमारी आदि को दरवाजे पर ले जाकर सक्रिय विरोध के लिए तैयारी की। दास ने बिस्तर पर लेटे हुए अपनी आँखें खोलीं और कहा, 'अब सब ठीक है।'

"कुछ समय बाद जेल अधिकारी दास को ले जाने के लिए अपनी पूरी ताकत के साथ दिखाई दिए। किलेबंदी को देखते हुए उन्होंने सोचा कि स्थिति अनुकूल नहीं है।

हम में से कोई भी उस समय ऐसी स्थिति में नहीं था कि किसी के भी खिलाफ बल का इस्तेमाल किया जा सके। दास ने बाहर खड़े अधीक्षक को कहलवाया कि वह जमानत स्वीकार नहीं करेंगे। टेलीफोन बज उठा और आगे नहीं गया। किलेबंदी को तब हटा दिया गया, जब अंग्रेज अधीक्षक ने ईसा मसीह के नाम पर शपथ ली कि वह दास को उनकी इच्छा के विरुद्ध हटाने की कोशिश नहीं करेंगे। एक सप्ताह के बाद दास ने हम सभी को अपने पास इकट्ठा किया। जो लोग बिस्तर से हिल नहीं सकते थे, उनके बिस्तर उनके पास लाए गए। उनके छोटे भाई किरण दास को उनके साथ रहने की अनुमति दी गई थी। वह अपने साथ बिस्कुट का एक पैकेट लेकर आए थे। दास ने हम में से हरेक को एक बिस्कुट दिया और कहा, 'हम अपनी भूख हड़ताल नहीं तोड़ रहे हैं। यह हमारी आखिरी आम दावत है, मेरे प्यार की निशानी है।' सभी ने बिस्कुट खाया। इसके बाद उन्होंने नजरुल इसलाम का गीत सुना—'बोलो वीर, चिर उन्नत मम शीर।' (कहो ऐ बहादुर योद्धा, मेरा सिर सीधा खड़ा रहे।) उस रात उन्होंने हम सभी से देर तक बात की। उन्होंने उन साथियों के बारे में पूछताछ की, जो वहाँ नहीं थे और सेल में बंद थे तथा 'वंदे मातरम्' सुना। यह बुझते चिराग की आखिरी झिलमिलाहट थी। बाद में, उनकी हालत

एक रास्ते के अनुयायी : लोकेन सेनगुप्ता, किरण चंद्र दास (शहीद जतिन दास के भाई), पारुल मुखर्जी और बीना दास भौमिक

तेजी से बिगड़ती गई। उन्होंने बात करना बंद कर दिया। उनके हाथ व पैर सूज गए, आँखें बंद रहीं। इस हालत में भी उन्होंने हर सवाल का जवाब 'हाँ' या 'न' में अपने सिर को हिलाकर दिया। उनका मानसिक संतुलन कमजोर नहीं हुआ था।

अपनी भूख हड़ताल के 63वें दिन जब उनकी हालत और अधिक खराब हो गई तो डॉक्टर उन्हें एक इंजेक्शन देना चाहते थे। उन्होंने सोचा कि बेहोश दास को पता नहीं चलेगा कि उन्हें इंजेक्शन दिया गया था। लेकिन जैसे ही उन्होंने उनका हाथ पकड़े हुए स्पिरिट लगाना शुरू किया, उन्होंने अपनी आँखें खोलीं और भारी स्वर के साथ कहा, 'नहीं।' और इसके साथ ही डॉक्टरों की टीम डरकर पीछे हट गई। कुछ देर बाद उन्होंने अपनी आँखें हमेशा के लिए बंद कर लीं।

"उस दिन अधिकारियों ने उन साथियों को भी अस्पताल स्थानांतरित कर दिया था, जो सेल में बंद थे। उनके आसपास खड़े हरेक व्यक्ति ने दास को अपनी अंतिम श्रद्धांजलि अर्पित की। डॉक्टर अपने सिर झुकाए पंक्ति में खड़े थे। जेल के अंग्रेज अधीक्षक ने सम्मान में अपनी टोपी हटाई और सैन्य सलामी दी।

"यह खबर कि दास की हालत और खराब हो गई थी, लाहौर में जंगल की आग की तरह फैल गई थी और अब पूरा शहर उनके आखिरी दर्शन के लिए उमड़ गया था। सम्मान, जो उनके शव को लाहौर में मिला था, जब उन्हें लाहौर से कलकत्ता लाया जा रहा था, ऐसा देश के इतिहास में अतुलनीय है। चित्तरंजन दास, भगत सिंह, महात्मा गांधी, रवींद्रनाथ टैगोर और पं. नेहरू को छोड़कर शायद ही किसी अन्य व्यक्ति को उसके निधन पर इतना सम्मान मिला हो।

"लाहौर से कलकत्ता तक की उनकी अंतिम यात्रा में, रास्ते भर में सभी रेलवे स्टेशनों पर शहीद को अंतिम श्रद्धांजलि देने के लिए एकत्र लोगों की भारी भीड़ के दृश्य दिखे। कलकत्ता में अंतिम संस्कार में लोगों की भागीदारी के पैमाने का संबंध है। भारत के वायसराय ने अपने 17 सितंबर के लंदन के प्रेषण में कहा था कि 'कलकत्ता में यह अब तक का सबसे बड़ा जुलूस था, जिसमें लगभग 5 लाख लोगों ने हिस्सा लिया।'"[24]

शहीद को श्रद्धांजलि देने न केवल भारत से, बल्कि विदेशों से भी कई पुरुष आए थे। सबसे उल्लेखनीय श्रद्धांजलि में से एक थी श्रीमती मैरी स्विनी की, जो कि पौराणिक आयरिश क्रांतिकारी मैकस्वीनी की विधवा थीं, जिन्होंने सन् 1920 में 74 दिनों की भूख हड़ताल के रिकॉर्ड के बाद अपना जीवन गँवाया था—'मैकस्वीनी का परिवार शोक में भारत के साथ है और जतींद्र नाथ दास की शहादत पर गर्व करता है। आजादी मिलेगी।'

इतने पर सरकारी वकील श्री कॉर्डन नोआड ने अगले दिन खुले न्यायालय में एक श्रद्धांजलि अर्पित की, "अदालत की अनुमति से मैं अपने सहयोगियों की ओर से छुट्टी माँगता हूँ और अदालत में पिछले दिन हुई दुःखद घटनाओं के संदर्भ में कुछ कहना

चाहता हूँ। हम सभी की ओर से मैं यह इच्छा व्यक्त करता हूँ कि हम सभी गंभीर खेद और वास्तविक दु:ख व्यक्त करते हैं, जो हम जतींद्र नाथ दास की असामयिक मृत्यु के कारण महसूस कर रहे हैं। व्यक्ति में कुछ ऐसे गुण होते हैं, जो दूसरों को उनकी सराहना करने पर मजबूर कर देते हैं, जिनमें से प्रमुख रूप से साहस और निरंतरता के गुण आदर्श माने जाते हैं। हालाँकि, हम उस विचारधारा को साझा नहीं करते हैं, जिसका उन्होंने अनुसरण किया है, लेकिन हम उनके द्वारा प्रदर्शित किए गए उद्देश्य की अखंडता और दृढ़ता की प्रशंसा करते हैं। इसलिए हम, जिनका कर्तव्य है—अभियोजन का संचालन करना, मृतक के लिए सम्मान की हमारी व्यक्तिगत भावनाओं को अदालत में व्यक्त करने की अनुमति भी चाहते हैं।"

मजिस्ट्रेट ने खुद को सरकारी वकील द्वारा व्यक्त भावनाओं से जोड़ा।

आजाद और भगवती ट्रेन में सवार हुए

"जैसे ही ट्रेन (दिल्ली से) चली और मैं (किरण) जुड़े डिब्बे में वापस आ गए, जहाँ अन्य लोग ताबूत के साथ बैठे हुए थे, दुर्गा देवी ने मेरे सामने स्वीकार किया कि दो बहुत वांछित भगोड़े ट्रेन में सफर कर रहे हैं और उन्होंने मुझसे अनुरोध किया कि मथुरा में रुकने पर उनसे मिलूँ।

"इसी तरह के दृश्य मथुरा में देखे गए। मैं ताबूत ले जानेवाले डिब्बे में चला गया और जैसे ही ट्रेन चली, मुझे दो महान् देशभक्तों ने प्यार से गले लगा लिया, जिन्होंने पहले ही इतिहास रच दिया था। मुझे सांत्वना देने के बाद वे आगरा के लिए निकल गए।"

गांधीजी दूर रहे

"आजाद तब तिलमिला गए, जब उन्हें पता चला कि महात्मा गांधी आगरा में होते हुए भी मंच पर नहीं थे।"

'राष्ट्रपिता' शहीदों को श्रद्धांजलि देने से बचते हैं, चुप रहते हैं और 17 अक्तूबर, 1929 के 'यंग इंडिया' में अपने लेख में अपनी चुप्पी को सही ठहराते हैं।[25]

दास की शहादत के बाद पं. मोतीलाल नेहरू ने 14 सितंबर, 1929 को केंद्रीय असेंबली में स्थगन प्रस्ताव को स्थानांतरित करते हुए कहा कि उनका "...आरोप था कि ऐसे मामलों से निपटने में सरकार के पास मानवीय भावना की कमी है। आरोप यह है कि जब एक इनसान धीरे-धीरे मर रहा था, सरकार कुछ भी नहीं कर रही थी, जो करना उसका कर्तव्य था।..." कड़े शब्दों में सरकार की निंदा करते हुए उन्होंने कहा, "हर दिन खबर आती थी कि दास का जीवन फिसल रहा था और वह किसी भी समय मर जाएगा। खबर थी कि अन्य भूख हड़ताल करनेवाले भी गंभीर स्थिति में थे। इस पूरे समय सरकार

क्या कर रही थी? सर, यह कहा जाता है कि जब रोम जल रहा था तो नीरो वंशी बजा रहा था। हमारी दयालु सरकार तो नीरो से एक कदम आगे निकल गई। वह इन युवकों की मृत्यु-शय्या पर वंशी बजा रही थी। हो सकता है कि ये जवान गलत रास्ते पर हों; लेकिन फिर भी, वे देशभक्त हैं! वे उन्हें पल-पल मरते हुए देखते रहे। उन्होंने क्या किया? जब कार्य करने का समय था, जब सरकार के पास यह सोचने का समय था कि ये समर्पित पुरुष अपने आदर्शों को नहीं छोड़ेंगे, चाहे उन्हें अपनी भूख हड़ताल कितने भी दिन जारी रखनी पड़े, ऐसे में उनके बहुमूल्य जीवनों को बचाने के लिए क्या काररवाई हुई?"

प्रस्ताव का समर्थन करते हुए पं. मदन मोहन मालवीय ने कहा, "मैं चाहता हूँ कि सरकार याद रखे कि ये आरोपी व्यक्ति किस चरित्र के हैं? वे आम अभियुक्त नहीं हैं। उन्होंने अपने स्वार्थ के लिए कुछ भी नहीं किया है। वे सभी उच्च नैतिकता वाले देशभक्त हैं और उनके दिमाग में देश की आजादी का विचार ही गूँज रहा है।" इस प्रकार, सरकार को कठघरे में खड़ा करने के बाद पं. मालवीय ने कहा, "सरकार इस ओर अपना ध्यान केंद्रित करने में विफल रही कि लाहौर में एक साथ रहनेवाले वे लोग सर्वोच्च आदर्शों के व्यक्ति थे और वे राष्ट्रीय आत्मसम्मान की भावना से भरे हुए थे।…"

प्रस्ताव का समर्थन करते हुए बंगाल के श्री अमरनाथ दत्त ने रवींद्रनाथ टैगोर की भविष्यवाणी को उद्धृत करते हुए कठोर शब्दों में सरकार को चेतावनी दी और कहा—

तुम्हारे पापों का घड़ा भारी हो जाएगा,
तुम्हारी नाव डूब जाएगी,
तुम्हारा झंडा धूल में पड़ा रहेगा।

कवि की भविष्यवाणी सत्य साबित हुई। ब्रिटिश शासकों की खलनायकी बढ़ती गई। उसके पापों की गठरी भारी और भारी होती गई और जब समय आया तो एक देशभक्त की चिता की चिनगारी अठारह साल के बाद आग की तरह फैल गई। धुआँ एक तूफान बन गया और समुद्र की रानी की तथाकथित अभेद्य नाव, जिसे उन्होंने उठाया था, पापों के भार से दब गई, लड़खड़ाई, भँवर में फँस गई और डूब गई। भारत आजाद हुआ!

यतींद्र दास का समूह ठीक गाता है—

वक्त आने पर बताएँगे तुझे ऐ आसमाँ,
हम अभी से क्या बताएँ
क्या हमारे दिल में है।
[ओ आसमाँ, समय आने दो, हम आपको बता देंगे,
इस पल में हम आपको कैसे बताएँगे,
हमारे मन में क्या है!] [26]

संदर्भ—

1. 'युगद्रष्टा भगत सिंह' (हिंदी), वरिंदर, राजपाल एंड संस, दिल्ली, 1997, पृष्ठ–180–81
2. मलविंदर जीत सिंह वरैच एवं डॉ. गुरदेव सिंह सिद्धू, 'द हैंगिंग ऑफ भगत सिंह', खंड-I, यूनीस्टार बुक्स प्रा.लि., चंडीगढ़, पृष्ठ–39–40
3. वही, पृष्ठ–116–18
4. जतींद्र सान्याल, 'अमर शहीद सरदार भगत सिंह' (हिंदी), क्रांतिकारी प्रकाशन, मिर्जापुर, पृष्ठ–78
5. वरिंदर, op. cit., पृष्ठ–197
6. डॉ. गुरदेव सिंह देओल, 'शहीद–ए–आजम सरदार भगत सिंह : द मैन एंड हिज आइडियोलॉजी', दीप प्रकाशन, नाभा, 1978, पृष्ठ–62–63
7. शिव वर्मा, 'संस्मृतियाँ' (हिंदी), लोक प्रकाशन गृह, दिल्ली, 2002, पृष्ठ–47
8. वही, पृष्ठ–140
9. वही, पृष्ठ–48–50
10. 'जीवन संग्राम : बाबा सोहन सिंह भकना की आत्मकथा' (हिंदी), (सं.) मलविंदर जीत सिंह वरैच, तर्क भारती, बरनाला, 2000, पृष्ठ–64
11. अजय घोष : 'शहीद भगत सिंह और उनके साथी' (हिंदी), दिल्ली, 2002, पृष्ठ–63–64
12. डॉ. गुरदेव सिंह देओल, op. cit., पृष्ठ–63–64
13. 'किरण दास : एक शहीद की प्रोफाइल', जतिन दास, जनसंपर्क निदेशालय, हरियाणा, चंडीगढ़, 1979, पृष्ठ–23
14. शिव वर्मा, op. cit., पृष्ठ–140
15. अजय घोष, op. cit., पृष्ठ–32
16. शिव वर्मा, op. cit., पृष्ठ–126–27
17. डॉ. गुरदेव सिंह देओल, op. cit., पृष्ठ–66
18. वही, पृष्ठ–68–69
19. 'दि ट्रिब्यून', 4 सितंबर, 1929
20. डॉ. गुरदेव सिंह देओल, op. cit., पृष्ठ–73
21. ए.जी. नूरानी, 'ट्रायल ऑफ भगत सिंह : जस्टिस ऑफ पॉलिटिक्स', ऑक्सफोर्ड यूनिवर्सिटी प्रेस, कराची, 2005, पृष्ठ–76
22. वही, पृष्ठ–279
23. वही, पृष्ठ–273–74
24. शिव वर्मा, op. cit., पृष्ठ–108–11
25. किरन दास, op. cit.., पृष्ठ–60–61
26. शिव वर्मा, op. cit., पृष्ठ–111–12

□

13

अदालती कारखाई

द ट्रिब्यून, गुरुवार, 11 जुलाई, 1929

सांडर्स मर्डर केस खुला

सरकारी वकील ने मामले की रूपरेखा प्रदान की

हिंदुस्तान रिपब्लिकन आर्मी

षड्यंत्र का उद्देश्य और विषय

सेंट्रल जेल में कारखाई

लाहौर, 10 जुलाई

सांडर्स मर्डर केस आज विशेष मजिस्ट्रेट राय साहिब पं. श्री कृष्ण की अदालत में खोला गया। कारखाई सेंट्रल जेल में आयोजित की गई थी और कारखाई के स्थानों तक पहुँच को सशस्त्र पुलिस के एक बड़े निकाय द्वारा सुरक्षित किया गया था। कानूनी अनुस्मारक, सी.आई.डी. के उप-महानिरीक्षक, जिला मजिस्ट्रेट, वरिष्ठ पुलिस अधीक्षक, के.बी. अब्दुल अजीज, अधीक्षक, सी.आई.डी., विशेष जाँच अधिकारी और अन्य पुलिस अधिकारी कारखाई के दौरान उपस्थित थे। आम जनता को उस कक्ष में प्रवेश नहीं दिया गया था, जहाँ अदालत आयोजित की गई थी और अभियुक्तों के संबंधियों को काफी कठिनाई के बाद प्रवेश की अनुमति मिली। यहाँ तक कि अभियुक्त व्यक्तियों के लिए उपस्थित वकील को दरवाजे पर रोक दिया गया था और कुछ देरी एवं कठिनाई के बाद प्रवेश प्राप्त होता था।

आरोपियों को हथकड़ी लगाकर अदालत में लाया गया और बेंचों पर बैठाया गया। भगत सिंह एवं बटुकेश्वर दत्त को अलग-अलग लाया गया और वे अदालत में प्रवेश करते हुए चिल्लाए, 'लॉन्ग लिव रिवॉल्यूशन' और 'डाउन विद इंपीरियलिज्म', जो अन्य

आरोपियों द्वारा दोहराया जा रहा था। यह चीख-पुकार कुछ मिनटों तक जारी रही।

क्राउन का प्रतिनिधित्व शासकीय वकील सी.एच. कार्डेन नोआड, जिनके साथ सहायक के रूप में के.बी. कलंदर अली खाँ और श्री गोपाल लाल वकील के रूप में और बक्शी दीनानाथ, अभियोजन इंस्पेक्टर कर रहे थे। आरोपियों का बचाव लाला दुनी चंद, मलिक बरकत अली, मेहता अमीन चंद, लाला बिशन नाथ, श्री अमोलक राम कपूर, श्री दीवान चंद खन्ना, श्री डब्ल्यू. चंद्र दत्त और मेहता पूरन चंद ने किया।

इस मामले में कुल मिलाकर 32 पुरुष फँसाए गए थे, जिनमें से 7 सरकारी गवाह बन गए थे। शेष 25 में से 9 फरार हैं। निम्नलिखित 16 अभियुक्तों को आज अदालत में पेश किया गया—सुखदेव, किशोरी लाल, आज्ञा राम, देशराज, प्रेम दत्त, सुरेंद्रनाथ पांडे, जयदेव कपूर, शिव वर्मा, गया प्रसाद, जतींद्र नाथ दास, महावीर सिंह, भगत सिंह, बटुकेश्वर दत्त, अजय कुमार घोष, कमलनाथ और जतींद्र नाथ सान्याल।

कोर्ट ने शोर मचाने पर रोक लगाई

न्यायालय ने इस स्तर पर 'लॉन्ग लिव रिवॉल्यूशन' और 'डाउन विद इंपीरियलिज्म' के नारों पर रोक लगाने के लिए एक रिकॉर्डेड आदेश चलाया। मजिस्ट्रेट के पास बैठे कॉउंसेल (वकील) लाला दुनी चंद ने यह आरोप लगाया था कि आदेश को वास्तव में सरकारी वकील के.एस. कलंदर अली खाँ ने सुनाया। लाला दुनी चंद ने इस पर गंभीर आपत्ति जताई और कहा कि यह कोर्ट के आदेश को लागू करना क्राउन के वकील का काम नहीं था।

के.एस. कलंदर अली खाँ ने ऐसा करने से इनकार किया।

लाला दुनी चंद ने कहा कि वह सभी आरोपियों का प्रतिनिधित्व नहीं करते हैं; लेकिन उन्हें सलाह देंगे कि वे इस तरह का शोर न मचाएँ।

कोर्ट : हर समझदार आदमी इस तरह के शोर पर आपत्ति जताएगा।

'लघु जेल'

लाला दुनी चंद ने जेल के एक हिस्से में अदालती कारवाई पर भी आपत्ति जताई। तथाकथित अदालत, उन्होंने कहा, चारों ओर पुलिस से घिरी हुई थी और खुद एक छोटी जेल थी। अभियुक्तों के संबंधी एवं दोस्त सड़क के किनारे बाहर इंतजार कर रहे थे और तथाकथित अदालत कक्ष में प्रवेश करने की उन्हें अनुमति नहीं थी। अभियुक्त के कुछ महिला संबंधियों को भी प्रवेश देने से मना कर दिया गया था। प्रवेश को मनमाने ढंग से परमिट द्वारा प्रतिबंधित नहीं किया जाना चाहिए।

कोर्ट : क्या पूरे शहर को यहाँ आना चाहिए?

कॉउंसेल : जो कोई भी आना चाहता है, उन्हें आने देना चाहिए, बशर्ते यहाँ जगह हो।

अदालत ने इस स्तर पर बाहर इंतजार कर रहे अभियुक्तों के कुछ संबंधियों के लिए कुछ और अधिक परमिट जारी किए।

आरोपित व्यक्ति से दुर्व्यवहार

अभियुक्त व्यक्तियों में से एक श्री प्रेमदत्त ने अदालत में शिकायत की कि एक पुलिस कॉन्स्टेबल, जिसे उसकी निगरानी का काम दिया गया था, उसने अदालत में उसके प्रति अपमानजनक भाषा का इस्तेमाल किया था। उन्होंने अनुरोध किया कि विचाराधीन कॉन्स्टेबल को उसके स्थान से हटा दिया जाना चाहिए, अन्यथा उन्हें (अभियुक्त) कानून को अपने हाथों में लेने के लिए मजबूर होना होगा।

अभियुक्त के वकील मेहता पूरन चंद ने आग्रह किया कि शिकायत को देखते हुए कॉन्स्टेबल को उसके वर्तमान कार्य से हटा दिया जाना चाहिए।

कोर्ट : आप यह कैसे कह सकते हैं कि उसने अभियुक्त को गाली दी थी?

एक अन्य बचाव पक्ष के वकील अमोलक राम कपूर ने कहा कि यह घटना खुली अदालत में कुछ ही मिनटों पहले हुई थी और इसके कई गवाह थे। मामले को तुरंत अदालत के संज्ञान में लाया गया था और पूछताछ करना अदालत का कर्तव्य था। यह एक गंभीर मामला था और अगर अदालत इस पर गौर करने से इनकार करती है तो अभियुक्त आई.पी.सी. की धारा 504 के तहत शिकायत दर्ज कर सकता है।

अदालत ने मामले पर ध्यान देने से इनकार कर दिया और शिकायत को नजरअंदाज कर दिया।

वकील (कॉउंसेल) का अधिकार

बचाव पक्ष के वकीलों में से एक मेहता अमीन चंद ने अदालत में भाग लेने के इच्छुक व्यक्तियों पर लगाए गए प्रतिबंधों की शिकायत की। वकील की कार को उस स्थान से कुछ दूरी पर रोक दिया गया था, जहाँ अदालत अपना काम जमाए हुए थी। उन्हें पुलिस ने बताया कि किंग्स राजमार्ग जनता तथा अभियुक्तों के वकील के लिए बंद है और केवल मजिस्ट्रेट एवं सरकारी वकील की कार उस रास्ते से जा सकती है। काफी कठिनाई और कई मिनटों तक इंतजार करने के बाद उन्हें गेट तक आने की अनुमति दी गई; लेकिन उन्हें फिर से वहाँ रोका गया और अंदर जाने की अनुमति नहीं दी गई, क्योंकि उन्हें कुछ देर तक इंतजार करना पड़ा। तब एक यूरोपीय पुलिस अधिकारी उनके पास गया और धीमे स्वर में कहा, "मैं आपको प्रवेश करने की अनुमति देता हूँ।" बार के

एक सदस्य के साथ ऐसा व्यवहार सबसे आपत्तिजनक था। "क्या पुलिस कोर्ट पर राज करती है?" वकील ने पूछा। उन्होंने बिना किसी परमिट के अदालत में प्रवेश करने के अधिकार का दावा किया। आगे बढ़ते हुए वकील ने सी.आर.पी.सी. की धारा 353 के प्रावधानों का उल्लेख किया और कहा कि यदि जगह उपलब्ध हो तो सभी को अदालत में प्रवेश करने का अधिकार है। एक बंद कमरे में काररवाई करने और अभियुक्त के संबंधियों व दोस्तों को बाहर रखने का कोई कानूनी औचित्य नहीं था, जिन्हें वकील को परामर्श देना था। लगाए गए प्रतिबंध अवैध एवं अमान्य हैं और आरोपियों के बचाव में बाधा डाल सकते हैं।

श्री कार्डन नोआड ने बताया कि बार के सदस्यों और अन्य के बीच या अभियोजन पक्ष के वकील तथा बचाव पक्ष के वकील के बीच कोई भेदभाव नहीं किया गया। प्रवेश के इच्छुक सभी लोगों के लिए हॉल में पर्याप्त जगह नहीं थी।

श्री डब्ल्यू. सी. दत्त एवं मलिक बरकत अली ने अदालत को बताया कि उन्हें गेट पर भी रोका गया था और परमिट बनाने के लिए कहा गया था। मलिक बरकत अली ने यह भी बताया कि जब उन्हें गेट के बाहर रोका गया था, तब एक सरकारी वकील तथा एक अन्य यूरोपीय आए और वे बिना किसी पूछताछ के या बिना परमिट दिखाए सीधे अंदर चले गए। वकील ने जब ड्यूटी पर तैनात सब-इंस्पेक्टर से उस भेदभाव का कारण पूछा और उन्हें सूचित किया गया कि सरकारी वकील और यूरोपीय लोगों को पास की आवश्यकता नहीं है।

उस समय श्री नोआड ने अदालत का ध्यान इस तथ्य की ओर आकर्षित किया कि अदालत में मौजूद कुछ लोग अभियुक्त को फूल दे रहे थे, जो आपत्तिजनक था।

अदालत ने प्रवेश के प्रतिबंधों के संबंध में बचाव पक्ष के वकील की आपत्ति को खारिज कर दिया और कहा कि 'लोगों की भीड़ और मंडली को नियंत्रित करने के लिए' पास द्वारा प्रवेश को विनियमित करना आवश्यक था; लेकिन प्रवेश पाने के लिए अभियुक्त के संबंधियों को हर सुविधा दी जाएगी।

शिकायत दर्ज हुई

सरकारी वकील ने विस्फोटक पदार्थ अधिनियम और धारा 121, 121-ए, 122 और 123 दंड संहिता के तहत अभियोजन को मंजूरी देने के सरकार के आदेश दायर किए।

लाहौर के वरिष्ठ पुलिस अधीक्षक मि. हैमिल्टन हार्डिंग ने सरकार के आदेश के तहत औपचारिक शिकायत दर्ज की—

निम्नलिखित शिकायत की एक प्रति है, जिसे निम्नलिखित के खिलाफ विशेष मजिस्ट्रेट

आर.एस. पं. श्री कृष्ण की अदालत में आज वरिष्ठ पुलिस अधीक्षक श्री हैमिल्टन हार्डिंग ने दायर की—

1. सुखदेव उर्फ दयाल उर्फ स्वामी उर्फ गाँववाला, राम लाल के पुत्र, मोहल्ला आर्यसमाज, लायलपुर के जाति थापर खत्री।
2. किशोरी लाल रतन उर्फ देव दत्त रतन उर्फ मस्त राम शास्त्री, रघुबर दत्त के पुत्र, धरमपुर के जाति ब्राह्मण, थाना हाजीपुर, जिला होशियारपुर।
3. आज्ञा राम उर्फ मास्टरजी, लल्ला के नंद लाल ब्राह्मण के पुत्र, आर.एस. किला सोभा सिंह, जिला सियालकोट।
4. देशराज, राम किशन के पुत्र, जाति खत्री, बेलगन के, पी.एस. सांब्रियल, जिला सियालकोट।
5. प्रेमदत्त उर्फ मास्टर उर्फ अमृत लाल, रामदत्त के बेटे, गुजरात के खत्री।
6. सुरेंद्रनाथ पांडेय उर्फ स्टोन, हीरा लाल पांडे के पुत्र, ब्राह्मण, मोहल्ला सब्जी मंडी, कानपुर के निवासी।
7. जयदेव उर्फ हरीश चंद्र, बाबू सालिग राम के पुत्र, जाति खत्री कपूर, सदर बाजार, हरदोई।
8. शिव वर्मा उर्फ परबत उर्फ हरिनारायण उर्फ राम नारायण, कपूर, कन्हैया लाल वर्मा के पुत्र, हरदोई के खत्री।
9. गया प्रसाद उर्फ डॉ. बी.एस. निगम, राम लाल उर्फ रामनाथ उर्फ देशभक्त, जाति कुर्मी, खजूरी खुर्द के निवासी, थाना बिल्हौर, जिला कानपुर।
10. जतींद्र नाथ दास, बाँके बिहारी दास के पुत्र, 30, डोबर रोड, कलकत्ता।
11. महावीर सिंह उर्फ शाहपुर थेला के परतब, थाना राजका रामपुर, जिला एटा।
12. भगत सिंह, लाहौर के ख्वासरियन के किशन सिंह के पुत्र।
13. बटुकेश्वर दत्त उर्फ बट्टू उर्फ मोहन, बेदवान, बंगाल के जी.डी. दत्त के पुत्र।
14. अजय कुमार घोष उर्फ नीग्रो जनरल, कानपुर के डॉ. घोष के पुत्र।
15. जतिन सान्याल (जतींद्र नाथ सान्याल), हरि नाथ सान्याल के पुत्र, मोहल्ला कर्नलगंज, इलाहाबाद।
16. कमल नाथ त्रिवेदी उर्फ कँवल नाथ तिवारी, विद्यासागर कॉलेज, कलकत्ता के छात्र, सारया के सूरज नाथ तिवारी के पुत्र, थाना गोबिंदपुर।
17. चंद्रशेखर आजाद उर्फ पंडितजी, बैजनाथ राम उर्फ सीता राम के पुत्र, बैजनाथ तुला के ब्राह्मण, थाना भिलोपुर, बनारस।
18. विजय कुमार सिन्हा उर्फ बच्चू, मार्कंडो कुमार सिन्हा के पुत्र, मोहल्ला कराची गंज, कानपुर।
19. कैलाश पति उर्फ काली चरण, हरदो नारायण के पुत्र, मंगरनवान के कायस्थ, थाना घमीरपुर, जिला अजानीगढ़, वर्तमान में गोरखपुर के निवासी।

20. रघुनाथ उर्फ 'एम' उर्फ राम गुरु बनारस के।
21. भगवती चरण उर्फ बी.सी. वोहरा, राय साहब शिव चरण दास के पुत्र, लाहौर के ब्राह्मण जाति के।
22. कुंदन लाल उर्फ प्रताप उर्फ नं. 1 बनारस (यू.पी.) के।
23. कैलाश उर्फ गुंथला झाँसी के।
24. यशपाल, हीरा लाल के पुत्र, बदायूँ के खत्री, थाना हमीरपुर, जिला काँगड़ा, अब वाचोवाली, लाहौर में रहते हैं।
25. सतगुरदयाल, पं. सुखबसी लाल अवस्थी के पुत्र, मोहल्ला दाना खोरी के जाति ब्राह्मण, कानपुर।

शिकायत भारतीय दंड संहिता की धारा 121, 121-ए, 122 और 123 के तहत दर्ज की गई है।

शिकायतकर्ता सम्मानपूर्वक बताते हैं—

I. यह कि उपर्युक्त अभियुक्तों के साथ अन्य, जो लाहौर और ब्रिटिश भारत में अन्य स्थानों पर थे, वे सन् 1924 से लेकर अब तक कई बार अन्य अवसरों पर महामहिम सम्राट् के खिलाफ युद्ध छेड़ने की साजिश में लगे रहे और उन्हें ब्रिटिश भारत की संप्रभुता से वंचित करने तथा आपराधिक बल से या ब्रिटिश सरकार में कानून द्वारा स्थापित सरकार को आपराधिक बल दिखाने के लिए पुरुषों, हथियारों एवं लड़ाई के सामान को उपर्युक्त उद्देश्य को पूरा करने के लिए एकत्रित किया।

II. उन्होंने सम्राट् के खिलाफ युद्ध करने के लिए डिजाइन के अस्तित्व को छुपाया, ताकि इस तरह के युद्ध को छेड़ने में सुविधा हो सके या ऐसा होने की संभावना को जानने के लिए इस तरह के इरादे से सम्राट् के खिलाफ युद्ध छेड़ना।

III. इन विषयों के साथ, जैसाकि उपर्युक्त वाक्य I और II में वर्णित है, इन आरोपियों ने अन्य लोगों के साथ मिलकर एक पार्टी बनाई, जिसे 'हिंदुस्तान रिपब्लिकन एसोसिएशन' और 'इंडियन रिपब्लिकन एसोसिएशन' तथा 'इंडियन रिपब्लिकन आर्मी' के नाम से जाना जाता है और उन्होंने ब्रिटिश भारत में लाहौर तथा अन्य स्थानों पर अपनी बैठक आयोजित की, जिसमें कानून द्वारा स्थापित सरकार को उखाड़ फेंकने की दृष्टि से भारत में और इसके स्थान पर फेडरेटेड रिपब्लिकन सरकार की स्थापना करना।

माध्यम

IV. इन वस्तुओं को प्राप्त करने के लिए अपनाए जानेवाले साधन इस प्रकार थे—

1. हथियार, पुरुषों एवं युद्ध सामग्री का संग्रह और हथियार तथा युद्ध सामग्री की खरीद के लिए भी पैसा।

2. बैंकों व कोषों को जबरन और लूटकर तथा डकैतियों द्वारा उसी उद्देश्य के लिए धन प्राप्त करना, जिसमें आवश्यक रूप से हत्याएँ शामिल हुई होंगी।
3. हत्याओं के उद्देश्य से विस्फोटक बमों का निर्माण और सरकार को उखाड़ फेंकना।
4. पुलिस एवं अन्य अधिकारियों और ब्रिटिश भारत सरकार के प्रशासन में रुचि रखनेवाले या उनकी मदद करनेवाले व्यक्तियों और षड्यंत्र के सामानों को ले जाने में बाधा डालनेवाले व्यक्ति और उनकी पार्टी के लिए अप्रिय साबित हुए लोगों की हत्याएँ करना।
5. गाड़ियों का उड़ाना।
6. राजद्रोही और क्रांतिकारी साहित्य का उत्पादन, रखना और प्रसार।
7. कानूनन हिरासत में दोषियों और व्यक्तियों का बचाव।
8. साजिश में भरती करने की दृष्टि से शिक्षित युवाओं को प्रलोभन देना।
9. विदेशों में उन व्यक्तियों के बीच नवीकरण और सदस्यता प्राप्त करना, जो भारत में क्रांति की उपलब्धि में रुचि रखते थे।

V. ब्रिटिश भारत में उक्त षड्यंत्र के अनुसरण में--

1. 13 जनवरी, 1928 को बनारस में सी.आई.डी. के इंस्पेक्टर मि. बैनर्जी की हत्या का प्रयास किया गया।
2. कैलाश पति उर्फ काली चरण (एक भगोड़ा), जो उप-डाक अधिकारी बड़हल गंज, जिला गोरखपुर में एक कर्मचारी था, के द्वारा 26 जून, 1928 को 3,199 रुपए का गबन किया गया, जो पार्टी द्वारा उनके सामान्य कार्य में आगे उपयोग में लाया जाना था।
3. लाहौर के पंजाब नेशनल बैंक में 4 दिसंबर, 1928 को डकैती का प्रयास किया गया था।
4. सहायक पुलिस अधीक्षक मि. सांडर्स और हेड कॉन्स्टेबल चन्नन सिंह की 17 दिसंबर, 1928 को लाहौर में हत्या कर दी गई थी।
5. असेंबली चैंबर (दिल्ली) में 8 अप्रैल, 1929 को बम फेंका गया और गोलियाँ चलाई गईं, जिससे सर बोमनजी दलाल एवं अन्य लोगों को गंभीर चोटें आईं।
6. मौल्निया में 7 जून, 1929 को एक डकैती हुई थी, जिससे घर के मालिक डंक महतोन कोइरी की मौत हो गई थी।
7. अभियुक्त अन्य लोगों के साथ लाहौर, सहारनपुर, कलकत्ता और आगरा में बम बना रहे थे। लाहौर और सहारनपुर की फैक्टरियाँ तब से कब्जे में हैं।
8. आरोपियों ने ब्रिटिश भारत के विभिन्न शहरों का दौरा किया और युवाओं को आकर्षित किया तथा उनकी साजिश में शामिल होने के लिए पुरुषों को प्रेरित किया।

VI. ब्रिटिश भारत में उक्त षड्यंत्र के अनुसरण में निम्नलिखित कार्यों के लिए तैयारी की गई थी, लेकिन सफल नहीं हुए—

1. डायनामाइट के माध्यम से साइमन कमीशन के सदस्यों को ले जानेवाली ट्रेन को उड़ाने के लिए।

2. काकोरी षड्यंत्र केस के दोषी जगदीश चंद्र चटर्जी और उनकी पार्टी के एक अन्य दोषी शचींद्र नाथ सान्याल को बचाने के लिए।

VII. यह कि अभियुक्त सं. 17 से 25 फरार हैं और अभी भी भगोड़े हैं।

VIII. आपराधिक प्रक्रिया संहिता की धारा 196 के तहत स्थानीय सरकार का आदेश विधिवत् हस्ताक्षरित है।

IX. यह कि शिकायतकर्ता को सूचित किया गया कि साजिश के अनुसरण में किए गए अन्य अपराधों के संबंध में अलग-अलग पुलिस चालान इस न्यायालय में प्रस्तुत किए गए हैं।

इसलिए, यह प्रार्थना की गई है कि उपर्युक्त अभियुक्तों को उपर्युक्त या किसी भी अपराध या उन अपराधों के लिए दोषी ठहराया जाए, जिन्हें वे अपराध साबित कर सकते हैं।[1]

10 जुलाई से लेकर सितंबर 1929 तक की अवधि भूख हड़ताल का दौर था, जिसके कारण जतिन दास की दुःखद मौत हुई, अदालत की नियमित काररवाई बंद रही।

तदनुसार 4 अक्तूबर, 1929 को भूख हड़ताल समाप्त कर दी गई थी, यह सुनिश्चित करने के लिए कि पार्टी की काररवाई का सबसे अच्छा उपयोग हो, तीन पार्टी सदस्यों की एक समिति गठित की गई थी। यह भगत सिंह, बी.के. सिन्हा और सुखदेव से बनी थी।

"सबसे पहले, उन्हें विचाराधीन राजनीतिक कैदियों के अधिकारों के लिए लड़ना पड़ा, क्योंकि उनके साथ आपराधिक आरोपों का सामना कर रहे सामान्य विचाराधीन कैदियों की तरह व्यवहार किया जा रहा था। उनके अथक प्रयासों से वे अधिकारियों से सम्मानजनक व्यवहार के लिए वचन लेने में सक्षम हुए, जैसेकि आरामदायक कुरसियाँ, समाचार-पत्र, टेबल, लंचिंग टेंट आदि, जिनके वे वास्तविक हकदार थे।

"विवादास्पद मुद्दों में से एक आगंतुकों के प्रवेश के बारे में था। चूँकि काररवाई लाहौर सेंट्रल जेल के परिसर के अंदर हुआ करती थी, इसलिए इस तरह के प्रतिबंधों के परिणामस्वरूप बहुत कम आगंतुक अदालत में प्रवेश कर पाते थे। यह मुकदमे की खबर के प्रसार में बाधा डाल रही थी, जो न्याय और वैधानिकता के झूठ को उजागर करने के लिए आवश्यक था। इसलिए, लगभग एक महीने के संघर्ष के बाद, जिसके दौरान विचाराधीन कैदियों ने सभी प्रकार की आंदोलनकारी रणनीति का सहारा लिया। उनमें से कई प्रतिबंधों को हटा दिया गया और इस तरह आगंतुकों की अधिक संख्या नियमित रूप से अदालत में उपस्थित रहने लगी।[2]

"4 अक्तूबर को जब काररवाई फिर से शुरू की गई तो अभियुक्तों ने न केवल

'इनकलाब जिंदाबाद' और 'डाउन विद इंपीरियलिज्म' के नारे लगाए, बल्कि इस विषय पर एक गीत भी गाया—'भारत न रह सकेगा हरगिज गुलामखाना'।"

मजिस्ट्रेट राय साहिब पं. श्री कृष्ण, पी.डब्ल्यू. 405 के रूप में पहले विशेष न्यायाधिकरण, ने राजगुरु के बारे में एक दिलचस्प किस्सा सुनाया, "जब अभियुक्त राजगुरु को पहली बार 15 अक्तूबर, 1929 को रिमांड पर मेरे पास लाया गया तो उन्होंने पुलिस हिरासत में भेजे जाने पर आपत्ति जताई और कहा कि उन्हें जेल जाना चाहिए। उन्होंने मुझसे उर्दू में बात की थी। मैंने उन्हें निम्नानुसार उर्दू में कहा— 'मैंने कहा, नाम तो तुम्हारा राजगुरु है और इल्जाम तुम्हारे ऊपर यह है? तो उसने जवाब दिया कि हाँ, मेरा काम राजा को शिक्षा देना है।'[3]

"सुभाषचंद्र बोस ने 19 अक्तूबर को 'कामगाटा मारू' वाले बाबा गुरदित सिंह के साथ लगभग तीन घंटे तक मामले की कारवाई को देखा। हालाँकि, उन्हें अदालत कक्ष में अभियुक्तों से मिलने की अनुमति नहीं थी। उन्हें भी लगभग एक घंटे तक हिरासत में रखा गया था; हालाँकि, उन्हें बिना तलाशी के परिसर में प्रवेश करने की अनुमति दी गई थी। जब (वकील) अमोलक राम कपूर ने मजिस्ट्रेट को इसके बारे में सूचित किया तो उनसे पूछा गया कि क्या वे तमाशा देखने आए थे?

"जैसे ही बोस और अन्य लोगों ने कोर्ट रूम में प्रवेश किया, अभियुक्त कठघरे में खड़े हो गए और उनका स्वागत 'लॉन्ग लिव रिवॉल्यूशन', 'लॉन्ग लिव द प्रोलेटरेट' और 'डाउन, डाउन विद इंपीरियलिज्म' के जोरदार नारों के साथ किया। बोस ने हाथ जोड़कर उनका अभिवादन किया। उन्हें प्रेस दीर्घा में सीटें दी गईं।[4]

"जब एक गवाह (एम.डी. जोशी, डी.एस.पी. सहारनपुर, पी.डब्ल्यू. 230) से पूछताछ हो रही थी, अभियुक्त जतींद्र सान्याल ने मजिस्ट्रेट से पूछा, 'सर, मैं समझता हूँ कि श्री किरण चंद्र दास बाहर इंतजार कर रहे हैं। हम चाहते हैं कि उन्हें अंदर आने दिया जाए।'

मजिस्ट्रेट : मैंने आवश्यक पास जारी किए हैं।

सान्याल : यह हमारे राष्ट्रीय स्वाभिमान का अपमान है कि उन्हें बिना जाँच के अंदर नहीं आने दिया जाए।

भगत सिंह : यहाँ ऐसे व्यक्ति हैं, जिन्हें बिना तलाशी के अदालत में आने की अनुमति है। क्या मैं जान सकता हूँ कि किरण की जाँच के लिए क्या आधार हैं?

मजिस्ट्रेट : उन्हें अनुमति दी जा सकती है, लेकिन बिना जाँच के नहीं।

अजय घोष : पास मूल रूप से बिना जाँच के प्रवेश के लिए जारी किया गया था, लेकिन सी.आई.डी. वाले मामले में उसे बदल दिया गया था। उन्हें सूचित किया गया था कि वह किसी करम चंद के लिए था और किरण के लिए नहीं।

अजय घोष : जज साहब, किरण की तलाशी के लिए क्यों कहा गया?

मजिस्ट्रेट : क्योंकि वह जतिन दास का भाई है। (हँसते हुए)

भगत सिंह : फिर उस पर मुकदमा चलाएँ। हम आपके तर्क को नहीं समझते हैं। यह केवल उनका अपमान नहीं है, बल्कि हर भारतीय का अपमान है। आपने खुद जतींद्रनाथ दास की याद में श्रद्धांजलि अर्पित की है। अब आप इसका एक व्यावहारिक प्रमाण देते हैं उनके भाई को अंदर नहीं आने देकर।

मजिस्ट्रेट : आप चाहते हैं कि सभी व्यक्तियों की जाँच की जाए?

भगत सिंह : हम चाहते हैं कि आप इस आदेश को पहले ही पारित कर लेते।

मजिस्ट्रेट : लेकिन वे अंदर आ सकते हैं।

बी.के. सिन्हा : आप विवेकपूर्ण कदम उठाना चाहते हैं। यह सार्वजनिक मुकदमा का एक हिस्सा है। यह अनावश्यक उत्पीड़न है।

सान्याल : यदि आप सी.आई.डी. की रणनीति के खिलाफ असहाय महसूस करते हैं तो आपको इस्तीफा दे देना चाहिए। यह आपके लिए सबसे सम्मानजनक कदम है। (हँसते हुए)

मजिस्ट्रेट : यह अच्छा सुझाव है। (हँसते हुए)

भगत सिंह : सुबह, जज साहब, आपने हमें दृष्टिकोण के परिवर्तन के बारे में आश्वासन दिया था; लेकिन दो घंटे के भीतर सबकुछ बदल गया है।

सान्याल : यदि किरण को अंदर आने की अनुमति दी जाती है तो क्या ब्रिटिश साम्राज्य टुकड़े-टुकड़े हो जाएगा? काकोरी केस में भाई परमानंद को अभियुक्त के साथ बैठने की अनुमति दी गई थी।

भगत सिंह : मि. बोस पंजाब से बंगाल तक कैसा प्रभाव लेकर जाएँगे?[5]

मजिस्ट्रेट के अनुसार, "(सरकारी गवाह) जय गोपाल ने 21 अक्तूबर, 1929 को अपनी गवाही देनी शुरू ही की थी कि आरोपियों ने 'शर्म करो', 'शर्म करो' कहकर चिल्लाना शुरू कर दिया और अभियुक्त प्रेमदत्त ने अपना जूता उतारकर जय गोपाल पर फेंका। इसके बाद हड़बड़ी मच गई। अभियुक्त ने धमकी देनेवाला रवैया अपनाया, जो सरकारी गवाह के जीवन को खतरे में डाल रहा था। अंततः मुझे काररवाई स्थगित करनी पड़ी और मैंने निर्देश दिया कि अभियुक्त को जेल से हटा दिया जाए।"[6]

बी.के. सिन्हा के अनुसार, "हालाँकि, (जूते की घटना के बाद) सरकारी वकील ने बताया कि उस दिन अदालत में मौजूद लोगों के जीवन को भी खतरा था और अदालत को काररवाई स्थगित कर देनी चाहिए। प्रबुद्ध मजिस्ट्रेट के स्थगन आदेश पारित करने से पहले भगत सिंह, खुद मैंने और दूसरों ने खेदजनक घटना के संबंध में एक बयान देना चाहा, क्योंकि गलतफहमी की बहुत गुंजाइश थी। प्रबुद्ध मजिस्ट्रेट ने हमें अपना बयान

दर्ज करने का अवसर नहीं दिया। इसलिए हमने लिखित बयान दर्ज करने की जल्दबाजी की। हमारे पास केवल यही विकल्प था, यह स्पष्ट करने के लिए कि हम सभी एक व्यक्ति द्वारा किए गए कृत्य से खुद को अलग करते हैं। उसके बाद याचिका दायर की गई थी। मुझे लगता है कि कोई कारण नहीं था कि हमें किसी के कृत्य के लिए पीड़ित बनाया जाए।"[7]

जतींद्र सान्याल के अनुसार, उक्त घटना के तुरंत बाद "...ये आदेश पारित किए गए कि अदालत में रहते हुए अभियुक्तों को हथकड़ी लगाई जाए। भगत सिंह और अन्य ने तुरंत फैसला किया कि जो भी हो, वे किसी भी हालत में अदालत में उपस्थित नहीं होंगे, जब तक कि आदेश वापस नहीं लिया जाता। अगले दिन अभियुक्त कैदियों को जबरन अदालत में लाने के लिए पुलिस की भारी तैनाती की गई; लेकिन किसी को भी वहाँ नहीं लाया जा सका। 16 अभियुक्तों में से पुलिस किसी तरह 5 को पकड़ सकी। उन्हें बस में लादा, वह भी केवल जेल के गेट तक, लेकिन उन्हें बस से नीचे नहीं उतार सके। अगले दिन अभियुक्त हथकड़ी में अदालत में आने के लिए सहमत हुए, बशर्ते जब तक वे अदालत में हों, उनकी हथकड़ी हटा दी जाएगी। लेकिन ऐसा नहीं किया गया। अतः उन्होंने एक योजना बनाई—दोपहर के भोजन के समय उन्होंने माँग की कि भोजन लेते समय उनकी हथकड़ी खोली जाए। ऐसा किया गया। दोपहर का भोजन समाप्त होने के बाद पुलिसकर्मी उन्हें हथकड़ी लगाने के लिए उनकी ओर बढ़े। आरोपियों ने ऐसा करने की अनुमति देने से इनकार कर दिया। उसके बाद पुलिस और आरोपियों के बीच झगड़ा शुरू हो गया। लेकिन पुलिस उन्हें अपने नियंत्रण में करने में नाकाम रही। तत्पश्चात् 'पठान' पुलिसकर्मियों को बुलाया गया, जिन्होंने आरोपियों को बेरहमी से पीटा।[8]

"भगत सिंह के लिए यह विशेष क्रूरता थी, क्योंकि वे उनका मुख्य लक्ष्य थे। 8 बेरहम पठान भगत सिंह पर लाठियों एवं भारी वरदी वाले जूतों को पहने लातें मारते गए। यह वाकया सभी के सामने हुआ, जिसमें कुछ महिलाएँ भी शामिल थीं। इस सबका व्यापक प्रभाव पड़ा। लाहौर में एक बड़ी विरोध सभा आयोजित की गई, जहाँ पुलिस के अत्याचारपूर्ण व्यवहार की कड़ी निंदा की गई। अधिकांश राष्ट्रीय अखबारों ने भी ऐसी भावनाएँ व्यक्त कीं।

"अदालत में अभियुक्तों की पिटाई से संतुष्ट न होकर एक दिन पुलिस ने उसी बर्बर बरताव का सहारा लिया, जब अदालत की काररवाई उस दिन के लिए स्थगित कर दी गई थी। जेल परिसर में भगत सिंह पर सबसे घातक हमला किया गया था। हालाँकि, इन दुःखों का एक अनपेक्षित नतीजा रहा—पुलिस और जेल अधिकारियों, दोनों ने इस मामले पर प्रस्तुत अपनी संबंधित रिपोर्टों में स्वीकार किया, वह भी स्पष्ट रूप से कि अभियुक्त को उनकी अधिकतम संभव सीमा तक मारना उनके अधिकार के भीतर था, यहाँ तक कि

इस हद तक पीटना कि वे मर जाते; लेकिन आरोपियों को अदालत में लाना उनके लिए संभव नहीं हुआ। इस तरह, अदालत को अपने कठोर आदेश को वापस लेकर विनम्रता दिखानी पड़ी।

"इस प्रकार, क्रांतिकारी उन त्रासदियों के साथ अपने उत्पीड़कों के समक्ष उच्च नैतिक स्कोर के साथ विजयी हुए; हालाँकि, उन्हें शारीरिक रूप से बहुत चोटें आई थीं!

"एक बार, 24 अक्तूबर को, विचाराधीन कैदियों ने छात्र आगंतुकों को अदालत में अनुमति नहीं देने का मुद्दा उठाया। भगत सिंह ने कहा, "अगर अभियुक्त, जिनमें से कुछ छात्र हैं, उन्हें कठघरे में रखने की अनुमति है तो छात्रों को आगंतुकों की गैलरी में क्यों नहीं होना चाहिए? आपराधिक प्रक्रिया संहिता की धारा 352 (अब धारा 327) कहती है कि वह स्थान, जहाँ कोई आपराधिक अदालत आयोजित की जाती है, उसे खुली अदालत माना जाना चाहिए। ऐसे में, आमतौर पर आम जनता वहाँ आ सकती है, अगर उनके लिए वहाँ पर्याप्त स्थान है। उस धारा के तहत आप जनता के किसी विशेष वर्ग को अदालत कक्ष में आने से नहीं रोक सकते हैं। इसलिए, आपका आदेश गैर-कानूनी है। इसके अलावा, कुछ अभियुक्त छात्र हैं और उनके विद्यार्थी मित्र, जो मामले में रुचि लेते हैं, उन्हें प्रवेश की अनुमति दी जानी चाहिए। इसलिए, मैं आपसे अनुरोध करता हूँ, सर, कि आप अपने आदेश पर पुनर्विचार करें।"

किंतु अदालत ने अनुरोध स्वीकार नहीं किया।[9]

इस अदालत की काररवाई के संबंध में अभियुक्तों के रवैए के बारे में जतींद्र सान्याल लिखते हैं—"मुकदमे की काररवाई के दौरान अभियुक्त ने सामान्य रूप से प्रधान अभियोजन पक्ष के गवाहों से और सरकारी गवाहों से विशेष रूप से जिरह की। बचाव पक्ष द्वारा किसी गवाह की विश्वसनीयता को नुकसान पहुँचाने के लिए या उसकी गवाही में विरोधाभासों को उजागर करने के लिए, जैसे जिरह के सामान्य तरीकों को अपनाने की बजाय यहाँ अभियुक्तों ने इस तरह के जवाब देने का लक्ष्य रखा, जो पार्टी के आदर्शों को उजागर करते हैं, एक क्रांतिकारी काररवाई के पीछे का असली उद्देश्य, सामान्य रूप से उनकी गतिविधियों के पीछे देशभक्ति एवं निस्स्वार्थ भावना और इन गतिविधियों के लिए की गई तैयारियाँ आदि। सचमुच यह भगत सिंह और उनके साथियों की रणनीति थी, जो स्पष्ट रूप से देश के युवाओं में निस्स्वार्थता एवं देशभक्ति के संदेश का प्रसार करने के लिए थी।"[10]

जतींद्र ने जारी रखा—"जब भी आरोपियों को प्रदर्शन करने का मौका मिला, उन्होंने उसका लाभ उठाया। उन्होंने खुले दरबार में 'काकोरी दिवस', 'लेनिन दिवस', 'मई दिवस', 'लाजपत दिवस' मनाया। इतना ही नहीं, प्रसिद्ध क्रांतिकारी श्यामजी कृष्ण वर्मा की मृत्यु और हंगरी में भूख हड़ताल से एक राजनीतिक कैदी की मौत जैसे विशेष

अवसरों पर उन्होंने भाईचारे की भावनाओं को व्यक्त करने के लिए प्रदर्शन किया। मामले में अभियोजन पक्ष ने इन सभी गतिविधियों और बयानों को रिकॉर्ड किया; जबकि ऐसा करते समय वे इस रणनीति पर काम कर रहे थे कि अभियुक्त, अपने आचरण से, वास्तव में बचाव के अपने मौकों को नुकसान पहुँचा रहे हैं, जिससे अभियुक्तों को दोषी ठहराने का उनका काम आसान हो गया। अपनी ओर से अभियुक्त उन पर लगे आरोपों के बारे में जरा भी नहीं सोच रहे थे, जिनके लिए उन पर मुकदमा चलाया जा रहा था। उनके लिए अदालत सभी इरादों और उद्देश्यों के लिए थी, सामान्य देशवासियों को और विशेष रूप से युवा लोगों तक अपना संदेश प्रसारित करने का मंच था।[11]

मैजिस्ट्रियल मुकदमे की एक महत्त्वपूर्ण विशेषता अभियुक्तों की पहचान परेड करानी थी, जिस पर अभियोजन पक्ष ने बहुत जोर दिया, यह मानते हुए कि यह सरकारी गवाहों के बयानों को सर्वोत्तम आधार प्रदान करेगा।

द स्पेशल ट्रिब्यूनल के अंतिम फैसले के अध्याय III में 'सरकारी गवाहों के सामान्य बयान' शीर्षक पर विभिन्न गवाहों द्वारा आरोपियों की पहचान पर बहुत जोर दिया गया था।

अभियुक्त अनुसार—डॉ. गया प्रसाद को 71, भगत सिंह को 51, शिव वर्मा को 49, राजगुरु को 38, विजय कुमार सिन्हा को 33, सुखदेव को 28 और जयदेव कपूर को 23 के रूप में पहचान परेड में पहचान मिली।[12]

टिब्बा फरीद, लाहौर के निवासी कुलतार सिंह, पुत्र सरदार किशन सिंह की मौजूदगी में लाहौर शहर के सुहा बाजार में बशेशर दास के मकान नं. 2 की ऊपरी मंजिल में भगत सिंह के पिता सरदार किशन सिंह के घर से 2 मई, 1929 को पुलिस द्वारा बरामद किए गए सामानों की सूची—

संख्या पर (कुल आइटम = 29)

4. एक पेपर, जिसमें दो रंगीन प्रिंट वाली तसवीरें थीं, जिन पर लिखा था—'मेवाड़ गौरव', एक तसवीर 'वीरांगना' की है और दूसरी महाराणा प्रताप की।
5. अमृतसर की 'कीर्ति' पत्रिका से फटा एक पृष्ठ, जिसमें भाई करतार सिंह (सराभा) की दो तसवीरें हैं।
6. कागज का एक टुकड़ा, जिसमें ठाकुर पृथ्वी सिंह (गदर क्रांतिकारी) की एक मुद्रित तसवीर है।
10. अमृतसर की 'कीर्ति' पत्रिका से फटा एक पृष्ठ, जिसमें सरदार (भाई) संतोख सिंह (गदर क्रांतिकारी) की एक मुद्रित तसवीर।

12. हरदयाल के आलेख 'वेल्थ ऑफ नेशंस' शीर्षक का मुद्रित लेख।
13. एक लिफाफा, जिसमें अंग्रेजी में टाइप पत्र (रियो डी जेनेरियो—26 अक्तूबर, 1928) भगत सिंह को संबोधित था। अंत में, इसमें एच.के. और ए.एस. के हस्ताक्षर थे। यह दो पृष्ठों पर लिखा है। लिफाफे पर भगत सिंह का पता है।
21. अंग्रेजी में एक पैंफ्लेट 'द यंग लिबरेटर'।
23. अंग्रेजी में एक बाउंड बुक 'फेस टू फेस विद कैसरिज्म'।
24. सी.एफ. एंड्रयूज द्वारा अंग्रेजी में एक बाउंड बुक 'दि ओप्रेसर्स ऑफ द पूअर'।
26. उर्दू के लेख 'पंजाब के पॉलिटिकल सरदार' (खंड-III, पूर्व पी.सी. क्यू., पृष्ठ-230) की एक प्रति।[13]

सामान्य तौर पर, अदालत की काररवाई के लिए भगत सिंह और बटुकेश्वर दत्त ने 9 फरवरी, 1930 को मजिस्ट्रेट को एक पत्र लिखा और अदालत में उपस्थित न होने के कारणों की व्याख्या की।

एक : यह आरोप लगाया गया था कि अभियुक्तों में से अधिकांश दूर प्रांतों से संबंधित थे और चूँकि सभी मध्यम वर्ग के हैं, अत: उनके लिए लाहौर आना और अपने उन परिजनों की मदद करना बहुत मुश्किल है, जिन पर मुकदमा चल रहा है। विकल्प में अदालत ने उन लोगों को साक्षात्कार की अनुमति नहीं दी, जिन्हें परिवार द्वारा इस संबंध में मुकदमे में अपने रिश्तेदारों की मदद करने के लिए पावर ऑफ अटॉर्नी दी गई थी।

दो : लंबे समय तक चलनेवाले मुकदमे में वे अभियुक्त वकील की व्यवस्था नहीं कर सके, जिनके कोई नहीं है।

तीसरा : तीसरी मुख्य शिकायत अखबारों की आपूर्ति न होने को लेकर थी। विचाराधीन कैदियों से अपराधियों की तरह व्यवहार नहीं किया जाना चाहिए और उन पर इस तरह के प्रतिबंध लगाए जाएँ, जो उनकी सुरक्षित हिरासत के लिए आवश्यक हो सकते हैं। जो अभियुक्त जमानत पर रिहा नहीं किए जा सकते हैं, उनसे ऐसे काम न कराए जाएँ, जो उन्हें सजा में मिल सकते हैं। समाचार-पत्रों के संबंध में किए गए वादों का पालन कम और उसकी तुलना में उल्लंघन अधिक देखा गया था।

"इसलिए, ये मुख्य आधार हैं, जिस पर हमने 29 जनवरी को अदालत में आने से इनकार कर दिया। जैसे ही हमारी शिकायतें दूर होती हैं, हम खुद खुशी-खुशी अदालत में उपस्थित होंगे।

"अंत में, 19 फरवरी, 1930 को भारत सरकार ने सजायाफ्ता कैदियों और विचाराधीन कैदियों के वर्गीकरण पर एक प्रेस विज्ञप्ति जारी की। कभी भी किसी भी

समाधानकारी इशारे का जवाब देने के लिए तैयार अभियुक्तों ने अगले दिन ही भूख हड़ताल समाप्त कर दी। लेकिन जैसाकि अजय घोष ने अपने संस्मरणों में याद किया, सरकार जल्द ही अपने आश्वासन से पीछे हट गई। सभी आरोपियों को 'सी' श्रेणी में रखा गया और उनके साथ बर्बरतापूर्ण व्यवहार किया गया।

"भूख हड़ताल के परिणामस्वरूप मामला 8 फरवरी से 8 मार्च तक स्थगित कर दिया गया।

"8 मार्च से 3 मई तक, जो कि मजिस्ट्रेट के सामने कारवाई का अंतिम दिन था, कारवाई अपेक्षाकृत सुचारु रूप से चली। दो दिन पहले एक अध्यादेश प्रवर्तित किया गया, जिससे मामले के मुकदमे के लिए न्यायालय स्थापित किया जा सके। सरकारी वकील नोआड ने पं. श्री कृष्ण को उनकी निष्पक्षता के लिए श्रद्धांजलि दी, समझ में आ रहा था। फिर भी, उपचार के बावजूद वे उनसे मिले थे, भगत सिंह बिना किसी विद्वेष के बोले थे। उनके शब्दों ने व्यक्ति के बारे में बहुत कुछ बता दिया था।

"अपने साथियों और स्वयं की ओर से मजिस्ट्रेट को धन्यवाद देते हुए भगत सिंह ने कहा कि वह मजिस्ट्रेट को बताना चाहते थे कि यद्यपि कई अवसरों पर उन्हें नौकरशाही का बचाव करना पड़ता था, जिनके प्रतिनिधि मजिस्ट्रेट थे, उनके पास व्यक्तिगत रूप से उनके खिलाफ कहने के लिए कुछ भी नहीं था। उन्होंने टिप्पणी की कि मजिस्ट्रेट बहुत विनम्र एवं उदार थे और अभियोजन पक्ष ने कई बार उनकी उदारता का लाभ उठाया था; जबकि आरोपियों ने ऐसा करने की कोशिश नहीं की।

"भगत सिंह घृणा से उतना ही मुक्त थे, जितना कि भय से।"[14]

स्वगत कथन :
वाइसरीगल ट्रेन बम घटना

मैजिस्ट्रियल मुकदमे की अवधि के दौरान क्रांतिकारियों द्वारा वायसराय लॉर्ड इरविन के जीवन को समाप्त करने का प्रयास किया गया था। इंटेलिजेंस ब्यूरो, भारत सरकार ने अपने संकलन 'भारत में आतंकवाद, 1917–1936' में लिखा—

पार्टी के शेष सदस्यों द्वारा आगे की गतिविधियाँ

"यशपाल, जो पहले पार्टी से जुड़े थे, लेकिन हमेशा पीछे रहे, अब भगवती चरण के साथ सामने आए और उन दोनों ने वायसराय की ट्रेन को उड़ाने का फैसला किया। उन्होंने इंद्रपाल का इस्तेमाल किया, जिन्हें यशपाल ने साधु के वेश में दिल्ली के पास रेलवे लाइन देखने के लिए लगाया था और बिजली के मामलों में कौशल के लिए जाने-माने हंस राज 'वायरलेस' को राजी किया, ताकि खदान को बिजली से विस्फोट किया जा सके। खदान, जिसमें टी.एन.टी. था, उन्हें स्लीपर के नीचे बिछाया गया था और फ्लेक्स

तार के 300 गज से अधिक जमीन से जुड़ी एक बैटरी में 3 इंच जमीन में दफन और स्विच को पुराना किला, दिल्ली के पास छिपा दिया गया। यशपाल ने इस अवसर के लिए जो कपड़े पहने, वह पूरी तरह से एक सैन्य वरदी थी। भाग राम ने 23 दिसंबर, 1929 को सुबह 7.40 बजे खदान में विस्फोट किया, लेकिन सौभाग्य से कोई जनहानि नहीं हुई; हालाँकि, दो फीट रेल को उड़ा दिया गया था और उसकी छत में लॉजमेंट खोजने के लिए कोच के फर्श के माध्यम से कुछ टुकड़ों को मजबूर किया गया था। यशपाल द्वारा काररवाई के बाद उसे काम करने के लिए नहीं बनाया जा सकता था, इसलिए काररवाई के बाद उन्हें छोड़ दिया गया था।[15]

"अगली सुबह लाहौर पुलिस ने वीरेंद्र, सुखदेव राज, धन्वंतरि, किरण चंद्र दास, डॉ. बनारसी दास, कॉमरेड, राम किशन, बी.ए. (राष्ट्रीय), अहसान इलाही एवं मिल्खी राम को लाहौर में गिरफ्तार किया—कुछ ने कांग्रेस के खेमे से और अन्य को उनके आवासों से दिल्ली में डायनामाइट ट्रेन की साजिश में शामिल होने के संदेह में। उन्हें 50,000 रुपए की जमानत पर 10 जनवरी, 1930 को रिहा कर दिया गया।

"गांधीजी ने काररवाई को अस्वीकार कर दिया। उन्होंने 'यंग इंडिया' में 'कल्ट ऑफ द बॉम्ब' शीर्षक से एक लेख लिखा। जवाब में भगवती चरण वोहरा ने एक पत्रक 'द फिलॉसफी ऑफ द बॉम्ब' लिखा। आजाद ने उसे छपवाया और 26 जनवरी, 1930 को एच.एस.आर.ए. एवं उसके सहयोगियों द्वारा पूरे भारत में व्यापक रूप से वितरित किया गया।"[16]

संदर्भ—

1. 'द ट्रिब्यून', दिनांक 11 जुलाई, 1929
2. 'अमर शहीद सरदार भगत सिंह' (हिंदी), जतींद्र सान्याल, क्रांतिकारी प्रकाशन, मिर्जापुर, पृष्ठ–93–94
3. 'लाहौर षड्यंत्र केस में काररवाई', उर्दू संस्करण, पी. 1335./पांडुलिपि। पी.डब्ल्यू. 405, श्री कृष्ण (मजिस्ट्रेट) का बयान। सौजन्य : लाहौर उच्च न्यायालय/पंजाब एवं हरियाणा उच्च न्यायालय, चंडीगढ़
4. 'भगत सिंह का मुकदमा : न्याय की राजनीति', ए.जी. नूरानी, ऑक्सफोर्ड यूनिवर्सिटी प्रेस, कराची, 2005, पृष्ठ–10
5. वही, पृष्ठ–104–105
6. 'द हैंगिंग ऑफ भगत सिंह : अदालती काररवाई', खंड–II, मलविंदर जीत सिंह वरैच एवं राजवंती मान (पी.डब्ल्यू. श्री कृष्ण), पृष्ठ–561
7. ए.जी. नूरानी, op.cit., पृष्ठ–114
8. जतींद्र सान्याल, op.cit., पृष्ठ–94–97
9. वही, पृष्ठ–120
10. जतींद्र सान्याल, op.cit., पृष्ठ–94
11. वही, पृष्ठ–95

12. मलविंदर जीत सिंह वरैच एवं राजवंती मान, op.cit., पृष्ठ–xxiii-xxv
13. मलविंदर जीत सिंह वरैच एवं हरीश जैन, 'द हैंगिंग ऑफ भगत सिंह', खंड–III, यूनीस्टार बुक्स प्रा.लि., चंडीगढ़, पृष्ठ–19–20
14. ए.जी. नूरानी, op.cit., पृष्ठ–126–29
15. 'भारत में आतंकवाद' (1917–36), इंटेलिजेंस ब्यूरो, गृह विभाग, भारत सरकार, प्रबंधक, भारत सरकार प्रेस, शिमला द्वारा संकलित, 1937 (पांडुलिपि), पृष्ठ–103
16. 'नौजवान भारत सभा और हिंदुस्तान सोशलिस्ट रिपब्लिकन एसोसिएशन/आर्मी' (एच.एस.आर.ए.), कॉमरेड राम चंद्र (लेखक द्वारा प्रकाशित), नई दिल्ली, 1986, पृष्ठ–119

□

14

विशेष अदालत : एक 'स्टीम रोलर'

(1915–17 गदर ट्रायल का प्रतिरूप)

बहुत अजीब लगता है कि क्लासिक 'ट्रायल ऑफ भगत सिंह' के प्रबुद्ध लेखक श्री ए.जी. नूरानी ने पुस्तक की अपनी प्रस्तावना में इसे राजनीतिक मुकदमों के इतिहास में एक अनोखी घटना कहा था। बाद में, जब इस लेखक ने उन्हें उनकी पुस्तक 'वॉर अगेंस्ट किंग एंपेरर : गदर ऑफ 1914–15 का गदर–लाहौर षड्यंत्र केस में फैसले 1 और 2' दी तो यह उनकी उदारता थी कि उन्होंने अपनी अग्रणी पुस्तक के दूसरे संस्करण में अपनी प्रस्तावना को संशोधित किया, ताकि यह सन् 1914–15 के मुकदमों के महत्त्व और भगत सिंह पर उनके प्रभाव को मान दे सके—

भगत सिंह का जीवन एवं सोच क्रांतिकारी और देश के लिए समान रूप से सबक देते हैं। वे ऐसे माहौल में बड़े हुए हैं, जिसमें नरमपंथियों की राजनीति से मोहभंग हो गया था और कई देशभक्त क्रांतिकारी राजनीति में आ गए थे। हम प्रो. मलविंदर जीत सिंह और हरिंदर सिंह के आभारी हैं, जिन्होंने सन् 1914–15 के गदर आंदोलन का विवरण विशेष अदालत द्वारा दिए गए निर्णयों के आधार पर दिया है, जिसमें वे 'सही मायने में' पहले लाहौर षड्यंत्र केस थे। (सम्राट् के विरुद्ध युद्ध : 1914–15 के गदर, विशेष अदालत का फैसला, भाई साहिब रंधी सिंह ट्रस्ट, लुधियाना, 2001 द्वारा प्रकाशित किया गया था।)

हालाँकि, भगत सिंह काल के कुछ इतिहासकार इस तथ्य से अवगत हैं कि 'शहीद' शब्द बहुत हद तक गदर आंदोलन के युवा नायक करतार सिंह सराभा के लिए 'प्रयुक्त' किया जाता था, जो उस समय शहीद हो गए थे, जब वे मात्र साढ़े उन्नीस वर्ष के थे। भगत सिंह ने इतनी गहराई से सन् 1914–15 के पहले लाहौर षड्यंत्र केस के फैसले का अध्ययन किया, उसके कोनों पर अपनी टिप्पणी लिखने के अलावा पाठ को गहराई से रेखांकित किया। यह बहुत ही कम लोग जानते हैं। इस लेखक द्वारा उपर्युक्त पुस्तक को संकलित करने के लिए इस पांडुलिपि का उपयोग किया गया था।

इन मुकदमों ने उचित रूप से कुख्याति अर्जित की, जिसमें 'न वकील, न दलील,

न अपील'—सेंस काउंसेल्स, सेंस प्लीडिंग, सेंस अपील थी।

सैकड़ों गदरियों पर मुकदमे किए गए, पचास या इतनों को मौत की सजा दी गई। उम्रकैद की समय-सीमा से तीन गुना ज्यादा सजा दी गई। शेष कुछ को सामान्य गलती के लिए कम सजा या छोड़ दिया गया।

सन् 1915 की विशेष अदालत और 1930 के बीच तुलना करें तो वे केवल प्रत्येक के पीछे कानूनी प्रतिबंधों में विशिष्ट थे; जबकि पहलेवाले भारत सुरक्षा कानून के तहत स्थापित की गई थी : 1915, एक युद्धकालीन उपाय था। इसका 1930 संस्करण आपातकालीन उपाय के रूप में 1930 के एक विशेष अध्यादेश III के तहत स्थापित किया गया था।

सरकार का तर्क : "मुकदमा 9 महीने से अधिक समय तक चला और उस दौरान कुल 607 में से केवल 230 गवाहों की जाँच करना संभव हो पाया था। इन काररवाइयों का तमाशा अभूतपूर्व देरी से बाधित हुआ और बार-बार उच्छृंखल आचरण एवं क्रांतिकारी प्रदर्शन से अवरुद्ध होते थे, जो न्याय के प्रशासन को अवमानना की ओर ले जाते थे और किसी भी तरह उचित अवधि के भीतर प्रक्रिया के सामान्य तरीकों से निष्कर्ष निकालना असंभव रहा।"[1]

ट्रिब्यूनल की काररवाई की अंतिम स्थिति : ट्रिब्यूनल का निर्णय अंतिम व निर्णायक होगा और कुछ समय के लिए कोड के प्रावधानों या किसी अन्य कानून के लागू होने या जिस किसी भी प्राधिकरण द्वारा बलपूर्वक कानून बनाया गया हो, बावजूद इसके न्यायालय के किसी भी आदेश या सजा को लेकर कोई अपील नहीं होगी और उच्च न्यायालय के पास ऐसे किसी आदेश या सजा को संशोधित करने अथवा अदालत से किसी भी मामले को स्थानांतरित करने या संहिता की धारा 491 के तहत कोई भी आदेश देने का अधिकार नहीं होगा, या इस अध्यादेश के तहत किसी भी काररवाई के संबंध में किसी भी प्रकार का कोई अधिकार-क्षेत्र नहीं होगा।[2]

अभियोजन पक्ष के गवाह एक-पक्षीय जाँच से गुजरे और अभियुक्तों को अंत तक, अर्थात् 1 सितंबर, 1930 तक जिरह करने के लिए नहीं बुलाया गया।[3]

अभियुक्त ने किसी भी बचाव पक्ष के गवाहों को पेश करने से इनकार कर दिया। सरकारी वकील ने 1 सितंबर, 1930 को अपने तर्कों की शुरुआत की। उन्होंने 10 सितंबर को अपनी दलीलें समाप्त कीं और मामला अगले दिन के लिए स्थगित कर दिया गया। उस दिन अभियुक्तों ने उनके उत्पादन का विरोध किया और फिर 8 अक्तूबर, 1930 तक उनकी उपस्थिति के साथ आदेश पारित कर दिया गया¨ मामला उसी समय 8 अक्तूबर, 1930 के लिए स्थगित कर दिया गया।[4]

जहाँ तक भगत सिंह का सवाल था, उन्होंने विशेष मजिस्ट्रेट को (3 मई, 1930

को) बताया था कि ट्रिब्यूनल की नियुक्ति अभियुक्तों के लिए एक (नैतिक) जीत थी, क्योंकि वे शुरू से ही सरकार को बेनकाब करना चाहते थे और जनता को बताना चाहते थे कि यहाँ कोई कानून नहीं है। ट्रिब्यूनल की नियुक्ति करके सरकार ने खुद को अपने असली रूप में दिखाया है।

"ट्रिब्यूनल की स्थापना 1919 के भारत सरकार अधिनियम की धारा 72 के तहत की गई थी, जिसमें कहा गया था—'भारत में गवर्नर जनरल ब्रिटिश भारत या इसके किसी हिस्से की शांति और अच्छी सरकार कायम करने के लिए आपातकाल के दौरान अध्यादेश को बना या जारी कर सकते हैं, जो किसी भी परिस्थिति में अपनी स्थापना से छह महीने से अधिक नहीं ले सकते हैं और विधानमंडल द्वारा पारित अधिनियम की भाँति लागू किया जा सकता है।'[5]

"अगर लाहौर मामले में 600 गवाह थे, जिन्होंने वायसराय को यह आश्वासन दिया था कि यदि अभियुक्त ने पूर्ण रूप से सहयोग किया तो मामला छह महीने के भीतर ट्रिब्यूनल द्वारा निपटा लिया जाएगा?

"अध्यादेश उससे एक दिन भी अधिक समय तक नहीं चल सकता है। ट्रिब्यूनल उसी समय भंग कर दिया जाएगा, जैसे ही उसका काम पूरा होगा। वायसराय को यह सुनिश्चित करना होगा कि ट्रिब्यूनल को दृढ़ इच्छा-शक्ति से बाधा से निपटने के लिए शक्तियाँ प्रदान की जाएँ। इस प्रकार, वहाँ काम करने के लिए नियुक्त किए गए न्यायाधीशों को शुरू से बताया गया कि आरोपी अवरोधक थे और उन्हें घुटनों के बल लाने के लिए अपनी शक्ति का उपयोग करने की सलाह दी जाती थी। यहाँ विशिष्ट यह है कि यह आपराधिक न्यायालय उन न्यायाधीशों के सिर पर खतरे की तलवार-सी लटकती थी, जो उन्हें तेज गति से काम करने या वहाँ से गायब होने को कहती।[6]

"ट्रिब्यूनल को मृत्युदंड सहित किसी भी सजा को पारित करने का अधिकार दिया गया था और इसका फैसला अंतिम था। गदर मुकदमों के बाद से इस तरह के मुकदमों को जनता द्वारा बड़े पैमाने पर उनके हॉल मार्क 'न वकील, न दलील, न अपील' के रूप में देखा जाता था।

"अध्यादेश द्वारा 'छह महीने की समय-सीमा' ने चारों ओर आत्मविश्वास का विनाश किया। ट्रिब्यूनल जोर-जबरदस्ती से काम करने को तैयार था; जबकि आरोपी ने देरी में निहित स्वार्थ अर्जित किया।"...[7]

मामले की काररवाई 900 से कुछ ही कम मुद्रित पृष्ठों तक बढ़ी। 457 पी.डब्ल्यू. की चौंका देनेवाली गिनती के साथ-साथ विविध कोर्ट के गवाहों, जैसेकि जेल अधीक्षक आदि, जिनकी संख्या हर रोज 7 होती, जो इस बात की गवाही देते कि आरोपी अपनी मरजी से अदालत में आने से बच रहे हैं।

6 मई को अदालत ने सरकार के खर्चे पर वकील द्वारा प्रतिनिधित्व किए जाने के मामले में प्रत्येक अभियुक्त से पूछा। व्यावहारिक रूप से सभी ने किसी भी वकील के माध्यम से मुकदमा लड़ने में बहुत कम रुचि दिखाई।

12 मई, 1930 का आदेश[8]

अभियुक्तों के अव्यवस्थित आचरण के कारण केस कल तक के लिए स्थगित कर दिया गया।

12 मई, 1930 — *जे. कोल्डस्ट्रीम,*
जी.सी. हेल्टन,
आगा हैदर

अदालत को खाली कराया गया और आरोपियों को हटाया गया।

आदेश

मैं न्यायालय से जेल तक अभियुक्तों को हटाने के आदेश का पक्षधर नहीं था और किसी भी तरह से इसके लिए जिम्मेदार नहीं था। मैं उस आदेश के परिणामानुसार हुई सभी घटनाओं से खुद को अलग करता हूँ।

12 मई, 1930 — *आगा हैदर*

एक साहसी कार्य : सुखदेव

वरिंदर के अनुसार, सरदार भगत सिंह और उनके साथियों ने देशभक्तिपूर्ण क्रांतिकारी गीत गाए थे और उस दिन अदालत में अपने पसंदीदा नारे लगाए, जिससे यह स्थिति पैदा हुई। यह कि अदालत को साफ किया गया और अभियुक्तों को हटाया गया। यह अभियुक्तों पर होनेवाले बर्बर अत्याचार की सिर्फ एक व्यंजना थी, जो उन पर विशेष मजिस्ट्रेट की अदालत में पहले किया गया था।

13 मई, 1930

सहायक जेलर ने बताया कि सुखदेव के अलावा किसी भी आरोपी को आज अदालत में पेश नहीं किया जा सकता है, क्योंकि उन्होंने तब तक आने से इनकार कर दिया है, जब तक कि उन्हें जबरदस्ती नहीं लाया जाता। हमारे पास बल-प्रयोग न करने के आदेश थे। उन्होंने कहा कि यदि ट्रिब्यूनल के अध्यक्ष ने कल पारित आदेशों के लिए बिना शर्त माफी की पेशकश की तो वे आएँगे।

आदेश

कल हुई गड़बड़ियों के मद्देनजर, अदालत ने इस मामले पर सावधानीपूर्वक विचार किया और निर्णय लिया कि न्यायालय की कारवाई न्यायिक शिष्टाचार के साथ आयोजित की जानी चाहिए और अदालत के बैठने के दौरान गायन एवं चिल्लाने सहित कोई भी

अप्रिय व्यवहार बरदाश्त नहीं किया जाएगा। ...हम यह देखना अपना कर्तव्य समझते हैं कि काररवाई बाधित नहीं हो और हम संबंधित सभी व्यक्तियों को यह पूरी तरह स्पष्ट करना चाहते हैं कि हम अभियुक्त को हटाने सहित इस तरह के कानूनी तरीके, जो हमारे सामने उपलब्ध हैं, उनका इस्तेमाल करेंगे, जो कि प्रक्रिया के उचित आचरण के लिए आवश्यक माना जाता है।

एसडी/- जे. कोल्डस्ट्रीम
आगा हैदर
जी.सी. हिल्टन

सुनवाई 14 मई तक स्थगित कर दी गई। अभियुक्त को हिरासत में लिया गया और सुनवाई के लिए पेश किया जाएगा।

13 मई, 1930 *कोल्डस्ट्रीम*

14 मई को सहायक जेलर की रिपोर्ट पिछले दिन (13 मई) के समान थी।

अदालत का आदेश : *कल और उपर्युक्त आदेश की काररवाई के संदर्भ में हम यह रिकॉर्ड करते हैं कि हम प्रत्येक अभियुक्त ने अदालत में उपस्थित होने से इनकार करते हुए अध्यादेश 10 की धारा 9(1) के अर्थ और इरादे के अंतर्गत खुद मुकदमे को हानि पहुँचाई है।*[10]

एकदम अप्रत्याशित : भगवती चरण की शहादत

"इन सब बातों के बीच लाहौर केस के नायकों—भगत सिंह और बटुकेश्वर दत्त को बचाने की योजना को अंतिम रूप दिया गया।

"बचाव योजना को आजाद की अनुमति से निष्पादित किया जाना था, बाकी प्रबंधन भगवती चरण के हाथों में रखा गया था। उनकी मदद के लिए सुखदेव राज, यशपाल, टहल सिंह, लेख राम, धन्वंतरि, छैल बिहारी और कैलाश पति को चुना गया था। भगवती चरण की योजना के अनुसार, इन सभी लोगों ने शूटिंग का अभ्यास करना शुरू कर दिया। भगवती चरण को बमबारी अभियान का प्रबंधन करना था और आजाद ने बचाव के प्रयास में शूटिंग शुरू की।

"रविवार, 1 जून, 1930 काररवाई के लिए तय किया गया था। यह निर्णय लिया गया था कि विस्फोटक सामग्री का उपयोग किया जाएगा, जिसे पहले वायसराय की ट्रेन पर दिल्ली में हमले के अवसर पर संगृहीत किया गया था। यशपाल को इन बम-बारूद को भरने के लिए कहा गया था, जिससे बम पूरे तैयार हो सकें और यह कार्य किया गया। 28 मई को होनेवाली काररवाई से तीन दिन पहले भगवती चरण ने बम का परीक्षण करने का फैसला किया। उन्होंने लाहौर के जखीरा, रावी नदी के पास घने जंगल में

एक छिपी जगह का चयन परीक्षण के लिए किया। वह वैशंपायन और सुखदेव राज को अपने साथ ले गए। दुर्भाग्य से ट्रिगर ढीला हो गया और अचानक उनके हाथों में बम फट गया। भगवती चरण की कुहनी उड़ गई थी। उनकी अँतड़ियाँ बाहर आ गई थीं। सुखदेव राज का पैर भी घायल हो गया था। सवाल यह था कि कैसे तात्कालिक सहायता प्राप्त की जाए? वैशंपायन वहाँ नया-नया आया था। ऐसे में सुखदेव राज, जो घायल थे और उनका खून बह रहा था, ने अपना मन बनाया कि वे जाएँगे और पार्टी को सूचित करेंगे। वैशंपायन ने भगवती चरण की पट्टी करनी शुरू की। उन्होंने चोट पर पट्टी के रूप में सारे कपड़े फाड़कर लगा दिए, लेकिन खून रोकने के सारे प्रयास विफल हो रहे थे।... जब तक बचाव दल आता, तब तक भगवती चरण शहीद हो चुके थे। उन्हें एक चादर में लपेटा गया और वहीं दफना दिया गया। एक मिनट की चुप्पी और साथियों की सलामी, नौजवान भारत सभा एवं एच.एस.आर.ए. के घोषणा-पत्र और 'द फिलॉसफी ऑफ द बॉम्ब' के इस लो प्रोफाइल लेखक को अंतिम श्रद्धांजलि थी।"[11]

काररवाइयाँ

आरोपी 23 जून तक अनुपस्थित रहे। इस बीच 7 सरकारी गवाहों सहित 25 पी.डब्ल्यू. के बयान दर्ज किए गए। सरकारी गवाहों में से एक पी.डब्ल्यू. 7, राम शरण दास, एक पुराने गदर क्रांतिकारी, ने 13 मई को अदालत में अपना बयान पूरा करने से ठीक पहले अपना जवाब दिया—

> *"मैं चाहता हूँ कि मुझे जेल भेजा जाए, पुलिस लॉकअप में नहीं। एक ऐसे दस्तावेज को मैं दिखाना चाहता हूँ, जिसमें दिखाया जाए कि सरकारी गवाहों को कैसे सिखाया-पढ़ाया जाता है। मैं दस्तावेज प्रस्तुत करता हूँ। मैं पुलिस की हिरासत में नहीं रहना चाहता। यह दस्तावेज मुझे एक पुलिस अधिकारी द्वारा दिया गया था, जिसने मुझे इसे याद करने के लिए कहा था।*
>
> *"यह मुझे उस अधिकारी द्वारा कभी-कभी दिखाया जाता, जो मेरे साथ था। यह अधिकारी से अधिकारी पास किया जाता था, क्योंकि वे बदलते रहते थे। मैं दूसरा दस्तावेज प्रस्तुत करता हूँ।"*
>
> **अदालत का आदेश :** *इस गवाह को न्यायिक हिरासत में भेजा जाए और पुलिस लॉकअप में न रखा जाए। इसे कल अदालत में पेश किया जाना चाहिए। इसे मामले में अभियुक्त व्यक्तियों के साथ बात करने की अनुमति नहीं दी जानी चाहिए।*[12]

नए जजों की नियुक्ति

अभियुक्तों की अनुपस्थिति और अदालत के नवनियुक्त न्यायाधीशों द्वारा पिछली काररवाई का अध्ययन करने के लिए समय की आवश्यकता होने पर मामला सोमवार,

23 जून, 1930 को सुबह 10 बजे तक स्थगित कर दिया जाता है।

अभियुक्तों को हिरासत में भेज दिया गया है, ताकि उन्हें उस दिन लाया जा सके।

21 जून, 1930 जी.सी. हिल्टन[13]

(खंड–II, पृ. 281)

रामचंद्र के अनुसार—"कोल्डस्ट्रीम"ने निजी तौर पर अदालत के काम का संचालन करने में सरकार की असमर्थता व्यक्त की। यह कहा जाता है कि अदालत में आगा हैदर से छुटकारा पाने के लिए उन्हें वायसराय की काउंसिल में एक सीट की पेशकश की गई थी, जिसे उन्होंने तिरस्कार के साथ मना कर दिया।[14]

"परिणामस्वरूप वायसराय ने एक अन्य अध्यादेश के जरिए एक नई अदालत नियुक्त की, जिसमें न्यायमूर्ति हिल्टन, न्यायमूर्ति अब्दुल कादिर और न्यायमूर्ति टेप शामिल थे। न्यायमूर्ति कोल्डस्ट्रीम एवं न्यायमूर्ति आगा हैदर दोनों को बाहर रखा गया था।"

ए.जी. नूरानी ने नवगठित ट्रिब्यूनल को चुने हुए ट्रिब्यूनल के रूप में ब्रांडेड किया है।[15]

23 जून को आज्ञा राम के अलावा सभी अभियुक्त उपस्थित थे। काउंसेल, जो पहले राजा के खर्चों में काम कर रहा था (जो काउंसेल बाद में मामले से वापस ले लिया गया था), के संबंध में एक आदेश पारित किया गया था। अजय घोष अब कहते हैं कि वह चाहते हैं कि उनका प्रतिनिधित्व करने के लिए अमर दास को फिर से नियुक्त किया जाए और प्रेमदत्त ने कहा कि श्री बलजीत सिंह को फिर से उनके लिए नियुक्त किया जाए। देशराज बयान देने की स्थिति में नहीं हैं, लेकिन उचित समय पर बयान दे देंगे। किशोरी लाल चाहते हैं कि श्री अमरनाथ की जगह श्री अमोलक राम कपूर उनका प्रतिनिधित्व करें।

आदेश : *ट्रिब्यूनल इन अभियुक्तों के लिए जल्द-से-जल्द वकील की व्यवस्था करने के लिए कदम उठाएगा और जहाँ तक संभव होगा, संबंधित अभियुक्तों की इच्छा के अनुसार ही होगा। इस बीच, हम मुकदमे को लेकर आगे बढ़ेंगे।*

हिल्टन[16]

24 जून को आज्ञा राम और सुखदेव को छोड़कर सभी अभियुक्त उपस्थित थे। सहायक जेलर (पी.डब्ल्यू. 1) के अनुसार, सुखदेव ने कहा कि वह अदालत को नहीं पहचानते हैं और इसलिए उपस्थित नहीं होंगे। बटुकेश्वर दत्त ने भी उपस्थित होने से इनकार कर दिया। उन्होंने कोई कारण नहीं दिया।[17]

नूरानी ने पाया—"जब अगले दिन 24 जून, 1930 को अदालत ने सुनवाई फिर से

शुरू की, भगत सिंह ने 12 मई की घटना और उनकी माँगों की याद दिलाते हुए अदालत को एक बयान सौंपा—'उस दिन (12 मई) के बाद से हम अदालत में नहीं आ रहे हैं। हमारी माँग, जिस पर हम अदालत में उपस्थित होने के लिए तैयार थे, अगले दिन अदालत के समक्ष रख दी गई थीं; जैसेकि या तो अध्यक्ष माफी माँगें या उन्हें बदला जाए, जिससे हमारा यह तात्पर्य बिल्कुल नहीं था कि न्यायाधीश, जो उस आदेश के पक्षधर थे, वह अध्यक्ष का स्थान ले लें।' न्यायमूर्ति हिल्टन इस दुर्व्यवहार के पक्ष में थे, जैसाकि यह काररवाई के पृष्ठ-38 (ए) से स्पष्ट है।

"ट्रिब्यूनल की वर्तमान रचना के अनुसार, ट्रिब्यूनल के अध्यक्ष और अन्य न्यायाधीश दोनों, जिन्होंने उस आदेश से खुद को अलग कर लिया था, उन्हें दो नए न्यायाधीशों द्वारा बदला गया है। तीसरे न्यायाधीश, जो उस आदेश के पक्ष में थे, को अब ट्रिब्यूनल का अध्यक्ष नियुक्त किया गया है।

"इन परिस्थितियों में हम एक बात पर जोर देना चाहते हैं कि हमें व्यक्तिगत रूप से श्री जे. कोल्डस्ट्रीम को लेकर मन में कोई द्वेष नहीं है। हमने बहुमत के आधार पर अध्यक्ष द्वारा पारित आदेश के खिलाफ विरोध किया था और बाद में हमारे साथ दुर्व्यवहार किया गया। मि. कोल्डस्ट्रीम और मि. हिल्टन के लिए हर सम्मान, जिसकी अपेक्षा आदमी से आदमी को की जानी चाहिए। चूँकि हमारा विरोध एक निश्चित आदेश के खिलाफ था, हम चाहते थे कि अध्यक्ष माफी माँगें, जिसका तात्पर्य ट्रिब्यून की ओर से अध्यक्ष द्वारा माफी माँगी जाए। उस अध्यक्ष को हटाने से स्थिति नहीं बदली है, क्योंकि मि. हिल्टन, जो उस आदेश के पक्ष में थे, मि. कोल्डस्ट्रीम के स्थान पर अध्यक्षता कर रहे हैं। हम सिर्फ यह देख सकते हैं कि वर्तमान स्थिति ने अपमान रूपी हमारे घाव पर नमक छिड़का है।

"निष्कर्ष में, हम यह बताना चाहते हैं कि यदि न्यायमूर्ति हिल्टन उस आदेश से खुद को अलग कर लेते हैं, जिसका ऊपर उल्लेख किया गया है और हमें भविष्य के लिए आश्वासन देते हैं या किसी अन्य न्यायाधीश द्वारा प्रतिस्थापित किया जाता है तो हम इस अदालत में आते रहने के लिए तैयार हैं, अन्यथा हमें कल से अदालत में उपस्थित होने से इनकार करना होगा।"

नूरानी ने कहा, "भाषा न केवल गरिमापूर्ण थी, बल्कि सुंदर थी। यदि अदालत ने युवा पुरुषों की दलीलों के जवाब में इन गुणों का थोड़ा भी अंश दिखाया होता तो काररवाई के रिकॉर्ड में एक नया अध्याय खुल सकता था; लेकिन ऐसा नहीं हुआ। हिल्टन पहले की तरह ही रहे। अगले दिन, 25 जून को कठघरा पूरी तरह से खाली था।"[18]

25 जून से अभियुक्तों ने अदालत की काररवाई का बहिष्कार शुरू कर दिया।

उनकी अनुपस्थिति में अभियुक्तों की पहचान 2 जुलाई को की गई थी।

"....पहचान के उद्देश्यों के लिए न्यायालय में उनकी उपस्थिति अव्यावहारिक है। यह वकील के लिए छूट थी कि वह संबंधित व्यक्तियों की पहचान को साबित करने के उद्देश्य से किसी भी अन्य उपलब्ध साक्ष्य को प्रस्तुत करे।

"किसी भी आपत्ति या तर्क के मद्देनजर, जो कि मुकदमे में भविष्य में बचाव पक्ष की ओर से हमारे सामने रखा जा सकता है, हम यह स्वीकार करने के लिए तैयार हैं; क्योंकि इस संबंध में ऐसे साक्ष्य को सी.आर.पी.सी. की धारा 288 में साक्ष्य के रूप में संदर्भित किया गया है; वह साक्ष्य, जो पहचान परेड में काररवाई के संबंध में ली गई, पहले ही ली गई या भविष्य में होने वाली है।"[19]

आरोपियों की अनुपस्थिति में आगे की काररवाई जारी रही। 10 जुलाई, 1930 तक 48 पी.डब्ल्यू. की जाँच की गई। जब आरोप तय किए गए, दो पी.डब्ल्यू.—पी.डब्ल्यू. 38—डॉ. स्वान, जिन्होंने सांडर्स के शरीर का पोस्टमार्टम किया था और पी.डब्ल्यू. 6—इंस्पेक्टर फर्न, हत्या के प्रमुख चश्मदीद गवाह ने सांडर्स हत्या के संबंध में न्यायालय के समक्ष बयान दिया। सांडर्स की पोस्टमार्टम रिपोर्ट में उनके सिर पर कोई चोट नहीं दिखाई गई (जो आम धारणा के विपरीत थी) और केवल राजगुरु द्वारा दी गई चोट पीड़ित को छाती पर लगी थी, जिससे उनकी पाँचवीं पसली में फ्रैक्चर हो गया था; लेकिन गोली उनकी छाती के भीतर नहीं गई थी।

10 जुलाई : मास्टर आज्ञा राम और सुरेंद्र पांडे को सबूतों के अभाव में छोड़ दिया गया।

ऐसे ही बटुकेश्वर दत्त को भी छोड़ दिया गया।

आरोप लगाए गए

पंद्रह आरोपियों पर निम्नलिखित आरोप लगाए गए—

1. हथियार एवं गोला-बारूद रखना और बिना लाइसेंस के शस्त्र रखना;
2. हत्या करने और हत्या करने का प्रयास करना;
3. चोरी और डकैती करना;
4. विस्फोटक पदार्थ का निर्माण करना, रखना और अपने अधीन रखना;
5. भागना एवं कानूनी गिरफ्त में रखे गए लोगों को भगाने का प्रयास करना और
6. ब्रिटिश भारत के महामहिम सम्राट् के खिलाफ युद्ध छेड़ना और युद्ध छेड़ने का प्रयास करना।

आदेश

अदालत ने 15 आरोपी व्यक्तियों के खिलाफ आरोप तय किए हैं। हम मामले को कल सुबह 10 बजे तक के लिए स्थगित करते हैं और फिर उन पंद्रह आरोपी व्यक्तियों की उन पर लगाए आरोपों को लेकर दलीलों को स्वीकार करेंगे। चूँकि आरोपी व्यक्ति आज अदालत में उपस्थित नहीं हैं, इसलिए अध्यादेश की धारा 9 के तहत उनकी उपस्थिति को छोड़ दिया गया है। हम आदेश देते हैं कि आज जेल में इन आरोपों की पंद्रह प्रतियाँ संबंधित पंद्रह आरोपी व्यक्तियों को आदेश की प्रतियों के साथ प्रदान की जाएँ।

10 जुलाई, 1930

हिल्टन

अब्दुल कादिर

टैप[20]

11 जुलाई : आदेशों की प्रतियाँ दी गईं। आरोपियों के पेश न होने और उनके खिलाफ लगाए गए आरोपों के संबंध में बयान देने से इनकार करने के मद्देनजर हम निर्देश देते हैं कि सभी पंद्रह व्यक्ति यह मान लें कि उन पर लगाए गए सभी आरोपों के संबंध में दोषी नहीं माने जाएँगे।

आदेश

हम मामले को कल सुबह 10 बजे तक स्थगित करते हैं,... जब आरोपी व्यक्तियों को यह बताना होगा कि क्या वे किसी भी बिंदु पर जिरह करना चाहते हैं और यदि हाँ, तो कौन से पी.डब्ल्यू. जिनके साक्ष्य लिये गए थे... आदेश की प्रति उन्हें प्रदान की जानी चाहिए।[21]

12 जुलाई : सभी आरोपी अनुपस्थित रहे।

28 जुलाई, 1930 से भूख हड़ताल

सी.डब्ल्यू. 1 सहायक जेलर बख्शी लाल चंद के अनुसार, प्रेमदत्त, कुंदन लाल और देशराज को छोड़कर सभी आरोपी 28 जुलाई, 1930 से भूख हड़ताल पर थे।

4 अगस्त : मेडिकल ऑफिसर के आदेशानुसार भूख हड़ताल करनेवालों को मुख्य द्वार पर नहीं लाया गया। कोर्ट में आने के लिए कहने के लिए पुलिस एस.आई. उनके बैरक में गए। उन्होंने इनकार कर दिया।

11 अगस्त : (सी.डब्ल्यू. 10) डॉ. (मेजर) फजलुद्दीन द्वारा रिपोर्ट—

भगत सिंह स्वैच्छिक भूख हड़ताल के कारण अदालत में उपस्थित नहीं हो सके। यहाँ तक कि अगर वह ऐसा करने के लिए तैयार थे, तो भी अगर वह अदालत में लाए जाते तो भी वह अदालत की काररवाई का पालन नहीं कर सकते थे।

आदेश : उनकी उपस्थिति को समाप्त किया गया।

सी.डब्ल्यू. 1 : बोर्स्टल इंस्टीट्यूट के सभी आरोपी चिकित्सकीय रूप से फिट हैं,

लेकिन (13 अगस्त) को अदालत में उपस्थित होने से इनकार कर दिया।

14, 15 और 16 अगस्त : समान आदेश पारित/दर्ज किए गए।

18 अगस्त : अजय घोष 16 अगस्त से भूख हड़ताल पर हैं। भगत सिंह अपनी भूख हड़ताल जारी रखते हैं और मुझे लगता है कि 'उनकी ओर से भूख हड़ताल के कारण आई कमजोरी के कारण वह अदालत में उपस्थित नहीं हो पा रहे हैं, भले ही वह ऐसा करने के लिए तैयार हों। यदि वह अदालत में उपस्थित भी होते तो भी वे काररवाई का पालन करने में सक्षम नहीं होंगे।'

19 अगस्त : कम या अधिक उपर्युक्त के समान।

20 अगस्त : अजय घोष ने कल दोपहर भूख हड़ताल समाप्त कर दी।

एक अन्य सरकारी गवाह पी.डब्ल्यू. 441, ब्रह्म दत्त प्रतिरोधी बन गए। उन्होंने सरकारी वकील द्वारा पूछे गए अधिकांश सवालों के जवाब देने से इनकार कर दिया।

22 अगस्त : (सी.डब्ल्यू. 10, डॉ. फजलुद्दीन) मैंने भगत सिंह की जाँच की है और पाया कि जबरन खिलाए जाने के कारण वह अब तक स्वैच्छिक भूख हड़ताल के कारण हुई कमजोरी से उबर चुके हैं और वह चाहें तो अदालत में उपस्थित हो सकते हैं और काररवाई का ठीक से पालन कर सकते हैं। (सी.डब्ल्यू. 2) भगत सिंह ने अदालत में आने से इनकार कर दिया।

आदेश दिनांक 26 अगस्त, 1930 : 3, 4 और 7 जुलाई, 1930 के हमारे आदेशों की निरंतरता में ''हम आदेश देते हैं कि गवाहों के साक्ष्य, जिनके नाम नीचे सूची में दिए गए हैं, जो विधिवत् रूप से दर्ज किए गए थे''विशेष मजिस्ट्रेट की अदालत में अभियुक्तों की उपस्थिति को साक्ष्य के रूप में माना जाए और इस रिकॉर्ड पर लाया जाए'' (93 पी.डब्ल्यू. की सूची)।

"26 अगस्त, 1930 को, जिस चरण में 457 गवाहों की जाँच की गई थी, वकील ने अपने शेष गवाहों को छोड़ दिया और अभियोजन के लिए मामले को बंद कर दिया।

"ट्रिब्यूनल ने तब मामले को अगले दिन के लिए स्थगित कर एक आदेश पारित किया कि आरोपी व्यक्तियों से उनके बचाव के लिए बुलाए जाने से पहले कानून के अनुसार मामले पर सामान्य पूछताछ की जा सके। इस पत्र की एक प्रति उस दिन प्रत्येक अभियुक्त को दी गई थी।[22]

"27 अगस्त को अभियुक्तों ने अदालत में प्रस्तुत होने का विरोध किया और उनकी उपस्थिति को अगले दिन तक के लिए छोड़ दिया गया। अदालत ने तब निम्न आदेश दर्ज किया—

'उनकी अनुपस्थिति के मद्देनजर, हम सी.आर.पी.सी. की धारा 342 के प्रावधानों का पालन करने में असमर्थ हैं'' आमतौर पर मामले की जाँच करते'' हम धारा 342 के तहत

अभियुक्तों की जाँच की दिशा में कोई और कदम उठाना जरूरी नहीं समझते हैं, यहाँ तक कि अध्यादेश की धारा 9 के तहत उनकी उपस्थिति को छोड़ते हुए इस तरह के परीक्षण को रद्द करते हैं।'

"ट्रिब्यूनल ने तब सी.आर.पी.सी. की धारा 256 (अब धारा 233) के तहत एक अलग आदेश पारित किया, जिसमें सभी आरोपियों को अपने बचाव में प्रवेश करने और अपने साक्ष्य प्रस्तुत करने और अगले दिन सबूत प्रदान करने के लिए मामले को स्थगित किया। उस तारीख को जेल में बंद प्रत्येक आरोपी व्यक्ति को आदेश की एक प्रति प्रदान की गई।

"28 अगस्त, 1930 को अभियुक्तों ने फिर से अदालत में अपने उपस्थित होने का विरोध किया और उनकी उपस्थिति को अगली तारीख तक के लिए छोड़ दिया गया। उनकी ओर से कोई गवाह बचाव में पेश नहीं हुआ और उनकी ओर से बचाव पक्ष के किसी भी गवाह को बुलाने के लिए कोई सूची नहीं डाली गई। अदालत ने मामले को अगले दिन के लिए स्थगित कर दिया।

"29 अगस्त को 28 अगस्त की काररवाई दोहराई गई और 29 व 30 अगस्त को अभियुक्त बचाव में किसी भी गवाह को लाने में विफल रहे।

"1 सितंबर को सभी अभियुक्तों ने अदालत में उपस्थित होने का विरोध किया और उनकी उपस्थिति 15 सितंबर, 1930 तक के लिए छोड़ दी गई।

"इस सुनवाई पर श्री अमोलक राम कपूर दो अभियुक्तों अर्थात् बी.के. सिन्हा एवं अजय घोष के लिए उपस्थित हुए और उन्होंने सी.आर.पी.सी. की धारा 257 (अब धारा 211) के तहत अदालत के सामने एक मौखिक आवेदन किया, जिससे सभी 457 पी.डब्ल्यू. से पूछताछ के लिए वापस बुलाया जाए। पाँच सरकारी गवाह (पी.डब्ल्यू. 2 जय गोपाल, पी.डब्ल्यू. 3 पी.एन. घोष, पी.डब्ल्यू. 4 एम.एम. बनर्जी, पी.डब्ल्यू. 5 एच.आर. वोहरा और पी.डब्ल्यू. 6 एल.एम. मुखर्जी) को पुलिस हिरासत से सीधे श्री कपूर द्वारा पूछताछ किए जाने का प्रस्ताव दिया गया। शेष 452 गवाहों के बारे में श्री कपूर को प्रत्येक व्यक्तिगत गवाह के संबंध में धारा 257 सी.आर.पी.सी. के अनुसार अदालत को संतुष्ट करने के लिए कहा गया था कि इस तरह के गवाहों को वापस लेना न्याय के हित में आवश्यक था। कपूर के पास बचाव के लिए कोई गवाह नहीं था और 30 अगस्त को दिए गए आदेशों तथा काररवाई के दिनों के बावजूद बुलाए जानेवाले बचाव के गवाहों की कोई सूची नहीं दी गई थी।

"सरकारी गवाहों में सबसे पहले पी.डब्ल्यू. 2 जय गोपाल को कठघरे में बुलाया गया था। लेकिन श्री कपूर ने उससे जिरह करने से इनकार कर दिया और कहा कि उनके पास सरकारी गवाह से जिरह करने के लिए कोई निर्देश नहीं है। उन्होंने दोपहर

2 बजे तक काररवाई स्थगित करने की माँग की, ताकि वह जेल में अपने मुवक्किलों का साक्षात्कार लेने में सक्षम हो सकें। यह स्थगन सुबह 11.45 बजे दिया गया था। वह दोपहर 2 बजे उपस्थित हुए और बी.के. सिन्हा एवं ए.के. घोष की ओर से हस्ताक्षरित आवेदन लाए थे, जिसमें किसी भी तरह की जिरह शुरू करने से पहले एक सप्ताह के स्थगन की माँग की गई थी। अभियोजन पक्ष के गवाहों ने···अनुरोध को विलंब करनेवाला मानकर अस्वीकार कर दिया गया और श्री कपूर तब अदालत से वापस आ गए···1 सितंबर, 1930 की सुनवाई के करीब वकील को अपने तर्क शुरू करने के लिए बुलाया गया था, जिसे उन्होंने 10 सितंबर, 1930 तक पूरा किया। फिर मामले को अगले दिन के लिए स्थगित कर दिया गया, ताकि अभियुक्त उपस्थित हो सकें और अदालत के समक्ष किसी भी तर्क को रख सकें, जो वे आमतौर पर मामले के बारे में प्रस्तुत करना चाहते हों और उस आदेश की एक प्रति जेल में प्रत्येक आरोपी को दी गई थी। 11 सितंबर को सभी अभियुक्तों ने फिर से अदालत में उपस्थित होने से इनकार कर दिया और उनकी उपस्थिति को 8 अक्तूबर, 1930, जिस दिन फैसला सुनाया गया था, तक खारिज करने के लिए एक आदेश पारित किया गया।"[23]

इस बीच, भगत सिंह के पिता सरदार किशन सिंह ने 20 सितंबर, 1930 को अदालत में याचिका दायर कर मुकदमे में कुछ कानूनी अड़चनों को उजागर किया। वह 17 दिसंबर, 1928 को सांडर्स की हत्या के दिन अपने बेटे के लिए अनुपस्थिति की दलील पेश करने तक पहुँचे। भगत सिंह ने 4 अक्तूबर, 1930 को 'द ट्रिब्यून' में प्रकाशित अपने पत्र के माध्यम से अपनी ओर से इस कदम पर खुलकर नाराजगी जताई।

एक श्रृंखला प्रतिक्रिया :
एक के बाद एक बम विस्फोट (19 जून, 1930)

"एच.एस.आर.ए. के शेष सदस्यों ने पंजाब के विभिन्न शहरों में मकान किराए पर लिये थे और 10 जून, 1930 की सुबह कैंडल फ्यूज के माध्यम से छोटे नमूना बमों का विस्फोट किया गया। पुलिस, जो तुरंत मौके पर पहुँची, उसने क्रांतिकारी साहित्य के शीर्ष पर हैंडल के साथ लगा नेस्ट ब्लैक बॉक्स पाया। बॉक्स एक शक्तिशाली धमाकेदार जाल वाला बम था, जिसे उठाते समय विस्फोट करने के लिए बनाया गया था। ये जाल लाहौर, अमृतसर, गुजराँवाला, शेखूपुरा, लायलपुर और रावलपिंडी में लगाए गए थे। गुजराँवाला में हेड कॉन्स्टेबल गंभीर रूप से का अन्य को सामान्य चोटें आई थीं। लायलपुर में एक अधिकारी के कान जल गए थे, जिसके परिणामस्वरूप दो महीने बाद उसकी मृत्यु हो गई, जबकि एक अन्य की एक आँख की रोशनी चली गई। अन्य चार स्थानों पर योजना विफल हुई।

"नवंबर 1930 में दूसरे लाहौर षड्यंत्र केस का मुकदमा खुला। आरोपियों में से 4 को एक और लंबी सुनवाई के बाद आजीवन कारावास की सजा सुनाई गई और 11 अन्य लोगों को कारावास की विभिन्न अवधियों के लिए दोषी ठहराया गया। यशपाल, हंसराज 'वायरलेस' और चंद्रशेखर आजाद फरार होनेवालों में से थे।"[24]

गुरदास मल (हरि किशन के पिता)

हरि किशन

दीक्षांत समारोह में पंजाब के राज्यपाल पर हमला

"पंजाब विश्वविद्यालय के दीक्षांत समारोह का समापन हुआ और 1 बजकर 20 मिनट पर राज्यपाल (विश्वविद्यालय के चांसलर) के नेतृत्व में अकादमिक जुलूस ने पंडाल छोड़ना शुरू कर दिया। अचानक एक युवा हरि किशन तलवार मर्दन, थाना वालधर, उत्तर-पश्चिमी सीमांत प्रांत, जो आगंतुकों की गैलरी में बैठा था, अपनी सीट पर खड़ा हुआ और रिवॉल्वर दिखाते हुए अपने लक्ष्य की ओर बढ़ा। उसने बाईं ओर से तेजी से दो या तीन फायर दागे तथा एक और गोली चलाते हुए मुख्य प्रवेश द्वार की ओर कूदा। रिवॉल्वर दिखाकर आगे बढ़ते हुए हरि किशन पोर्च के पास एक खंभे के पास पहुँच गया। एक पुलिस सब-इंस्पेक्टर और कुछ अन्य लोगों ने उसका पीछा किया और अंततः उसे धर दबोचा। सब-इंस्पेक्टर चन्नन सिंह (पुलिसकर्मी का वही नाम बताया, जो भगत सिंह का पीछा करते हुए 17 दिसंबर, 1928 को मारा गया था) बुरी तरह से घायल हो गया था।

"ट्रायल कोर्ट के समक्ष अपने बयान में उन्होंने कहा, 'राष्ट्र की स्वतंत्रता को जीतने

के लिए अहिंसक तरीके दमन से निराश थे और मेरे हजारों देशवासियों और यहाँ तक कि महिलाओं व बच्चों को जेल में डाल दिया गया, पीटा गया तथा उनका अपमान किया गया। इसलिए उनकी विचारधारा अहिंसा से हिंसा की ओर बदली।' उन्हें 9 जून, 1931 को मियाँवाली जेल में सुबह 6 बजे मृत्युदंड दे दिया गया।"[25]

फैसले : ट्रिब्यूनल द्वारा विशेषाधिकारों की सजा

1. सुखदेव : (यू/एस) 121 युद्ध करने + 302/109/120-बी हत्या करने के लिए; मृत्युदंड
2. किशोरी लाल : (यू/एस) 121 युद्ध करने + 302/109/120-बी हत्या करने के लिए; आजीवन कारावास
3. देशराज : एक्स; बरी किए गए
4. प्रेम दत्त : यू/एस 121-ए : युद्ध करने का षड्यंत्र रचा; 5 वर्ष कैद
5. जयदेव : यू/एस 121 युद्ध करने का षड्यंत्र रचा; आजीवन कारावास
6. शिव वर्मा : युद्ध करने का षड्यंत्र रचा; आजीवन कारावास
7. गया प्रसाद : युद्ध करने का षड्यंत्र रचा; आजीवन कारावास
8. महावीर सिंह : युद्ध करने का षड्यंत्र रचा; आजीवन कारावास
9. भगत सिंह : युद्ध करने का षड्यंत्र रचा + 302 हत्या करने के लिए; मृत्युदंड
10. अजय घोष : एक्स; बरी किए गए
11. जतींद्र सान्याल : एक्स; बरी किए गए
12. बी.के. सिन्हा : यू/एस 121 युद्ध करने का षड्यंत्र रचा; आजीवन कारावास
13. शिवराम राजगुरु : युद्ध करने का षड्यंत्र रचा; + 302 हत्या करने के लिए; मृत्युदंड
14. कुंदन लाल : यू/एस 121 युद्ध करने का षड्यंत्र रचा; 7 साल की कैद
15. के.एन. तिवारी : यू/एस 121 युद्ध करने का षड्यंत्र रचा; आजीवन कारावास[26]

धारा 121 और धारा 302 के लिए सजा : न्यूनतम सजा आजीवन कारावास है और अधिकतम सजा मृत्युदंड है। धारा 121- ए के लिए कोई न्यूनतम सजा नहीं है और अधिकतम उम्रकैद है।

धारा 109 : अपराध में सहायता (सहयोग), सजा मुख्य अपराध के समान।

धारा 120-बी : आपराधिक साजिश, सजा मुख्य अपराध के समान।

धारा 302 के साथ दो धाराएँ 109 एवं 120 बी जोड़ने पर इन अपराधों के होने में उनकी गैर-भागीदारी के बावजूद सांडर्स और चन्नन सिंह की हत्या के आरोप में सुखदेव को दोषी ठहराती है।

इन दो धाराओं में से, जो वकीलों को गैर-प्रतिभागियों को अपराध का दोषी ठहराने में, अनुपस्थित होने पर वास्तविक अपराधियों की तरह दोषी मानते हैं। धारा 109 कोड के जितना ही पुराना है, लेकिन 1913 में धारा 120 बी 'आपराधिक षड्यंत्र' जोड़ा गया था, जो आधी सदी से कुछ अधिक है। यह आकस्मिक नहीं था, बल्कि यह क्रांतिकारी समूहों द्वारा किए गए कार्यों की शृंखला के मद्देनजर जोड़ा गया था; जैसे—अलीपुर षड्यंत्र केस (1908), ढाका षड्यंत्र केस (1910), सतारा षड्यंत्र केस (1910), नासिक षड्यंत्र केस (1910) और दिल्ली षड्यंत्र केस (1912)।

आपराधिक षड्यंत्र—धारा 120-बी को तब लागू किया जाता है, जब दो या तीन व्यक्ति इसे करने के लिए सहमत होते हैं या किए जाने का कारक होते हैं (1) कोई गैर-कानूनी कार्य या (2) ऐसा कार्य, जो अवैध तरीकों से अवैध नहीं है।

धारा 120-बी तब से अकसर किसी आपराधिक मामले में आरोपी के रूप में किसी को फँसाने के लिए इस्तेमाल की जाती थी, जब उनमें से सिर्फ एक या दो ने वास्तव में इसमें भाग लिया हो। वर्तमान मामले में, सरकारी पक्ष के लिए इसकी 'उपयोगिता' निर्णय के अध्याय-5 के शीर्षक में सामने आई है, "व्यक्तिगत घटनाओं के संबंध में क्या साबित हुआ, उसे एक ही साजिश के परिणाम के रूप में और साक्ष्य के रूप में इस्तेमाल किया गया।"

षड्यंत्र का अर्थ है—गुप्त योजना बनाना, जिसके लिए कोई प्रत्यक्ष प्रमाण नहीं हो सकता है, क्योंकि यह चरित्र में निजी है। अतः इसका केवल अप्रत्यक्ष प्रमाण हो सकता है, जैसेकि आकस्मिक घटनाओं से उस समय में किसी स्थान पर व्यक्तियों या चीजों की उपस्थिति या अनुपस्थिति। यह अभ्यास स्वाभाविक रूप से विशेष है। उदाहरण के लिए, वर्तमान मामले में 13 मई, 1929 को छापे के दौरान सहारनपुर के घर से भगत सिंह की लिखावट में पुस्तकों की एक सूची की बरामदगी को, जो कुछ भी वहाँ हुआ था, उससे जोड़ने के लिए पर्याप्त था। इसके अलावा, इसने सहारनपुर केंद्र को 'मुख्य' षड्यंत्र से जोड़ दिया।

इस प्रकार, प्रत्येक अभियुक्त को सितंबर 1928 के बाद से इस मामले में 'षड्यंत्र' के अनुसरण में किसी एक द्वारा पूर्व में किए गए सभी गैर-कानूनी कार्यों के लिए दोषी ठहराया जा सकता है।

एक बार षड्यंत्र होने के बाद सभी को और उसके सह-अभियुक्त के 'सह-षड्यंत्रकारी' के प्रत्येक कार्य को दोषी ठहराया जा सकता है।

पुलिस द्वारा नियमित आपराधिक मामलों में भी इस धारा (120-बी) का दुरुपयोग अपराध में अपराधियों की संख्या को बढ़ाने में काफी आम है। यह 'दुरुपयोग' अकसर ऐसे सभी मामलों में न्यायालयों द्वारा इस तरह के 'अतिरिक्त भार' को रिहा करने में मदद करता था।

लेकिन ट्रिब्यूनल चरित्र में 'विशेष' था, न कि 'सामान्य' न्यायालय!

धारा 121 : किंग के विरुद्ध युद्ध की तैयारी : धारा 121-ए : युद्ध करने का षड्यंत्र। अपराध को परिभाषित करते हुए प्रदान किए गए चित्र इसे केवल एक बगावत या विद्रोह ही दरशाते हैं, न कि हिंसा के सरल-छिटपुट व्यक्तिगत कृत्य, जो इस मामले में अभियुक्तों के खिलाफ उद्धृत किए गए थे।

दिलचस्प बात यह है कि सन् 1915 के विशेष ट्रिब्यूनल ने इस धारा के अपने आवेदन को गदरियों को सही ठहराने के लिए किया। आरोपियों की संख्या कुछ सैकड़ों तक पहुँचने, लाहौर छावनी में सेना को लूटने के उनके प्रयासों, टोलियों को बड़े पैमाने पर प्रलोभन देने, भारत के महत्त्वपूर्ण शहरों में उनकी योजनाओं में वृद्धि पर भी यह किया गया। दरअसल, जुलाई 1914 में भारत के लिए रवाना होने से पहले अमेरिका छोड़ने पर उन्होंने वास्तव में ब्रिटिश सम्राट् के खिलाफ युद्ध की घोषणा 'ऐलान-ए-जंग' कर दिया था। लेकिन तब भी उस अदालत ने इस कठोर धारा के आवेदन के औचित्य पर विचार करना जरूरी समझा।

वर्तमान ट्रिब्यूनल ने ऐसा करते समय कोई पछतावा महसूस नहीं किया।

वर्तमान मामले में, (दोषी) 12 में से 10 अभियुक्तों को धारा 121-बी के तहत दोषी ठहराया और बाकी दो नाम थे—प्रेम दत्त एवं कुंदन लाल।[27]

यहाँ भगवान दास माहौर के एक अवलोकन का हवाला दिया जा सकता है—

> *"हमारे लिए कुछ साथी, जो अपरिष्कृत पिस्तौल और कामचलाऊ बमों से लैस हैं, उनका शक्तिशाली साम्राज्य को चुनौती देने का विचार किसी भव्य भ्रम से कम नहीं रहा होगा। सच कहें, तो हम में से किसी ने भी इस तरह की भड़काऊ धारणा पर ध्यान नहीं दिया और हम उन अड़चनों को लेकर पूरी तरह से निश्चित थे, जिनके तहत हम काम कर रहे थे; और इसलिए केवल वही उद्देश्य पूरे करने का लक्ष्य रखा, जो लाभदायी और प्राप्त करने योग्य था।"*[28]

ट्रिब्यूनल के अनुसार : "दिल्ली में सितंबर 1928 में गठित क्रांतिकारी दल की गतिविधियाँ, जिससे ये आरोपी व्यक्ति जुड़े थे, सम्राट् के विरुद्ध युद्ध छेड़ने या युद्ध छेड़ने की कोशिश करने को निम्नलिखित विचारों द्वारा प्रदर्शित किया गया है—

(क) **नाम :** जो सदस्यों ने अपनी पार्टी को दिया था, वह 'हिंदुस्तान सोशलिस्ट रिपब्लिकन आर्मी' था और उनके नेताओं में से एक पंडितजी को विभाग का प्रभारी रखा गया था। यह विचार हर तरह से पार्टी के सैन्य चरित्र को इंगित करता है, जो इसे आयोजित करनेवालों के इरादों को भी दरशाता है।

(ख) **बरामद की गई पुस्तकों की प्रकृति :** आगे इस बात को भी संज्ञान में लिया जाना चाहिए कि किस विषय की पुस्तकें पार्टी के 'कुछ सदस्यों' के पास हैं—

(1) मॉडर्न ब्रीच लोडर
(2) इन्फैंट्री ट्रेनिंग
(3) द सिपॉय ऑफिसर्स मैनुअल
(4) स्मॉल आर्म्स ट्रेनिंग

(ग) **बमों के प्रकार :** जिनका उपयोग दिल्ली में किया गया था और जो लाहौर व सहारनपुर में पाए गए थे। ये बम अनिवार्य रूप से केवल अपराध के हथियार हैं और जीवन के विनाश के लिए इस्तेमाल किए जाने के इरादे से रखे जाते हैं। ये हथियार वो नहीं हैं, जो आत्मरक्षा के लिए रखे जाते हैं।

(मामले से संबंधित रिकॉर्ड में बताया गया है कि दिल्ली में इस्तेमाल किए गए बम मानव जीवन के लिए कितने विनाशकारी थे!)

(घ) इसके बाद पी.एन. घोष और मनमोहन बनर्जी के बयान हैं, जो क्रांति को लेकर हिंसा को अपनाने के पक्ष में सितंबर 1928 की दिल्ली बैठक में पारित प्रस्तावों के चरित्र के बारे में बताते हैं।

(तथ्यात्मक रूप से बात करें तो दिल्ली बैठक रणनीति या 'तरीके' अपनाने के सवाल पर पूरी तरह से चुप थी। यह एच.आर.ए. की नीति के खिलाफ था, जिन्होंने सशस्त्र क्रांति में अपने विश्वास की खुलेआम पुष्टि की थी। सबसे अच्छी बात यह रही कि दिल्ली की बैठक ने कुछ कार्यों को अधिकृत करते हुए संकल्पों को अपनाया, जो दिखते हिंसक थे, लेकिन कभी भी हिंसा को नीति के रूप में नहीं स्वीकार किया।

यहाँ तक कि भारत के वायसराय लॉर्ड इरविन ने भी माना था कि असेंबली बम धमाका 'किसी व्यक्ति के खिलाफ निर्देशित' हमला नहीं था। 'क्रांति' का अर्थ स्पष्ट करते हुए भगत सिंह ने कोर्ट में मुकदमे के दौरान कहा है कि 'क्रांति' में जरूरी नहीं कि खूनी संघर्ष शामिल हो

और न ही व्यक्तिगत प्रतिशोध के लिए इसमें कोई स्थान है। यह बम और पिस्तौल का पंथ नहीं है। 'क्रांति' से हमारा तात्पर्य है कि चीजों के वर्तमान क्रम, जो अन्याय को दरशाने पर आधारित है, को बदलना होगा। इसके शीर्ष पर, यहाँ तक कि लाहौर उच्च न्यायालय के न्यायाधीशों ने भगत सिंह को 'ईमानदार क्रांतिकारी' कहा!)

(ङ) अंत में, उन कृत्यों का चरित्र है, जिन्हें बाद में पार्टी के सदस्यों ने सदा के लिए समाप्त कर दिया और विशेष रूप से दिल्ली में असेंबली हॉल में बम फेंकने, लाहौर में एक पुलिस अधिकारी की हत्या, एक कैदी को हिरासत से बचाने की योजना और बमों के निर्माण के लिए कारखानों की स्थापना करना आदि।

ये गतिविधियाँ आई.पी.सी. की धारा 121 के अंतर्गत आती हैं।"[29]

सरकारी गवाहों की गवाही

साक्ष्य के नियम के अनुसार, सह-अभियुक्त की गवाही केवल तभी मान्य होगी, जब वह मौजूद हो, अन्यथा अभियुक्त के खिलाफ उचित साक्ष्य केवल एक अतिरिक्त सबूत से अधिक कुछ नहीं।

अनुमोदन के बाद इस तरह के अनुमान के पीछे कुछ सामान्य ज्ञान है, जो परिभाषा के अनुसार—अपने दोस्तों और साथियों के लिए गद्दार साबित होता है, जो अपनी अंतरात्मा को बेचकर अपना जीवन बचा रहा है। हो सकता है, वह अपने बचाव के लिए अपने पूर्व मित्रों को अधिकतम संभव सजा दिलाने में रुचि रखता है।

यही कारण है कि सन् 1915 के विशेष ट्रिब्यूनल ने पैरा II में कानूनी बिंदुओं—'साक्ष्यों की गवाही' में कुछ सरकारी गवाहों द्वारा प्रस्तुत साक्ष्य की स्वीकार्यता के संबंध में बचाव की आपत्तियों पर ध्यान देने की माँग की थी।[30]

वर्तमान मामले में, 7 सरकारी गवाहों में से दो, अर्थात् रामशरण दास एवं ब्रह्म दत्त ने अपना बयान फिर से दिया; बल्कि रामशरण ने पुलिस द्वारा सरकारी गवाहों को सिखाने की बात को साबित कर दिया।

शेष 5 में से जय गोपाल और एच.आर. वोहरा साधारण सदस्य थे, जो केवल कुछ बैठकों में उपस्थित हुए थे और जिन्होंने कुछ घटनाओं में भाग लिया था।

भगत सिंह (आरोपी नंबर 11)

भगत सिंह को 8 अप्रैल, 1929 को सार्जेंट टेरी (पी.डब्ल्यू. 18) द्वारा असेंबली हॉल में गिरफ्तार किया गया था, जब उन्होंने और बटुकेश्वर दत्त ने उस हॉल में बम फेंका था।

उनकी सर्वव्यापकता : भगत सिंह के बारे में साक्ष्य की महत्त्वपूर्ण विशेषता उनकी सर्वव्यापकता है। (नोट : सभी अभियुक्तों में, उनके अलावा किसी को भी 'सर्वव्यापी' के रूप में नहीं रखा गया था, बिल्कुल करतार सिंह सराभा की तरह भगत सिंह की भूमिका। सन् 1915 के ट्रिब्यूनल के फैसले की कॉपी में, भगत सिंह ने उस दस्तावेज में सराभा के बारे में जिक्र करती पंक्ति को रेखांकित किया था। (सौजन्य : नेशनल गैलरी ऑफ पोर्ट्रेट्स, चंडीगढ़।)

यहाँ-वहाँ और हर जगह भगत सिंह को दो समन्वयकों में से एक के रूप में नामित किया गया है (दूसरे बी.के. सिन्हा थे)। पहचान परेड (मैजिस्ट्रियल ट्रायल) से संबंधित भाग में हत्या के 8 गवाहों के अलावा दिल्ली व लाहौर से 5-5 पी.डब्ल्यू., आगरा से 3, झाँसी से 3, कलकत्ता से 3, फिरोजपुर से 4, बेतिया (बिहार) से 2 लोग पहचान परेड में उनकी पहचान करने में सफल हुए थे। वास्तव में, वह आंदोलन के सभी चरणों में प्रमुख रूप से मौजूद थे।

सांडर्स का वध : सांडर्स के वध में भगत सिंह की भागीदारी सबसे गंभीर एवं महत्त्वपूर्ण तथ्य है, जो उनके खिलाफ साबित हुआ और पूरी तरह से पर्याप्त साक्ष्यों द्वारा स्थापित किया गया।

भगत सिंह के खिलाफ साक्ष्य चरित्र में तीन गुना हैं—

(क) चश्मदीद गवाह,

(ख) दो सरकारी गवाह—जय गोपाल एवं एच.आर. वोहरा तथा गन एक्सपर्ट मि. चर्चिल,

(ग) हत्या के बाद जारी/चिपकाए गए पोस्टर।

चश्मदीद गवाह : हत्या के चश्मदीद गवाह अब्दुल्ला (पी.डब्ल्यू. 34), मो. इब्राहिम (पी.डब्ल्यू. 36), फकीर सईद वाहिदुद्दीन (पी.डब्ल्यू. 47), चौ. हबीब उल्ला (पी.डब्ल्यू. 101), कमल दीन (पी.डब्ल्यू. 102), गंडा सिंह (पी.डब्ल्यू. 80) और मि. फर्न (पी.डब्ल्यू. 146) थे। मि. फर्न ने हमलावरों में से किसी की भी पहचान नहीं की और वाहिदुद्दीन व गंडा सिंह के सबूतों की अनदेखी इस तथ्य के कारण की जाती है कि उनमें से कोई भी गवाह अधिकारियों को इस बात की जानकारी नहीं दे पाया कि क्या देखा गया था। हालाँकि, कॉन्स्टेबल मो. इब्राहिम, हबीब उल्ला और कमल दीन की गवाही अपने आप में न सिर्फ अविश्वसनीय थी, बल्कि अन्य गवाहों की गवाही में भी कुछ विसंगतियाँ हैं, जो ऐसे संदेह को जन्म देती हैं कि क्या इन तीनों व्यक्तियों पर विश्वास किया जाना चाहिए; लेकिन एहतियात के तौर पर उनके सबूतों की भी अवहेलना की जाती है।

अब्दुल्ला (34) की गवाही, हालाँकि, संतोषजनक और विश्वसनीय दिखती है। वह मोटर चालक था, जिसकी मोटर वहाँ पहुँची थी, जब कोर्ट स्ट्रीट के उस कोने पर

फायरिंग की जा रही थी, जहाँ जय गोपाल ने कदम रखा था। बाद में, वह मि. सांडर्स के शव को अपनी कार में अस्पताल ले गए। उन्होंने सांडर्स पर हमले को देखा और उन्होंने भगत सिंह को एक मैजिस्ट्रियल परेड एवं अदालत में भी—दोनों में लंबे के रूप में भगत सिंह को संतोषजनक रूप से पहचाना था। यह पहचान पर संदेह का कोई कारण नहीं है।

"तब वहाँ ऐसे गवाह भी थे, जिन्होंने डी.ए.वी. कॉलेज के मैदान से गुजरते हुए और दूसरे छोर पर उन मैदानों को छोड़ते हुए काररवाई के दृश्य से हमलावरों को देखा। उनमें से सोमनाथ, एक छात्र (पी.डब्ल्यू. 144), आफताब मोहम्मद, गवर्नमेंट कॉलेज, लाहौर का एक छात्र (पी.डब्ल्यू. 232) और अता मोहम्मद, साइकिल मरम्मत करनेवाला (पी.डब्ल्यू. 48) ने भगत सिंह की सांडर्स वध में भागीदारी के अच्छे सबूत दिए।

दो सरकारी गवाहों की गवाही : जय गोपाल एवं एच.आर. वोहरा और बंदूक विशेषज्ञ मि. चर्चिल के पुष्टिकारक साक्ष्य, जो कि लाहौर में 17 दिसंबर को बरामद हुए थे, यह साबित हुआ कि वास्तव में स्वचालित पिस्तौल (Exh.p. 480) 8 अप्रैल, 1929 को असेंबली में भगत सिंह से बरामद हुई थी।

जैसाकि हत्या के लगभग चार महीने बाद भगत सिंह से यह बरामद किया गया था, इसे जय गोपाल के बयान के पुष्टिकारक साक्ष्य से अधिक नहीं कहा जा सकता है; लेकिन पुष्टिकारक साक्ष्य के रूप में इसका बहुत उच्च मूल्य है।

हत्या के बाद जारी/चिपकाए गए पोस्टर : जिनमें से कुछ में भगत सिंह का हाथ होना साबित हुआ।

"उपर्युक्त सभी साक्ष्यों को एक साथ लेकर यह निर्णायक रूप से साबित किया गया कि भगत सिंह ने मि. सांडर्स की हत्या में भाग लिया था और वास्तव में ऑटोमैटिक पिस्तौल से उस पर गोलीबारी की थी।

लाहौर से उनका भागना और जे.एन. दास के रूप में कलकत्ता की यात्रा, कलकत्ता में बम-बारूद बनाना और आगरा में बम बनाना उनके खिलाफ साबित हुआ। आगरा में असेंबली हॉल में बम फेंकने का निर्णय 8 अप्रैल, 1928 को केंद्रीय समिति ने किया था।

संक्षेप में, भगत सिंह सितंबर 1928 में दिल्ली में गठित क्रांतिकारी पार्टी के अग्रणी नेता थे और उस पार्टी के गठन से पहले ही उन्होंने क्रांतिकारी गतिविधियों में भाग लिया था। वह पंजाब शाखा के एक सक्रिय सदस्य थे, जिसके सुखदेव आयोजक सदस्य थे। दिल्ली की बैठक के समय से भगत सिंह को विभिन्न प्रांतों के बीच एक कड़ी के रूप में चुना गया था और इस संबंध में वह अपनी क्षमता के अनुसार पंजाब एवं कलकत्ता के बीच एक जगह से दूसरी जगह लगातार यात्रा कर रहे थे। केंद्रीय समिति के सदस्य के रूप में उन्होंने पार्टी के महत्त्वपूर्ण विचार-विमर्श तथा योजनाओं में भी भाग लिया और आमतौर पर आंदोलन के सक्रिय पक्ष में भाग लेते पाए गए। उन्होंने लाहौर में पंजाब

नेशनल बैंक को लूटने के ऑपरेशन में हिस्सा लिया था। वह मि. सांडर्स की हत्या में नायक थे और यह वे थे, जिन्होंने उस वार्त्ता में हिस्सा लिया था कि जे.एन. दास को पार्टी के सदस्यों को बम बनाना सिखाना चाहिए। उन्होंने आगरा में बम बनाने, जोगेश चटर्जी के बचाव दल में एवं बम का परीक्षण करने के लिए झाँसी की यात्रा में सक्रिय रूप से भाग लिया और आखिरकार उन्हें अप्रैल 1929 में असेंबली हॉल में बम फेंकने के लिए चुना गया।[31]

उन सभी के बावजूद, जो आरोपियों ने वास्तव में किया, अपने क्रांतिकारी लक्ष्यों को प्राप्त करने के लिए यहाँ पर वास्तविक मुद्दा, जैसाकि ए.जी. नूरानी ने उजागर किया था, 'मुकदमे की निष्पक्षता' थी।

"लेकिन यह मुद्दा मुकदमे की निष्पक्षता में है; उनकी निष्पक्षता, जिन्होंने इसे मंच दिया—पुलिस, अभियोजन, मजिस्ट्रेट और अदालत के तीन न्यायाधीश। यह अपनी तरह का पहला मामला था, जिसमें 12 लोगों पर मुकदमा चला, मौत की सजा, आजीवन कारावास और लंबे समय तक कारावास की सजा, जो कानून के तहत ज्ञात सबसे कठोर अपराधों के लिए है, जो उनकी अनुपस्थिति में आयोजित किया गया था।"[32]

जिन्ना ने एक साल पहले केंद्रीय असेंबली में अपने भाषण में सरकार की नीति को सटीक रूप से अभिव्यक्त किया था—"हम हर संभव ढंग, हर संभव तरीके अपनाएँगे; लेकिन हम देखेंगे कि आपको या तो फाँसी हो या उम्रकैद हो और इस बीच हम आपको सभ्य पुरुष नहीं मानेंगे।"[33]

परिशिष्ट भाग : उम्रकैदियों को अंडमान भेजा—पंजाब पुलिस को सलाम!

बी.के. सिन्हा का अंडमान भेजे जाने के संबंध में कथन : 'इन अंडमान : दि इंडियन बैस्टिल' के अनुसार—मद्रास से अंडमान पहुँचने में जहाज को साढ़े तीन दिन लगे। हमारे लिए कोई कार्यक्रम या घटना नहीं थी। हम अपने ब्लॉक में पड़े हुए थे। हम में से हर कोई समुद्री बीमारी से पीड़ित था। यह हमारी पहली समुद्री यात्रा थी। जो पुलिस हमें सुरक्षित लाई, उनमें से ज्यादातर पंजाब के लोग थे। उनमें से कुछ दिन-रात हमारे ऊपर पहरा देते थे। जब उन्हें पता चला कि हम राजनीतिक कैदी हैं और आगे कि हम शहीद सरदार भगत सिंह के सहयोगी हैं, तो उन्होंने हमें अपनी शुभकामनाओं और देखभाल की गर्मजोशी से अभिभूत कर दिया। वे नहीं जानते थे—गरीब साधारण कॉन्स्टेबल अपनी गहरी सहानुभूति कैसे व्यक्त करें। उनमें से एक बूढ़ा दाढ़ीवाला साथी आता और कहता, "परेशान मत हो। अल्लाह जल्द ही तुम्हें आजाद कर देगा।" अन्य आते हैं और जहाज के राशन के कुछ हिस्से में चोरी करते—थोड़ा चीनी और चाय पत्ती। ड्यूटी पर मौजूद तीसरा व्यक्ति हम में से कुछ को बाहर ले जाता और स्नान करने की

गुजारिश पर हमें कुछ समय के लिए ताजा हवा में और हमें अपनी अँधेरी काल-कोठरी से बाहर घूमने की इजाजत देते। हमारे लोगों द्वारा दी जा रहीं उन सभी छोटी-छोटी सुख-सुविधाओं के लिए हम हृदय से उनके आभारी थे।"[34]

संदर्भ—

1. खुशवंत सिंह एवं सतिंदर सिंह, 'गदर-1915 : भारत की पहली सशस्त्र क्रांति', आर. एंड के. पब्लिशिंग हाउस, नई दिल्ली, पृष्ठ-54
2. काली चरण घोष, 'रोल ऑफ ऑनर', विद्या भारती, कोलकाता, पृष्ठ-202
3. मलविंदर जीत सिंह वरैच एवं डॉ. गुरदेव सिंह सिद्धू, 'द हैंगिंग ऑफ भगत सिंह : कंप्लीट जजमेंट एंड अदर डॉक्युमेंट्स', वॉल्यूम-I (1930 का अध्यादेश III), यूनीस्टार बुक्स प्रा.लि., चंडीगढ़, 2005, पृष्ठ-73-80
4. वही, पृष्ठ-84-88
5. ए.जी. नूरानी, 'ट्रेल ऑफ भगत सिंह : पॉलिटिक्स ऑफ जस्टिस', ऑक्सफोर्ड यूनिवर्सिटी प्रेस, कराची, 2005, पृष्ठ-130-31
6. वही, पृष्ठ-135
7. वही, पृष्ठ-139
8. मलविंदर जीत सिंह वरैच एवं राजवंती मान, 'द हैंगिंग ऑफ भगत सिंह : सेलेक्टेड ट्रिब्यूनल प्रोसीडिंग्स विद सुखदेव रिमार्क्स', वॉल्यूम-II, (1930 का अध्यादेश III) यूनीस्टार बुक्स प्रा. लि., 2010, (काररवाई, दिनांक 12 मई, 1930)
9. वही, (काररवाई, दिनांक 13 मई, 1930)
10. वही, (काररवाई, दिनांक 14 मई, 1930)
11. 'नौजवान भारत सभा और हिंदुस्तान सोशलिस्ट रिपब्लिकन एसोसिएशन/आर्मी' (एच. एस.आर.ए.), कॉमरेड रामचंद्र (लेखक द्वारा प्रकाशित), नई दिल्ली, 1986, पृष्ठ-121-23
12. मलविंदर जीत सिंह वरैच एवं राजवंती मान, op.cit., (पी.डब्ल्यू. 7, रामशरण दास—कथन दिनांक 12 मई, 1930)
13. वही (काररवाई। आदेश दिनांक 21 जून, 1930)
14. 'नौजवान भारत सभा एंड हिंदुस्तान सोशलिस्ट रिपब्लिकन एसोसिएशन/आर्मी' (एच. एस.आर.ए.), कॉमरेड रामचंद्र, ऑप सिट, पृष्ठ-120
15. ए.जी. नूरानी, op.cit., पृष्ठ-164
16. मलविंदर जीत सिंह वरैच एवं राजवंती मान, op.cit., काररवाई, दिनांक 23 जून, 1930)
17. वही, दिनांक 24 जून, 1930
18. ए.जी. नूरानी, op.cit., पृष्ठ-166-67
19. मलविंदर जीत सिंह वरैच एवं राजवंती मान, op.cit. पृष्ठ-249
20. वही, पृष्ठ-447-657 (रैंडम)
21. वही, पृष्ठ-657-66
22. वही, (काररवाई, 28 जुलाई, 1930 से 26 अगस्त, 1930 तक)
23. वही, 1 सितंबर, 1930

24. 'टेररिज्म इन इंडिया : 1917-36', चंडीगढ़, 1979, पृष्ठ-104-05
25. काली चरण घोष, 'रोल ऑफ ऑनर', विद्या भारती, कोलकाता, पृष्ठ-428
26. मलविंदर जीत सिंह वरैच एवं डॉ. गुरदेव सिंह सिद्धू, op.cit., पृष्ठ-182-85
27. राइट्स की टिप्पणियाँ
28. भगवान दास माहौर, सदाशिव राव मलकापुरकर एवं शिव वर्मा, 'यश की धरोहर' (हिंदी), आत्माराम एंड संस, दिल्ली, 1991, पृष्ठ-99
29. मलविंदर जीत सिंह वरैच एवं डॉ. गुरदेव सिंह सिद्धू, op.cit., पृष्ठ-158
30. मलविंदर जीत सिंह वरैच एवं हरिंदर सिंह, 'वॉर अगेंस्ट किंग एंपेरर : 1914-15 का गदर—ए वर्डिक्ट बाय स्पेशल ट्रिब्यूनल', भाई रणधीर सिंह ट्रस्ट, लुधियाना, 2001, पृष्ठ-44-45
31. मलविंदर जीत सिंह वरैच एवं डॉ. गुरदेव सिंह सिद्धू, op.cit., पृष्ठ-149-158
32. ए.जी. नूरानी, op.cit., पृष्ठ-186
33. वही, पृष्ठ-186
34. विजय कुमार सिन्हा, 'इन अंडमान्स दि इंडियन बास्टिल', पीपल्स पब्लिशिंग हाउस, नई दिल्ली, 1985, पृष्ठ-10

□

15

द काउंटडाउन

ट्रिब्यूनल द्वारा 7 अक्तूबर, 1930 को लाहौर सेंट्रल जेल के अधीक्षक को जारी किए गए भगत सिंह की मौत का वारंट इस प्रकार है—

"...यह आपको अधिकृत करता है और आपको उक्त (मौत) की सजा को अंजाम देने के लिए 27 अक्तूबर, 1930 को भगत सिंह को तब तक फाँसी पर लटकाया जाए, जब तक उसकी मृत्यु नहीं हो जाती और उसके बाद यह प्रमाणित करते हुए कि सजा दी जा चुकी है, उच्च न्यायालय में वारंट वापस भेजा जाए।"

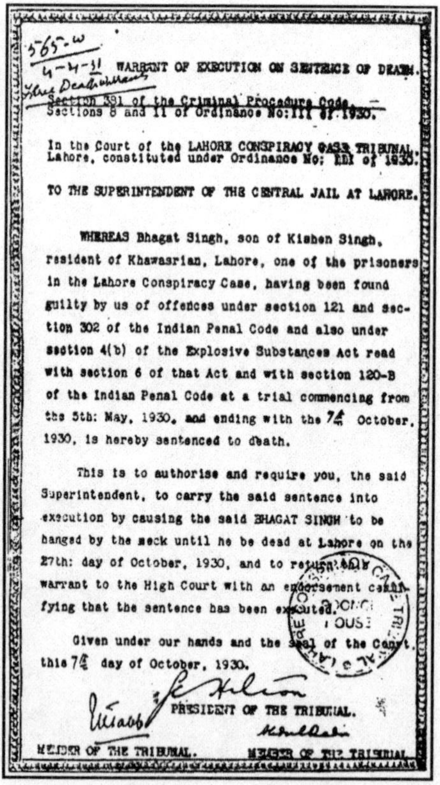
WARRANT OF EXECUTION ON SENTENCE OF DEATH.

Section 391 of the Criminal Procedure Code.
Sections 8 and 11 of Ordinance No: III of 1930.

In the Court of the LAHORE CONSPIRACY CASE TRIBUNAL, Lahore, constituted under Ordinance No: III of 1930.

TO THE SUPERINTENDENT OF THE CENTRAL JAIL AT LAHORE.

WHEREAS Bhagat Singh, son of Kishen Singh, resident of Khawasrian, Lahore, one of the prisoners in the Lahore Conspiracy Case, having been found guilty by us of offences under section 121 and section 302 of the Indian Penal Code and also under section 4(b) of the Explosive Substances Act read with section 6 of that Act and with section 120-B of the Indian Penal Code at a trial commencing from the 5th: May, 1930, and ending with the 7th October, 1930, is hereby sentenced to death.

This is to authorise and require you, the said Superintendent, to carry the said sentence into execution by causing the said BHAGAT SINGH to be hanged by the neck until he be dead at Lahore on the 27th: day of October, 1930, and to return the warrant to the High Court with an endorsement certifying that the sentence has been executed.

Given under our hands and the seal of the Court, this 7th day of October, 1930.

PRESIDENT OF THE TRIBUNAL.

MEMBER OF THE TRIBUNAL. MEMBER OF THE TRIBUNAL.

हालाँकि, 23 मार्च, 1931 को यह कार्य पूरा कर दिया गया, क्योंकि हस्तक्षेप करने की अवधि बहुत अधिक थी।

8 अप्रैल, 1929 से और पूरे मुकदमे तथा भूख हड़ताल के दौरान भगत सिंह एवं उनके साथी पूरे देश में भारतीयों के बड़े वर्गों की सहानुभूति और प्रशंसा का केंद्र बने। अपने शुरुआती बीसवें वर्ष के ये युवा, वह भी एक नकली परीक्षण के बाद, तीनों पर मौत की सजा के ऐलान ने राष्ट्र को पूरी तरह से झकझोर दिया था।

अपनी ओर से सरकार भी यह सब अच्छी तरह से जानती थी कि

उनके मृत्युदंड के मौके पर जनसभाओं, विरोध-प्रदर्शनों, जुलूसों के बड़े पैमाने पर होने की संभावना है। इसलिए भारत सरकार और पंजाब की प्रांतीय सरकार ने इस सामूहिक प्रतिक्रिया को रोकने के लिए 'कठिन' उपायों को खोजने की शुरुआत की। भारत सरकार यह जानने के लिए उत्सुक थी कि पंजाब सरकार इस संबंध में क्या कदम उठाएगी। इसलिए फैसला सुनाए जाने के एक पखवाड़े से भी कम समय के बाद पंजाब सरकार को 20 अक्तूबर को एक अर्ध-आधिकारिक पत्र मिला, जिसमें लाहौर षड्यंत्र केस के दोषियों की फाँसी की सजा के अवसर पर जुलूसों के प्रस्तावित निषेध के सवाल पर चर्चा की गई।

लेकिन भारत सरकार इतनी घबराई हुई थी कि पंजाब सरकार से जवाब का इंतजार किए बिना उसने पूरे भारत की सभी प्रांतीय सरकारों को 4 नवंबर, 1930 के अपने पत्र में सूचित कर दिया कि—

> *"लाहौर षड्यंत्र केस के संबंध में वर्तमान स्थिति यह है कि एक आवेदन किया गया है, जिसमें दोषी पाए गए अधिकांश व्यक्तियों की ओर से प्रिवी काउंसिल (इंग्लैंड में) को छोड़ दिए जाने की अपील की गई, इसलिए काररवाई में कुछ हफ्तों की देरी होगी। भारत सरकार ने पंजाब सरकार के साथ मिलकर सजा के कार्यान्वयन की तारीख के बारे में सूचित करने की व्यवस्था की, यदि प्रिवी काउंसिल के समक्ष काररवाई अभियुक्तों के विरुद्ध होती है और लोकप्रिय प्रदर्शन आयोजित किए जाने की संभावना से, वे प्रांतीय सरकारों को फाँसी की तारीख की सूचना देंगे।"*[2]

भगत सिंह का अपने साथियों के साथ आखिरी संवाद

इस लेखक ने भगत सिंह के एक साथी पं. किशोरी लाल से इस अंतिम विदाई का वर्णन करते हुए अकसर सुना था, "जब भी हमने उन्हें छोड़ा, वह हमेशा 'फिर मिलेंगे' कहते हुए विदा होते। इस अवसर पर भी भगत सिंह ने उन्हीं शब्दों का उच्चारण किया।"

दिसंबर 1930

लाहौर सेंट्रल जेल में एक रात…कैदी सेल में…शिव वर्मा, जयदेव और अन्य लोगों ने भगत सिंह के साथ अंतिम बार बात की…

शिव वर्मा : "फैसले के दिन हम भगत सिंह को दिए जानेवाले मृत्युदंड की सजा के लिए तैयार थे, तब भी मुझे फैसला सुनने पर चक्कर-सा आ गया था। यह अनुमान अब एक वास्तविकता बन गया था। सजा मिलने के बाद हमें भी बोर्स्टल जेल से हटा दिया गया था और सेंट्रल जेल भेज दिया गया। पुराने और नए दोनों बेड़े एक-दूसरे से सटे हुए थे। भगत सिंह, सुखदेव एवं राजगुरु नए बेड़े में थे और हम पुराने में थे। एक दिन देर शाम हमारे सेल के ताले खोले गए और हमें बाहर निकलने को कहा गया।

सरकार हमारे साथियों को फाँसी दिए जाने से पहले हमें दूर ले जाना चाहती थी।

"जेल के वरिष्ठ अधीक्षक ने अपने दल-बल के साथ गेट की ओर मार्च किया। कुछ दूर चलने के बाद उन्होंने पूछा, 'क्या आप अपने साथियों से मिलेंगे?' अपनी दरियादिली के लिए धन्यवाद प्राप्त करने के बाद उन्होंने नए परिसर का गेट खोला और हमें भगत सिंह, सुखदेव एवं राजगुरु के सेल की ओर ले गए।

"इस विचार का खौफ हम सभी के चेहरों पर निराशा के रूप में दिख रहा था कि हम इन साथियों से फिर कभी नहीं मिलेंगे। अंतिम बार मिलने के बाद जब हम वापस लौटने लगे, हम में से एक (जयदेव कपूर) ने सरदार भगत सिंह से पूछा, 'सरदार, आप मरने जा रहे हैं। मैं जानना चाहूँगा कि क्या आपको इसका दुःख है?'

"सवाल को सुनकर सरदार पहले तो जोर से हँसे, फिर सोचने लगे और कहा, 'जब मैंने क्रांति के रास्ते पर पैर रखा तो मुझे लगा कि मैं 'इनकलाब जिंदाबाद' का नारा भारत के हर नुक्कड़ तक फैला सकूँ और आज अपने प्राणों की बलि देकर मुझे लगता है कि मैंने अपने जीवन का मूल्य प्राप्त कर लिया है। आज, जब मैं इस सेल की लोहे की सलाखों के पीछे हूँ तो मैं अपने देश के करोड़ों लोगों के गले से उठनेवाले उस नारे की गर्जना भरी आवाज सुन सकता हूँ। मुझे यकीन है कि यह नारा साम्राज्यवादियों पर भारी पड़ेगा, क्योंकि यह स्वतंत्रता संग्राम में प्रेरक शक्ति के रूप में काम करेगा।' फिर कुछ देर रुककर उन्होंने अपनी सहज मुसकान के साथ कहा, 'इतनी कम जिंदगी की और इससे अधिक क्या कीमत हो सकती है!'

"मैं उन सभी के पीछे था। अलविदा कहते समय मेरी आँखों में आँसू छलक गए। मुझे रोते हुए देखकर उन्होंने कहा, 'प्रभात, यह भावुक होने का समय नहीं है। मैं जल्द ही सभी चिंताओं से मुक्त हो जाऊँगा। लेकिन आप सभी को जिम्मेदारियों के भारी वजन के बावजूद एक लंबी यात्रा पर निकलने की कोशिश करनी है। आप हार नहीं मानेंगे और आधे रास्ते पर हार स्वीकार नहीं करेंगे।' यह कहते हुए उन्होंने लोहे की सलाखों के माध्यम से अपना हाथ आगे किया और मेरे हाथ को पकड़ लिया।

"पास आते हुए जेल अधीक्षक फुसफुसाया, 'मार्च।' यह सरदार के साथ हमारी आखिरी मुलाकात थी।...''[3]

प्रिवी काउंसिल से अपील : भगत सिंह, जिन्हें मुकदमे के परिणाम को लेकर कोई भ्रम नहीं था, वे 7 अक्तूबर, 1930 के फैसले को चुनौती देने के पक्ष में नहीं थे। इस बात से पूरी तरह से अवगत होने के कारण रक्षा समिति के कुछ सदस्यों, जैसे लाला दुनी चंद एवं डॉ. गोपीचंद भार्गव, जो प्रिवी काउंसिल जाने के इच्छुक थे, वे भगत सिंह को अपने प्रस्तावित कदम को लेकर मनाने में यह कहकर सफल हुए कि यह

राजनीतिक रूप से लाभप्रद होगा, क्योंकि फाँसी में देरी होने से फैसले के खिलाफ लोगों की भावनाओं को भड़काएगा। दो प्रख्यात वकीलों—प्राणनाथ मेहता और मोतीलाल नेहरू ने भी इस कदम का समर्थन किया।

समझदारी से काम लेते हुए याचिकाकर्ता ने मामले की कारवाई के गुणों को चुनौती नहीं दी और केवल एक बिंदु पर ध्यान केंद्रित किया और वह था—1930 के अध्यादेश III की वैधता।

यह मुद्दा उठाया गया था कि भारत सरकार अधिनियम की धारा 72 के तहत, जिसके आधार पर भारत के गवर्नर जनरल ने 1 मई, 1930 को अध्यादेश III को रद्द कर दिया था और अति विशिष्ट शक्तियों के साथ एक विशेष ट्रिब्यूनल का गठन किया, जो केवल 'आपातकाल के मामलों और ब्रिटिश भारत की शांति एवं सुशासन के लिए लाया जा सकता था।'

याचिकाकर्ताओं द्वारा यह आग्रह किया गया था, "इससे पहले कि किसी भी अध्यादेश को वैध ठहराया जा सके, तीन चीजें अवश्य होनी चाहिए और उनमें से कम-से-कम दो इस याचिका के लिए कुछ महत्त्वपूर्ण हैं।"

सबसे पहले, आपातकाल की स्थिति होनी चाहिए, जो भी 'आपातकाल' का अर्थ हो; दूसरा यह है कि अध्यादेश को अध्यादेश होना चाहिए, जिसके तहत यह स्पष्ट हो कि यह या उसका कुछ हिस्सा ब्रिटिश भारत की शांति एवं सुशासन के लिए अध्यादेश है; और तीसरा बिंदु यह है कि यह शांति एवं सुशासन के लिए होने के अलावा, भारतीय विधानसभाओं की विधायी शक्तियों के भीतर आता हो।'"[4]

शुरुआती 'कथन' में निहित अध्यादेश के औचित्य का उल्लेख करते हुए यह कहा गया था कि 'आपातकाल' की आवश्यकता इस बात से उभरी कि लाहौर षड्यंत्र केस के 24 अभियुक्तों को विशेष ट्रिब्यूनल का निर्माण कर अतिरिक्त शक्तियों के साथ और अपील के किसी भी अधिकार से उन्हें इनकार करते हुए एक साधारण अभियुक्त के लिए उपलब्ध सुरक्षा उपायों से वंचित किया जाए। इसलिए किसी भी कानूनी प्रणाली के बहुत ही मूल सिद्धांत केवल मुकदमे की लंबी कारवाई में ही संभव है।

अपेक्षानुसार, याचिका को तकनीकी आधार पर खारिज कर दिया गया था; और वह गवर्नर जनरल था, जो यह तय करनेवाला एकमात्र न्यायाधीश था कि वहाँ आपातकाल की स्थिति थी या नहीं!

याचिका पर फैसला लेने में लंबा समय लगा और इसे 12 फरवरी, 1931 को खारिज कर दिया गया तथा 27 फरवरी को विस्तृत निर्णय दिया गया।

प्रतिक्रिया : तीनों क्रांतिवीरों को होनेवाली फाँसी की खबर से पूरे देश में सदमे

की लहर दौड़ पड़ी। परिणामस्वरूप पूरे पंजाब में 'भगत सिंह अपील समितियों' का गठन किया गया। इन समितियों का उद्देश्य उस प्रार्थना-पत्र पर अधिक-से-अधिक लोगों के हस्ताक्षर प्राप्त करना था, जिसे वायसराय को सौंपकर फाँसी की सजा को उम्रकैद में बदलने की प्रार्थना की गई थी। यह अपील निम्नानुसार शब्दबद्ध थी—

"हम नीचे हस्तक्षार किए लोग अनुरोध करते हैं कि भगत सिंह, सुखदेव और राजगुरु पर लाहौर में विशेष ट्रिब्यूनल द्वारा पारित मौत की सजा को निम्नलिखित अन्य आधारों पर बदला जाए—

1. *यह कि मुकदमा सामान्य अदालत के कानून के पूर्व सामान्य कानून के अनुसार आयोजित नहीं किया गया था।*
2. *मुकदमे को असाधारण अदालत द्वारा अभियुक्तों की अनुपस्थिति में एकपक्षीय किया गया था।*
3. *आरोपियों को उच्च न्यायालय में अपील की अनुमति नहीं थी।*
4. *जब भगत सिंह के पिता सरदार किशन सिंह ने सांडर्स की हत्या के संबंध में अभियोजन की कहानी को खारिज करने के लिए दस्तावेजी और मौखिक साक्ष्य प्रस्तुत करने की अनुमति देने का अनुरोध किया तो वह अनुरोध मंजूर नहीं किया गया।*

"यह कि उस समय, जब इंग्लैंड में मौत की सजा समाप्त होने जा रही है और समान विधेयक विधानसभा के समक्ष लंबित है तथा फिर से भारत व ब्रिटेन के बीच संबंधों को अधिक न्यायसंगत एवं उचित आधार पर समायोजित किया जा रहा है, इन युवाओं की फाँसी लोगों के मनों पर बहुत पीड़ादायक प्रभाव उत्पन्न करेगी।"

यह निर्णय लिया गया कि 17 फरवरी, 1931 को यह ज्ञापन वायसराय को सौंपा जाएगा और पूरे प्रांत में 'भगत सिंह दिवस' मनाया जाएगा।

आधिकारिक दृष्टिकोण : *'भगत सिंह अपील समिति की क्रांतिकारी गतिविधियाँ' :* भगत सिंह अपील समितियाँ अब निम्नलिखित स्थानों से रिपोर्ट कर रही थी।... (पंजाब के 16 शहर सूचीबद्ध हैं।)

"इन समितियों का उद्देश्य लोगों के उत्साह को इस हद तक उत्तेजित करना है कि फाँसी के दिन वे आक्रामक और संभवत: हिंसक प्रदर्शनों में भाग लेंगे।

"लाहौर और अमृतसर में समितियों में नौजवान भारत सभा के पुराने सदस्य शामिल थे।...वर्तमान में उनका प्रचार वायसराय को अधिक-से-अधिक लोगों के हस्ताक्षर प्राप्त स्मृति-पत्र सौंपना है, जिसमें लाहौर षड्यंत्र केस के कैदियों की मौत की सजा को उम्रकैद में परिवर्तित करने का अनुरोध करना है।"

नोट : 28 फरवरी, 1931 के 'दि ट्रिब्यून' ने बताया कि तब तक 1 लाख से अधिक हस्ताक्षर प्राप्त हो चुके थे।

"यह प्रदर्शनों और भाषणों के लिए एक अवसर प्रदान करता है, ताकि जनता का ध्यान मामले पर केंद्रित हो और उत्साह व सहानुभूति जगे।

"भगत सिंह दिवस '17 फरवरी' को मनाया गया। लाहौर में सुबह दुकानदारों के बीच केवल आंशिक रूप से हड़ताल हुई। सभी कॉलेज प्रभावित हुए। दोपहर में एक जुलूस निकला, जिसमें बड़े पैमाने पर छात्र शामिल हुए, जिस पर अन्य आपत्तिजनक विषय रहे, जिन पर कोरस में नारे लगाए गए थे—'इस पुरानी सरकार को ध्वस्त करो', 'हम तब तक आराम नहीं करेंगे, जब तक हम सभी उच्च अधिकारियों को गोली नहीं मार देते।' इसके बाद लगभग 15,000 लोगों ने एक बैठक में भाग लिया। सरदार शार्दूल सिंह, डॉ. सत्यपाल एवं बाबा सोहन सिंह भकना महत्त्वपूर्ण वक्ता थे। कांग्रेस के दो रिहा हुए नेता (सरदार शार्दूल सिंह एवं डॉ. सत्यपाल), जिनसे कांग्रेस की राय रखने की उम्मीद की जाती है, उन्होंने भी इन क्रांतिकारियों द्वारा की गई हिंसक क्रांति की प्रशंसा करते हुए उनका हृदय से पक्ष लिया और उन्हें 'शहीद', 'वीर' एवं 'अमर जवान' कहा। उन्होंने यह कहकर अपनी बात समाप्त की कि अगर भगत सिंह को फाँसी दी जाती है तो भविष्य में शांति का कोई अवसर नहीं मिलेगा। इसके ठीक बाद, जब दर्शकों का उत्साह अपनी उच्चतम सीमा तक पहुँच गया तो मुद्रित फॉर्म पर हस्ताक्षर करने की अपील की गई।

"इसमें कोई संदेह नहीं है कि चरमपंथियों के उत्साह से कांग्रेस के सबसे नरम समर्थक भी प्रभावित हो गए थे। वास्तव में, अगर अखिल भारतीय कांग्रेस कार्य समिति सरकार के साथ वार्त्ता करने की शर्तों में से एक के रूप में इस सजा को बदलने की माँग नहीं करती तो वे चरमपंथी पक्ष में सबसे अलोकप्रिय होंगे···ठीक जैसाकि सन् 1929 के कांग्रेस के समय में हिंसा के खतरों ने पूरी पार्टी को चरमपंथ तक पहुँचा दिया। इसलिए, अब खतरे कांग्रेस नेताओं को भगत सिंह का मामला लेने के लिए मजबूर कर रहे हैं।"

उठाए गए कदम

पंजाब सरकार ने भारत सरकार से इस विषय पर एक पत्र के जवाब में कहा—

"(2) गवर्नर-इन-काउंसिल ने इस प्रश्न पर विचार किया और फाँसी देने से कम-से-कम एक सप्ताह पहले पंजाब के सभी जिला मजिस्ट्रेटों को निर्देश दिया है—

(क) कि षड्यंत्र केस के दोषियों के साथ सहानुभूति रखनेवाले सभी जुलूसों को रोकना है।

(ख) कि यदि किसी जिले में कोई जुलूस नहीं होना तय है तो उपायुक्त को कोई आदेश जारी करने की आवश्यकता नहीं है।

(ग) यदि दूसरी ओर, उसके पास किसी भी जुलूस के निकाले जाने के

लिए कारण हैं तो उसे दंड प्रक्रिया संहिता की धारा 144 के तहत लगभग 24 घंटे पहले आदेश जारी करने चाहिए।

(घ) *इस आदेश के फॉर्म ऐसे सभी जुलूसों के लिए एक सप्ताह के लिए प्रतिबंधित होने चाहिए, सिवाय पुलिस अधीक्षक द्वारा पुलिस अधिनियम की धारा 30 के तहत लाइसेंस देने जैसे के लिए।*

(3) अमृतसर एवं लाहौर में, विशेषकर पुलिस और गवर्नर-इन-काउंसिल के साथ, झड़पों के बिना बैठकों को निषेध करना मुश्किल होगा, इसलिए बैठकों के आयोजन पर रोक लगाना अवांछनीय है। लेकिन इस तरह की बैठकों में बुरे (खराब) भाषण देनेवालों पर बिना देरी के मुकदमा चलाया जाएगा।"

भारत सरकार ने अपनी ओर से पूरे भारत में सभी स्थानीय प्रांतीय सरकारों को अवगत कराया कि '…चूँकि यह वांछनीय प्रतीत होता है कि एक समान नीति अपनाई जाए, इसलिए भारत सरकार स्थानीय सरकारों और प्रशासन के विचार के लिए सुझाव देती है कि इसी तरह की व्यवस्था अन्य जगहों पर भी की जा सकती है—इस तरह की विविधताओं के आधार पर, जो स्थानीय परिस्थितियों एवं प्रथाओं के संबंध में वांछनीय हो सकती है। जैसे भारत सरकार यह सुझाव देने की इच्छा नहीं रखती है कि दोषियों के साथ सहानुभूति वाली बैठक की अनुमति दी जानी चाहिए, जहाँ सार्वजनिक बैठकों को मना करने की वर्तमान नीति है।'

भगत सिंह, राजगुरु और सुखदेव की उदासीनता के बावजूद उनके निकट फाँसी के लिए पं. मदन मोहन मालवीय जैसे प्रख्यात सार्वजनिक नेताओं और देशभक्त वकीलों की टीमों के अंतहीन प्रयासों में कोई कसर नहीं छोड़ी गई।

14 फरवरी को पं. मदन मोहन मालवीय ने इलाहाबाद से वायसराय को एक टेलीग्राम भेजा, जिसमें उनसे अनुरोध किया गया कि वह इन नौजवानों की मौत की सजा को उम्रकैद में बदल दें। टेलीग्राम में लिखा था—

'…क्या मैं महामहिम से अपील कर सकता हूँ कि भगत सिंह, राजगुरु और सुखदेव के मामलों में दया के अपने विशेषाधिकार का प्रयोग करते हुए उनके मृत्युदंड को उम्रकैद में बदल दें? मैं ऐसा इसलिए नहीं कह रहा हूँ, क्योंकि मानवता के आधार पर अपने साथी को मृत्युदंड देने का विरोध करता हूँ, बल्कि इसलिए भी कि इन नौजवानों की फाँसी की सजा—जिनकी काररवाई किसी व्यक्तिगत या स्वार्थी विचार से नहीं, बल्कि देशभक्ति के आवेग में की गई थी, कितना भी गुमराह किया जाए—देश में जनता की भावनाओं को बड़ा झटका देगी। जबकि उम्रकैद की सजा देने से कानून और सरकार का उद्‌देश्य पूरी तरह से पूरा होगा। इस तरह की आपकी ओर से की गई दयापूर्ण काररवाई, इस समय, भारतीय जनमत पर बहुत लाभकारी प्रभाव पैदा करेगा।'

अदालतों में : कुछ सार्वजनिक उत्साही वकीलों द्वारा फाँसी को स्थगित कराने के प्रयास किए गए। लाहौर के चार वकील—शाम लाल, ए.आर. कपूर, अमर नाथ मेहता और प्राण नाथ ने वायसराय को 16 फरवरी, 1931 को निम्नलिखित तार भेजे—'भगत सिंह, राजगुरु और सुखदेव न्यू लाहौर षड्यंत्र केस के अभियुक्तों के लिए महत्त्वपूर्ण गवाह हैं; क्योंकि अभियोजन पक्ष द्वारा यह आरोप लगाया गया है कि अभियुक्त क्रांतिकारी पार्टी के सदस्य थे, जिनका नाम ऊपर दिया गया है। वे इनके अग्रणी सदस्य हैं; कि वाइसरीगल रेल पर बम से हमला भगत सिंह के परामर्श से किया गया था; कि जेल की काररवाई भी उनके बचाव के लिए की गई थी और उनके परामर्श पर तथा इन सभी बिंदुओं एवं अन्य मामलों में उपर्युक्त नामित व्यक्ति बहुत जानकारी दे सकते हैं। गिरफ्तार आरोपियों को यह विश्वास है कि इससे पहले कि वे केस में बचाव पक्ष के गवाह के रूप में पेश करने की स्थिति में होंगे, उन्हें पहले ट्रिब्यूनल द्वारा पारित सजा के तहत फाँसी दी जा सकती है। इसलिए यह प्रार्थना की जाती है कि फाँसी की सजा को तब तक रोक दिया जाए, जब तक कि वे मामले में बचाव पक्ष के गवाह के रूप में पेश नहीं किए जाते हैं। यदि उन्हें फाँसी दे दी जाती है तो अभियुक्त बहुत महत्त्वपूर्ण रक्षा साक्ष्य से वंचित हो जाएँगे।"

उसी दिन, 16 फरवरी को, उन्होंने सन् 1930 के अधिनियम IV के तहत नियुक्त ट्रिब्यूनल के समक्ष एक आवेदन दिया। प्रार्थना की गई कि भगत सिंह, राजगुरु और सुखदेव मामले में मूल्यवान् चरित्र के गवाह साबित हो सकते हैं, "अधिकारियों से सिफारिश की जा सकती है कि सुरक्षा के हित में उनकी फाँसी को टाला जा सकता है।"

उसी दिन ट्रिब्यूनल द्वारा एक आदेश पारित किया गया, जिसमें सुरक्षा परिषद् को 'कल सुबह तक पूरा करने के लिए कहा गया था, जो कि भौतिक साक्ष्य के रूप में था, जिसे वह नामित व्यक्तियों के लिए प्राप्त करना चाहता था।'

पुराना डेथ वारंट ?

मैसर्स जीवन लाल, बलजीत सिंह और शाम लाल ने 16 फरवरी को वायसराय को एक टेलीग्राम भेजा, जिसमें कोर्ट/ट्रिब्यूनल द्वारा जारी किए गए डेथ वारंट की वैधता को चुनौती दी गई थी, जो 31 अक्तूबर, 1930 को 6 महीने का कार्यकाल पूरा करने के बाद समाप्त हो गया था।

विस्तृत आवेदन पत्र : आवेदन के फॉलोअप के रूप में मैसर्स शाम लाल, ए.आर. कपूर, अमर नाथ मेहता और प्राण नाथ ने नए ट्रिब्यूनल के सामने वकालत की। एक विस्तृत आवेदन 17 फरवरी को दायर किया गया था, जिसमें भगत सिंह, राजगुरु और सुखदेव की भूमिकाओं के संबंध में सबूतों का विवरण दिया गया था।

मामले में क्षेत्राधिकार की चाह के लिए आवेदन को उसी दिन खारिज कर दिया गया था।[7]

'हैबियस कॉर्पस' याचिका खारिज : राहत के लिए किए गए आवेदन की कथित अस्वीकृति के तुरंत बाद वकीलों के इसी समूह ने उच्च न्यायालय के समक्ष एक रिट याचिका दायर की, जिसे 25 फरवरी को न्यायमूर्ति भिड़े ने यह कहते हुए खारिज कर दिया था कि—

"एकमात्र आधार, जिस पर हिरासत में रह रहे कैदियों को हिरासत में लिया जाए, अवैध माना जाता है; क्योंकि ऐसा कोई अधिकारी नहीं है, जो मृत्युदंड की सजा के लिए नए सिरे से वारंट जारी कर सके। सरकार के काबिल वकील ने कहा कि पंजाब सरकार, जिसे मौत की सजा के रूप में फाँसी को निलंबित करने का अधिकार है, उसके पास बार को हटाकर फाँसी की सजा देने का भी अधिकार है और इसलिए ताजा वारंट की बिल्कुल भी आवश्यकता नहीं थी और इसे जारी करने का कोई रिवाज भी नहीं था। दूसरी ओर, याचिकाकर्ताओं के काउंसिल ने कहा था कि मूल वारंट की अवधि 27 अक्तूबर, 1930 को समाप्त हो गई थी और इस संबंध में धारा 391, 389 और 400 दंड प्रक्रिया संहिता के लिए एक ताजा वारंट आवश्यक था, जो सरकार के निर्णय को स्वीकार करता, याचिका को खारिज कर दिया गया।"[8]

अब तक प्रिवी काउंसिल द्वारा अध्यादेश III की वैधता को चुनौती देनेवाली याचिका को खारिज करने का विस्तृत आदेश जारी कर दिया गया था।

अंतिम उपाय के रूप में लाहौर जिले के कलेक्टर के माध्यम से 26 फरवरी, 1931 को राज्य सचिव को एक नोटिस दिया गया था। नोटिस ने यह स्पष्ट किया कि याचिकाकर्ताओं ने इस घोषणा के लिए राज्य सचिव पर मुकदमा करने का इरादा किया कि मृत्युदंड फाँसी देने में असमर्थ है, इसलिए सरकार को फाँसी के आदेश देने से रोकने के लिए एक स्थायी निषेधाज्ञा की माँग करते हैं।

नागरिक प्रक्रिया संहिता की धारा 80 के तहत नोटिस में बताया गया, "अब तक उठाए गए कानूनी कदम में फाँसी को रोकने और सरकार के कदमों में अवैध रूप से अंतर्निहित है, जो 'गैर-कानूनी, गलत, अनुचित एवं अत्याचार करनेवाले थे और उस पर लगाम लगाने के लिए एक सिविल सुइट आवश्यक और योग्य था।' यह पुष्टि की गई कि नोटिस के अनुकूल प्रतिक्रिया के अभाव में 'हमारे पास ऊपर दी गई प्रकृति पर मुकदमा करने के निर्देश हैं।'

"आगे यह अनुरोध किया गया कि 'आप यह देखने में सक्षम होंगे कि मृत्युदंड तब तक नहीं दिया जाता है, जब तक कि नागरिक प्रक्रिया संहिता धारा 80 द्वारा निर्धारित दो महीने की वैधानिक अवधि समाप्त नहीं हो जाती है, यह वह स्थिति है,

जिसमें भारत के राज्य सचिव या पब्लिक ऑफिसर के खिलाफ मुकदमा किया जा सकता है कि पब्लिक ऑफिसर ने अपनी आधिकारिक क्षमता के भीतर कोई गलत कार्य किया है। यह स्पष्ट है कि कानून द्वारा प्रदान किए गए उपाय से पहले मृत्युदंड की सजा का लाभ उठाने से एक जीवन का नुकसान होगा, जिसकी किसी भी तरह के नुकसान या अन्य तरीके से क्षतिपूर्ति नहीं की जा सकती है। हम अंत में, आपको आश्वासन देना चाहते हैं कि हम मामले में शामिल किसी भी कानूनी बिंदु के समाधान की दिशा में आपको हर संभव सहायता प्रदान करने के लिए तैयार हैं, क्योंकि प्रश्न दूरगामी महत्त्व का है।"

इस नोट को भारत सरकार के गृह सचिव एच.डब्ल्यू. इमर्सन को भेजते हुए पंजाब के मुख्य सचिव मि. ओगिलिवी ने टिप्पणी की, "ऐसा प्रतीत होता है कि यह स्थानीय सरकार का कर्तव्य है कि फाँसी का निर्देश कानून का पालन करते हुए दे।"

उन्होंने जुड़वाँ कानूनी पदों से अपना निष्कर्ष निकाला—पहला, स्थानीय सरकार के किसी भी विभाग के 'सार्वजनिक कर्तव्यों' के साथ हस्तक्षेप करने के लिए निषेधाज्ञा नहीं दी जा सकती है; दूसरा, याचिकाकर्ता ने दंड प्रक्रिया संहिता की धारा 491 के तहत 'हैबियस कॉर्पस' की रिट के लिए उच्च न्यायालय को स्थानांतरित करने के लिए जो वैकल्पिक उपाय अपनाया है, वह विफल हो गया है।[9]

इसी दिन भगत सिंह ने पंजाब के गवर्नर को निम्न पत्र भेजा—

सेवा में

राज्यपाल, पंजाब

महोदय,

पूरे सम्मान के साथ हम निम्नलिखित बातों को आपके संज्ञान में लाना चाहते हैं—

कि हमें 7 अक्तूबर, 1930 को महामहिम वायसराय, भारत की ब्रिटिश सरकार के प्रमुख, ने लाहौर षड्यंत्र केस अध्यादेश के तहत गठित ब्रिटिश कोर्ट, एल.सी.सी. ट्रिब्यूनल द्वारा मौत की सजा सुनाई और हमारे खिलाफ मुख्य आरोप इंग्लैंड के सम्राट्, महामहिम किंग जॉर्ज के खिलाफ युद्ध छेड़ने का था।

न्यायालय की उपर्युक्त दो बातों में दो चीजें पूर्व निर्धारित थीं—

सबसे पहले, यह कि ब्रिटिश राष्ट्र एवं भारतीय राष्ट्र के बीच युद्ध की स्थिति है और दूसरा यह कि हमने वास्तव में उस युद्ध में भाग लिया था और इसलिए हम युद्धबंदी थे।

दूसरा पूर्व निर्धारित बिंदु थोड़ा चापलूसी भरा लगता है; लेकिन फिर भी, इसमें परिचित होने की इच्छा का विरोध करना बहुत लुभावना है।

पहले बिंदु के संबंध में, हम कुछ विस्तार में जाने के लिए विवश हैं। जाहिर है कि

ऐसा कोई युद्ध नहीं है, जैसाकि वाक्यांश इंगित करता है। फिर भी, कृपया हमें इसकी पूर्वनिर्धारित वैधता को इसके अंकित मूल्य पर स्वीकार करने की अनुमति दें। लेकिन सही ढंग से समझने के लिए हमें इसे आगे समझाना होगा। आइए, हम घोषणा करें कि युद्ध की स्थिति है और तब तक मौजूद रहेगी, जब तक कि भारतीय मेहनतकश जनता एवं प्राकृतिक संसाधनों का मुट्ठी भर परजीवियों द्वारा शोषण किया जा रहा है। वे विशुद्ध रूप से ब्रिटिश पूँजीवादी या मिश्रित ब्रिटिश और भारतीय या विशुद्ध रूप से भारतीय हो सकते हैं। वे मिश्रित या यहाँ तक कि विशुद्ध भारतीय नौकरशाही तंत्र के माध्यम से अपने कपट से शोषण किए जा रहे हैं। इन सभी बातों से कोई फर्क नहीं पड़ता। कोई बात नहीं, अगर आपकी सरकार भारी रियायत और समझौतों के जरिए भारतीय समाज के ऊपरी तबके के नेताओं को जीतने की कोशिश करती है या उन्हें जीत लेती है और इस तरह, सत्ता के मुख्य निकाय में एक अस्थायी भ्रष्टाचार को बढ़ावा देगी। कोई बात नहीं, अगर एक बार फिर से भारतीय आंदोलन का मोहरा, क्रांतिकारी दल, खुद को युद्ध की भारी स्थिति में सुनसान पाता है। कोई फर्क नहीं पड़ता कि वे नेता, जिनके व्यक्तिगत रूप से हम सहानुभूति और हमारे लिए व्यक्त की गई भावनाओं के लिए बहुत आभारी हैं; लेकिन फिर भी, हम इस तथ्य को नजरअंदाज नहीं कर सकते हैं कि वे इतने कठोर बन गए कि बेघर, मित्रहीन एवं दरिद्र महिला कार्यकर्ताओं की अनदेखी करना और शांति वार्त्ता में उल्लेख नहीं करना, जो कथित तौर पर अग्रदल से संबंधित थीं और जिन्हें नेता अपने अहिंसक पंथ के दुश्मन मानते हैं, जो पहले से ही अतीत की बात बन गई हैं; वे नायिकाएँ, जिन्होंने बिना किसी शिकायत के स्वयं को; अपने पति, भाइयों और वे सभी, जो उनके निकटतम थे और प्रिय की आहुति दी, जिन्हें आपकी सरकार ने गैर-कानूनी घोषित कर दिया। कुछ भी हो सकता है, अगर आपके एजेंट इतने गिर गए हैं कि अपने और अपनी पार्टी की प्रतिष्ठा को नुकसान पहुँचाने के लिए बेदाग चरित्रों के खिलाफ आधारहीन अभियोग लगा दिया है।

युद्ध जारी रहेगा

यह अलग-अलग समय पर अलग-अलग आकार ग्रहण कर सकता है। यह अब खुला, अब छिपा हुआ, अब विशुद्ध रूप से आंदोलनकारी, अब उग्र जीवन और मृत्यु का संघर्ष बन सकता है। तरीके का चुनाव चाहे खूनी हो या तुलनात्मक रूप से शांतिपूर्ण, किसे अपनाना है, यह आप पर निर्भर करता है। आपको जो भी पसंद है, उसे चुनें। लेकिन उस युद्ध को लगातार तुच्छ (गैर-कानूनी) और निरर्थक नैतिक विचारधाराओं को ध्यान में रखे बिना किया जाएगा। जब तक समाजवादी गणतंत्र की स्थापना नहीं हो जाती, तब तक इसे नए जोश, अधिक दुःसाहस एवं अदम्य दृढ़ संकल्प के साथ किया जाएगा और वर्तमान सामाजिक व्यवस्था को पूरी तरह से एक नई सामाजिक व्यवस्था से बदल दिया जाएगा, जो सामाजिक समृद्धि पर आधारित होगा और इस प्रकार हर तरह के शोषण को समाप्त कर देगा और मानवता वास्तविक एवं स्थायी शांति के युग में

प्रवेश करेगी। निकट भविष्य में अंतिम लड़ाई लड़ी जाएगी और अंतिम समझौता होगा।

पूँजीवादी और साम्राज्यवादी शोषण के अब गिने-चुने दिन बाकी हैं। युद्ध न तो हमारे साथ शुरू हुआ और न ही यह हमारे जीवन के साथ समाप्त होने जा रहा है। यह ऐतिहासिक घटनाओं और मौजूदा वातावरण का अपरिहार्य परिणाम है। हमारा विनम्र बलिदान श्रृंखला में एक कड़ी होगा, जो श्री जतींद्र दास के अद्वितीय बलिदान और कॉमरेड भगवती चरण के सबसे दुःखद, लेकिन कुलीन बलिदान तथा हमारे प्रिय योद्धा चंद्रशेखर आजाद की शानदार मौत से सुशोभित हुई है।

हमारे भाग्य के सवाल के रूप में कृपया हमें यह कहने की अनुमति दें कि जब आपने हमें मौत के घाट उतारने का फैसला कर लिया है तो आप इसे अवश्य करेंगे। आपके हाथों में सत्ता है और सत्ता इस दुनिया में सबसे बड़ा सत्य है। हम जानते हैं कि अधिकतम 'सत्ता सही है' कि आपके मार्गदर्शक आदर्श वाक्य के रूप में कार्य करता है। हमारा पूरा मुकदमा उसी का प्रमाण है। हम यह बताना चाहते थे कि आपके न्यायालय के फैसले के अनुसार हमने युद्ध छेड़ा था और इसलिए, हम युद्धबंदी थे। और हम इस तरह के बरताव का दावा करते हैं, यानी हमें फाँसी की बजाय गोली मारी जाए। यह साबित करना कि आपने वास्तव में वही किया, जो आपके न्यायालय ने कहा है।

हम अनुरोध करते हैं और आशा करते हैं कि आप सैन्य विभाग को हमारी फाँसी के लिए अपनी टुकड़ी भेजने का आदेश देंगे।

आपके

राजगुरु, सुखदेव और भगत सिंह[10]

(जोर दिया : Ed.)

एक घातक झटका : चंद्रशेखर आजाद की शहादत

"27 फरवरी, 1931 की सुबह इलाहाबाद में एक महत्त्वपूर्ण घटना घटी। पुलिस को सूचना मिली कि कुख्यात चंद्रशेखर आजाद अल्फ्रेड पार्क में था। पुलिस अधीक्षक नॉट बॉवर ठाकुर बिशेश्वर सिंह के साथ पार्क में विशेष ड्यूटी पर थे और आजाद एवं उनके साथी, जो एक पेड़ के नीचे बैठे थे, उनसे संपर्क किया। आजाद एवं उनके साथी ने रिवॉल्वर्स निकाले और गोलीबारी शुरू कर दी, जिसमें बंदूकों का युद्ध कम दूरी पर ही आजाद और मि. नॉट बॉवर के बीच शुरू हो गया। पेड़ों के पीछे शरण लेने से पहले दोनों घायल हो गए थे। आजाद का साथी भाग गया था। ठाकुर बिशेश्वर सिंह ने आजाद को बाहर निकालने की कोशिश की और उन पर गोलीबारी की। शायद उनके सिर पर वार किया; लेकिन उन्हें खुद अपने निचले जबड़े में गोली लगी। आजाद गिरे और मारे गए।"[11]

नोट : इस रिपोर्ट में सही उल्लेख किया गया है कि यह लोकप्रिय धारणा कि आजाद ने अपने दाहिने सिर पर अपनी अंतिम गोली खुद ही चलाई थी, इसके विपरीत आजाद के सिर के दाहिने हिस्से पर लगी चोट पुलिस की गोली का परिणाम थी। 2 मार्च, 1931 को 'द लीडर' में प्रकाशित पोस्टमॉर्टम रिपोर्ट के सारांश में इसकी पुष्टि की गई है।)[12]

घटनाएँ तेजी से आगे बढ़ने लगीं : घटनाएँ तेजी से बढ़ने लगीं। केंद्र और पंजाब सरकार ने कोडित टेलीग्रामों के उग्र आदान-प्रदान के बाद अंततः 17 मार्च से 23 मार्च को शाम 7 बजे निश्चित किया। 24 मार्च को तड़के लाहौर में समाचार फैलाना निश्चित हुआ।[13]

58

879.

Telegram XX No. Nil., dated (and recd.)18th March 1931.

From . . . .Home Secretary, Punjab.

To . . . . .Home Department, New Delhi.

CLEAR LINE.

Your telegram of the 17th instant No. 797-S. Bhagat Singh Rajguru and Sukh Dev will be executed at 7 on evening of March 23rd. The news will be made known in Lahore on early morning of March 24th. Ends.

. . . .

(Secy. and Dept.)

फॉलोअप : दिल्ली से पंजाब के अलावा सभी स्थानीय सरकारों के लिए एक तार 22 मार्च का आया, जो इस प्रकार है—

1. कल सोमवार की शाम को फाँसी दिया जाना तय हुआ है। उच्च न्यायालय में आवेदन दायर किए गए हैं, जिन पर कल सुनवाई होगी। यदि निर्णय सुरक्षित रखा जाता है तो स्थानीय सरकार ने सजा को स्थगित करने का निर्णय लिया है। यदि आवेदन खारिज कर दिए जाते हैं तो व्यवस्था ठीक रहेगी और सजा दिए जाने की खबरें मंगलवार सुबह तक पता नहीं चलेंगी।
2. जैसे ही हमें जानकारी होगी, हम आपको निश्चित रूप से बताएँगे। इस दौरान एहतियाती कदम तब तक नहीं उठाए जाने चाहिए, जब तक कि स्थानीय परिस्थितियाँ खराब न हों।

टेलीग्राम दिल्ली से लंदन; 23 मार्च, 1931 :

1. फाँसी आज शाम दी जानी निर्धारित की गई है। इस बीच उनके दोस्तों ने लाहौर में उच्च न्यायालय में अंतिम मिनट आवेदन दायर किए हैं।
2. विशेष रूप से युवा संघों और कांग्रेस के अति वामपंथियों द्वारा काफी आंदोलन किया गया है और निस्संदेह, इन खेमों में सुगबुगाहट कुछ बढ़ गई थी। अब तक पुलिस और हमदर्दों के बीच कोई झड़प नहीं हुई थी और उत्तेजना इतनी अधिक या इतनी व्यापक नहीं थी, जितनी हमने सोची थी। फाँसी दिए जाने के तुरंत बाद के कुछ दिनों में, हालाँकि, परेशानी के दिखने की अधिक संभावना है।

उच्च न्यायालय में : 21 मार्च को राय बहादुर बदरीनाथ ने 25 फरवरी के न्यायमूर्ति भिड़े के आदेशों के खिलाफ प्रिवी काउंसिल से अपील करने के लिए उच्च न्यायालय से छुट्टी माँगी। उसी दिन उन्होंने भगत सिंह के भाई कुलतार सिंह की ओर से एक और बंदी प्रत्यक्षीकरण याचिका इस आधार पर स्थानांतरित की कि जस्टिस भिड़े ने केवल सजा के बदले जाने की संभावना का उल्लेख किया है। लेकिन उन्होंने 'मृत्युदंड के वारंट के फाँसी के रूप में सवाल का निपटान नहीं किया।' याचिकाकर्ता ने कहा कि तीन अभियुक्त कैदियों को 23 मार्च को फाँसी दी जाएगी, क्योंकि रिश्तेदारों से उनकी अंतिम मुलाकात उस दिन सुबह 11 बजे निर्धारित की गई थी।

दोनों याचिकाएँ प्रिवी काउंसिल में अपील करने के लिए छुट्टी और एक अन्य बंदी प्रत्यक्षीकरण सुनवाई के लिए एक बार फिर उस भयावह दिन 23 मार्च को

न्यायमूर्ति भिड़े के समक्ष आया था। उन्होंने कहा कि वह बंदी प्रत्यक्षीकरण याचिका नहीं सुनेंगे, क्योंकि उन्होंने पहले ही इस तरह की याचिका पर अपनी राय व्यक्त कर दी है। चूँकि बदरी दास ने कहा कि यह वह याचिका थी, जिस पर वह पहले बहस करना चाहते थे, इसे किसी अन्य न्यायाधीश को स्थानांतरित कर दिया गया। प्रिवी काउंसिल के लिए विशेष अवकाश देने की याचिका लंबित रखी गई।

कानूनी स्मरणदाता एस.एल. सेल ने उच्च न्यायालय को स्पष्ट रूप से बताया कि उनके पास सरकार के निर्देश हैं कि वह देखें कि दोनों याचिकाओं को उसी दिन निपटा दिया जाए।

न्यायमूर्ति सर एलन ब्रॉडवे और न्यायमूर्ति जॉनसन की डिवीजन बेंच के समक्ष सुनवाई के लिए बंदी प्रत्यक्षीकरण याचिका पेश की गई।

बदरी दास ने तथ्यों को याद किया : 7 अक्तूबर को मौत की सजा; फाँसी देने की तारीख 27 अक्तूबर तय की गई और ट्रिब्यूनल, जिनके द्वारा सजा सुनाई गई थी, 31 अक्तूबर को उनका निधन हो गया।

न्यायमूर्ति ब्रॉडवे : किसने फाँसी को रोका?

कॉउंसेल : पंजाब सरकार ने।

तर्कों के क्रम में आर.बी. बदरीनाथ ने जोर दिया कि एकमात्र निर्णय, जो लिया जाना था, वह यह था कि क्या यह न्यायिक या कार्यकारी प्राधिकारी था, जो वारंट जारी करने के लिए सक्षम था।``` दंड प्रक्रिया संहिता की धारा 389 के अनुसार, यह विशेष ट्रिब्यूनल द्वारा जारी किया जाना चाहिए, जो मौत की सजा को पारित करता है।

याचिकाकर्ताओं ने दया के लिए याचिका नहीं डाली, क्योंकि वे मानते थे कि उनका केस मजबूत था।

न्यायमूर्ति ब्रॉडवे : क्या याचिकाकर्ता ने दया के लिए याचिका दायर की थी?

नोड (अभियोजक) : याचिकाकर्ताओं ने खुद दया के लिए याचिका नहीं डाली। हालाँकि, उन्होंने गवर्नर को एक और याचिका में कहा कि उन्हें फाँसी की बजाय गोली मार दी जानी चाहिए।

आर.बी. बदरी दास : यह एक अन्य प्रकार की दया है।

"आर.बी बदरी दास ने निष्कर्ष प्रस्तुत किया कि कैदियों को स्वतंत्र किया जाना चाहिए।

"डिवीजन बेंच ने 23 मार्च को याचिका खारिज करते हुए शाम 3 बजे आदेश सुनाए।"

"उसी दिन न्यायमूर्ति भिड़े ने प्रिवी काउंसिल से अपील करने के लिए विशेष

अवकाश की अन्य याचिका को खारिज कर दिया। इस पर जीवन लाल कपूर द्वारा बहस की गई थी, जो बाद में सुप्रीम कोर्ट के न्यायाधीश बने।"[14]

अंतिम पारिवारिक बैठक का बहिष्कार

तीनों शहीदों के परिवार अपनी अंतिम बैठकों के लिए 23 तारीख की सुबह सेंट्रल जेल, लाहौर के गेट पर पहुँचे। जेल अधिकारियों ने भगत सिंह के दादाजी और उनकी चाचियों को दूसरे व तीसरे दर्जे के रिश्तेदार होने के नाते बैठक की अनुमति नहीं दी। विरोध के रूप में भगत सिंह के परिवार ने अंतिम बैठक का बहिष्कार किया। इस बात का पता लगने पर राजगुरु की माँ पार्वती बाई, जो पूना से पूरा रास्ता तय करके आई थीं और साथ ही सुखदेव की माँ रल्ली देवी ने भी अपने बेटों से मिलने से इनकार कर दिया था¨।

पार्वती बाई (राजगुरु की माँ)

रल्ली देवी (सुखदेव की माँ)

भगत सिंह के लिए 3 मार्च, 1931 को उनके परिवार के साथ उनकी पिछली बैठक 'अंतिम बैठक' साबित हुई। इन सभी बैठकों के दौरान, जिसमें आखिरी बैठक भी शामिल थी, उनके रिश्तेदार, विशेष रूप से महिलाएँ, अपनी आँखों में आँसू लिये जेल में प्रवेश किया; लेकिन बाहर आते समय भगत सिंह की बातों से वे हँसते हुए बाहर निकले।

उनका 'अंतिम' रात्रिभोज : बोघा, जो उनके जेल के शौचालय की सफाई करता

था, उसे भगत सिंह प्यार से 'बेबे' कहकर संबोधित किया करते थे; क्योंकि वह उसके सरोगेट 'माँ' थे। क्योंकि भगत सिंह को लगता था कि वह बोघा ही था, जिसने उनके लिए उतना काम किया था, जितना बचपन में उनकी माँ किया करती थीं।

जेल की प्रथा के अनुसार, जेलर ने भगत सिंह से सुबह ही उनके अंतिम भोजन के बारे में पूछा था। उन्होंने कहा, 'मैं बेबे द्वारा तैयार भोजन करना चाहता हूँ।' जेलर ने कहा, 'मैं एक आदमी को आपके घर भेजूँगा।' भगत सिंह ने तुरंत जवाब दिया, 'नहीं, मेरी बेबे यहाँ जेल में हैं।'

'कैसे? कहाँ?' जेलर ने आश्चर्य से पूछा। तब भगत सिंह ने कहानी का खुलासा किया।

बोघा को जल्द ही मृत्युदंड सेल में बुलाया गया। वह समझ नहीं पा रहा था कि उसे किसलिए बुलाया जा रहा है।

इस प्रसंग को पंजाबी के प्रसिद्ध नाटककार देविंदर दमन ने एक नाटक में चित्रित किया था, जिसका शीर्षक था—'छिपन तों पेहलान' (बिफोर द डस्क)।

बोघा : ...यह मेरी खुशनसीबी है कि मैं आपको हर रोज देखता हूँ। गरीब होने के नाते मेरे पास साधन की कमी है...फिर भी, अगर मैं आपकी कोई सेवा कर सकता हूँ...

भगत सिंह : हाँ, अगर आप सहमत हों तो।

बोघा : आप बोलें...अगर वह मेरी पहुँच के भीतर होगा तो मैं जरूर करूँगा।

भगत सिंह : मेरे लिए अपने हाथ का खाना बनाकर लाना।

बोघा : (हैरान होकर, भगत सिंह को घूरते हुए...अपनी झाड़ू और टोकरी उठाता है...दरवाजे तक जाता है, रुकता है, फिर से भगत सिंह की तरफ देखता है) जब मैं शाम को ड्यूटी पर आऊँगा, अपने साथ लेता लाऊँगा। (अपने आँसू पोंछते हुए बोला)

बोघा 23 मार्च की शाम को अपने 'सरदार' की आखिरी इच्छा पूरी करने के लिए दृढ़ संकल्प था। उसने इसे हलके में लिया, क्योंकि फाँसी आमतौर पर सुबह दी जाती है। इस मामले में, यह 24 तारीख की सुबह होती।

जब वह मृत्यु कोठरी में आया तो उसका सरदार...हमेशा...हमेशा...के लिए... जा चुका था।[15]

समापन :

जेल अधिकारियों ने पहले से ही सभी कैदियों को समय से पहले बंद करने का आदेश दिया था, क्योंकि शाम 7 बजे फाँसी देने का समय था। उन्हें संदेश पढ़ने में ज्यादा देर नहीं लगी। 'इनकलाब जिंदाबाद' चिल्लाने के बाद दंडित सेल बैरक की ओर से 'डाउन विद इंपीरियलिज्म' सुनाई देने लगा। लगभग सभी कैदी एक जैसे ही नारे लगाने

लगे। वह आवाज इतनी तेज थी कि जेल के बाहर भी सुनाई दे रही थी। चारों तरफ शोक की लहर दौड़ पड़ी।

अधिकारियों ने सार्वजनिक प्रदर्शनों से पहले ही काररवाई कर 24 तारीख की सुबह फाँसी के समाचार का खुलासा करने का निर्णय लिया था।

अनायास ही, शवों को टुकड़ों में काट दिया गया, ट्रकों में भरी बोरियों में पैक किया गया और गुप्त रूप से जेल के पीछे से फिरोजपुर के पास सतलुज नदी के हुसैनीवाला तट पर ले जाया गया और वहाँ अंतिम संस्कार किया गया। लेकिन इसके तुरंत बाद भीड़ जुट गई। हालाँकि, इस गलत काम में लिप्त अभियुक्त भाग निकले, लोग शहीदों के कुछ नश्वर अवशेषों को पुनः प्राप्त करने में सफल हुए, जिसका कुछ हिस्सा अभी भी भगत सिंह स्मारक संग्रहालय में उनके पैतृक गाँव में संरक्षित है।

24 मार्च की शाम, उन अवशेषों के साथ एक विशाल अंतिम संस्कार जुलूस निकाला गया, जिसके कुछ हिस्सों का रावी के तट पर अंतिम संस्कार किया गया।

40,000 से अधिक गंजे सिर वाले पुरुषों और लगभग 5,000 महिलाओं ने काले वस्त्र पहने अंतिम संस्कार का जुलूस निकाला, जिसमें युवा वर्ग लगातार 'इनकलाब

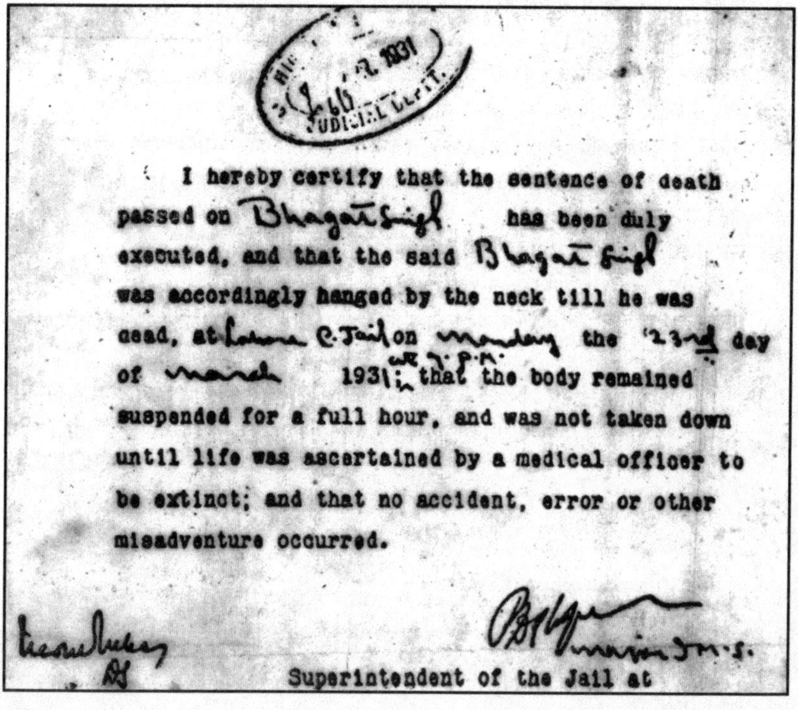

1931 JUDICIAL DEPT.

I hereby certify that the sentence of death passed on Bhagat Singh has been duly executed, and that the said Bhagat Singh was accordingly hanged by the neck till he was dead, at Lahore C. Jail on Monday the 23rd day of March 1931 at 7 p.m.; that the body remained suspended for a full hour, and was not taken down until life was ascertained by a medical officer to be extinct; and that no accident, error or other misadventure occurred.

Superintendent of the Jail at

जिंदाबाद', 'भगत सिंह जिंदाबाद', 'राजगुरु जिंदाबाद', 'सुखदेव जिंदाबाद' के नारे लगा रहा था।[16]

और इस तरह, भारत में ब्रिटिश राज की उलटी गिनती शुरू हो गई, सिर्फ 16 साल।

संदर्भ—

1. डेथ वारंट।
2. 'भगत सिंह की फाँसी : पूर्ण निर्णय और अन्य दस्तावेज', खंड-I, मलविंदर जीत सिंह वरैच एवं डॉ. गुरदेव सिंह सिद्धू, पृष्ठ-222-23
3. 'शिव वर्मा द्वारा साथी क्रांतिकारियों के संस्मरण', मलविंदर जीत सिंह वरैच एवं माधवी कटारिया धौम्य, यूनीस्टार बुक्स प्रा.लि. चंडीगढ़ (2013) द्वारा अनुवादित और संपादित, पृष्ठ-39-40
4. ए.जी. नूरानी, 'ट्रायल ऑफ भगत सिंह : पॉलिटिक्स ऑफ जस्टिस', ऑक्सफोर्ड यूनिवर्सिटी प्रेस, कराची, 2005, पृष्ठ-191-93
5. 'नौजवान भारत सभा एंड हिंदुस्तान सोशलिस्ट रिपब्लिकन एसोसिएशन/आर्मी' (एच.एस.आर.ए.), कॉमरेड रामचंद्र एवं मलविंदर जीत सिंह वरैच, यूनीस्टार बुक्स प्रा. लि., चंडीगढ़ (2007), पृष्ठ-126-27
6. फाइल नं. 1215/4-20/1931, राष्ट्रीय अभिलेखागार, नई दिल्ली
7. मलविंदर जीत सिंह वरैच एवं डॉ. गुरदेव सिंह सिद्धू, op.cit., पृष्ठ-222-26
8. 'द ट्रिब्यून' (27.2.1931)
9. मलविंदर जीत सिंह वरैच एवं डॉ. गुरदेव सिंह सिद्धू, op.cit., पृष्ठ-224-25
10. वही, 3 शहीदों द्वारा पंजाब के गवर्नर को पत्र, पृष्ठ-236-38
11. 'भारत में आतंकवाद' (1917-1936), इंटेलिजेंस ब्यूरो, गृह विभाग, भारत सरकार द्वारा संकलित। प्रबंधक, भारत सरकार प्रेस, शिमला, 1937 (पांडुलिपि), पृष्ठ-109-10
12. पोर्ट्रेट राष्ट्रीय गैलरी, चंडीगढ़
13. फाइल सं. 1216-4/21/1931, राष्ट्रीय अभिलेखागार, नई दिल्ली
14. ए.जी. नूरानी, op.cit., पृष्ठ-225-27
15. 'छिप्पन तों पेहलान' (पंजाबी में नाटक)। देविंदर दमन द्वारा 'बिफोर द डस्क', चेतना प्रकाशन, लुधियाना, 2006
16. 'नौजवान भारत सभा एंड हिंदुस्तान सोशलिस्ट रिपब्लिकन एसोसिएशन/आर्मी' (एच.एस.आर.ए.), कॉमरेड रामचंद्र, op.cit., पृष्ठ-144

□□□